AF286066

WINNETOUS BLUTSBRUDER

KARL-MAY-BIOGRAFIE

VON
CHRISTIAN HEERMANN

Zweite, überarbeitete
und ergänzte Auflage

KARL-MAY-VERLAG
BAMBERG·RADEBEUL

INHALT

Herausgegeben von Lothar und Bernhard Schmid
© 2002 Karl-May-Verlag GmbH, Bamberg
Zweite, überarbeitete und ergänzte Auflage © 2012
Alle Urheber- und Verlagsrechte vorbehalten
Titelbild: Carl-Heinz Dömken

Druck: Beltz Bad Langensalza GmbH, Bad Langensalza
978-3-7802-0161-4

www.karl-may.de

AN ALLEN LAGERFEUERN

Es raschelte in den Zweigen. Dann trat er aus dem Gebüsch heraus.

„Sein langes, dichtes, schwarzes Haar war in einen hohen, helmartigen Schopf geordnet und mit einer Klapperschlangenhaut durchflochten. Keine Adlerfeder schmückte diese indianische Frisur. Dieser Mann bedurfte keines solchen Zeichens, um als Häuptling erkannt und geehrt zu werden... In der Hand hielt er ein doppelläufiges Gewehr, dessen Holzteile dicht mit silbernen Nägeln beschlagen waren. Dies war die berühmte Silberbüchse, deren Kugel niemals ihr Ziel verfehlte ... Das war Winnetou, der Apachenhäuptling, der herrlichste der Indianer. ... Gerecht, klug, treu, tapfer bis zur Verwegenheit, ohne Falsch, ein Freund und Beschützer aller Hilfsbedürftigen...“

Sein Name ist über die Grenzen der Vereinigten Staaten hinaus bekannt, und jetzt steht er vor seinem besten Freund – Old Shatterhand. Die beiden sind durch Blutsbrüderschaft verbunden und kennen sich so gut, dass sie sogar ihre Gedanken gegenseitig erraten können.

Gemeinsam mit Winnetou hat Old Shatterhand schon viele Kämpfe in den ‚dark and bloody grounds‘ bestanden. Wo immer es möglich war, schonte er das Leben des Gegners. Denn mit einem einzigen Hieb seiner Faust kann er jeden Widersacher zu Boden schmettern. Ob dieser Kraft in seiner Hand wird er überall ehrfürchtig Old Shatterhand genannt.

Wegen der „unerquicklichen Verhältnisse in der Heimat“ war er einst über den Großen Teich nach Amerika gekommen. Als komplettes Greenhorn. Sam Hawkens brachte ihm die ersten Schritte im Wilden Westen bei, und dann hatte er bei den Mescalero-Apachen am Rio Pecos noch viel von Winnetou gelernt. Manches erforderte auch langjährige Übung. Beispielsweise das Anschleichen, ohne eine Spur zu hinterlassen: Arme und Beine werden dabei lang ausgestreckt, damit sich der Körper ganz nahe am Erdboden befindet, ohne ihn aber zu berühren. Das gesamte Körpergewicht ruht nur auf den Finger- und Zehenspitzen. Und ehe sich der Westmann ein Stück weiterbewegt, tastet er zuvor den Boden ab. Denn schon das leise Knicken eines kleinen Astes kann einen Feind alarmieren und tödliche Gefahr heraufbeschwören.

Die Zehenspitzen setzen gute Anschleicher stets an die Stellen, wo vorher die Fingerspitzen den Boden berührten. Das gibt weniger Eindrücke im Erdreich und lässt sich leichter verwischen. Weil alle Sinne mit der Zeit außerordentlich scharf werden, kann man sogar das Geräusch eines laufenden Käfers vernehmen. Oder unterscheiden, ob ein dürres Blatt freiwillig vom Baum gefallen ist oder abgestreift wurde.

Old Shatterhand kann den wildesten Mustang zähmen und einen Grizzly mit dem Messer töten. Im Kampf mit dem Tomahawk macht ihm keiner was vor. Greift er zum Henrystutzen, ist er unbesiegbar, und manche glauben, dass er damit immerfort schießen kann, ohne zu laden. An allen Lagerfeuern rühmt man seine Heldentaten und mehr noch seinen Edelmut.

Wenn er auf dem Rücken des prächtigen Rih mit dem treuen Hadschi Halef Omar zur Seite durch Orient und Balkan reitet, heißt er Kara Ben Nemsi. Auch dieser Name ist weithin bekannt und von manchem Bösewicht gefürchtet. Deshalb nähert er sich den beiden Aladschys in der Rolle eines harmlosen Scherifen, wie die Nachkommen des Propheten bezeichnet werden.

Die Brüder Bybar und Sandar gehören zur Verbrecherbande des Schut. Ihre Kugeln gehen niemals fehl. Am schrecklichsten aber wirken ihre Wurfbeile, todsicher treffen sie den Nacken des Opfers. Kara Ben Nemsi schätzt, dass ihm die breitschultrigen, bärenstarken Aladschys auch an Körperkräften überlegen sind. Dennoch wird er sie unschädlich machen und seine Gefährten vor dem Überfall bewahren.

Noch belächeln die zwei Wegelagerer den Mann mit dem grünen Turban, der verdutzt dreinschaut und zudem hinkt. Als ihn aber Sandar einen Esel schimpft, zeigt Kara Ben Nemsi, dass trotz Verkleidung nicht mit ihm zu spaßen ist. Den Trick, einen weitaus kräftigeren Gegner niederzuringen,

8

*Blutsbrüder Old Shatterhand und Winnetou.
Illustration von Oskar Herrfurth für den Roman
„Der Oelprinz", erste Buchausgabe 1897.*

beschreibt er so: „Ich legte meine Hand in der Weise auf seine linke Achsel, daß der Daumen unter das Schlüsselbein zu liegen kam, die anderen vier Finger aber den nach oben und außen ragenden Teil des Schulterblattes erfaßten, welcher mit dem Oberarmknochen das Achselgelenk bildet. Wer diesen Griff kennt und ihn anzuwenden versteht, der kann den stärksten Mann mit nur einer Hand zur Erde zwingen. Ich zog die Hand in schnellem kräftigem Druck zusammen. Da stieß er einen lauten Schrei aus, wollte sich loswinden, kam aber nicht dazu, denn der Schmerz ging ihm so durch den ganzen Körper, daß er in die Knie brach und auf den Boden niedersank."

Bybar will eingreifen, wird aber mit blitzschnellem Ruck emporgehoben und zur Erde geworfen.

Der Aladschy starrt fassungslos und ruft: „Mensch, du bist ja ein Riese! Diesen Griff macht ihm nur einer nach langem Wiederholen nach. Wo hast du das gelernt?"

Bei den heulenden Derwischen in Stambul sei es gewesen. Dort habe man sich in den freien Stunden zum Spaß gebalgt.

Die Aladschys glauben es, aber ihr Misstrauen ist erwacht. Noch ein Weilchen gibt sich Kara Ben Nemsi einfältig. Dann wird es unten am steinigen Pfad lebendig. Wie vorgesehen, kommen die Freunde einzeln. Zuerst Omar, dann Osko, zuletzt Hadschi Halef Omar mit dem Rappen Rih in voller Karriere.

„Jük gürültü – Millionen Donner!" ruft Sandar. „Welch ein Pferd!"

Bevor die Brüder das Gewehr an der Wange haben, sind Reiter und Ross mit der Schnelligkeit des Windes verschwunden. Nun wollen sie den Steilhang hinab, um in der freien Ebene ihre tödlichen Kugeln abzufeuern. Aber Kara Ben Nemsi vereitelt das Vorhaben. Zwar stolpert er über einen Stein, schnellt jedoch augenblicklich wieder empor, packt den Aladschy Sandar mit beiden Händen am Gürtel und schleudert ihn an den Stamm eines mehrere Ellen entfernten Baumes. Dort sackt der Unhold bewegungslos zusammen.

„Schuft, das sollst du büßen", ruft Babyr, und der Zorn vervielfacht seine Kräfte.

10

Kara Ben Nemsi will ihn nicht töten. Dreimal muss er mit der Faust zuschlagen, bis der Feind in Ohnmacht sinkt.

Damit ist ein weiteres Hindernis überwunden, um den Schut zur Strecke zu bringen – jenen Banditen, der lange Zeit die arme Bevölkerung weiter Teile des Balkans terrorisierte.

Es sind längst nicht nur körperliche Vorzüge, die Old Shatterhand beziehungsweise Kara Ben Nemsi jede Situation meistern lassen. Während einer Elefantenjagd auf Ceylon kann der Erzähler aus einer Spur sofort die Nationalität der unbekannten Läufer erkennen.

„Es sind lauter Männer. Ein Chinese und zwölf Singhalesen oder vielleicht gar Malayen.'

‚Bless me! Woraus seht Ihr das?'

‚Zwölf sind barfuß, und der Umstand, daß die große Zehe weit absteht, läßt mich auf Malayen schließen. Der Dreizehnte trägt, wie ich aus dem Eindruck sehe, lederne Ha-prong, eine Fußbekleidung, für welche sich eben nur ein Chinese entschließen kann.'"

Aber auch in Medizin oder Musik macht keiner den Helden Karl Mays etwas vor. Beim Abenteuer mit den beiden Aladschys kuriert Kara Ben Nemsi nebenbei ein Kind mit Hilfe psychologischer Kenntnisse vom Zahnschmerz. Nur wenige Tage später macht er einen Arzt mit dem Anlegen von Gipsverbänden vertraut, wie sie der Holländer Mathijsen 1851 entwickelt hatte. Im Heim eines chinesischen Pagodenwächters entlockt er einem gitarrenähnlichen Instrument schnelle Walzerklänge und spanische Fandangotöne. Der Hausherr weicht staunend bis unter die Tür zurück, „wie einer, der vollständig aus dem Sattel geworfen ist". Und ähnlich fällt die Reaktion der Zuhörer beim Orgelspiel in der Kathedrale von Montevideo aus.

Der Organist hatte falsche Register gezogen. Der Ich-Erzähler „huschte zu ihm hin, schob die volltönenden Stimmen hinein und registrierte anders", worauf er gebeten wird, zum Schluss des täglichen Ave Maria de la noche selbst Manuale und Pedale zu drücken. „Im Schiffe der Kirche standen die Leute noch alle und oben der Kantor, der Organista und sämtliche Sänger um mich her. Ich mußte noch eine Fuge zugeben und erklärte aber dann, daß ich fort müsse."

Belassen wir es vorerst bei diesen wenigen Blicken in die Werke.

„Ja, ich habe das Alles und noch viel mehr erlebt. Ich trage noch heute die Narben und Wunden, die ich erhalten habe...

Ich habe jene Länder wirklich besucht und spreche die Sprachen der betreffenden Völker...

Ich bin wirklich Old Shatterhand resp. Kara Ben Nemsi und habe erlebt, was ich erzähle..."

So und ähnlich steht es in Briefen, mit denen Karl May Mitte der 1890er-Jahre Leserfragen beantwortet. Viele glauben es, während andere meinen, er habe auf großen Reisen zumindest viele Anregungen empfangen. Aber dann heißt es sogar, er sei nie aus Sachsen herausgekommen, und – schlimmer noch – er habe seine Bücher im Gefängnis geschrieben und es hinter Gittern zu Ruhm und Reichtum gebracht.

Es gibt keinen anderen deutschsprachigen Schriftsteller, der zu Lebzeiten und weit über den Tod hinaus von so widersprüchlichen Legenden umrankt war wie Karl May. Und ähnlich konträr fielen Urteile über sein Schaffen aus. Die Bücher fanden enthusiastischen Beifall, weckten aber auch Neid und lösten Verleumdungskampagnen aus.

Wie kaum bei einem zweiten Autor sind Werk und Biografie Mays miteinander verflochten. In verwandelter Form, häufig an erfundene exotische Orte verlagert, von turbulentem, fantastischem Geschehen umhüllt, sind in die Karl-May-Bücher viele persönliche Erlebnisse eingeflossen. Auch die Behauptung „Ich bin wirklich Old Shatterhand" wird sich nicht als Kuriosum abtun lassen.

Karl May hatte kein leichtes und in der Jugend ein besonders schweres Leben. Ohne die ‚dunklen Flecke' in den frühen Jahren hätte er die ihm angeborene Fantasie kaum in dem uns bekannten Maße entfalten können, wäre er – wenn überhaupt – ein nur mittelmäßiger Schriftsteller geworden.

FINDING HOLE

Gold kann man in einer Bonanza oder an einem Placer finden. Oder auch in einem Finding hole, mit dem es aber „eine eigenartige Bewandtnis" hat – wie wir im Roman „Weihnacht!" erfahren. Wenn es nämlich auf dem Grund eines Flussbetts ein tiefes Loch oder einen Spalt im Gestein gibt, so können sich dort Nuggets sammeln, die das Wasser aus den Bergen heruntergeschwemmt hat. Alles Leichtere wird über diese Vertiefung hinweggerissen, „während die größeren Goldstücke ihrer Schwere wegen in das Loch fallen und dieses nach und nach ausfüllen." Und wenn das Loch rappelvoll ist, hat man ein Finding hole. Man muss es dann bloß noch aufspüren.

Nach einem Finding hole von etwas anderer Art halten wir Ausschau. Wir suchen nach Nuggets aus Papier, die uns etwas vom Leben und Schaffen Karl Mays mitteilen können.

Der Schriftsteller selbst hat mit autobiografischen Texten die Grundlage zu unserem Finding hole gelegt, unter anderem mit dem Titel *Mein Leben und Streben* von 1910 (heute in *Karl May's Gesammelte Werke*, Band 34, *ICH*) – ein über weite Strecken erschütterndes Bekenntnisbuch, das zur inneren Anteilnahme herausfordert.

Karl May verfasste es im Alter von 68 Jahren, aber nicht im Befinden abgeklärter Ruhe und Rückschau, wie gemeinhin in einem solchen Lebensabschnitt zu erwarten wäre. Das Werk entstand vielmehr unter dem Druck persönlicher Angriffe und Verleumdungen, derer sich May erwehren musste.

Bis in die Kindheit hinein vermittelt die Selbstbiografie eine Fülle an Tatsachen, wenngleich Erlebnisse der allerfrühesten Zeit mitunter etwas schemenhaft bleiben. Ein Umstand, der sich aus dem Abstand der Jahre erklären lässt. May unterliegt aber auch Selbsttäuschungen, und mitunter überlagert der Ton der Rechtfertigung die sachliche Darstellung. Aus taktischen Gründen überbrückt er verschiedene Lebensabschnitte, macht dies aber kenntlich. „Es kann mir nicht einfallen", lesen wir, „die Missetaten, die mir vorgeworfen werden, hier aufzuzählen." Und schließlich liefert das Werk auch einige Fiktionen, etwa zu den Reiselegenden. Die Wahrheit dieser Selbstbiografie, so sieht es der Theologe Hermann Wohlgschaft, „liegt vor allem in Mays neuer Deutung seiner Lebensgeschichte und seines literarischen Schaffens."

In den letzten Lebensjahren konzipierte May noch weitere autobiografisch gefärbte Schriften, so bereits 1907 *Frau Pollmer. Eine psychologische Studie*. Es ist ein handschriftliches Manuskript von 146 Großbogen, das Karl May später in komprimierter Form für seine Selbstbiografie verwenden wollte. „Die vorliegende Monographie", vermerkt er, „ist nur für mich allein geschrieben, für keinen anderen Menschen." Sollte er „plötzlich sterben, ohne die Hand an dieses Werk gelegt zu haben", empfahl er seinem künftigen Biografen, „Objectivität" walten und nicht „die Hässlichkeit der subjectiven Züge in den Vordergrund treten zu lassen".

In der *Studie* befasst sich Karl May mit seinen Beziehungen zu Emma Pollmer und mit der Geschichte seiner ersten Ehe. Die „Besessenheit" dieser Frau, die „Pollmerschen Dämonen" seien die Ursache für vieles Unglück in seinem Leben, und es fallen viele schlimme Worte: Emma wird als „Bestie", „Furie" und „Vampyr" bezeichnet.

1982 erschien die *Studie* posthum im Karl-May-Verlag und 2004 im Band 85 der *Gesammelten Werke*: *Von Ehefrauen und Ehemännern*. Wenn über dieses Werk geurteilt wurde, so als Schrift, die May im Zustand hochgradiger Erregung und Verzweiflung, vielleicht sogar bei zeitweilig gestörter Zurechnungsfähigkeit geschrieben habe.

Die Juristin Gabriele Wolff hat im *Jahrbuch der Karl-May-Gesellschaft 2001* sehr ausführlich – auf über 340 Seiten – *Ermittlungen in Sachen Frau Pollmer* vorgenommen und mit großer Sorgfalt – unter anderem durch Vergleiche mit biografischen Daten und anderen Texten – diese Maysche Monografie auf den Wahrheitsgehalt hin analysiert. Die *Studie* sei „kein Beleg für eine seelische Erkrankung ihres Verfassers",

14

so das Fazit, sondern der Versuch, sich „den Felsbrocken von unbewältigtem Schmerz ‚von der Seele schreiben' zu können."

Alle wesentlichen Fakten könne man „als zutreffend nachweisen". Zahllose Zusammenhänge, Details und Indizien werden dazu vorgelegt, alles erscheint in sich schlüssig, dennoch werden wohl nicht alle Leser dieser Sicht folgen. Denn so manches Mal muss die Darstellung im Konjunktiv verbleiben. Gleichwohl: In unserem Finding hole haben wir mit der *Studie* einen weiteren Schatz.

Einige andere Texte mit autobiografischem Einschlag ließ Karl May in kleinen Auflagen als Privatdrucke herstellen: *Ein Schundverlag* (1905), *Ein Schundverlag und seine Helfershelfer. Band II* (1909) und *An die 4. Strafkammer des Königl. Landgerichtes III in Berlin. Berufungssache May-Lebius* (1910; 2. Fassung 1911; heute GW 83, „Am Marterpfahl"). Diese Prozessschriften legte der Karl-May-Verlag 1982 in zwei schönen Reprintbänden vor.

Mit diesen Titeln hoffte May, Einfluss auf das Prozessgeschehen nehmen zu können. Mit den *Schundverlag*-Schriften sollte zudem der Eindruck erweckt werden, dass noch weiteres Material im Umlauf sei. Die Texte beginnen mitten im Satz; der erste Teil von 1905 beispielsweise setzt mit Seite 257 ein und endet auf Seite 416. Auf dem Titelblatt soll die Angabe „Korrekturheft, Bogen 17 bis 26" jene Fiktion ebenso unterstreichen wie mehrfache Hinweise auf Kapitel, die überhaupt nicht existieren.

Autobiografische Aufschlüsse liefern auch einige Beiträge Mays, die er in Zeitungen oder Zeitschriften veröffentlichte, sowie *Meine Beichte* (1908) – ein kurzer Vorläufer der Selbstbiografie. Schließlich gibt es in den Erzählungen und Romanen zahllose, zumeist verschlüsselte Hinweise auf das eigene Leben. Karl May hat ein umfangreiches Werk hinterlassen – im Satzspiegel der ‚Grünen Bände' rund 50.000 Druckseiten. Das meiste erschien zuerst in Zeitschriften, vieles arbeitete er später selbst für Buchausgaben um. Einiges schrieb er dafür auch direkt.

Gedruckt begegnet uns Karl May erstmals 1872 mit einem kleinen Vierzeiler im Kalender *Neuer deutscher Reichsbote*, der in Stolpen erschien. Seine erste Erzählung – *Die Rose von Ernstthal* – steht 1874 oder 1875 in der *Deutschen Novellen-Flora*, einem Periodikum aus Neusalza im Lausitzer Gebirge.

Noch 1875 Jahr erfindet Karl May die Figur des Winnetou, und als 1879 der Stuttgarter Verlag von Franz Neugebauer das frühe Karl-May-Buch *Im fernen Westen* (Reprint im Karl-May-Verlag 1975, Band 89 der *Gesammelten Werke* 2011) veröffentlicht, verwendet er dafür diese früheste Winnetou-Erzählung in etwas bearbeiteter Form.

Von 1892 bis 1910 bringt der Verlag von Friedrich Ernst Fehsenfeld in Freiburg im Breisgau eine Serie von 33 Bänden heraus. Es gibt insgesamt neun verschiedene Ausstattungsformen, darunter die Ausgaben im Kleinoktavformat mit grünem Leinen, farbigem Deckelbild und goldgeprägtem Schild auf einem mit Jugendstilornamenten verziertem Buchrücken – die berühmten ‚Grünen Bände‘, die jeder May-Fan schon von Weitem als Bücher seines Lieblingsautors erkennt.

Jene 33 ‚Fehsenfeld-Bände‘, zuerst als *gesammelte Reiseromane*, ab 1896 als *gesammelte Reiseerzählungen* auf dem Büchermarkt, sind der Grundstock von *Karl May's Gesammelten Werken*, die der Karl-May-Verlag seit der Gründung im Jahre 1913 aufgebaut hat und womit eine einzigartige Erfolgsgeschichte geschrieben wird: Grüne Karl-May-Bücher gehören nun seit 1892 (!) zum Angebot fast jeder Buchhandlung, und seit 1913 existiert ein Verlag, der sein Programm fast nur auf einen Autor konzentriert. Ein solches Phänomen ist zumindest in der deutschen Literatur einmalig.

Die bunten Deckelbilder haben sich verändert, ein paar Titel wurden wirkungsvoller gewählt – zum Teil unter Rückgriff auf Bezeichnungen, die May einst selbst bei den Zeitschriftenerstdrucken verwendet hatte. Hinzugesellt haben sich mittlerweile fast 60 weitere Bände: Es sind Texte, die zu Mays Lebzeiten in anderen Verlagen erschienen waren oder noch nicht erschlossen wurden.

16

Als Karl May an der Umsetzung von Zeitschriften- in Buchfassungen arbeitete, hat er an den Texten immer wieder Veränderungen vorgenommen, auch kürzere Geschichten zusammengefügt und durch Überleitungen verbunden.

Schlimme Geschehnisse in den letzten Lebensjahren und dann Mays Tod haben verhindert, dass die Zahl der damals gesammelten Werke über 33 hinausging.

Diese Weiterführung im Sinne Karl Mays erfolgte durch den am 1. Juli 1913 von Friedrich Ernst Fehsenfeld, Witwe Klara May und Dr. Euchar Albrecht Schmid in Radebeul gegründeten Karl-May-Verlag; Schmid wurde alleiniger Geschäftsführer.

Die bei anderen Verlagen liegenden Rechte an Werken Karl Mays wurden erworben, noch laufende Rechtsstreitigkeiten beendet und schließlich begann man mit der notwendigen Bearbeitung der Texte. Sachliche Fehler, die sich bei einem ,Vielschreiber', wie es May nun einmal war, immer einschleichen, mussten korrigiert werden.

Und dann gab es Werke, die sogenannten Kolportageromane, die May über viele Jahre hinweg unendliches Leid gebracht hatten. Nach damaligen, heute nicht mehr nachvollziehbaren Moralvorstellungen galten sie als ,sittlich anstößig'; entsprechende Passagen wollte man tilgen, um den Anwürfen und der Verfemung den Boden zu entziehen. Schon seinerzeit war auch bekannt, dass manche dieser zweifelhaften Stellen gar nicht von May stammen. Aber Einzelheiten und Umfang werden wohl immer im Dunkeln liegen, denn die handschriftlichen Manuskripte existieren nicht mehr.

Zugleich sollten die für Kolportageromane typischen vielen Verflechtungen und Überschneidungen von Haupt- und zahllosen Nebenhandlungen etwas aufgeknotet und in übersichtlicherem Ablauf dargestellt werden.

Euchar Albrecht Schmid hatte seine Ideen zur Überarbeitung der Kolportageromane im Februar 1911 im *Wiener Montags-Journal* dargelegt und damit erstmals öffentlich etwas zur Konzeption der *Gesammelten Werke* gesagt. Karl May kannte diesen Artikel, beide Männer trafen sich danach, sprachen über alles Mögliche, wobei es zu Mays denkwürdigem Ausruf „Sie sollten mein Verleger werden!" kam (Siehe *Karl May auf sächsischen Pfaden*, Sonderband zu den Gesammelten Werken, Bamberg – Radebeul, 1999).

Karl May war schon zu Lebzeiten ein bekannter Autor geworden. Er brachte Sonnenschein in die Herzen seiner Leser, befriedigte ihre Wünsche nach unterhaltsamer und spannender Lektüre, er traf ihren Geschmack. Dass sich aber Bedürfnisse und Neigungen der Leser über die Jahrzehnte hinweg ändern, steht wohl außer Zweifel. Durch seine Bearbeitungen – nicht nur der Kolportageromane – ist dem Karl-May-Verlag das schon angesprochene Phänomen gelungen: Karl May ist über den langen Zeitraum seit Ende des 19. Jahrhunderts immer in der Gunst eines Millionenpublikums geblieben. Andere Autoren des gleichen Genres, Zeitgenossen von May, sind in Vergessenheit geraten oder verschwinden allmählich aus dem Sichtkreis der Leser, haben allenfalls noch einen kleinen Zirkel von Liebhabern und Kennern. Der Karl-May-Verlag hat seinen Hausautor vor solchem Schicksal bewahrt.

Nun sind im Laufe der zahlreichen Jahrzehnte manche Bearbeitungsschritte ganz sicher auch über das Ziel hinausgeschossen. Einiges wurde später wieder korrigiert, aber das alles bleibt immer Ansichtssache.

Wenn Kritik geäußert wurde, dann gelegentlich mit zelotischem Purismus – wobei zwei Tatsachen leicht übersehen werden: Jedwede Diskussion wäre hinfällig, wenn es die bearbeiteten Leseausgaben nicht gäbe, denn dann gäbe es heute wohl auch keinen Karl May mehr! Und wer die Erstausgaben lesen oder für wissenschaftliche Zwecke verwenden möchte, kann auf ein umfangreiches Repertoire zurückgreifen.

Allein der Karl-May-Verlag hat von den bisher 89 Bänden der *Gesammelten Werke* zu über 50 Titeln – darunter alle 33 Fehsenfeld-Bände – Faksimiles der Erstausgaben ediert. Hinzu kommen elf weitere Reprint-Ausgaben mit Texten, die

18

bisher nur handschriftlich vorlagen oder noch nie veröffentlicht wurden oder als einzelne Geschichten in unterschiedliche Bände Eingang fanden (Übersicht S. 544ff.), sowie Titel im originalen Neusatz. Das Fazit: Von den *Gesammelten Werken* hat der Karl-May-Verlag über 60 Prozent der Texte auch als Faksimiles der Erstausgaben herausgegeben. Unser Finding hole ist damit schon beträchtlich gefüllt.

Schöne Reprints gestalteten auch die Verlage Olms Presse, Hildesheim-New York, und Edition Leipzig.

Wird aus Mays Werken – aus Zeitschriften oder Büchern – zitiert, so immer aus den ältesten Quellen. Auf handschriftlichen Nachlass können wir nur in ganz wenigen Fällen zurückgreifen, wollen aber wenigstens der Entstehung zeitlich so nahe wie nur möglich kommen. Um das alte Flair aus Mays Lebzeiten wirken zu lassen, übernehmen wir auch die damalige Rechtschreibung unkorrigiert. Wir zitieren auch bei Briefen usw. immer zeichengetreu. Und natürlich werden wir, falls das nicht ohnehin ersichtlich ist, darauf hinweisen, wo man diesen oder jenen Sachverhalt heute in den *Gesammelten Werken* findet.

Über Aufbau und Erfolgsgeschichte der *Gesammelten Werke* informiert der Sonderband *Der geschliffene Diamant* (Bamberg-Radebeul 2003).

1969 wurde die Karl-May-Gesellschaft gegründet, die heute rund 1700 Mitglieder aus 25 Ländern umfasst und zu den größten deutschen literarischen Vereinigungen gehört. Sie stellte sich die Ziele, „das literarische Werk Karl Mays zu erschließen und zu bewahren, sein Leben und Schaffen zu erforschen und zu dokumentieren, dem Autor und seinem Werk einen angemessenen Platz in der Literaturgeschichte zu verschaffen." Nach der Satzung von 2009 will man auch dazu beitragen, „dass Karl May und sein Werk in der Öffentlichkeit lebendig bleiben".

Das angesprochene „literarische Werk Karl Mays" betraf vor allem die Zeitschriften-Erstveröffentlichungen, deren Text sich von den späteren Buchausgaben häufig, mitunter erheblich, unterscheidet. Für wissenschaftliche Untersuchungen kann das sehr interessant und bedeutsam sein. Durch ein umfangreiches Reprintprogramm hat die Karl-May-Gesellschaft beinahe alle Erstdrucke dieser frühesten Zeitschriften-Texte wieder zugänglich gemacht.

In einzelnen Fällen waren die uralten Journale nur noch in einem einzigen Exemplar vorhanden. Das konnte aufgespürt und faksimiliert und so für die Zukunft bewahrt werden.

Wer vor noch wenigen Jahrzehnten ein Werk der Literaturgeschichte aufschlug, suchte den Namen Karl May zumeist vergebens. Und wenn doch vorhanden, dann oft nur mit ganz wenigen und dazu diffamierenden Worten.

Es gab ein paar wenige Ausnahmen. Für den Luxemburger Publizisten Karl Lessel ist die „Beliebtheit K. May's ... der erste Grund", schon 1899 eine *Litterarische Studie* zu May zu veröffentlichen, zuerst in der Zeitung *Luxemburger Wort* und dann als Broschüre. Der Luxemburger Schriftsteller Emil Angel hat die Abhandlung wiederentdeckt und im *Jahrbuch der Karl-May-Gesellschaft 2011* präsentiert.

Lessel untersucht die bis 1899 edierten 27 ‚Fehsenfeld-Bände': Habe May das alles nicht selbst erlebt, sondern erdichtet, sei das „nur um so bewunderungswürdiger". Und mehr als beachtlich, was Lessel vor weit über 100 Jahren als das Wichtigste der Werke ausmacht – „daß May die Wahrung der Menschenrechte eines jeden einzelnen fordert ... das Recht auf persönliche Freiheit und Gleichheit sowie das Recht auf Persönlichkeit ... das Recht auf Leben und die körperliche Integrität..."

„Was für das Individuum gilt, das verlangt er auch für die einzelne Nation, deren erstes Recht das Existenzrecht ist", stellt der Luxemburger Lessel fest.

Erst zehn Jahre später folgt mit der Schrift von Adolf Droop *Karl May. Eine Analyse seiner Reise-Erzählungen* (Reprint im Karl-May-Verlag 1993) die erste einschlägige Studie in Mays Heimat. Ansonsten befand er sich bei den literaturwissenschaftlichen Ignoranten jener Zeit in guter

20

Gesellschaft. Genauso wenig beachtet wurden beispielsweise der Verfasser der berühmten Lederstrumpf-Romane James Fenimore Cooper, der Reiseschriftsteller Friedrich Gerstäcker, der amerikanische Western-Klassiker Zane Grey, Alexandre Dumas oder die Kriminalschriftsteller Arthur Conan Doyle und Edgar Wallace. Die Bücher solcher Autoren wurden von Millionen Menschen gelesen und verschlungen, genügten aber nicht den ‚Maßstäben‘, nach denen Literaturgelehrte ihre Urteile fällten.

Diese selbstgefälligen Verhältnisse haben sich in jüngerer Zeit gewandelt; die akademische Wissenschaft ließ die unsinnige Grenze zwischen sogenannter ‚hoher‘ und ‚niederer‘ Literatur – Letzteres ein lange Zeit gebräuchliches Synonym für Unterhaltungsliteratur – allmählich schwinden.

Im Falle Karl Mays bereitete sich der Wandel durch einige Dissertationen langfristig vor. Eine Pioniertat vollbrachte Heinz Stolte, der 1936 an der Universität Jena mit dem Thema *Der Volksschriftsteller Karl May. Beitrag zur literarischen Volkskunde* zum Dr. phil. promovierte. Es folgten Arbeiten von Winfried-Johannes Weber (Berlin 1941), Emanuel Kainz (Wien 1949) und Viktor Böhm (Wien 1955).

Zwischen 1918 und 1933 erschienen 16 *Karl-May-Jahrbücher*, unter anderem mit kürzeren Nachlasstexten von May, kleineren Geschichten und Gedichten über May und kämpferischen Beiträgen für May. Das bunte unterhaltsame Spektrum und ein wissenschaftliches Niveau, das nicht durchweg heute üblichem Level entsprach, führten gelegentlich zu hämischen Bemerkungen. Das änderte freilich nichts an der Tatsache, dass diese Jahrbücher heute zu den meistgesuchten ‚kostbaren Altertümern‘ der Karl-May-Forschung zählen. Eine ganze Reihe von Beiträgen dokumentiert die Anfänge einer wissenschaftlichen Untersuchung von Mays Leben und Schaffen.

Um es nur an einem Beispiel zu zeigen: Im *Karl-May-Jahrbuch 1925* erschien von Max Finke der Aufsatz *Karl May und die Musik*. Das war für fast ein Dreivierteljahrhundert die einzige fundamentierte Arbeit zu diesem Thema. Erst 1999 folgte mit dem Buch *Karl May und die Musik* von Hartmut Kühne und Christoph F. Lorenz eine umfassende Behandlung.

Dr. Euchar Albrecht Schmid teilte in seiner autobiografischen Abhandlung *Mein Leben und Streben* aus dem Jahre 1921 – erstmals in der Jubiläumsschrift *50 Jahre Karl-May-Verlag* gedruckt – die Absicht mit, „eine umfassende kritische Biografie über den Dichter zu veröffentlichen". Das hatte er für die Zeit nach dem 1. Januar 1943 geplant.

Nach damals geltendem Urheberrecht wäre zu diesem Termin die Schutzfrist für Mays Werke ausgelaufen. Schmid wollte dann seine Verlagstätigkeit beenden und sich dem Biografie-Projekt widmen – unbefangen und ohne sich einem Vorwurf der „Verquickung des Geschäftlichen mit dem Literarischen" auszusetzen.

Aber die Planungen von 1921 waren 1943 durch die Realitäten hinfällig geworden. Schon die Schutzfrist hatte sich geändert. Die 1901 festgelegte Dauer von 30 Jahren nach dem Tod des Autors war 1934 auf 50 (und 1965 auf 70) Jahre verlängert worden.

Ausschlaggebend wirkten jedoch die Kriegs- und Nachkriegsereignisse. Der Karl-May-Verlag musste um sein Fortbestehen in Radebeul kämpfen. 1951 ist Euchar Albrecht Schmid gestorben, ohne sein großes Vorhaben verwirklichen zu können.

Noch an anderer Stelle entstand das Konzept zu einer Biografie. Der Wiener Karl-May-Forscher Ludwig Patsch befasste sich seit 1924 mit dem Material und begann 1934 mit der ersten „Reinschrift einer umfangreichen Notizensammlung zu KMs Leben – das Gerippe einer ausführlichen Biografie entstand". Im Karl-May-Verlag konnte er umfangreiches Archivmaterial nutzen, so Briefe, Manuskripte oder alte Zeitschriften-Erstdrucke.

Als wichtiges Anliegen betrachtete Patsch das Zusammentragen aller erreichbaren Lebensdaten und das Vergleichen „mit den ‚Spiegelungen' in KMs Werken".

Solche ‚Spiegelungen' scheinen hier etwas über Gebühr betont zu sein, denn es gibt ja dafür keine objektiven Kriterien. Es sind lediglich subjektive Empfindungen für oftmals nur scheinbare Übereinstimmungen von Lebensdaten und Textstellen. Neue gesicherte biografische Erkenntnisse lassen sich damit kaum gewinnen. Darauf wäre Ludwig Patsch wohl auch noch selbst gestoßen, hätte er sein Werk vollenden können.

Es blieb bei einer gewaltigen Vorarbeit. In fast 20 ‚Schwarzen Büchern' – Ringbinder im Quartformat mit dunklem Einband – hat er in gestochen scharfer, aber winzig kleiner und oft nur mit der Lupe lesbarer Handschrift seine Materialsammlung hinterlassen: beispielsweise Anmerkungen und Notizen fast Seite für Seite zu den meisten Erstausgaben der Werke – zu Auffälligkeiten in der Handlung, Querverbindungen und ein paar Ungereimtheiten. Dazu natürlich die seinerzeit bekannten biografischen Daten. Und ab und an stehen mal Randglossen da. So am Exzerpt der Pollmer-*Studie* etwa die Frage: „Warum hat KM die Ehebrüche Emmas bei der Scheidung nicht auf den Tisch geknallt!!?"

Eine Antwort gibt Gabriele Wolff viele Jahrzehnte später – anno 2001 –, wenn sie zu Mays Haltung unter anderem schreibt: „Letztlich wird er selbst Zweifel daran gehabt haben, ob es in der heimlichen Beziehung zwischen Max [= Max Welte] und Emma bis zum Äußersten gekommen war."

Der Zweite Weltkrieg beendete vorerst auch die Arbeiten von Patsch. Im Februar 1940 schreibt er an seinen Freund Alfred Schneider, dass wegen enormer Arbeitsbelastung der Biografie-Plan „noch einstweilen ruhen" müsse.

Erst Jahre später findet er Zeit und Muße. Aber schon 1960 nimmt ihm der Tod nach wenigen Kapiteln den Stift aus der Hand.

Die ‚Schwarzen Bücher' des Ludwig Patsch werden wir in unserem Finding hole gut positionieren. Ebenso die von Oktober 1944 bis September 1959 von ihm versandten 179 Karl-May-Rundschreiben.

23

Im Jahre 1931 erschien der geistreiche Essay *Karl May. Traum eines Lebens – Leben eines Träumers* von Otto Forst-Battaglia. Die biografische Darstellung, um Objektivität bemüht und psychologisch ausgelotet, entsprach dem damaligen Kenntnisstand und war damit nicht frei von Lücken und Irrtümern. Eine 1966 im Karl-May-Verlag edierte Neubearbeitung, literarisch abermals auf überragendem Niveau, spiegelte den erreichten Wissenszuwachs wider, konnte aber noch nicht eine kurz vorher erschienene grundsätzliche Arbeit von Hans Wollschläger berücksichtigen.

Eingängiger zu lesen war *Das Leben Old Shatterhands* von Karl Heinz Dworczak aus dem Jahre 1935 – eine populäre, objektive Schilderung und natürlich auch der zeitgenössischen Sachlage entsprechend. Einiges aus dem ersten *Winnetou*-Band betrachtet der Autor als Realität, was man ihm freilich nicht verübeln kann: Denn sein Buch trägt den Untertitel *Der Roman Karl Mays*.

Im Jahre 1965 veröffentlichte Hans Wollschläger seine bahnbrechende Karl-May-Biografie. Ab 1970 erscheinen die *Jahrbücher der Karl-May-Gesellschaft* mit den wichtigsten Ergebnissen der Karl-May-Forschung. Die Beiträge behandeln unter anderem Fragen aus Leben und Werk Karl Mays, untersuchen seine Quellen und Beziehungen zu Zeitgenossen.

Weitere Ergebnisse der wissenschaftlichen Arbeit werden noch in mehreren Periodika dargelegt, so in den aktuellen *Mitteilungen der Karl-May-Gesellschaft* (vierteljährlich ab 1969), in den *Sonderheften der Karl-May-Gesellschaft* (unregelmäßig ab 1972) und in den *Materialien zur Karl-May-Forschung* (unregelmäßig ab 1974; seit 1999 *Materialien zum Werk Karl Mays*). 1966 hatte der Karl-May-Verlag die Reihe *Beiträge zur Karl-May-Forschung* gestartet.

Durch diese Fülle von wissenschaftlichen Publikationen – reiche Schätze für unser Finding hole – wurden „Leben und Schaffen" Mays weitgehend dokumentiert und auch das dritte Ziel, das sich die Karl-May-Gesellschaft einst stellte, im Wesentlichen erfüllt: Der Autor und sein Werk haben „einen

24

Ludwig Patsch.

angemessenen Platz in der Literaturgeschichte" gefunden. Karl May ist zum Thema zahlreicher akademischer Arbeiten geworden.

Zum Wandel haben ebenso die alle zwei Jahre durchgeführten internationalen Kongresse der Karl-May-Gesellschaft beigetragen. Schon wiederholte Male haben Universitäten auch eigene May-Veranstaltungen organisiert. Im September 2000 fand erstmals ein Karl-May-Symposium in den USA statt. Eingeladen hatte die Texas Tech University in Lubbock – „the agricultural, educational, medical, cultural and artistic focal point of the Llano Estacado of Texas".

Bei der intensiven Beschäftigung mit Karl Mays Biografie kommt es immer wieder zur erstaunlichen Feststellung, dass es noch einige weiße Flecken in seiner Vita gibt – für einen Forscher stets eine erfreuliche Tatsache, denn das Erkennen eines Problems ist ja allemal der erste Schritt zur Lösung. Der Wissenschaftliche Beirat Karl-May-Haus (siehe S. 529) – ein kleines Team engagierter May-Fans und -Forscher in Hohenstein-Ernstthal – hat sich seit längerem solcher offenen Fragen in der Biografie angenommen. Seit 1989 erscheint die Reihe *Karl-May-Haus Information*, in der insbesondere ab Nummer 9 (1996) zahlreiche Beiträge publiziert wurden, mit denen ein paar weiße Flecken getilgt oder neue biografische Gesichtspunkte aufgezeigt werden konnten.

Einen Meilenstein der Forschung markiert die 2005/06 im Karl-May-Verlag erschienene *Karl-May-Chronik* (fünf Bände, ein Begleitbuch). Dieter Sudhoff und Hans Dieter Steinmetz haben in rund zehnjähriger Arbeit die gesamte Sekundärliteratur, die zeitgenössische Presse, von May hinterlassene Schriften und unzählige Briefe ausgewertet. Zu den Quellen (Sigel: heer 4) gehört auch unsere 2002 edierte Erstauflage von *Winnetous Blutsbruder*.

Vieles hat sich in unserem Finding hole angesammelt, auch noch manches von anderen als den genannten Verlagen oder Institutionen, ebenso aus Archiven – vor allem im sächsischen Raum.

Hans Zesewitz vor der Karl-May-Höhle.

Im gleichen Jahr 1912, als Karl May starb, kam ein junger Lehrer nach Hohenstein-Ernstthal – Hans Zesewitz (1888-1976). 1919 übernahm er zusätzlich die Stadtbibliothek und ein wenig später noch das Ehrenamt des Stadtarchivars. Er befasste sich mit der Regionalgeschichte und ab 1921 mit dem „großen Sohn der Doppelstadt".

Die Bücher fesselten ihn, und er empörte sich „gegen die ungerechte Beurteilung seiner Persönlichkeit und seines Schaffens". So forschte er in Archiven, hielt Vorträge, publizierte in Zeitungen, verfasste wissenschaftliche Beiträge: Hans Zesewitz gilt als Begründer der Karl-May-Forschung.

Im *Karl-May-Jahrbuch 1932* erschien seine Arbeit „Alte Urkunden sprechen". Er wolle, hieß es zum Schluss, dem May-Freund „sichere Kunde" bringen „von Karl Mays großem, wenn auch schwerem Leben". In dieser Zesewitzschen Tradition – frei von Spekulation – steht unsere Karl-May-Biografie.

AUFTAKT AUF DEN WALDPLÄTZEN

„Zwischen den Ausläufern des sächsischen Erzgebirges, da, wo das berühmte Zwickauer und Würschnitzer Kohlenbecken sich bis in die Nähe von Chemnitz zieht, liegen am nördlichen Rande desselben die beiden Schwesterstädte Hohenstein und Ernstthal, welche dem freundlichen Leser ihres Gewerbefleißes wegen gewiß bekannt sein werden. Besonders ist es Ernstthal, dessen Weberei schon vor langen Zeiten sich eines weitgehenden Rufes erfreute und für seine Waaren nicht blos in Deutschland und den angrenzenden Ländern, sondern auch über die See hinüber ein weites Absatzgebiet fand.

Aber der Webstuhl vermag der Hand auch des fleißigsten Arbeiters keine Reichthümer zu bieten..."

Mit diesen Worten beginnt Karl May seine allererste Erzählung (*Die Rose von Ernstthal*, 1874 oder 1875). Es ist, so der Untertitel, eine „Geschichte aus der Mitte des vorigen Jahrhunderts", und ein Säkulum später, zu Mays Kindheit, hat sich an den Verhältnissen nichts geändert. Es ist eine Region geblieben mit viel Armut und dazu noch mit ziemlich verworrenen Strukturen.

Jene Gebiete im Erzgebirgsvorland (582 km²) mit etwa 135 Städten und Dörfern, zu denen auch Ernstthal gehört, waren einst kein kursächsisches, sondern schönburgisches Land. Als Reichsunmittelbare unterstanden die Herren von Schönburg direkt der Oberhoheit von Kaiser und Reich.

Es gab die Reichsstandesherrschaften Forder- und Hinterglauchau, Waldenburg, Lichtenstein, Hartenstein und Stein und außerdem die Lehnsherrschaften Penig, Rochsburg, Wechselburg und Remse. Durch Vererbung und Teilung, Zusammenschluss und Verkäufe tauchten neue Namen auf und verschwanden wieder, die Färbung der Landkarte wechselte häufig, unveränderlich blieb allein der Dauerzwist mit Kursachsen, das mit seinem Territorium die Schönburger Gebiete umschloss.

Anno 1740 wurden Streitigkeiten durch einen Vergleich

oder Rezess beigelegt. Die Standesherrschaften hießen fortan Rezessherrschaften und die Herren von Schönburg durften sich nicht mehr Landesherren nennen, behielten aber obrigkeitliche Gewalt, die Bewohner blieben Untertanen der Grafen von Schönburg.

Die finanzielle Lage im Schönburger Land war seit Olims Zeiten miserabel und durch das Abkommen mit Sachsen ein wenig aufgebessert worden. Nach dem gleichen Prinzip – ein Stück Aufgabe der Souveränität gegen sächsische Silbertaler – folgten weitere Rezesse, 1835 und nochmals 1878, womit der letzte Rest landesherrlicher Macht verschwand und das Territorium vollständig in den sächsischen Staat integriert wurde.

Die Anfangszeit der Schönburger war freilich weniger von pekuniären Nöten verdüstert als vielmehr von silberner Glorie überstrahlt. Denn als 1168 die Freiberger Flur fündig wurde, großes „Berggeschrey" anhob und viel Volk aus dem Harz wie aus anderen Gegenden anlockte, wurde nicht nur allerwärts im Gebirge, sondern auch im Vorland nach dem glänzenden Metall gegraben. Um 1320 soll es die ersten Stollen am Südhang des Hohen Steins gegeben haben, aber erst knapp 200 Jahre später kommt es in diesem Revier am heutigen Pfaffenberg zu einer beachtlichen, wenn auch nur kurzen bergbaulichen Blütezeit. Alte Ausbeuteregister nennen Silber-, Kupfer-, ja sogar Golderze, und vermutlich anno 1510 wird der Ansiedlung der Bergknappen das Stadtrecht verliehen. Im nunmehrigen Hohenstein entwickelt sich jedoch schon bald die häusliche Handweberei zum Haupterwerbszweig. Der Erzbergbau läuft mit wechselnden Erträgen weiter, bis schließlich im Jahre 1910 die Glocke von St. Lampertus zur letzten Schicht läutet.

1632 ging als Jahr des Schreckens in die Annalen ein: Eine Pestepidemie raffte 568 Hohensteiner dahin. Als 1680 wieder der ‚schwarze Tod' Städte und Dörfer bedroht, riegelt man Hohenstein hermetisch ab; kein Bürger darf die Stadt verlassen, niemand hereinkommen. Der Handelsherr Johann Simon aber setzt sich über alle Verbote hinweg und reist in

30

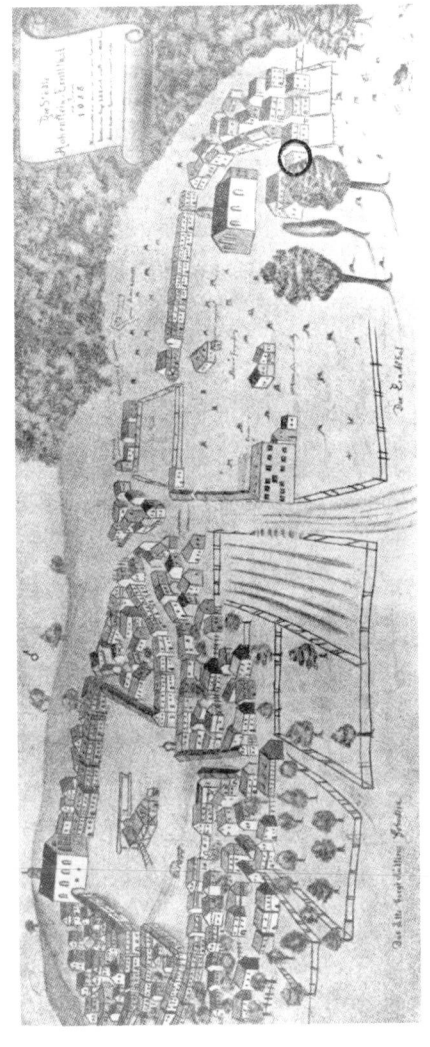

Hohenstein (links) und Ernstthal nach einer Zeichnung von 1688, die den frühesten Hinweis auf das Geburtshaus gibt.

31

dringenden Geschäften in die Residenz. Die Heimatstadt verweigert ihm daraufhin die Rückkehr.

So muss er sich notgedrungen auf ein Waldgrundstück seines Vaters Jacob Simon zurückziehen, das einige hundert Meter östlich vom hölzernen Stadttor liegt und vordem als Bleiche für Garn und Leinwand diente. Dieser Zufluchtsort ist die erste Wohnstätte von Ernsthal.

Nach dem Erlöschen der Pest übernimmt Johann Simon das väterliche Anwesen im Wald, kauft weitere Fluren hinzu und rührt die Werbetrommel. Aus Hohenstein und anderen Orten kommen arme Weber, um in seine Dienste zu treten. Sie roden den Tannicht und bauen Häuser, die sie anschließend „für billiges Geld“, so besagt ein Chronistenbericht, erwerben können.

Bald klappern Webstühle in der Siedlung auf den Waldplätzen, wie die Simonsche Gründung anfangs genannt wird. 1687 verleiht ihr der auf Schloss Hinterglauchau sitzende Grundherr zur Huldigung eines Vorfahren den Namen Ernstthal. Nach weiteren sieben Jahren erhält der Ort mit seinen 110 Häusern das Stadtrecht.

Mit dem benachbarten Hohenstein gibt es von Anbeginn an etliche Querelen, nicht zuletzt deshalb, weil beide Städte verschiedenen Regenten unterstehen. Erst 1898 werden die gleichsam nahtlos zusammenhängenden Gemeinwesen zur Stadt Hohenstein-Ernstthal vereint.

Unter den Allerersten, die dem Ruf Johann Simons gefolgt waren, lassen sich in der siebenten Vorgeneration mütterlicherseits drei Urahnen von Karl May nachweisen: der Tischler Johann Teucher, der die Siedlung miterbaute, sowie die Lein- und Wollweber Andreas Stephan und Christoph Spindler. Wir wissen nicht, woher jene Altvorderen kamen. In Ernstthal sind sie gestorben.

„Es ging die Sage“, schreibt Karl May in seiner Selbstbiografie, „daß es in der Familie, als sie noch wohlhabend war, Geistliche, Gelehrte und weitgereiste Herren gegeben habe...“

32

Genaueres wusste er nicht zu berichten, aber Hainer Plaul konnte Beweise für „die Sage" ermitteln. Die Ahnenreihe lässt sich heute lückenlos bis zu den erwähnten Vorfahren nachweisen.

Sucht man über die Großmutter väterlicherseits nach der zehnten Vorgeneration, dann findet man im 16. Jahrhundert einen Johann Niederstetter aus Torgau, der Vorlesungen Luthers an der Wittenberger Universität besuchte, anschließend in Freiberg predigte und der Nachwelt in einer kleinen Schrift über ein gewaltiges Unwetter im Gebiet der erzgebirgischen Bergstadt berichtete. Nach damaligem Maßstab kann er durchaus als „weitgereist" gelten. Von seinem Sohn Michael, weiland sogar zweiter Hofprediger in Dresden, sind mehrere gedruckte Erbauungsschriften überliefert.

In der achten Generation gibt es einen Pfarrer Gottfried Dexelius, Enkel des Johann Niederstetter, der im erzgebirgischen Forchheim lebte und eine Biografie seines Dienstherrn verfasste. Als im Dreißigjährigen Krieg die Schweden ins Dorf kommen, zeigen sie allerdings wenig Respekt vor dem Amt ihres Glaubensbruders: Sie „gießen ihm einen so genannten Schweden-Tranck (Jauche!) in den Halß". Sein gleichnamiger Enkel – der Bruder einer vierten Urgroßmutter Mays – verfasst sechs Bücher, unter anderem über „seltzamste Denck- und Merckwürdigkeiten" wie Straßenräubereien, Kindsmörderinnen und ähnliches mehr. Die Schwester dieses Schriftstellers, über die eine gerade Linie zu May führt, ist schon mit einem Weber verheiratet. Ihr gemeinsamer Sohn, einer der Urururgroßväter Mays, lässt sich zu Beginn des 18. Jahrhunderts in Ernstthal nieder.

„Es war eine reine Weberstadt", berichtet Hans Zesewitz, „kaum ein Haus gab es in ihr, in dem nicht mindestens ein Webstuhl klapperte, der den Familien notdürftigen Unterhalt gewährte."

Zuerst hatten die Handelsherren die von den Webern gefertigten Stücke direkt übernommen. Gegen Ende des 18. Jahrhunderts schalten sich die sogenannten Verleger dazwischen.

Sie liefern die Garne und erteilen die Aufträge, nehmen die Ware ab und zahlen den Lohn aus und wollen natürlich auch selbst verdienen. Die ohnehin schon kärglichen Einkünfte der Weber schrumpfen noch weiter.

Nach kümmerlichen Jahrzehnten markiert Napoleons Kontinentalsperre von 1806 einen Silberstreif; die Nachfrage nach heimischen Erzeugnissen steigt sprunghaft an, weil englische Produkte ausbleiben. Das aber ist nicht mehr als ein kurzer Aufschwung, dem bald wieder der Jammer folgt. Das Ende der Blockade kommt in den Jahren 1812/13. Preisgünstige englische Tuche aus modernen Industiebetrieben erobern rasch die alten Positionen zurück und neue hinzu. Damit beginnt auch das langsame, aber sichere Ende der Heimweberei. Die Hausweber aber wollen ihre vermeintliche Selbstständigkeit behalten, hoffen auf bessere Zeiten, dehnen den Arbeitstag bis an ihre physischen Grenzen aus.

Elende Lebensbedingungen, die den Griff zum Alkohol provozieren, um für kurze Zeit vergessen zu können oder sich für einen zwölf- bis vierzehnstündigen Arbeitstag zu stimulieren. Beide Großväter Mays werden Opfer dieser Trost- und Trugdroge. Zum Tode von Christian Friedrich May am 4. Februar 1818 ist im Begräbnisbuch vermerkt: „Unordentliche Lebensart". „Trunkenheit und Verzweiflung" werden unter dem 20. Juni 1832 als Ursache zur „Selbstentleibung" des Webers Christian Friedrich Weise angegeben. Der Vater von Mays Mutter hatte sich im Keller aufgehängt.

Jener Weber Christian Friedrich May, das sei nebenbei bemerkt, ist nicht der leibliche Großvater von Karl May. Er beschuldigt im siebenten Ehejahr seine Frau Johanne Christiane, geborene Kretzschmar, des Ehebruchs, worauf zur Geburt von Heinrich August May – dem Vater des Schriftstellers – im Taufbuch festgehalten wird: „Der Schwängerer soll ein Unbekannter gewesen seyn."

Johanne Christiane May behielt das Geheimnis für sich. Mutmaßungen zielen auf einen bayerischen oder französischen Soldaten aus den Rheinbundkontingenten, die 1810

34

*Ernstthaler
Heimweber
um 1840.*

durch Sachsen zogen. Andere Versionen wieder halten die Liaison mit einem herrschaftlichen Oberförster aus der heimatlichen Umgebung für wahrscheinlicher. Beweise existieren nicht.

Wenn auch die väterliche Abstammungslinie im Dunkel liegt, so sind die in der Familie durch den Heimweberberuf über Generationen geprägten Traditionen so dominierend, dass der Lebensweg von Karl May gleichfalls vorbestimmt scheint.

Ein Ausbrechen aus diesem eisernen Kreis verlangt nicht nur besondere persönliche Fähigkeiten, sondern auch das Überwinden von Barrieren, ein Umstand, der Mays Leben mit zusätzlicher Tragik überschatten wird.

Um 1840 zählt Ernstthal rund 2.700 Einwohner. Vier von fünf Erwerbstätigen arbeiten als Heimweber und verdienen etwa ein Drittel von dem, was als Existenzminimum gilt. In der Stadt geht es wie in anderen Gebieten des Heimtextilgewerbes weiter bergab. Denn neben der englischen kommt im Gefolge der industriellen Revolution in Deutschland nun auch die einheimische Konkurrenz mit billigeren Waren.

Auch Ernstthaler Unternehmer hatten 1825, 1827 und 1842 Webfabriken eröffnet und sie nach 1850 mit mechanischen Webstühlen ausgerüstet. Mehr und mehr Heimweber werden arbeitslos, wollen sich jedoch mit dem unvermeidlichen Niedergang ihres Gewerbes nicht abfinden.

Als man das Jahr 1842 schreibt, liegt die Heimweberei bereits im Todeskampf, der aber noch lange nicht ausgestanden ist.

36

KINDHEIT UND JUGEND

Das alte Weberhaus

Dem 25. Februar 1842 fehlen zwei Stunden zur Mitternacht, als Karl Friedrich May in Ernstthal geboren wird – „im niedrigsten tiefsten Ardistan ... ein Lieblingskind der Not, der Sorge, des Kummers."

Er ist das fünfte Kind des 32-jährigen Webergesellen Heinrich August May und seiner um sieben Jahre jüngeren Ehefrau Christiane Wilhelmine, geborene Weise. Neun weitere Geschwister folgen noch, aber von den 14 Kindern sterben neun bereits vor ihrem zweiten Geburtstag, zumeist in den ersten Lebenswochen. Das seit Jahrhunderten über den Vorfahren liegende Elend schlägt um die Familie keinen Bogen.

In der Selbstbiografie gibt Karl May eine anschauliche Beschreibung seines Geburtshauses: Es war „nur drei schmale Fenster breit und sehr aus Holz gebaut, dafür aber war es drei Stockwerke hoch und hatte ganz oben unter dem First einen Taubenschlag... Großmutter, die Mutter meines Vaters, zog in das Parterre, wo es nur eine Stube mit zwei Fenstern und die Haustür gab. Dahinter lag ein Raum mit einer alten Wäscherolle, die für zwei Pfennige pro Stunde an andere Leute vermietet wurde. Es gab glückliche Sonnabende, an denen diese Rolle zehn, zwölf, ja sogar vierzehn Pfennige einbrachte. Das förderte die Wohlhabenheit ganz bedeutend. Im ersten Stock wohnten die Eltern mit uns. Da stand der Webstuhl mit dem Spulrad. Im zweiten Stock schliefen wir mit einer Kolonie von Mäusen und einigen größeren Nagetieren... Es gab auch einen Keller, doch war er immer leer. Einmal standen einige Säcke Kartoffel darin, die gehörten aber nicht uns, sondern einem Nachbar, der keinen Keller hatte. Großmutter meinte, daß es viel besser wäre, wenn der Keller ihm und die Kartoffeln uns gehörten. Der Hof war grad so groß, daß wir fünf Kinder uns aufstellen konnten, ohne aneinander zu stoßen. Hieran grenzte der Garten, in

37

Die Geschwister

1. Heinrich August May — 22.7.1836-9.4.1837
2. Auguste Wilhelmine May — 1.12.1837-27.5.1880
   ab 1861 verheiratet mit
   dem Weber Friedrich August
   Hoppe (1835-1889)
3. Christiane Friederike May — 2.5.1839-26.04.1841
4. Friedrich Wilhelm May — 15.11.1840-11.1.1841
5. Karl Friedrich May — 25.2.1842-30.3.1912
   Schriftsteller
      1. Ehe 17.8.1880-4.3.1903
      (Scheidung) mit Emma Lina Pollmer
      (22.11.1856-13.12.1917)
      2. Ehe ab 30.3.1903 mit
      Auguste Wilhelmine Klara Beibler
      (4.7.1864-31.12.1944)
6. Christiane Wilhelmine May — 28.5.1844-30.4.1932
   ab 1869 verheiratet mit dem
   Weber Julius Ferdinand
   Schöne (1832-1897)
7. Ernestine Pauline May — 2.6.1847-29.4.1872
8. Karoline Wilhelmine May — 9.6.1849-1.12.1945
   ab 1872 verheiratet mit dem
   Weber Carl Heinrich
   Selbmann (1832-1902)
9. Heinrich Wilhelm May — 7.4.1851-20.9.1851
10. Anna Henriette May — 16.8.1852-4.9.1852
11. Karl Hermann May — 5.5.1854-15.8.1854
12. Karl Heinrich May — 3.7.1855-30.10.1855
13. Maria Lina May — 21.11.1857-13.12.1857
14. Emma Maria May — 4.3.1860-5.8.1860

Alle Geschwister wurden in Ernstthal geboren und starben auch dort, mit Ausnahme von Karl May, der in Radebeul verschied.

(Aus einer genealogischen Tafel von Dr. Hainer Plaul.)

Das Geburtshaus um 1910.

dem es einen Hollunderstrauch, einen Apfel-, einen Pflaumen- baum und einen Wassertümpel gab, den wir als ‚Teich‘ be- zeichneten…“

Der Schriftsteller weiß noch andere Episoden zu erzählen, die sich aber nicht, wie er glauben macht, in diesem Gebäu- de abgespielt haben können. Denn der kleine Karl May verbringt nur die ersten drei Lebensjahre in seinem Geburts- haus. Fünf Kinder gehören erst seit dem Sommer 1849 zur Familie. Sie hätten frühestens im Jahr darauf gemeinsam spielen oder sich im Hof aufstellen können.

Die Lage des Geburtshauses bringt es mit sich, dass Karl May als Untertan des Grafen von Schönburg-Hinterglauchau geboren wird. Hätte seine Wiege am Hohensteiner Markt gestanden, müsste man ihn als Schönburg-Forderglauchauer bezeichnen. Ein paar hundert Meter weiter östlich wäre er gleich als ‚echter Sachse‘ zur Welt gekommen. Das aber war er ohne jede Einschränkung erst ab 1878.

Das Geburtshaus gehört zu den ältesten Bauwerken von Ernstthal. Auf einer alten Zeichnung von 1688, also nur acht Jahre nach der Entstehung des Ortes, ist es bereits als zu- nächst einstöckiges Gebäude zu sehen. Zwischen 1759 und 1767 wurde das alte Weberhaus dreigeschossig aufgestockt.

Etliche Male wechselten die Besitzer. Christiane Wilhel- mine May, Karls Mutter, erbte das Haus 1838 von einer Großtante. Die Grafen von Schönburg-Hinterglauchau kas- sierten die Grundsteuer und jährlich zwei Groschen Erbzins. Eine auf dem Haus lastende Hypothek von 30 Gulden tilgten die Mays 1843.

Hans Zesewitz ist es zu danken, dass wir das Geburtshaus überhaupt kennen; er hatte als Erster den Standort identifi- ziert. Unter seinem maßgeblichen Einfluss wurden 1929 die Gedenktafel am Haus angebracht und ein erster Teil der Stra- ße in Karl-May-Straße umbenannt; 1932 und 1935 folgten die restlichen Abschnitte.

Im Jahre 1985 wurde das alte Weberhaus zur Gedenk- und Forschungsstätte umgestaltet und unter dem Namen Karl-

May-Haus der Öffentlichkeit zugänglich gemacht. Der 1942 im Fuchsgrund errichtete Karl-May-Stein steht seit 1989 am westlichen Ende der Karl-May-Straße, das Karl-May-Denkmal auf dem Ernstthaler Neumarkt wurde am 25. Februar 1992 eingeweiht.

Dieses Memorial befindet sich so ziemlich im Zentrum der Wohn- und kindlichen Wirkungsstätten des kleinen Karl May. Bereits im April 1845 verkaufte die Familie aus finanziellen Zwängen das geerbte Häuschen und bezog eine Mietwohnung an der Westseite des Ernstthaler Marktplatzes, zuerst im Gebäude links und später rechts neben der Gastwirtschaft ,Zur Stadt Glauchau'. Diese Häuser besaßen zwei und nicht drei Stockwerke und waren eher breit als schmal; auf sie passt nicht die Beschreibung in der Selbstbiografie. Der ganze Trakt fiel 1898 einem Brand zum Opfer.

Blindheit?

Im Leben des Schriftstellers gibt es mitunter Fakten, bei denen wir ausschließlich auf autobiografische Auskünfte angewiesen sind. Allein aus dieser Quelle erfahren wir beispielsweise, dass May „kurz nach der Geburt sehr schwer erkrankte, das Augenlicht verlor und volle vier Jahre siechte ... eine Folge ... der rein örtlichen Verhältnisse, der Armut, des Unverstandes und der verderblichen Medikasterei". Welche konkreten Umstände dem Jungen für vier Jahre das Augenlicht geraubt haben können, lässt sich lediglich vermuten. Einige Anhaltspunkte aber sind bekannt. Im April 1842, zwei Monate nach Mays Geburt, kündet sich bereits an, dass es ein neuerliches Katastrophenjahr geben wird. Ungewöhnliche Hitze und langwährende Dürre führen zu extremem Wassermangel im Erzgebirgsvorland und damit auch zu unhygienischen Verhältnissen. So kann eine Infektion zum zeitweiligen Verlust des Augenlichtes geführt haben.

Aber auch andere Versionen scheinen denkbar. Die zu jener Zeit noch enorm hohe Säuglingssterblichkeit veranlasst die Eltern, Neugeborene umgehend zum ersten Sakrament zu bringen. In kalter Jahreszeit, so warnen damals Ärzte, kann sich schnell eine Erkältung einstellen, die zur Erblindung führt. Karl May wird bereits einen Tag nach seiner Geburt durch eiskalte Februarluft zur Taufe getragen!

Als weitere mögliche Ursachen werden Vitamin-A-Mangel oder gar Alkoholismus des Vaters genannt. Das jedoch dürfte wohl abwegig sein: „Ich habe ihn niemals betrunken gesehen", überliefert Karl May.

Nach Vollendung des vierten Lebensjahres, berichtet er weiter, konnte ärztliche Kunst die Sehkraft wiederherstellen. Die Mutter hatte einen Teil des Erlöses aus dem Hausverkauf genutzt, um 1845/46 einen sechsmonatigen Hebammenkurs an der Chirurgisch-Medizinischen Akademie in der Residenzhauptstadt Dresden zu besuchen. Dort habe sie vom Schicksal des Jungen erzählt und sei aufgefordert worden, ihn in Dresden vorzustellen. Die Professoren Grenser und Haase, wobei Letzterer freilich zu jener Zeit schon im Ruhestand war, hätten ihn behandelt – „und zwar mit ganz überraschendem Erfolge. Ich lernte sehen..." Zur Therapie wird nichts erläutert.

Mehr als zwei Dutzend Mal haben Doktoranden bisher mit einer Arbeit über Karl May ihren Titel erworben. Zumeist wurden literarische Themen bearbeitet, den Anfang hatte 1936 Heinz Stolte gemacht.

Dabei gab es auch Überraschendes. 1972 promoviert Gerd Asbach über *Die Medizin in Karl Mays Amerika-Bänden* an der Universität Düsseldorf zum Doktor der Zahnmedizin, knappe drei Jahrzehnte später reicht der Berliner Arzt Johannes Zeilinger an der Universität Leipzig eine medizinische Dissertation über den Orient-Zyklus ein.

Während Asbach denkbare Ursachen für die zeitweilige Blindheit Mays erörtert, führt Zeilinger Argumente zu einer Widerlegung der frühkindlichen Erblindung an: In der von

42

May beschriebenen Form, meint er, wäre die Erkrankung nicht oder zumindest nur mit einem Dauerschaden heilbar gewesen. Bei einer angeborenen oder erworbenen völligen Linsentrübung etwa hätten die undurchsichtigen Linsen operativ entfernt werden müssen – damals überdies ein Eingriff mit nur geringen Erfolgsaussichten –, und der Patient wäre dann zeitlebens auf eine sogenannte ,Starbrille' von elf oder mehr Dioptrien angewiesen gewesen. Mit einer so auffälligen Sehhilfe aber ist May auf keinem einzigen Foto abgebildet.

In Mays Biografie war die Blindheit in früher Kindheit bisher ein wichtiger und folgenreicher Faktor. Er habe, schreibt er selbst, „mehr Zeit" gehabt, „zu denken und zu grübeln als andere Kinder", dadurch eine „so mächtige Innenwelt" entwickelt, dass „sie selbst dann, als er sehend wurde, für lebenslang seine ganze Außenwelt beherrschte". Kurzum: In jenen dunklen Kindheitsjahren seien entscheidende Wurzeln für die spätere überreiche Fantasie gelegt worden.

Die Hypothese, dass May diese Blindheit gar nicht durchlebt habe, würde dieses Bild umstoßen. Dabei darf allerdings nicht unbeachtet bleiben, dass Karl May einige Male für bestimmte Umstände oder Ereignisse in seinem Leben Ursachen nennt, die sehr plausibel klingen, aber nicht vorhanden waren. Gut erfunden eben. Verständlich somit, dass seit 1999 unter Fachleuten, Forschern und Fans heftig diskutiert und gestritten wird: War er nun blind oder nicht? Beide Theorien erscheinen, betrachtet man sie jeweils gesondert, in sich schlüssig. Ob man nach über anderthalb Jahrhunderten durch Dispute noch eine zutreffende Diagnose stellen kann, darf bezweifelt werden.

Ahne und Pate

In seiner Lebensrückschau räumt May der Mutter nur relativ wenig Platz ein. „Immer still, unendlich fleißig ... stets opferbereit für andere" sei sie gewesen. Freundliche und zugleich unverbindliche Worte, die andeuten, dass die gegenseitigen Beziehungen nicht allzu innig waren. Diese Lesart drängt sich geradezu auf, wenn man das Hohelied auf die Großmutter väterlicherseits – die uns schon bekannte Johanne Christiane Kretzschmar – dagegenhält, das über viele Buchseiten in schwärmerischer Verehrung erklingt: „Ich war die ganze Zeit des Tages nicht bei den Eltern, sondern bei der Großmutter. Sie war mein alles. Sie war mein Vater, meine Mutter, meine Erzieherin, mein Licht, mein Sonnenschein, der meinen Augen fehlte. Alles, was ich in mich aufnahm, leiblich und geistig, das kam von ihr..."

Die Jahre der frühen Kindheit und möglichen Blindheit füllt die Großmutter mit einem Übermaß an Hinwendung aus. Sie lässt zahllose Märchen lebendig werden, die das Kind dann aus freien Stücken nacherzählt. Dabei entwickelt sich seine ungemein reiche Fantasie.

Das innige Verhältnis setzt sich fort, als es an der Sehkraft keinerlei Zweifel mehr gibt. Märchenbilder ziehen noch durch viele gemeinsame Stunden, werden von dem Kind variiert, immer bunter ausgeschmückt und dann hinausgetragen auf den Ernstthaler Markt. Von den Stufen der nur wenige Schritte entfernten Kirche St. Trinitatis beeindruckt er seine ersten Zuhörer. Es sind Kinder aus der Nachbarschaft, vor denen Karl May Proben seiner bereits ausgeprägten Einbildungskraft ablegt.

In „seelischer Beziehung" hat die Großmutter, behauptet er später, „den tiefsten und größten Einfluss auf meine Entwicklung ausgeübt". Und von ihr will er auch, das lässt er zwischen den Zeilen durchblicken, die ersten Anregungen empfangen haben, seine literarischen Schauplätze in exotische, insbesondere orientalische Gefilde zu legen. Als Zeug-

44

Ernstthaler Markt-platz anno 1842 mit der St.-Trinitatis-Kirche.
Die Familie May wohnte ab 1845 im Haus links (nur zum Teil sichtbar), später rechts neben dem Gasthaus „Zur Stadt Glauchau" (mit Torbogen) zur Miete. Die nächs-ten Gebäude, Kan-torat und Pfarr-haus, existieren noch heute.

45

nis nachhaltiger Inspiration wird zusätzlich ein geheimnisvoller Buchtitel beschworen:

„Der Hakawati. / d. i. / der Märchenerzähler in Asia, Africa, Turkia, Arabia, Persia und India sampt eyn Anhang mit Deytung, explanatio und interpretatio auch viele Vergleychung und Figürlich seyn / von / Christianus Kretzschmann / der aus Germania war. / Gedruckt von Wilhelmus Candidus / A. D.: M. D. C. V."

Das sei ein „ziemlich großer und schon abgegriffener Band" gewesen mit einer „Menge bedeutungsvoller orientalischer Märchen, die sich bisher in keiner Märchensammlung befanden". Die Großmutter habe alles fast wörtlich aus dem Kopf erzählen können, aber auch mit immer neuen Deutungen ausgeschmückt. Womit nun Karl May seinen Lesern im Jahre 1910 gleich ein ganzes Bündel von Fiktionen zumutet.

Nach der Existenz eines solchen Buches – erschienen „A. D.: M. D. C. V.", also Anno Domini 1605 – wurde tatsächlich geforscht, vergebens natürlich. Allein der genannte vorgebliche Verfasser weist auf eine nur leichte Abänderung des Namens der Großmutter Christiane Kretzschmar hin, und bei dem latinisierten Namen des Druckers stand die Mutter Pate: Zu Wilhelmine Weise wäre das exakte männliche Pendant zwar Wilhelmus Sapiens; übersetzt man aber statt Weise Weiß, dann führt das zu Candidus. Ausgerechnet bei der Konstruktion eines Titels, den May als Schlüssel seines Schaffens angibt, versagte seine sonst so grandiose Fantasie.

Der Schriftsteller bemühte sich im Alter, seinem Lebenswerk einen Symbolgehalt zuzusprechen, den er von Anfang an verfolgt habe: Die Werke seien Gleichnisse für das Streben des Menschen, sich von Gewalt und Egoismus zu befreien und ‚edel' zu handeln. Dazu habe ihn, behauptet er, sein „Lieblingsmärchen" aus dem „Hakawati"-Buch angeregt. „Geographie und Ethnologie unserer Erde und ihrer Bewohner" seien dort „rein ethisch behandelt" worden. Da es aber ein Märchen, das so genau zu seiner Konzeption passte, nicht gab, musste er es erfinden.

46

In der Selbstbiografie lesen wir, dass aus der Seele der Groß-mutter „die Gestalt der Marah Durimeh herausgewachsen ist ... die große, herrliche Menschheitsseele, der ich die Gestalt meiner Großmutter gab". Viele literarische Figuren Karl Mays entstanden nach Vorbildern aus seiner Umgebung. Die Groß-mutter liefert dafür das erste Beispiel.

Jene Marah Durimeh ist eine über 100 Jahre alte kurdische Stammesfürstin; sie erscheint erstmalig im Roman *Durchs wilde Kurdistan*, wo sie ihren geheimnisvollen Einfluss zur Friedensstiftung nutzt. Sie ist die einzige überragende Frauen-gestalt, die Karl May geschaffen hat. Seine später erklärte und verklärte Absicht, sie in den orientalischen Werken als Ideal wirken zu lassen wie Winnetou in den amerikanischen Büchern, ist freilich nur schwach umgesetzt worden. Marah Durimeh gehört nicht zu den bekannten Figuren in der al-lerersten Reihe.

Weil sich der „Hakawati"-Foliant als Mystifikation erwies, aus einem nicht vorhandenen Buch nun auch nicht „am meis-ten gelesen" werden konnte, stellt sich nun die Frage nach den tatsächlichen Quellen konkreter Anregung. Erzähltalent und Seele der Ahne wollen wir gar nicht anzweifeln, aber der Blick für die weite Welt wird Karl May wohl an anderer Stelle eröffnet, nämlich im Hause des Ernstthaler Schmieds Christian Friedrich Weißpflog. Dieser weit gereiste Mann hat einiges von der Welt gesehen und wird mit Sicherheit mehr aus handfester abenteuerlicher denn sittlich idealisier-ter Sicht über seine Erlebnisse berichtet haben. Dies kann angenommen werden, wenngleich Mays Zeugnis dem zu widersprechen scheint:

„Und ich hatte einen Paten, welcher als Wanderbursche weit in der Welt herumgekommen war. Der nahm mich in der Dämmerstunde und an Feiertagen, wenn er nicht arbeitete, gern zwischen seine Kniee, um mir und den rundum sitzen-den Knaben von seinen Fahrten und Erlebnissen zu berich-ten. Es war ein kleines schwächliches Männlein, mit weißen Locken, aber in unseren Augen ein gar gewaltiger Erzähler voll übersprudelnder, mit in das Alter hinüber geretteter Jugendlust und Menschenliebe.

Alles, was er berichtete, lebte und wirkte fort in uns; er besaß ein ganz eigenes Geschick, seine Gestalten gerade das sagen zu lassen, was uns gut und heilsam war, und in seine Erlebnisse Szenen zu verflechten, welche so unwiderstehlich belehrend, aneifernd oder warnend auf uns wirkten. Wir lauschten atemlos, und was kein strenger Lehrer, kein strafender Vater bei uns erreichte, das erreichte er so spielend leicht durch die Erzählungen von seiner Wanderschaft. Er hat seine letzte Wanderung schon längst vollendet; ich aber erzähle an seiner Stelle weiter ... ich will meinen Lesern das sein, was meine Großmutter und mein Pate mir gewesen sind..."

Diese Zeilen aus einer Replik vom 27. September 1899 in der Dortmunder Zeitung *Tremonia* sind Mays einziges Bekenntnis zu seinem Paten. In der Selbstbiografie von 1910 fehlt dann jeder Hinweis auf ihn. Hier wird allein die „Märchengroßmutter" als unergründlicher Born, als „beglückendes" Rätsel präsentiert, „aus dessen Tiefen ich schöpfen durfte, ohne es jemals ausschöpfen zu können". Sie war gottesfürchtig, „Seele, nichts als Seele". Lesern wie Gegnern wird sie als Urquell seines Schaffens vorgezeigt. In den hochgeschraubten seelischen Sphären ist kein Platz mehr für einen Wanderburschen von dieser Welt; selbst das Bild eines weitgereisten Philanthropen erscheint nicht mehr strahlend genug. Die kurz vorgezeigte eigentliche Quelle der Inspiration wird wieder verschüttet.

Ein ganz profaner Grund – ein peinlicher Vorgang aus dem Jahre 1869, auf den noch einzugehen ist – dürfte May zusätzlich bestärkt haben, nicht mehr auf den Ernstthaler Schmied zurückzukommen. Schon 1899 bleibt der Name Weißpflog ungenannt – May schreibt nur von „einem Paten" –, und zu dieser Zeit ist, im Gegensatz zu 1910, von der einstigen Affäre in der Öffentlichkeit noch nichts bekannt.

Fernweh hat die Großmutter in Karl May also kaum ge-

48

weckt, wohl aber erste Impulse zur Ausbildung der Fantasie gegeben. Auch ihr Einfluss auf seine charakterliche Entwicklung darf nicht zu gering veranschlagt werden – allerdings nicht mit dem von May einseitig betonten Effekt.

Wenn der Schriftsteller von ihr berichtet, erscheinen die Kindheitserinnerungen verklärt, bleiben Hunger und Armut ungenannt. Tritt aber der Junge aus ihrem Zimmer heraus oder vom Märchenpodest der Kirchenstufen herab oder verlässt er den Schoß des Paten, dann ist die Alltagsrealität wieder gegenwärtig. Und auf diesem rauen Feld gibt es Wirkungen, die in seine psychische Entwicklung nicht minder nachhaltige Spuren eingraben. Sie gehen vom Vater aus, dessen Charakter sich durch schwere Arbeit und auf der Familie lastende Not immer mehr verhärtet hat.

„Mein Vater", heißt es in der Selbstbiografie, „war ein Mensch mit zwei Seelen. Die eine Seele unendlich weich, die andere tyrannisch, voll Uebermaß im Zorn, unfähig, sich zu beherrschen. Er besaß hervorragende Talente, die aber alle unentwickelt geblieben waren, der großen Armut wegen. Er hatte nie eine Schule besucht, doch aus eigenem Fleiß fließend lesen und sehr gut schreiben gelernt... Wozu ein anderer Weber vierzehn Stunden brauchte, dazu brauchte er nur zehn; die übrigen vier verwendete er dann zu Dingen, die ihm lieber waren. Während dieser zehn angestrengten Stunden war nicht mit ihm auszukommen; alles hatte zu schweigen; niemand durfte sich regen. Da waren wir in steter Angst, ihn zu erzürnen. Dann wehe uns!...

Uebrigens, wenn die zehn Stunden vorüber waren, so hatten wir nichts mehr zu befürchten; wir atmeten alle auf, und Vaters andere Seele lächelte uns an. Er konnte dann geradezu herzgewinnend sein, doch hatten wir selbst in den heitersten und friedlichsten Augenblicken das Gefühl, daß wir auf vulkanischem Boden standen und von Moment zu Moment einen Ausbruch erwarten konnten."

Ein Mann wird uns hier vorgestellt, talentiert, mit Ambitionen, die über den Handwebstuhl hinausreichen, aber schon frühzeitig zerschlagen werden. Der Vater verbittert zunehmend unter der aufgepressten monotonen Arbeit und neigt zu Wutausbrüchen, unter denen die Kinder leiden.

Karl May schreibt in der Selbstbiografie, dass die Zeit der Kindheit und Jugend, die gemeinhin bis zum 14. Lebensjahr datiert wird, bei ihm mit dem fünften „zu Ende war". Er nennt den folgenden Abschnitt „keine Jugend".

In dieser Zeit, die ein Dezennium währt, lebt er im permanenten Spannungsfeld zweier gegensätzlicher Pole, pendelt zwischen Großmutter und Vater, wird durch den Wechsel von liebevoller Verwöhnung und despotischer Willkür verunsichert. Die Folgen werden sich in einer nachhaltigen psychischen Fehlentwicklung zeigen.

Feuer im Schloss

„Ich war mit fünf Jahren in die Schule gekommen", behauptet May in der Selbstbiografie. Eigentlich durfte man das erst vom sechsten Lebensjahre an. Aber die Mutter habe durch ihre Hebammentätigkeit oft mit dem Pastor zu tun gehabt, und in seiner Eigenschaft als Lokalschulinspektor hätte er diesen Wunsch erfüllt. Auch der Elementarlehrer Schulze sei einverstanden gewesen, zumal Vater May mit ihm zweimal in der Woche Skat oder Schafkopf gespielt hätte.

Das 1932 von Hans Zesewitz entdeckte und vor ein paar Jahren wieder aufgefundene Hauptbuch der Knabenschule zu Ernstthal liefert dafür allerdings keine Bestätigung. Dort steht unter „N° 63. May, Karl Friedrich": „Tag der Aufnahme. Ostern 1848." Entweder hat er sich getäuscht oder ein wenig geflunkert – „Das Lernen fiel mir leicht. Ich holte schnell meine zwei Jahre ältere Schwester ein." – oder aber er war schon vor der behördlichen Einschulung ein paar Monate, vielleicht seit Michaelis 1847, gewissermaßen inoffiziell im Klassenzimmer gewesen.

50

Ostern 1848 – das bedeutete Ostersonntag am 23. April und amtlicher Schulbeginn am 27. April. Es war eine bewegte Zeit, und wenn Karl May später auf die ersten bewusst erlebten Jahre zurückblickt, dann dominiert in allen Erinnerungen zunächst einmal schlimme Hungersnot:

„Es mangelte uns an fast Allem, was zu des Leibes Nahrung und Notdurft gehört. Wir baten uns von unserem Nachbar, dem Gastwirt ‚Zur Stadt Glauchau‘, des Mittags die Kartoffelschalen aus, um die wenigen Brocken, die vielleicht noch daran hingen, zu einer Hungersuppe zu verwenden. Wir gingen nach der ‚roten Mühle‘ und ließen uns einige Handvoll Beutelstaub und Spelzenabfall schenken, um irgend etwas Nahrungsmittelähnliches daraus zu machen. Wir pflückten von den Schutthaufen Melde, von den Rainen Otterzungen und von den Zäunen wilden Lattich, um das zu kochen und mit ihm den Magen zu füllen.“

Die Webstühle stehen still, und von der Arbeitslosigkeit sind Ende der vierziger Jahre nur wenige Strumpfwirker ausgenommen. Sie produzieren nun freilich keine Strümpfe mehr, sondern Handschuhe – Leichenhandschuhe, die man den Verstorbenen selbst in diesen Notzeiten nicht vorenthalten will.

An diesen bescheidenen Verdienstmöglichkeiten dürfen einige Weber teilhaben. Auch im Hause May gibt es wieder etwas Arbeit. Mutter, Großmutter, der kleine Karl und eine ältere Schwester nähen aus gewirkten Einzelteilen derartige Handschuhe zusammen und haben am Wochenende elf, wenn's hoch kommt gar zwölf Neugroschen verdient: „Dafür gab es für fünf Pfennige Runkelrübensyrup, auf fünf Dreierbrötchen gestrichen; die wurden sehr gewissenhaft zerkleinert und verteilt. Das war zugleich Belohnung für die verflossene und Anregung für die kommende Woche.“

„Während wir in dieser Weise daheim arbeiteten“, erfahren wir aus der Selbstbiografie weiter, „hatte Vater ebenso fleißig auswärts zu tun; leider aber war seine Arbeit mehr ehrend als nährend.“

Karl May spielt hier auf die revolutionären Ereignisse von 1848 und 1849 an: An einigen Aktionen in der Heimat war der Vater beteiligt.

Durch Gerhart Hauptmanns Drama *Die Weber* von 1892 ist das unermessliche Leid dieser Berufsgruppe in Schlesien nachhaltig in Erinnerung geblieben. Im Juni 1844 war es im Eulengebirge wegen der katastrophalen Lebensbedingungen zum Aufstand gekommen. In einigen sächsischen Gebieten liegen die Verhältnisse nur wenig besser. Die Jahre 1845 bis 1847 hatten Missernten gebracht mit all den schlimmen Folgen wie Lebensmittelknappheit, Preisanstieg und Hungersnot. Aus mehr als 20 Orten werden Unruhen gemeldet. Am 2. August 1847 stürmen in Ernstthal aufgebrachte Weber der Stadt Bäckerläden und Marktbuden und zwingen die Inhaber, ihre Produkte zu wesentlich billigeren Preisen zu verkaufen.

Nach den Barrikadenkämpfen im März 1848 in Berlin greift das revolutionäre Geschehen auch rasch nach Sachsen über, wo „Gärungsstoff schon seit Jahren gehäuft worden war". Zu besonders heftigen Auseinandersetzungen kommt es in den Schönburgischen Rezessherrschaften.

Johann Gottfried Zschaler hat in einer *Chronik*, die 1849 im Dresdner Verlag von C. G. Lohse in Lieferungen erschien, die Ereignisse vom europäischen Rahmen bis in viele kleine Dörfer hinein dokumentiert.

„Bereits seit mehreren Wochen", heißt es, „hatten viele Gemeinden der Schönburgischen Receßherrschaften mannichfache Klagen und Beschwerden meist über die bestehenden herrschaftlichen Leistungen, insonderheit das Lehngeld, so wie über einzelne andere behauptete Uebelstände erhoben. Sie waren zum Theil auch gegen die auf die Recesse von 1740 und 1835 gegründeten besonderen Verhältnisse und Einrichtungen gerichtet...

Eine große Anzahl von Vorstellungen und Petitionen sowohl in den Städten als vom Lande hatte diese Klagen und Beschwerden zur Kenntniß der Herrschaftsbesitzer gebracht und dringend Abhilfe verlangt."

52

Fürst Otto Viktor von Schönburg-Waldenburg.

Konkret ging es unter anderem um „eine Ablösung des Lehngeldes und der älteren Erbzinsen..." – Belastungen also, die auch auf die Familie May bei der Erbschaft zugekommen waren und schließlich schon bald zum Verkauf des Häuschens führten.

Ein paar „Zugeständnisse hatten ... die davon gehoffte Befriedigung nicht gewährt", berichtet Zschaler. Am 5. April 1848 wurde eine „große Volksversammlung ... auf dem geräumigen Schießanger bei Waldenburg" abgehalten. Aus der Stadt und „benachbarten Landgemeinden" strömen die Menschen herbei, „Musik und deutsche Fahnen voraus, in geordneter Haltung", schließlich hat sich „eine fast unabsehbare Menge zusammengefunden", zwischen 10.000 und 15.000 Teilnehmern liegen die Schätzungen.

Redner verlangen, dass die Wünsche und Forderungen endlich erfüllt werden; ein Regierungsbeamter beschwichtigt. Für Empörung sorgt die „Heranziehung von Militair": In der Nähe stehen zwei Infantriekompanien aus Zwickau und leichte Reiterei aus Rochlitz in Bereitschaft.

„Von vielen Seiten her war erwartet worden", dass Fürst Otto Viktor von Schönburg-Waldenburg auf der Versammlung spricht. Klagen „über die Unnachgiebigkeit des Fürsten" werden laut, viele „murrten über sein Nichterscheinen", spontan formierten sich die Menschen zum Zug vor das Waldenburger Schloss und „wollten durchaus mit ihm sprechen". Otto Viktor aber hat Schloss und Stadt verlassen.

Beamte geben das bekannt, kaum jemand glaubt es, der Unwille steigert sich, erste Scheiben splittern, die Menschen dringen ins Schloss ein. Kavalleristen wollen auf den Schlossplatz vordringen, müssen aber einem Steinhagel weichen. Barrikaden werden errichtet, auf beiden Seiten gibt es erste Verwundete.

Kluge Kanzleibeamte wollen ein Blutbad verhindern und veranlassen, dass die anrückende Infantrie wieder abzieht. Am Abend erschallen Feuerrufe. Der Brand beginnt im Archiv, wo man Schriftstücke mit Aufstellungen zu den Lehnsgeldern

54

Waldenburger Schlossbrand vom 5.4.1848. Lithografie aus dem Jahre 1849.

55

angezündet hatte. „Das ganze Schloss wurde ein Raub der Flammen." (Ein Neuaufbau erfolgte erst in den Jahren 1856/59).

Tags darauf, am 6. April 1848, kommt es im Hof des Schlosskomplexes Glauchau zu einer schon Tage vorher angesetzten großen Versammlung. Sie verläuft friedlich. Nur in das Schloss Hinterglauchau hatten sich „mehrere Leute ... eingedrängt und einige Bogen Papier, ein Kissen und eine Tischdecke aus den Fenstern geworfen". Danach wurde anno 1848, schreibt Zschaler, „die Ruhe in Sachsen nicht weiter gestört".

Immerhin aber war Waldenburg – eine Stadt nahe bei Ernstthal – nach den Märzereignissen in Berlin zum zweiten Zentrum der Revolution in Deutschland geworden.

Ob Vater May am 5. April in Waldenburg oder am 6. April in Glauchau dabei war, wissen wir nicht. Das könnte nur vermutet werden, weil er „fleißig auswärts zu tun" hatte und sich zu jener Zeit nachweislich noch an anderen Unternehmungen beteiligte. So gehörte er im Februar 1849 zu den Mitbegründern des Ernstthaler Vaterlandsvereins. Erhalten gebliebene Protokolle nennen mehrfach seinen Namen als Diskussionsredner, und im Auftrag der Organisation sammelte er unter den Bürgern der Stadt auch Unterschriften für eine Petition.

Die „politischen Vereine", vermerkt Zschaler, hätten „in ihrem Streben oft Veranlassung zu Befürchtungen" gegeben. Mit Namen nennt er allein die Vaterlandsvereine. Dort aber habe man vor allem diskutiert – „...ob Republik? Ob constitutionelle Monarchie? ...ohne die Absicht zu haben, Republik einzuführen", denn in Sachsen sei mit König Friedrich August „ein wahrer Volksfreund an der Regierung". Er „wird wahrhaft geliebt ... verehrt von seinem ganzen Volke".

Reichliche sechs Jahrzehnte später überliefert Karl May, dass die revolutionäre Stimmung in Ernstthal rasch abgeklungen sei. Die Kinder „standen überall an den Ecken und Winkeln herum, erzählten einander, was sie daheim bei den Eltern gehört hatten... Besonders über eine alte, böse Frau war man

56

empört. Diese war an Allem schuld. Sie hieß die Anarchie und wohnte im tiefsten Walde. Aber des Nachts kam sie in die Städte, um die Häuser niederzureißen und die Scheunen anzubrennen..." Deshalb habe man die „allgemeine Bewaffnung für König und Vaterland" und schließlich einen Marsch nach Dresden beschlossen, um „für den König alles zu wagen, unter Umständen sogar das Leben".

Mit großer Begeisterung seien die „Königsretter" abmarschiert, aber schon am nächsten Tage zurückgekehrt, weil sie unterwegs erfuhren, dass „die Preußen ... in Dresden eingerückt" seien und für König und Regierung „nicht das Geringste mehr zu befürchten" stehe.

Hainer Plaul hat nun freilich ermittelt, dass alles ganz anders war. Im Mai 1849 brachen zwei Freischarenzüge auf – nicht von Ernstthal, sondern von Hohenstein, und nicht um den König zu retten, sondern um gegen ihn zu kämpfen! Eine Abteilung kam bis nach Dresden, die andere kehrte um, weil die Kämpfe zu Ende waren. Am Marsch nach Dresden nahm Vater May nicht teil.

Karl May widmet jenen Ereignissen breiten Raum. „Warum ich das alles so ausführlich erzählte?", fragt er und antwortet: „Ich habe die Quellen nachzuweisen, aus denen die Ursachen meines Schicksals zusammengeflossen sind." Und was alles später auch geschehen sei – keinen Augenblick habe er im Gottesglauben gewankt oder die Achtung vor den Gesetzen verloren: „...das wurzelt ... auch in diesen kleinen Ereignissen der frühen Jugend... Nie habe ich die Worte meines alten guten Kantors vergessen, die mir nicht nur zu Fleisch und Blut, sondern zu Geist und Seele geworden sind."

Wenn Karl May 1910 in seiner Selbstbiografie, die ja auch als Verteidigungsschrift gedacht war, an das weithin vertraute Königsbild anknüpft, so ist das nur zu verständlich. Und dazu passt die kleine Idylle, wie er als Siebenjähriger beim Abmarsch der „Königsretter" neben dem Kantor Samuel Friedrich Strauch steht und erfährt, dass „solche Begeisterung für Gott, für König und Vaterland ... etwas Edles" ist:

In diesen drei Worten „liegt das wahre Glück; das wollte und mußte ich mir merken!"

Noch andere Vorgänge jener Zeit hinterlassen Spuren. Beispielsweise das Auswandererproblem. In den Jahren der Not und des Hungers sehen viele Menschen den einzigen Ausweg im Verlassen ihrer Heimat. Die meisten gehen nach Nordamerika und hoffen dort auf eine bessere Existenz. Zwischen 1841 und 1850 treten rund eine halbe Million Deutsche die Reise nach Übersee an. Im folgenden Jahrzehnt verdoppelt sich die Zahl, denn zur wirtschaftlichen Not kommen nunmehr auch verstärkt politische Gründe. Anfang Juni 1854 schließen sich 90 Einwohner von Hohenstein und Ernstthal diesem Strom an.

In Mays Werken spielen wiederholt Auswanderer eine Rolle. Bereits der erste Held ohne Fehl und Tadel, den er 1875 in der frühesten Winnetou-Erzählung beschreibt und der später an der Seite Old Shatterhands mutig gegen infame Schurken kämpft – Old Firehand – gehörte zu jenen, die die „politische Gärung ... in den Strudel trieb, welchem er sich schließlich nur durch die Flucht zu entziehen vermochte." So wird er im zweiten Band von *Winnetou* vorgestellt.

Im ersten Band des berühmten Romans begegnet uns Klekih-Petra, der in Deutschland Lehrer an einer höheren Schule war, als politischer Hetzer und „Führer der Unzufriedenen" auftrat und aus Reue „in die Wildnis" floh. Als Lehrer bei den Apachen fand er seinen inneren Frieden wieder.

Im *Oelprinz* zieht ein Auswanderer-Treck zu den Navajos in den Westen der USA. Frau Rosalie Ebersbach, geborene Morgenstern, verwitwete Leiermüller, vormals eine wohlhabende Gastwirtin, hat ihren armen ehemaligen Nachbarn das Geld für das Unternehmen vorgeschossen.

Schon als Kind lernt Karl May aus nächster Nähe Schicksale von Menschen kennen, die aus der Heimat in eine durchaus ungewisse Zukunft aufbrechen. Er selbst nimmt an einem Englischkurs des Ernstthaler Rektors für die Kinder der Auswanderungswilligen teil.

Birkenhans und Himlini

Nach den ereignisreichen Revolutionsmonaten zieht auch in der Schule wieder der Alltag ein. Hans Zesewitz ermittelte, dass das Schulzimmer im Gebäude an der Marktstraße gerade mal 14 x 15 Ellen (etwa 60 Quadratmeter) groß war und 72 Sitzplätze enthielt: „Die Kinder, die nicht rechtzeitig zur Schule kamen, nahmen am oder auf dem Fenster oder sonstwo Platz."

Karl Mays erster Lehrer, Friedrich Wilhelm Schulze, schrieb in einem Bericht an die Schulbehörde: „Im Schulzimmer befindet sich kein Ofen. Die Kälte ist so empfindlich, daß ich, da die Kleidung vieler Schüler kaum hinreicht, ihre Blöße zu decken, heute die Schule nach einer Stunde beendigen mußte. Die Fenster sind so schlecht, daß der Wind mit den Scheiben klappert und bei starkem Luftzuge die Lichter in der Stube flackern."

Mays Vater sieht seine Lage ziemlich hoffnungslos. Er hat mal im Taubenhandel spekuliert, war aber schon nach kurzer Zeit recht kläglich gescheitert. Nun bleibt ihm nur noch der Ehrgeiz, dass es die Kinder einmal besser haben mögen.

Den einzigen Sohn will er mit aller Gewalt väterlicher Strenge zum „hochgebildeten Mann" erziehen. Der elementare Volksschulstoff, den der Knabe spielend schafft, genügt diesem Ziel nicht. Und sicherlich sieht er auch, dass die widrigen Äußerlichkeiten des Schulunterrichts der Bildung doch recht enge Grenzen setzen.

In der Kurrende war der kleine Karl schon bald durch seine wohltönende Stimme aufgefallen. Der in unmittelbarer Nachbarschaft der Mays wohnende Kantor Strauch erkennt die musikalische Begabung des Kindes und erteilt ihm Orgel-, Klavier- und Violinunterricht. Obwohl selbst bitterarm – oder gerade deshalb –, verlangt er kein Geld dafür.

Vater May will sich aber mit dieser Talentförderung allein nicht begnügen. Überall treibt er Bücher auf und borgt sie aus: alte Gebetsbücher vom Pfarrer, Rechenfibeln vom Rektor, gelehrte Traktate, von denen ein Kind kein Wort versteht, einen antiquierten Geografiefolianten mit über 500 Seiten. Ein wahlloses, chaotisches Sammelsurium, das der Junge einpauken und zum großen Teil auch abschreiben muss. Nach den Schulstunden sitzt er zumeist bis in die Nacht hinein über seinen Heften. „Es war eine Verfütterung und Ueberfütterung ohnegleichen." Mit unerbittlicher Strenge und, wenn nötig, mit Schlägen setzt der Vater seine ehrgeizigen Pläne durch:

„Am Webstuhl hing ein dreifach geflochtener Strick, der blaue Striemen hinterließ, und hinter dem Ofen steckte der wohlbekannte ‚birkene Hans', vor dem wir Kinder uns besonders scheuten, weil Vater es liebte, ihn vor der Züchtigung im großen ‚Ofentopfe' einzuweichen, um ihn elastischer und also eindringlicher zu machen."

Wünsche, etwas zu spielen und herumzutollen, wagt das Kind schon nicht mehr auszusprechen; das ist „höchst gefährlich".

Ab und an öffnet die Mutter leise die Tür: „So gehe schnell ein bißchen hinaus; aber komme ja in zehn Minuten wieder, sonst schlägt er dich. Ich sage, ich habe dich wohin geschickt!"

Bei solchen Gelegenheiten sucht der Junge aber keine Spielgefährten auf der Straße, die ihm ebenso fremd bleiben wie die Mitschüler: „Ein echter, wirklicher Schulkamerad und Jugendfreund ist mir nie beschieden gewesen." Wenn er dem jähzornigen Vater entweichen kann, läuft er zur Großmutter: „Wie wohl ich mich dann fühlte, wenn ich … in mein liebes, liebes Märchenreich flüchten konnte!"

Was Karl May später selbst „für so ein kleines, weiches Menschenkind" als „großes psychologisches Uebel" erkennt, hinterlässt lebenslange Folgen. Die väterliche Fehlerziehung kann weder durch die Mutter noch durch die Großmutter ausgeglichen werden. In den entscheidenden Jahren, die das Persönlichkeitsbild eines Menschen nachhaltig prägen, bleibt der Heranwachsende letztendlich einsam. Er zieht sich mehr und mehr in eine innere Scheinwelt zurück. Die versagten

60

Westseite des Ernstthaler Marktes um 1865.

61

Sehnsüchte erfüllt er sich dank seiner Fantasie in – teilweise grotesken – Wunschbildern. Die Kontaktarmut führt zu Unsicherheit und zu Minderwertigkeitskomplexen sowie zu endlosen Bemühungen, aus diesen Fesseln auszubrechen. Viele Lebensstationen liefern, wie wir noch sehen werden, dafür Beweise. Oft genug überschattet dann Tragik die Versuche zur Kompensation.

Im letzten Abschnitt der Schulzeit verschärft sich die Dressur. Mit den herangeschleppten Büchern sieht der Vater sein Ziel noch lange nicht erreicht. Der Kelch kindlicher Qualen muss bis zur bitteren Neige ausgekostet werden. Das Erlernen der lateinischen Sprache im Selbststudium wird gefordert, hinzu kommen noch das ‚Auswandererenglisch‘ beim Rektor und schließlich noch private Französischstunden. Entgegen allen Legenden, die bis heute über Mays Sprachkenntnisse kursieren, bleiben die Resultate dürftig. Über ein bescheidenes Anfängervokabular ist er nie hinausgekommen. Was später in den Werken an fremdsprachlichen Beigaben so beeindruckt, ist dem geschickten Gebrauch von Nachschlagewerken zu verdanken.

Das Geld für die Privatstunden muss der Junge selbst verdienen. In der Hohensteiner Schankwirtschaft Engelhardt (später ‚Stadt Dresden‘, Dresdner Straße 57) stellt er Kegel auf, an manchen Tagen zwölf Stunden und mehr. Besonders montags, wenn Wochenmarkt ist, muss er von Mittag bis über Mitternacht hinaus auf der Kegelbahn stehen, und sonntags geht es mit dem Schlussgeläute des obligaten Kirchganges los. „Man kann sich denken, was ich so alles zu hören bekam!", schreibt May. „Der langgestreckte, zugebaute Kegelschub wirkte wie ein Hörrohr." Bauern der umliegenden Dörfer reißen hier ihre Zoten. Weber suchen in solchen Schnapsschenken – von denen allein in Ernstthal mit seinen 3.000 Einwohnern mehr als zwei Dutzend existieren – nach 14-stündiger Arbeit für kurze Zeit Vergessen und Vergnügen, wobei alles andere als eine „kerngesunde Fröhlichkeit" aufkommt.

Kegelschub der ehemaligen Schankwirrschaft Engelhardt. Aufnahme von 1986.

Der Kneipe mit dem Kegelschub ist eine Leihbibliothek angeschlossen. Die zahllosen, gierig verschlungenen Bücher, versichert May hernach, seien „ein noch viel schlimmeres Gift als Bier und Branntwein" gewesen.

Bei Aufzählung der „Teufel", denen er „gänzlich verfiel", nennt er an erster Stelle den *Rinaldo Rinaldini* des Goethe-Schwagers Vulpius, den berühmtesten und erfolgreichsten Räuberroman der deutschen Literaturgeschichte. Es folgen Werke wie *Sallo Sallini* oder *Himlo Himlini*, von Autoren geschrieben, die sich an die Vulpiusschen Fersen geheftet hatten, um gleichen Publikumserfolg zu erheischen. May zählt aber auch ein paar Titel auf, die nur seiner Fantasie entsprungen sind. Ausgespart bleiben in der Erinnerung hingegen die bekanntesten Abenteuerromane *Der Graf von Monte Christo* und *Die Geheimnisse von Paris* von Alexandre Dumas (d. Ä.) beziehungsweise Eugène Sue, die in der noch vorhandenen Leihbibliotheksliste jedoch registriert sind und die May ebenfalls gelesen haben dürfte. Er hat, das erklärt seine ‚Gedächtnislücke', die Inspiration seines Schaffens durch große Vorgänger nie eingestanden.

Alles in allem: Die Buchausleihe neben der Kegelbahn bietet einen Querschnitt damaliger Trivialliteratur, der Lieblingslektüre des Volkes. Einige dieser Bücher sind Klassiker geworden, die meisten aber heute vergessen. So tief, wie ihm später dieser „Sumpf" erscheint, ist er nicht gewesen.

Noch andere „eigenartige Gewächse dieses Sumpfes" in seiner Heimatstadt führt er uns vor: „Batzendorf" und die „Lügenschmiede". Das eine war eine fingierte Dorfgemeinde, zu der sich sonnabends die Mitglieder versammelten und allerhand Ulk und Klamauk trieben – etwa eine Gemeindegans wählten oder ein neues Bandwurmmittel prüfen wollten.

Den Namen „Lügenschmiede" hatte man dem Restaurant ‚Schmiede' gegeben, weil dort die Gäste, vor allem Auswärtige, mancherlei Schabernack ausgesetzt waren. Wer einen Schnaps bestellte, bekam vielleicht ein Glas Limonade. Die

64

harmlosen Späße seien aber dann „zur Zote, zur Zweideutigkeit" ausgeartet.

Dieses Milieu hat die Empfindungen beeinflusst. Vor allem aber nisten sich Rinaldo Rinaldini und andere edle oder furchtbare Räuberhauptmänner aus der Nähe der Kegelbahn in die Wunschwelt des kleinen Karl May ein, lassen die Fantasie wuchern. Gelesenes wird für bare Münze genommen. Der 14-Jährige verlässt nachts heimlich das Haus. Er will nach Spanien laufen und bei den edlen Räubern in der Sierra Morena Hilfe gegen die Not im Elternhaus holen. Bei Verwandten in der Nähe von Zwickau ist der Marsch zu Ende. Der erste Versuch, eine große Tat zu vollbringen, scheitert.

Das Abenteuer fällt schon in die Zeit, da in der Familie das große Rechnen begonnen hat. Das Zeugnis der Rectoratsschule zeigt gute Noten – „Wissenschaften II, Sittliches Verhalten I" –, aber der große Traum des Kindes vom Gymnasium und anschließenden Medizinstudium verfliegt rasch. Bei allergrößter Sparsamkeit, das kommt unter dem Strich heraus, ließe sich ein Seminarstudium ermöglichen. Volksschullehrer heißt also das neue Berufsziel.

Unter die Medizin ist damit kein Schlussstrich gezogen. Viele Male lässt Karl May später seine Helden in die Rolle des Arztes schlüpfen. Und schon vorher greift er selbst einmal zum Äskulapstab.

ZWISCHEN WALDENBURG UND ZWICKAU

Alte Kuckucksuhr im Muldental

Er zeige ein nur „schwaches, religiöses Gefühl" und falle durch „arge Lügenhaftigkeit und rüdes Wesen" sowie „Verdorbenheit seines Gemüths und Herzens" auf, wird in der Schulakte notiert, weil sich der Zögling Karl May an einem Frühlingstag des Jahres 1859 „von dem angeordneten Besuche des Nachmittagsgottesdienstes absentirt" hatte.

In einer Bildungsanstalt, die das Versäumnis einer Andacht mit solchem Urteil belegt, soll der Jugendliche nun die ersten eigenen Schritte ins Leben wagen. Seit Herbst 1856 gehört er zu den Schülern des Fürstlich-Schönburgischen Lehrerseminars zu Waldenburg.

Die Bildungsanstalt war von Fürst Otto Viktor gegründet und 1844 eröffnet worden, um „für das Schönburgische Lehrer zu gewinnen, wie er sie nach seinem Herzen haben wollte und gedachte wohl damit am sichersten, freisinnige Bestrebungen von seinem Ländchen abzuhalten". So jedenfalls steht es in einem Beitrag zum 25-jährigen Jubiläum in den *Chemnitzer pädagogischen Blättern*.

Wenn es an den Lehrerseminaren einst Bemühungen um eine gediegene und humanistische Bildung im Geiste der Ideen von Pestalozzi, Diesterweg oder Wander gegeben hatte, so war nach den Ereignissen von 1848/49 davon kaum etwas geblieben. „Das in den Seminarien mehrfach zur Geltung gekommene Streben, möglichst weite Kreise des Wissens zu ziehen, eine vielseitige allgemeinere Bildung anzubahnen, widerspricht auf das bestimmteste dem Zwecke der Seminarbildung", heißt es im preußischen *Regulativ für den Unterricht in den evangelischen Schullehrerseminaren der Monarchie* vom Oktober 1854. Ordnungen, die kurz darauf in anderen deutschen Staaten erlassen werden, orientieren im gleichen Sinne. Durch „Ausscheiden des Ueberflüssigen" ist der Lateinunterricht „gänzlich in Wegfall gebracht" worden, und in Mathematik herrscht das „Prinzip der äußersten Beschränkung".

Wie anderwärts gilt auch in Waldenburg jede vierte Lektion dem Religionsunterricht, aufgefächert in Bibel- und Predigtlesen, Kirchengeschichte und Katechetik, Kirchengesang und Orgelspiel. Hinzu kommen die obligatorischen Andachten morgens und abends sowie Gottesdienste an Sonn- und Feiertagen und oft genug noch religiöse Übungen außerhalb der festgeschriebenen Zeiten.

„Aber es gab bei alledem Eines nicht, nämlich grad das, was in allen religiösen Dingen die Hauptsache ist; nämlich es gab keine Liebe, keine Milde, keine Demut, keine Versöhnlichkeit", schreibt Karl May in seiner Selbstbiografie. „Der Unterricht war kalt, streng, hart. Es fehlte ihm jede Spur von Poesie. Anstatt zu beglücken, zu begeistern, stieß er ab. Die Religionsstunden waren diejenigen Stunden, für welche man sich am allerwenigsten zu erwärmen vermochte. Man war immer froh, wenn der Zeiger die Zwölf erreichte. Dabei wurde dieser Unterricht von Jahr zu Jahr in genau denselben Absätzen und genau denselben Worten und Ausdrücken geführt. Was es am heutigen Datum gab, das gab es im nächsten Jahr an demselben Tag ganz unweigerlich wieder. Das ging wie eine alte Kuckucksuhr; das klang alles so sehr nach Holz, und das sah alles so aus wie gemacht, wie fabriziert. Jeder einzelne Gedanke gehörte in sein bestimmtes Dutzend und durfte sich beileibe nicht an einer anderen Stelle sehen lassen. Das ließ keine Spur von Wärme aufkommen, das tötete innerlich ab."

Auch zu Lehrern anderer Fächer – „alle so erhaben, so kalt, so unnahbar" – findet der Seminarist keine Bindung.

Dutzende von Paragrafen einer *Haus- und Lebensordnung für das Schullehrer-Seminar zu Waldenburg* von 1852 reglementieren gleichsam jeden Schritt der Zöglinge: Aufgestanden wird um fünf Uhr. Danach hat jeder nach § 10 „sein Bett zu machen, sich zu waschen, die Zähne zu reinigen, die Haare zu kämmen und sich vollständig anzukleiden. In den Früh- und Abendarbeitsstunden des Winters dürfen warme

Schuhe und ein Schlafrock ähnliches Oberkleid getragen werden; zu jeder anderen Zeit muß der Zögling mit Stiefeln oder Lederschuhen und mit Rock oder Jacke, bei der Frühandacht am Sonntage mit Sonntagskleidern angethan sein." Sonntags muss außerdem die „Leibwäsche" gewechselt werden.

§ 12 legt die Modalitäten der Körperreinigung fest. Unter anderem: „Im Sommer wird einigemal in der Woche an einem sicheren Orte des Muldenflusses gebadet. Der die Tagesinspection führende Seminarlehrer oder ein Hülfslehrer begleitet die Zöglinge. Im Winter wird von Zeit zu Zeit eine Hauptreinigung des Körpers in einem dafür eingerichteten Zimmer vorgenommen. Die hierbei zu beobachtende Ordnung wird vom Director näher bestimmt."

Es gibt Vorschriften zur sonntäglichen Erquickung mit Bier oder Milch in „anständigen Wirtschaften" außerhalb der Stadt und zu den „Ausgängen unter Begleitung des Lehrers", die „im Sommer auch für botanische Zwecke genutzt" werden sollen. Und so weiter.

Jährlich ist ein Kostgeld von 42, ab 1858 von 50 Talern zu entrichten. Mitzubringen von zu Hause hat jeder „einen vollständigen Wochen- und Sonntagsanzug, vier gute Hemden, sechs Handtücher, sechs Schnupftücher, zwei Paar Stiefeln oder statt des zweiten Paares Schuhe; Kleider-, Schuh- und Zahnbürsten, einen weiten und einen engen Kamm, eine Reißfeder, eine Schiefertafel, ein Lineal und Rostral, eine Bibel und ein Schönburg'sches Gesangbuch, endlich die erforderlichen, von den Seminarlehrern bei der Reception näher zu bezeichnenden Lehrbücher und Musikalien."

Die Details zur *Haus- und Lebensordnung...* wurden erst unlängst recherchiert und erstmals 1998 in Nummer 11 der *Karl-May-Haus Information* veröffentlicht.

Um die mit Karls Wechsel nach Waldenburg verbundenen finanziellen Lasten wenigstens etwas abzufangen, stellt Vater May am 3. November 1856 – nun schon zum wiederholten Male – einen Antrag an das Ernstthaler Armenkomitee, seiner Mutter eine kleine monatliche Unterstützung zu gewähren. Die Bitte wird wiederum abgelehnt.

Aus einem Fonds des Fürsten werden am Seminar sechs ganze und 13 halbe Freistellen finanziert. Obwohl Karl May zu den Armen gehört, geht er unter den Bewerbern leer aus.

Er erhält keine fürstliche, wohl aber eine gräfliche Unterstützung. Sein ‚Landesherr‘, Graf Heinrich von Schönburg-Hinterglauchau, gewährt ihm von September 1857 bis Dezember 1859 eine jährliche Beihilfe von vermutlich 15 Talern. Diesen Betrag nennt er in der Selbstbiografie und kommentiert sarkastisch: „...eine Summe, die man für mich für hinreichend hielt, das Seminar zu besuchen.“

Waldenburg und Ernstthal liegen nicht allzu weit voneinander entfernt, gerade mal gute zwölf Kilometer. Das aber bedeutete zu damaliger Zeit einen dreistündigen Fußmarsch. Weil die Zöglinge nur zu Feiertagen Waldenburg verlassen durften, machte sich Woche für Woche die zwei Jahre jüngere Lieblingsschwester Christiane Wilhelmine auf den insgesamt sechs Stunden langen Weg, um ihrem Bruder frische Wäsche zu bringen und schmutzige wieder mitzunehmen – für ein kleines, anfangs nur zwölfjähriges Mädchen in Holzpantinen eine beachtliche Strapaze.

Wichtiger als die Wäsche wird für Karl May ein wenig Sonnenschein gewesen sein, der bei solchen schwesterlichen Besuchen ins kalte Gemäuer im Muldental strahlte. Derartige Stunden gab es viel zu selten, um die seelische Stimmung grundsätzlich zu bessern. Solche Lehr- und Lebensjahre wie in Waldenburg mit ihrer „absoluten Poesielosigkeit“ erwiesen sich auch als wirksamstes Mittel, eigenes Denken abzustumpfen, höher steigende Gedankenflüge im Keim zu ersticken. Karl May aber lebt schon zu tief in seiner Wunschwelt, als dass die bereits beachtlich ausgeprägte Fantasie Schaden nehmen könnte. Im Gegenteil. Das strohtrockene Seminar verfestigt diese Entwicklung: „Ich vereinsamte auch hier, und zwar mehr, viel mehr als daheim. Und ich wurde hier noch klassenfremder, als ich es dort gewesen war.“ Der vom Vater

69

eingeprügelte Wissenswust trägt das seine dazu bei: Unbedachte Altklugheiten werden von den Mitschülern belächelt.

Folgerichtig kommt es nach dem missglückten ‚Spanien-Abenteuer' zu neuen Kompensationsversuchen. In den Seminarfreistunden ersetzt er fehlende menschliche Kontakte durch erste literarische Versuche. Obwohl außer den eigenen Hinweisen in der Selbstbiografie keinerlei Beweise dafür vorliegen, erscheint es glaubhaft – auch die Behauptung, dass er als 16-Jähriger seine erste Indianergeschichte geschrieben und an die *Gartenlaube*, weiland das bekannteste und am meisten verbreitete Familienblatt, eingesandt habe. Vom Herausgeber Ernst Keil sei ihm aber eine Absage beschieden worden und der Rat, es vielleicht in vier oder fünf Jahren mit einer neuen Erzählung nochmals zu probieren.

Die 1858 mit der Ablehnung von Keil unerfüllt gebliebene Hoffnung auf ersten literarischen Erfolg muss May wie ein Alptraum verfolgt haben; noch 1897 reflektiert er diese Situation und fabuliert im Buch „*Weihnacht!*", wie er es sich einst gewünscht hätte: Als Seminarist habe er durch ein langes Gedicht und eine Motette beträchtliches Aufsehen erregt, sich damit eine Menge Taler und dazu noch den Spitznamen Sappho verdient. Und viele Jahre später sei das Gedicht ohne sein Dazutun sogar im Wilden Westen bekannt geworden.

Einen gewissen Ausgleich zur Waldenburger Freud- und Freundlosigkeit bringen die Ferientage in Ernstthal, wenigstens bis 1858, wenn Karl May bei seiner ersten Jugendliebe weilt. Aber dann wird die Entfernung zur gleichaltrigen Anna Preßler unendlich weit. Das 16-jährige Mädchen nimmt es mit der Treue nicht sonderlich genau und muss sich von einem anderen Verehrer, von dem sie ein Kind erwartet, zum Altar führen lassen.

So bringt das Jahr 1858 für Karl May gleich zwei Niederlagen, und es bleibt nur eine Frage der Zeit, wann sich bei seiner labilen psychischen Konstitution die innere Spannung entlädt und neues Unheil heraufbeschwört. Dazu kommt es im November 1859, als er, mit dem Amt des turnusmäßigen

70

Lichtwochners betraut, eine Woche lang für die Kerzenbeleuchtung des Klassenzimmers zu sorgen hat.

Weihnachten rückt näher, und zu Hause wird es wahrscheinlich wieder keinen festlichen Lichterglanz geben, weil das Geld fehlt. Nun will Karl May Abhilfe bringen und Eltern wie Geschwistern vorführen, dass auch ein unbemittelter Seminarist ‚leuchtender' Helfer in der Not sein kann. Man wird ihn dafür ausreichend bewundern! Hofft er.

Aber dieser Wunsch zerschlägt sich. In seinem Koffer versteckt er die Kerzen. Zwei Mitschüler aus der Klasse über ihm, Gustav Adolph Ilisch und Erwin Hildegartus Maximilian Illing, der Sohn eines Gendarmen, haben das beobachtet. Sie schweigen zunächst, zeigen ihn aber dann doch an.

Der Vorfall wird durch das Schwänzen der Andacht, das schon ein Dreivierteljahr zurückliegt, und ein paar Klagen ‚hie und da' zum Fall, der durch alle Instanzen bis ins Dresdner ‚Ministerium des Cultus und öffentlichen Unterrichts' läuft. Von „fünf möglichen Graden der Strafen" wird Ende Januar 1860 der härteste verhängt: „Gänzliche Entfernung aus dem Seminar."

Einen reichlichen Monat später reicht Karl May dem „Hohen Königlichen Ministerium" ein Bittgesuch ein, versichert „aufrichtige Reue" und bekundet, dass „in Betreff der Lichte keineswegs der Wille zu einer Veruntreuung vorlag, sondern dass es nachlässige Säumigkeit von mir war, sie nicht rechtzeitig an den gehörigen Platz zu legen". Man habe ihm zwischenzeitlich zu einem anderen Beruf geraten, doch sei „die Vorliebe für den Lehrerberuf ... so groß", dass er ihn nicht aufgeben könne. Daher wolle man „in Gnaden geruhen", dass er sich „fortbilden lassen dürfe", um dereinst „als treuer Lehrer im Weinberge des Herrn die That vergessen machen" zu können.

Der Ernstthaler Pfarrer Carl Hermann Schmidt schreibt ebenfalls an die Behörden und „waget ... unterthänigst zu versuchen", hochdasselbe Ministerium möge doch „den Wiedereintritt in ein Lehrerseminar des Landes huldreichst verstatten".

71

Die hohen Hüter des ‚Cultus und öffentlichen Unterrichts‘ zu Dresden verschließen sich den Bitten nicht – in der späteren Selbstbiografie schrumpfen die sechs Lichte gar auf „Talgreste ... nicht drei Pfennige wert" – und geben dem Antrag statt. Zwischen Juni 1860 und September 1861 kann Karl May die Ausbildung am Lehrerseminar in Plauen abschließen.

Damit steht er im Status eines ‚Schulamtskandidaten‘ mit der Aussicht auf ein Jahresgehalt von etwa 175 Talern. Eröffnet dieses bescheidene Einkommen kaum persönliche Bewegungsräume, so werden diese durch strenge Verhaltensvorschriften noch zusätzlich eingeschränkt. Teilnahme am Gottesdienst „sowie irgend möglich, regelmäßig", „nach allen Seiten hin unanstößiger Lebenswandel", Übernahme der zugewiesenen Stelle „sofort und unweigerlich" und anderes mehr wird gefordert. Zwei Jahre muss diese Läuterung währen. Nach einer sogenannten Wahlfähigkeitsprüfung kann dann die feste Bestallung als Lehrer mit geringfügig gelockertem Reglement erfolgen.

„Kein übles Lehrgeschick"

Am 7. Oktober 1861 tritt Karl May den Dienst als Hilfslehrer in der Klasse IV der Glauchauer Armenschule an. In der Superintendentur hatte sich mit ihm noch Friedrich Franz Böhme beworben, ein Mitschüler aus der Waldenburger Seminarzeit, der in der Abschlussprüfung die Note III erzielte; er wurde als Hilfslehrer an der Höheren Bürgerschule angestellt. Auf Karl Mays Plauener Zeugnis stand zwar das Prädikat II, aber wegen der Kerzenaffäre musste er sich mit der weitaus weniger attraktiven Stelle begnügen.

Sogenannte Armenschulen waren seit der zweiten Hälfte des 17. Jahrhunderts in vielen Städten mit mehr als 5.000 Einwohnern entstanden. Wo es von den Schülerzahlen her

72

Lehrerseminar zu Waldenburg im Jahre 1858.
Zeichnung von Oberlehrer Brater.

Armenschule Glauchau im Gebäude der Mädchenschule -
Karl Mays erste Arbeitsstelle.

lohnend erschien, wurden Volksschulen geteilt. Arme Eltern mussten kein oder nur ein ganz geringes Schulgeld zahlen, fühlten sich aber als Almosenempfänger häufig diskriminiert. Deshalb wurden 1848 manche Armenschulen mit den Bürgerschulen verschmolzen, danach aber wieder abgetrennt, weil es, wie es im *Pädagogischen Handbuch für Schule und Haus* von 1877 erläutert wird, zahlreiche Schwierigkeiten gab, so „die Gleichgültigkeit der Eltern gegen Erziehung und Unterricht, den geistigen Stumpfsinn und die verdorbene Atmosphäre, in der solche Kinder aufgewachsen, die sehr häufigen Schulversäumnisse, welche nur mit Hülfe der Polizei bekämpft werden können, und endlich noch andere entferntere Ursachen ... wie Unreinlichkeit, Liederlichkeit, schlechte Nahrung etc."

Der Lehrplan ist „natürlich dem Stande der Kinder angepaßt, und erstreckt sich daher nur auf die unentbehrlichsten Gegenstände des Volksschulunterrichts..."

In Glauchau gab es 1861 2.067 Schulkinder, davon 1.776 in der eigentlichen Bürgerschule, 220 in der Armenschule und 71 in einer Fabrikschule. Mit vier Klassen ist jene Armenschule relativ gut ausgebaut, aber solcher Unterricht kann junge Lehrer nicht befriedigen. Ihr häufiger Wechsel gilt als Regel. Auch Karl Mays Tätigkeit ist nur von kurzer Dauer; das allerdings aus unfreiwilligen Gründen.

Der Übergang ins Berufsleben zwingt zur Bilanz. Ganz bestimmt wird das Zeugnis aus Plauen Mays Selbstbewusstsein gestärkt haben. Misst man mit der damals gängigen Elle, so hat er es immerhin schon weiter gebracht als alle Vorfahren, von denen er wusste, und auch weiter als andere Ernstthaler Weberkinder. Und zum ersten Mal in seinem Leben darf er anweisen und kontrollieren, befehlen und strafen, die sieben- und achtjährigen Schüler – knapp siebzig an der Zahl – müssen tun, was er verlangt. Erstmals findet er eine Bestätigung seines Ichs.

Dieses Erfolgserlebnis stimuliert. Augenblicks sucht er nach weiterer Anerkennung. Der 19-Jährige ergreift die erste beste Gelegenheit, die sich ihm bietet und wohl auch anbietet, nämlich in der Gestalt der gleichfalls 19-jährigen Henriette, der Ehefrau des Krämers Ernst Theodor Meinhold in der Glauchauer Großen Färbergasse Nr. 17. Dort steht May in Kost und Logis.

Nach wenigen Tagen schon habe der Kaufmann die beiden, so jedenfalls ist es in einem Bericht überliefert, beim vertraulichen Küssen überrascht. Er gibt daraufhin flugs bei der Superintendentur zu Protokoll, dass der Untermieter „sich bemüht habe, die Ehefrau von ihm abwendig und seinen schändlichen Absichten geneigt zu machen".

Superintendent Carl Wilhelm Otto schreibt tags darauf, am 18. Oktober 1861, in einem Brief an den Ernstthaler Pfarrer Carl Hermann Schmidt von der Anzeige des Meinhold und dass die „Spezialitäten ... von der Art" seien, „daß May entlassen werden muß". Der Beschuldigte sollte durch einen Boten zur Untersuchung vorgeladen werden, sei aber nicht angetroffen worden, weil er in der Nacht die Wohnung verlassen habe. Auf dem Tisch hätte ein Zettel mit den Worten gelegen: „ein unglückliches Opfer der Verkennung".

„Wie wohl ich nun der Überzeugung bin", vermerkt Otto abschließend, „daß nichts weiter beabsichtigt worden ist, als den Meinhold durch einen knabenhaften Streich zu erschrecken", halte er doch eine sofortige Nachricht für erforderlich, „um den Vater des jungen Menschen ... in Kenntnis zu setzen."

Für den Superintendenten waren die Meinholds eine „achtbare Familie", die er recht gut kannte. So vermochte er einzuschätzen, was dort ‚gelaufen' war und noch durch den Zettel bestätigt wurde: Karl und Henriette, die beiden 19-Jährigen, alberten herum und wollten den um sieben Jahre älteren Ernst Theodor zum Narren halten. Weil der aber solchen Spaß nicht verstand, endete der Ulk für May tragisch.

Ehegatte Meinhold verkündet, dass er den Vorgang anzeigen werde, und Karl May flieht in Panik aus der Wohnung, wandert rastlos durch die Nacht, um das seelische Gleichgewicht zurückzugewinnen. Als er am 19. Oktober wieder in sein Zimmer kommt und von der Vorladung erfährt, begibt er sich umgehend zum Superintendenten. Dieser leitet weder eine Untersuchung noch ein Disziplinarverfahren ein, sondern spricht eine „Privatermahnung" und die Kündigung aus dem Schuldienst in Glauchau aus.

Das mag noch immer hart und herzlos genug erscheinen, lag aber auf der untersten Stufe des ‚Besserungsweges'. Die Ulkerei galt nach damaligen Moralvorstellungen für einen Lehrer als „unangemessenes Betragen".

Nach 14 Tagen ist Karl May entlassen, einer weiteren Tätigkeit als Schulamtskandidat an einem anderen Ort steht freilich nichts im Wege.

In der *Leipziger Zeitung* war zweimal per Inserat für eine „Offne Lehrstelle" an einer „Fabrikschule in der Nähe der Stadt Chemnitz ... zu Michaelis dieses Jahres ein tüchtiger Lehrer" gesucht worden. Der Termin – 29. September 1861 – ging vorüber, ohne dass die Stelle besetzt wurde. Karl May bewirbt sich, er bemäntelt sein Ausscheiden in Glauchau, die Superintendentur hält Rückfrage und erfährt den Sachverhalt. Aber schon vor Eintreffen der Antwort erfolgt die Einstellung; bereits am 6. November macht sich der Lokalschulinspektor ein Bild von dem neuen Fabrikschullehrer.

Die Schulpflicht war in Sachsen durch die Schulordnung von 1773 eingeführt, aber erst ab 1805 unter Androhung von Strafen durchgesetzt worden. Um auch den in Fabriken arbeitenden Kindern einen gewissen obligaten Unterricht zu bieten, waren sogenannte Fabrikschulen eingerichtet worden.

Bei der raschen industriellen Entwicklung in Sachsen spielte die Textilbranche eine besondere Rolle. Zu den Unternehmen des Bereiches gehörten die Kammgarnspinnerei C. F. Solbrig & Söhne und die Baumwollspinnerei Julius Claus, beide in Altchemnitz.

Karl May wird an der einklassigen Solbrigschen Fabrikschule – sie existierte von mindestens 1856 bis 1867 – angestellt und muss außerdem an der Schule der Firma Claus

76

unterrichten; dreißig Wochenstunden mit zehn- bis vierzehnjährigen Kindern, die täglich zehn Stunden in der Fabrik arbeiten. Das „Schullokal" bei Solbrig ist „über dem Waschhaus in einer Giebelstube" untergebracht. Weil alles eng ist und die Bänke dicht an den schiefen Wänden stehen, müssen die Kinder „stets gebückt" sitzen und „dicht gedrängt schreiben". Die Tafeln sind „nicht ganz ausreichend" und der Fußboden „völlig schwarz, wahrscheinlich nie gescheuert, so alt er auch sein mag". Das steht in einem Revisionsbericht aus dem Jahre 1856.

Glückliche Umstände bewirkten, dass 1994 im Industriemuseum Chemnitz das *Lectionsbuch* der Solbrigschen Fabrikschule für die Zeit von Ostern 1860 bis Ostern 1865 aufgefunden wurde – ein Dokument, in das die Lehrer den wöchentlich behandelten Unterrichtsstoff eintragen mussten. Es sind zugleich die frühesten Belege für Mays Alltagshandschrift; den allerersten Nachweis liefert uns ein Bewerbungsschreiben an den Direktor des Lehrerseminars in Plauen vom April 1860, das allerdings mit kalligrafischem Fleiß abgefasst ist.

Karl Mays Einträge beginnen am 7. und 8. November 1861 und nennen zuerst durchweg „Repetition". Für die folgenden Wochen – jeweils montags bis freitags – stehen bei „Religion" unter anderem „Geschichtliches über den heiligen Geist", bei „Recitation, Singen" Schillers „Freude, schöner Götterfunken" und bei den „Realien" die Gebirge und Flüsse in Sachsen. Die Auflistung endet mit dem Zeitraum 2. bis 6. Dezember, obwohl May bis zu den Weihnachtstagen unterrichtete.

Ebenfalls erhalten blieb ein Revisionsbericht vom 10. Dezember 1861 in der Clausschen Fabrikschule. „Der noch sehr junge Lehrer hat kein übles Lehrgeschick" ist dort notiert, „aber ist noch sehr haltlos. Die Disciplin ist nicht energisch genug, selbst in der Religionsstunde sitzen die Kinder schlecht und zeigen nicht Aufmerksamkeit genug."

Und an anderer Stelle: „Die Repetition in der biblischen Geschichte ... zeigte, daß der Lehrer Geschick im Abfragen des Stoffes hat. Die Kinder aber sind ohne alle Haltung, die Hände aufgehoben, die Körper schlaff, kurz sie gewähren einen jammervollen Anblick."

„...kein übles Lehrgeschick" gilt als hohes Lob für den Lehrer May. Was aber ist von Kindern nach harter Fabrikarbeit anderes zu erwarten? Der Unterricht am „Tag der Visitation" begann „nachmitt. 4 Uhr"!

Drama mit der Taschenuhr

Wie schon in Glauchau, nimmt auch in Altchemnitz ein Unheil vom Logis aus seinen Lauf. Die vertraglich vereinbarte „freie Wohnung" hat May im Zimmer des Expedienten Hermann Julius Scheunpflug zugewiesen bekommen, dem die aufgezwungene Teilung der Unterkunft sichtlich missfällt. Immerhin aber leiht dieser Mann seinem neuen Stubengenossen eine alte Taschenuhr, die May während der Schulstunden benutzt und danach täglich an einem dafür bestimmten Nagel in der Wand wieder aufhängt – bis zum letzten Schultag vor dem Weihnachtsfest des Jahres 1861.

An diesem 23. Dezember erspart sich May nach Schulschluss den langen Umweg bis zur Wohnung und fährt per Bahn sofort nach Ernstthal; seine ersten Ferien als Lehrer beginnen. Die Uhr führt er unbekümmert bei sich und außerdem ein Tabakspfeifchen und eine Zigarrenspitze – bescheidene Besitztümer des Expedienten, mit denen der junge Lehrer ein bisschen vor Eltern und Geschwistern renommieren will: Schaut, wie weit ich's schon gebracht habe!

Der Altchemnitzer Spinnereischreiber sieht die Sache ganz anders. Er wittert eine günstige Gelegenheit, die unbequeme Einquartierung wieder loszuwerden, und erstattet umgehend Anzeige wegen Diebstahls.

Nun setzt sich der Polizeiapparat in Bewegung, und als Karl May am Heiligabend über den Hohensteiner Christmarkt

Gasthof „Drei Schwanen" in Hohenstein.

bummelt, wird er festgenommen. Die exakten Datierungen konnte unlängst Ralf Harder ermitteln.

Wie wenige Wochen zuvor in Glauchau gerät er abermals in Panik: Statt den Sachverhalt ruhig zu erklären, begeht er „den Wahnsinn, den Besitz der Uhr in Abrede zu stellen; sie wurde aber, als man nach ihr suchte, gefunden. So vernichtete mich also die Lüge, anstatt sie mich rettete..."

In den folgenden Wochen und Monaten wird der noch keine 20 Jahre alte May durch das Paragrafengetriebe von Gerichts- und Schulbehörden gedreht. Am Ende steht eine gebrochene Existenz. Keine Bitte um Gnade kann das Schicksal abwenden.

Am 26. Dezember 1861 sucht Mays Vater bei der Chemnitzer Superintendentur um Schutz nach. Er glaube, schreibt er, dass sein Sohn die Uhr nur mitgebracht habe, um sie „während der Feiertags-Ferien zu benutzen und sie dann stillschweigend wieder an den Ort ihrer Bestimmung hinzubringen". Dieser wie allen weiteren Petitionen bleibt jeder Erfolg versagt.

Die unbedachte und eigentlich banale Verfehlung kommt vor ein Chemnitzer Gericht. Karl May wird zu sechs Wochen Gefängnis verurteilt, nun aber offensichtlich nicht wegen „Diebstahls", sondern auf Grund „widerrechtlicher Benutzung fremder Sachen".

Das alte sächsische Strafgesetzbuch sah für dieses Vergehen, das ab 1871 in Deutschland gar nicht mehr strafbar war, sechs Wochen Freiheitsentzug als Höchstmaß vor. Vom 8. September bis 20. Oktober 1862 verbüßt er die Strafe im Chemnitzer Bretturm.

Monate später beantragt er ein letztes Mal die Wiederaufnahme in den Schuldienst – ohne Erfolg. Nach einer ziemlich langen bürokratischen Prozedur werden die Seminarzeugnisse eingezogen und per 20. Juni 1863 die Streichung aus der Liste der Schulamtskandidaten verfügt: Berufsverbot auf Lebenszeit! Alle Früchte jahrelang erhungerter Ausbildung scheinen zunichte gemacht.

Der für eine Bagatelle unverhältnismäßig hart bestrafte Karl

May steht an einem Tiefpunkt seines Lebens. Er empfindet und beteuert, dass ihm bitteres Unrecht widerfahren sei. Sein Bekenntnis zur Unschuld wirkt überzeugend, zumal er die Uhrengeschichte noch in der Selbstbiografie von 1910 in einer ausführlichen Breite darstellt, wie das zu keinem seiner anderen ‚dunklen Punkte' geschieht.

Andere Ereignisse, an die sich Schuldgefühle knüpfen mussten, beleuchtet er nur mit Zwielicht.

„Weder dem Vater, noch der Mutter, noch der Großmutter, noch den Schwestern fiel es ein, mir Vorwürfe zu machen. Und das war geradezu entsetzlich!" Entsetzlich deshalb für ihn, der wieder im Elternhaus wohnt, weil er sich nunmehr gänzlich selbst überlassen bleibt. Es ist niemand da, mit dem er vertrauensvolle, erlösende Gespräche führen kann.

Viele Jahre nach dem Uhrendrama behauptet Karl May – aus einer Reihe von Gründen, denen noch nachzugehen sein wird –, erstmals als 20-Jähriger, somit in den Monaten nach der Haftzeit, in Nordamerika geweilt zu haben. So um 1862/63 sei er dort ein ganzes Jahr umhergereist, auch in Indianergebieten, in den ‚dark and bloody grounds', im Felsengebirge und im Yellowstone-Park. Als Hauslehrer habe er gearbeitet und beim Eisenbahnbau, während der Überfahrt als Kohlentrimmer und später als Zeitungsreporter sein Geld verdient. Wenigstens einen guten Teil der Abenteuer, die er 1893 im ersten Band der *Winnetou*-Trilogie schildert, will er auf dieser ‚Frühreise' erlebt haben.

Mit beachtlicher Hartnäckigkeit und über vier Jahrzehnte hinweg hat der Wiener Diplomingenieur Gustav Urban die These von den ‚Frühreisen' verfochten: Nach der ersten Amerikatour sei May im Herbst 1864 durch die Schweiz und bis nach Südfrankreich gewandert und auch nach Nordafrika gekommen. Unterwegs habe er den Handwerksburschen Carl Traugott Urban getroffen und ihm viel von der Amerikareise erzählt. Vater Carl Traugott hätte das später ihm, seinem Sohn Gustav, mitgeteilt. In mehreren Aufsätzen schreibt Gustav Urban über etliche frühe Reisen Mays zwischen 1862 und etwa 1886; auch Südamerika sei ein Ziel gewesen. Sogar ein Brief taucht auf, den ein Fred Sommer alias Old Firehand im Jahre 1865 aus St. Louis an Karl May geschrieben habe und der dann über Carl Urban in die Hände von Sohn Gustav gelangt sei. Gesehen aber hat das Schreiben niemand. Später ist nur mal eine ‚Abschrift der Übersetzung des Originals‘ zu sehen. Alle vermeintlichen Zeugnisse entpuppen sich als Fiktionen oder gar Fälschungen.

Der Forscher Werner Poppe hat die ‚Fred-Sommer-Story‘ als Fantasmagorie entlarvt. Im Band 82 GW, *In fernen Zonen*, untersucht Amira Sarkiss das Thema *Karl May und die Frühreisenlegenden*.

Der negative Befund hat so manchem Leser früherer Tage missfallen, wollte man doch im abenteuerlichen Geschehen der Bücher nur allzu gern tatsächliche Erlebnisse des Autors sehen. Das faszinierte entschieden mehr als nur am Schreibtisch ersonnene Fabeln.

Solche Situation führt uns beispielsweise Ludwig Patsch in seinen ‚Schwarzen Büchern‘ vor: Er beschreibt ausführlich und mit vielen Textstellenvergleichen die „Erste Amerika-Reise" und macht das ganze Kapitel dann mit dem Vermerk „Überholt!" ungültig. Anschließend heißt es: „Die von May-Anhängern behaupteten Amerika-Reisen in KMs Jugend sind leider zu widerlegen." – Schade – „leider" – bedauerlicherweise.

Patsch nennt über 20 Fakten und Gegenargumente. An erster Stelle: „Frau Selbmann, KMs noch lebende Schwester [1945 gestorben] weiß nichts von einer Amerika-Reise." Außerdem: Es existieren „nirgends einwandfrei dieser Zeit entstammende Reiseandenken", Briefe oder andere Schriftstücke. Bei keiner gerichtlichen Untersuchung hat er sich je auf eine derartige Reise berufen. Wenn er „wirklich große Reisen gemacht hätte, so hätte er nie Klagen über Schmutz und Ungeziefer laut werden lassen sollen"; solche Lamenti aber waren später immer wieder mal zu hören.

Auch die „körperliche Verfassung" bezeuge, „daß KM kein tatenfroher Weltläufer, sondern ein überaus bedauernswerter Mann, von widrigem Geschick" war.

Patsch erwähnt „KMs mangelhafte Kenntnis des Englischen" und anderes mehr: „Daß der Provinzler KM, mag er geistig noch so tüchtig sein, im Handumdrehen in der Riesenstadt New York mit der ihm doch nicht fließend eigenen engl. Sprache Reporter und gar Detektiv wird, wo man ihm doch bei jeder Frage den German anmerkt, ist ausgeschlossen. Da genügt Dresden auch." Überdies: „Keiner der guten Kenner von KMs Leben tritt für eine Amerika-Reise ein" – weder Staatsanwalt Erich Wulffen noch Franz Kandolf oder Euchar Schmid.

Zu diesen Feststellungen kam Patsch irgendwann nach dem Jahr 1937, als er noch Menschen befragen konnte, die Karl May gekannt hatten.

Im Grunde ist es freilich müßig, ‚Beweise' zu den Reise-Legenden zu sammeln, zu analysieren und zu widerlegen. Eine wesentlich deutlichere Sprache sprechen die Fakten. Fragen wir also, wo sich Karl May in der fraglichen Zeit tatsächlich aufhielt.

Plan mit der *Pantoffelmühle*

In die Wochen des Wartens auf den Entscheid zum Wiedereinstellungsgesuch fällt eine Pflicht, die das Gesetz verlangt: Am 6. Dezember 1862 wird Karl May gemustert und für militäruntauglich befunden (bei anderer Entscheidung wäre eine achtjährige Dienstzeit erfolgt). Wie das noch erhaltene Konfitentenbuch der Ernstthaler Kirche ausweist, nimmt der nunmehr Ausgemusterte an mindestens zwei Sonntagen – im April und Juli 1863 – am Abendmahl teil. Und alte Zeitungen kündigen für jene Monate Auftritte Mays als Deklamator und Musiker in Ernstthal und Hohenstein an. Solche Veranstaltungen fanden am 25. Januar, 8. und 25. März

1863 sowie am 24. April 1864 und vielleicht noch an anderen Tagen statt.

„Ich dichtete; ich komponierte", heißt es in der Selbstbiografie. „Ich bildete mir eine kleine Instrumentalkapelle, um das, was ich komponierte, einzuüben und auszuführen... Ich wurde Direktor des Gesangvereins, mit dem ich öffentliche Konzerte gab, trotz meiner Jugend."

Elf Kompositionen aus jener Zeit sind erhalten geblieben; es sind zumeist mehrstimmige Gesänge für Männerchor. Alle Details dazu haben Hartmut Kühne und Christoph F. Lorenz im Buch *Karl May und die Musik* dargestellt.

Musikkenner bescheinigen May gutes handwerkliches Talent. Seine Satzkunst für mehrstimmige Männerchöre, stellt Kühne fest, „geht über den normalen Ausbildungsgang eines Theorieunterrichtes, wie May ihn in den Seminaren Waldenburg und Plauen empfing, hinaus... In der Tat sind seine Melodien Ohrwürmer, und wer einmal das ‚Ave Maria', das ‚Vergiß mich nicht', das ‚Wanderlied' oder ‚Nun gehst du hin in Frieden' als Dirigent oder Chorsänger einstudiert hat, vergisst es sein Leben lang nicht wieder." Die hier genannten Kompositionen – außer dem *Wanderlied* – entstanden freilich zu späterer Zeit.

Manche der überlieferten Notenblätter tragen einen Vermerk oder Stempel „Gesangverein Lyra zu Ernstthal". Dieser Chor wurde 1864 von Karl May geleitet. Danach hat er sich entweder aufgelöst oder mit dem „Sängerkreis zu Ernstthal" zusammengeschlossen.

Karl May vertonte Gedichte anderer Künstler oder textete selbst. Somit liegen uns aus jener Zeit auch die ersten handschriftlichen Belege seiner Dichtkunst vor. Beispielsweise mit dem Titel

Nottourne:

„Ich will dich auf den Händen tragen / und dir mein ganzes Leben weihn; / ich will in deinen Erdentagen / dir stets ein treuer Engel sein.

84

Ich will an deinen Blicken hangen / mit selig froher Liebeslust / und nichts auf dieser Welt verlangen, / als nur zu ruhn an deiner Brust.

Ich will dir deinen Thron erbauen, / dir, der ich stets zu eigen bin; / auf dich allein will ich nur schauen, / du meine Herzenskönigin.

Ich will dir einen Thron bewahren / in meines Herzens tiefstem Schrein, / bis man nach dir geweihten Jahren / mich legt ins kühle Grab hinein."

Dieser Text steht in einer Auflistung aus damaliger Zeit erst an dritter Stelle, dafür aber mit dem eindeutigen Vermerk „Ged. und comp. von Karl May".

An zweiter Position geht es um ein Gedicht von Ida von Düringsfeld, das May in Noten gesetzt hat, und noch davor heißt ein Titel „An die Sterne. Von K. Fr. May". Obwohl nicht ausdrücklich als Dichter genannt, dürfte auch jener Text von May herrühren.

Die erste Strophe von Nottourne hat er noch dreimal verwendet: In Wanda (1875, heute in GW 72, Schacht und Hütte), Das Buch der Liebe (1876) und Der verlorne Sohn (1884).

Wie Karl Mays hochbetagte Schwester Karoline Wilhelmine Selbmann einst erzählte und Ludwig Patsch posthum im Karl-May-Jahrbuch 1979 überlieferte, entstanden die allerersten Wort- und Tonschöpfungen bereits vor dem Jahr 1858. Karl saß mit seiner Jugendliebe Anna Preßler auf dem Kanapee in der Wohnung der Eltern, die anderen Familienmitglieder gruppierten sich im Kreise herum. „Man war fröhlich und sang Lieder, die der noch nicht 16 Jahre alte Karl May auf seine ‚Anne' dichtete und komponierte. Frau Selbmann erinnerte sich noch der Verse

‚Von dir zu lassen, vermag ich nicht,
weil du alles, mein Leben bist!'"

Wir lesen weiter, „wie schön es war, wenn der Bruder die ‚Guitarre' von der Wand nahm und alle seine Lieder mitsangen", und erfahren so nebenbei, dass Karl May auch Gitarre spielen konnte. Im genannten *Karl-May-Jahrbuch 1979* finden wir noch ein paar Proben von Mays allerältester Poesie.

Als Karl May mit dem Ernstthaler Gesangverein ‚Lyra' zusammenarbeitet, verfolgt er bald auch weitergehende Ziele. Darauf deutet ein überliefertes Bündel von musikalischen und textlichen Entwürfen zu einer Posse mit Gesang und Tanz in acht Bildern unter dem Titel *Die Pantoffelmühle* hin. Mit hoher Wahrscheinlichkeit stammt das alles aus dem Jahr 1864.

Ein Müller Simson steht unter dem Pantoffel seiner Frau Adeline, genannt Lärmine, und der Schwägerin Hermine alias Krakehline. Dieser Konstellation folgen etliche Skizzen zur Handlung, die sich teilweise widersprechen. Es gibt Texte für „Chöre und Couplets", musikalische Entwürfe und einige ausgeführte Kompositionen. Eine geschlossene Konzeption ist nicht zu erkennen. Der große Teil des zusammengestellten Materials, Figuren wie Handlungsmotive, wird Jahre später für die ersten literarischen Arbeiten genutzt.

In den Erinnerungen von 1910 an jene Zeit erwähnte May auch, dass er „Unterricht in Musik und fremden Sprachen" gegeben habe. Mit solchen Privatstunden wird in der Armut in Ernstthal und Hohenstein kaum etwas zu verdienen gewesen sein. Und dennoch weckte das den Unmut und vielleicht sogar den Neid der etablierten Ernstthaler Lehrer. Schon am 12. Februar 1863 richten sie an ihren Vorgesetzten, den Pfarrer und Lokal-Schulinspektor Carl Hermann Schmidt, eine Anzeige über das „unbefugte Ertheilen von Privatunterricht" durch Karl May. Dieses Schreiben wurde noch nicht gefunden, wohl aber ein Dokument, mit dem Schmidt auf die Anzeige reagierte.

Der Pfarrer hatte sich ein paar Jahre zuvor beim Grafen von Schönburg-Hinterglauchau für eine finanzielle Unterstützung des Seminaristen May eingesetzt und dann auch die Fortsetzung der Seminarausbildung in Plauen befürwortet. Die nunmehrige Anzeige dürfte ihn recht unangenehm berührt haben, denn über fünf Wochen hinweg machte er erst mal gar nichts.

Am 20. März 1863 erfüllt er schließlich doch seine Pflicht und schreibt an die Kirchen- und Schulinspektion nach Glauchau: Er übersende hiermit „die Anzeige des hiesigen Lehrercollegii v. 12. Febr. a. c., – das unbefugte Ertheilen v. Privatunterricht seitens des gewes. Hilfslehrers K. Fr. May von hier betr..." Die „in der beregten Anzeige beigebrachten Klage- und Beschwerdepunkte wider den besagten May" könne er bestätigen und ersuche deshalb, dem „mehrgenannten May d. Ertheilung v. Privatunterricht geneigtest zu untersagen".

Ob Karl May jemals etwas von dieser Anzeige erfuhr, wissen wir nicht. Als besonders übel sollte sich erweisen, dass durch diesen Vorgang die stecken gebliebene Prozedur zur Streichung des Namens aus der Liste der Schulamtskandidaten wieder zum Laufen kam.

Wenn Karl May mit den Privatstunden ein paar Pfennige verdient hat, war es damit schon bald wieder vorbei. Die Texte und Melodien für den Gesangverein ‚Lyra' und die vereinzelten „musikalisch-deklamatorischen Abendunterhaltungen" konnten auch keine Existenz sichern. Dennoch will er sich später an gute Einkommensverhältnisse erinnern:

„Und ich begann, zu schriftstellern. Ich schrieb erst Humoresken, dann ‚Erzgebirgische Dorfgeschichten'. Ich hatte nicht die geringste Not, Verleger zu finden. Gute, packende Humoresken sind äußerst selten und werden hoch bezahlt. Die meinigen gingen aus einer Zeitung in die andere."

Welche Bewandtnis hat es mit diesen „hoch bezahlten" Erzählungen?

Vermutlich kennt May zu jener Zeit bereits den Mann, der in seinem späteren Leben noch eine überragende Rolle spielen soll: Heinrich Gotthold Münchmeyer. Er ist gelernter Zimmergeselle, der uns von May so vorgestellt wird: „Er hatte auf dem Dorfe Tanzmusik gemacht, Klapperhorn geblasen, Violine gegeigt und einige Zeit beim Militär gestanden. Er strebte sowohl nach Bildung, wie auch nach Geld, besonders durch Kloster-, Gespenster-, Ritter-, Räuber-, Mord- und

Liebesromane. Darum wurde er Kolporteur." Eine Zeit lang wohnt Münchmeyer in Oberlungwitz, also in unmittelbarer Nachbarschaft von Ernstthal, verheiratet sich dort und verdient seinen Unterhalt eben durch Hausieren mit diverser Literatur, bis er 1862 in Dresden eine eigene Verlagsbuchhandlung gründet. Später wird das Unternehmen als Verlag von H. G. Münchmeyer weithin bekannt. Geschäftliche Erfolge stellen sich aber nur sehr langsam ein. In den Anfangsjahren müssen sich die Autoren mit höchst dürftigen Honoraren begnügen. Wenn nun Karl May, noch dazu als literarischer Anfänger, dort einige Manuskripte anbieten und verkaufen kann, so ist damit auf gar keinen Fall ein nennenswertes Einkommen zu erzielen. Allenfalls sind es nur geringfügige Beträge, immer vorausgesetzt, dass diese Hypothese überhaupt zutrifft. Denn Belege für literarische Arbeiten Mays aus dieser Zeit sind bisher nicht gefunden worden, die ersten von Münchmeyer verlegten Erzeugnisse – unterhaltsame Sammelwerke – gelten als verschollen. Auch an anderen Stellen, in einschlägigen Zeitungen etwa, ließen sich bisher keine Beiträge ermitteln. Mays Äußerung, dass es eine Freude gewesen sei, „zu sehen, wie sich das so vortrefflich entwickelte", gehört ins Reich der Dichtung.

Mein Name ist „Hermes"

Die Demütigungen aus der Uhrengeschichte vermag May nicht zu überwinden, ebenso wenig zeichnet sich ein Ausweg aus der materiellen Not ab. Seine Verzweiflung wächst, denn kein Erfolg richtet das zerbrochene Selbstwertgefühl wieder auf. Die innere Einsamkeit verengt sich zu gefährlicher Isolation. Minderwertigkeitskomplexe stauen sich an, und je länger ein befreiendes Erlebnis ausbleibt, desto heftiger muss die Reaktion ausfallen.

88

Eine Entscheidung reift heran, die May aus der Rückschau des Alters selbst treffend erklärt: „Ich sann auf Rache, und zwar auf eine fürchterliche Rache, auf etwas noch niemals Dagewesenes. Die Rache sollte darin bestehen, daß ich, der durch die Bestrafung unter die Verbrecher Geworfene, nun wirklich auch Verbrechen beging." Er will sich „rächen an der Polizei, rächen am Richter, rächen am Staate, an der Menschheit, überhaupt an jedermann!"

Der Rachefeldzug beginnt im Juli 1864, und trotz ‚großer' Vorsätze wird er im bescheidenen Rahmen bleiben. Der aus Minderwertigkeitskomplexen erwachsene Zwang, etwas Gewaltiges zu vollbringen, und die von der Fantasie genährte Renommiersucht dirigieren den Rachsüchtigen ins Metier der Hochstapelei – wie das schon in ganz bescheidenen Dimensionen mit der Uhr der Fall war.

Im sächsischen Penig mietet sich May als „Dr. med. Heilig, Augenarzt und früher Militair aus Rochlitz" ein und spielt nun für kurze Zeit jene Rolle, die ihm versagt geblieben ist, weil das Medizinstudium für die Eltern unerschwinglich war. Von einem Schneider lässt er sich ein Paar Hosen aus schwarzem Wollstoff und vier weitere Kleidungsstücke anpassen und kommt dann nur zu gern der Bitte nach, im selben Haus einen Kranken zu untersuchen.

Ein Rezept wird ausgestellt, auf dem die „vorkommenden lateinischen Worte fast ohne Ausnahme correct geschrieben sind..." Woraus zu schließen sei, steht wenig später im *Königl. Sächs. Gendarmerieblatt*, „daß der Betrüger eine mehr als gewöhnliche Schulbildung erhalten haben mag". Dr. med. Heilig war, ohne zu bezahlen, mit der maßgeschneiderten Garderobe verschwunden.

Wenige Monate später, im Dezember 1864, schlüpft May bei einem ähnlichen Kleiderschwindel in Chemnitz in die Maske eines „Seminarlehrers Ferdinand Lohse aus Plauen". Dass auch hierbei der nun unerreichbare Beruf unterschwellig im Spiele war, ist nach dem Erleben der Seminaratmosphäre kaum anzunehmen. Vielleicht aber sollen mit der in die Vogtlandstadt weisenden Spur einem tatsächlich dort existierenden Seminarlehrer Ernst Lohse, bei dem May einst Unterricht hatte, durch polizeiliche Befragungen einige Ärgernisse bereitet werden. Ein recht törichtes Unterfangen, denn allzu leicht kann das zum Fingerzeig auf den tatsächlichen Urheber umschlagen. Dazu jedoch kommt es noch nicht.

Er legt vielmehr eine falsche Spur, die nach Leipzig führt, worauf die Chemnitzer Polizei am 16. Dezember 1864 eine Depesche aufgibt:

„An die Polizeibehörde Leipzig

Heute hat hier ein Mann, vorgeblich Ferdinand Lohse, Seminarlehrer in Plauen, zwei Bisampelze mit Klappkragen und zwei große Bisamkragen in Cartons, Firma Oskar Nappe, erschwindelt. Der Betrüger, 26 Jahr, 72 Zoll, blondes Haar, kurzen dünnen Backenbart, Stahlbrille, ist Nachmittag mit Leipzigerbahn flüchtig geworden. Trägt kurzen dunklen Überzieher, seidene Mütze, türkisches Shawltuch, lederne Umhängetasche. Bitte um Ergreifung und Nachricht.

Die Stadtpolizeibehörde"

Der Leipziger Polizeikommissar Gustav Theodor Kneschke notiert am 19. Dezember auf der Rückseite des Telegramms: „Der angebliche Ferdinand Lohse ist hier nicht vorgekommen." Später setzt er hinzu: „Die Bahnhofsdiener sind behufig instruiert worden. Vigilanz wird fortgesetzt."

Aber der Erfolg blieb weiterhin aus, denn Karl May hatte nicht die „Leipzigerbahn" benutzt, sondern war zu Fuß zuerst nach Freiberg und dann nach Naußlitz – damals ein kleines Dorf im Südwesten von Dresden, heute längst eingemeindet – geflüchtet. In beiden Orten verkauft er Teile der ‚Bisampelzbeute'; ein Stück verpfändet er in einer Dresdner Pfandleihe. Der ganze Erlös beträgt 41 Taler. Später wird ihm das offiziell mit 94 Talern angerechnet.

In Naußlitz hält sich Karl May von Dezember 1864 bis etwa Februar 1865 auf und kann erreichen, dass ihm das Ortsgericht des Dorfes einen sogenannten ‚Verhaltschein' ausstellt – womit ihm bescheinigt wird, dass er ein Jahr lang als unbe-

90

scholtener Bürger gelebt hat. Vielleicht nahm die Behörde in dem kleinen Ort alles nicht so genau, prüfte nichts nach, möglicherweise hielt er sich schon vor den Aktionen in Penig und Chemnitz dort auf: Er bekam jedenfalls das Dokument, das er benötigte, um sich anderswo in Sachsen niederzulassen. Verholfen dazu haben ihm sicherlich auch Papiere aus Ernstthal, die aber wohl zeitlich abgelaufen waren. Auslandsreisen freilich konnte er mit dem ‚Verhaltschein‘ nicht antreten.

Welche Absicht er mit jener Bescheinigung verfolgte, wissen wir nicht; er hat sie nicht benutzt.

Eine „Theaterangelegenheit“ habe ihn nach Leipzig geführt, heißt es später in der Selbstbiografie. Die musische Seite spielt tatsächlich eine winzige Rolle, hauptsächlich aber entwickelt sich ein selbst inszeniertes Drama mit etwas komödiantischem Einschlag.

Am 28. Februar 1865 trifft Karl May im Leipziger Vorort Gohlis ein und mietet in der Möckernschen Straße ein Zimmer. Da die knappen Erlöse aus Verkäufen bald dahingeschmolzen sind, plant er ein neues Unternehmen. Als am 20. März per Annonce im *Leipziger Tageblatt und Anzeiger* einem „anständigen Herrn“ am Thomaskirchhof 12 ein gut möbliertes Zimmer angeboten wird, nimmt er zur Tarnung seines Vorhabens diese zweite Unterkunft. Sie befindet sich in einem Gebäude nahe der Thomaskirche. Der Vermieterin stellt sich May als „Noten- und Formenstecher Hermin“ vor.

Dass Karl May aus den Zeitungsofferten gerade das Angebot vom Thomaskirchhof auswählte, ist ganz sicher kein Zufall und dürfte durch die Thomaskirche – ein Hort reicher Musiktradition – beeinflusst worden sein: In seinem Drang nach Aktion mischten sich Reminiszenzen an nicht lange zurückliegende Zeiten in der Ernstthaler Kantorei und in den Lehrerseminaren, als noch eine ab und zu von Musik und Orgelklängen getragene Zukunft vor ihm zu liegen schien. Auch die ‚Lyra‘-Töne wirkten noch nach.

„Die Orgel ist mein Lieblingsinstrument“, schreibt Karl May später im Roman *Am Rio de la Plata*, und seine zweite

Frau Klara berichtete von seiner Verehrung für Johann Sebastian Bach. Eine Stätte mit einer Orgel, auf der der große Thomaskantor jahrelang gespielt hat, wird ihn auch beim hochstaplerischen Treiben nicht unberührt gelassen haben. Noch zumal er 16 Jahre später wieder auf diesen Aufenthaltsort zurückkommt, wenn auch in anderem Zusammenhang. 1881 schreibt er im Orient-Roman *Giölgeda padishanün* (heute GW 1, *Durch die Wüste*):

„Nun war mir ... in Kairo eine alte, nur noch halbgefüllte homöopathische Apotheke von Willmar Schwabe in die Hand gekommen; ich hatte hier und da bei einem Fremden oder Bekannten fünf Körnchen von der dreißigsten Potenz versucht ... und war mit ungeheurer Schnelligkeit in den Ruf eines Arztes gekommen, der mit dem Scheidan im Bunde stehe, weil er mit drei Körnchen Durrhahirse Tote lebendig machen könne."

Das ist die erste von zahlreichen literarischen Aktionen, bei denen er Kara Ben Nemsi (oder Old Shatterhand) eine Arztrolle spielen lässt – immer wieder ein Bezug auf den Jugendtraum vom berühmten Arzt und eine bittere Erinnerung an das versagte Medizinstudium. Und beim Debüt benutzt er als medizinisches Hilfsmittel eine transportable Hausapotheke, die aus dem Leipziger Haus Thomaskirchhof 6, Sitz einer homöopathischen ,Central-Apotheke' stammt. Der genannte Willmar Schwabe arbeitete 1865 in diesem Anwesen – einer der namhaftesten Homöopathen, seit 1863 Verwalter, ab 1878 Besitzer dieser pharmazeutischen Einrichtung, die damals auch als bekanntester Lieferant der kleinen Kästchen mit einschlägigem Sortiment galt. Dieses Unternehmen existierte bis Ende 1996. Heute sitzt dort das ,Sächsische Apothekenmuseum'. Mitarbeiterin Susanna Seufert konnte 2009 einige Irritationen zu den Hausnummern klären, die durch Umnummerierungen entstanden waren: Die alte Nr. 12 gibt es nicht mehr und aus der alten 6 wurde die heutige 12.

Was unternahm Karl May nun am 20. März 1865 in seinem Thomaskirchhof-Kurzzeitquartier?

In der Firma Erler am Leipziger Brühl begeht May am 20.3.1865 eine Pelzschwindelei. Diese Aufnahme entstand ein paar Jahre später.

93

Mögliche Gedanken an Thomaskantor Bach und Orgelspiel verschwinden. Karl May sucht das Ladengeschäft der bekannten Rauchwarenfirma Friedrich Erler am Brühl auf, wählt einen Pelz aus und bittet, man soll ihm die Ware in seine Wohnung am Thomaskirchhof 12 bringen: sein Name sei „Hermes". Folgt man der griechischen Mythologie, so präsentierte sich May als Gott der Diebe.

Im Pelzladen hat er offenbar einen vornehmen Eindruck hinterlassen, denn der Sohn des Prinzipals besorgt höchstpersönlich den Auftrag.

Er wolle das gute Stück nur rasch den Wirtsleuten vorführen, erklärt May dem Überbringer, der dann vergeblich auf Rückkehr seines Kunden und auf die Bezahlung wartet. Somit folgt eine Anzeige auf dem Polizeiamt.

Um den Pelz in Bargeld umzumünzen, wendet sich May an eine Frau Bayer in der Halleschen Straße 5. Vermutlich hat er eine der einschlägigen Offerten im *Leipziger Tageblatt und Anzeiger* aufgegriffen: „Pfänder versetzen, prolongieren u. einlösen wird schnell und verschwiegen besorgt Hall. Straße 5, 2 Tr." Der Familienname bleibt ungenannt, aber jene Frau Bayer dürfte schon die Inserentin gewesen sein – eine aus der Schar der freundlichen Leute, die anderen gegen ein Entgelt den peinlichen oder auch gefährlichen Gang ins Leihhaus abnahmen. Karl May stellt sich in der Halleschen Straße als „Herr Friedrich" vor. Als Frau Bayer am folgenden Morgen den Pelz ins Leihhaus bringt, ist der Fall schon bekannt. Der Kürschnermeister Erler wird herbeigerufen und identifiziert die ‚heiße' Ware als sein Eigentum.

Offenbar beobachtet May von Ferne das Leihhaus und bemerkt, dass die Sache nicht nach seinem Plan verläuft. Zum verabredeten Zeitpunkt erscheint er jedenfalls nicht bei jener Frau Bayer, um das erhoffte Geld abzuholen. Die Polizisten warten dort vergeblich auf den ‚Fremden'.

Fünf Tage harrt May aus, statt aber das offenkundig geplatzte Unternehmen fallen zu lassen, versucht er erneut, an

94

Das alte Leipziger Polizeiamt in der Reichsstraße.

das Geld zu kommen. In dieser Leichtsinnigkeit zeigt sich ein Charakterzug Mays, der noch bei vielen anderen Gelegenheiten Verhängnisse heraufbeschwört.

May beauftragt einen Gepäckträger namens Carl Heinrich Müller, bei der unfreiwilligen Hehlerin nach dem Erlös zu forschen. Beide Personen erkennen das Spiel und sind empört. Die Frau eilt umgehend zur Polizei, während der Mann zum vereinbarten Treffpunkt ins Rosental läuft: Er will den Ordnungshütern zuvorkommen und den ‚Fremden' selbst festnehmen. Es entwickelt sich ein Handgemenge, denn vehement setzt sich May zur Wehr, aber zwei herbeigeeilte Polizisten überwältigen ihn.

Osterstein

Mit einem Fiaker wird der Arrestant am 26. März 1865 zum Leipziger Polizeiamt in die Reichsstraße gebracht und dort verhört (heute steht an dieser Stelle das ehemalige Messehaus Handelshof).

Wie aus der noch vorhandenen Polizeiakte hervorgeht, verhält sich May zunächst „ganz regungslos u. anscheinend leblos". Auch der Polizeiarzt kann ihn vorerst nicht zum Reden bringen. Erst später gibt er zu Protokoll, „daß er Carl Friedrich May heiße, in Ernstthal heimathberechtigt u. dort Lehrer gewesen sei..." Im folgenden umfangreichen Geständnis bekennt er auch die Schwindeleien in Penig und Chemnitz. Kein Wort fällt dabei von irgendwelchen Auslandsreisen, die ja ein sicheres Alibi geliefert hätten.

Speziell zu den Leipziger Ereignissen erklärt May später, dass er „ganz unmöglich bei klarem Bewußtsein gehandelt haben" könne: „Wie ich es angefangen habe, dies fertig zu bringen, das kann ich nicht mehr sagen; ich habe es wahrscheinlich auch schon damals nicht gewußt." Der Polizeibericht selbst und zuvor der unbedachte Auftrag an den Gepäck-

96

träger scheinen das zu bestätigen, die ganze Täterstrategie aber spricht gegen diese Version.

Ein Abwägen ist jedoch im Grunde belanglos. Mit Sicherheit sind es schwere seelische Depressionen und das Rachebedürfnis, die May in kriminelle Handlungen verstricken, und so mag dahingestellt bleiben, ob es auch zu zeitweiligen Bewusstseinstrübungen kommt oder allein auswuchernde Fantasie als auslösendes Moment wirkt. Mit psychologischen Deutungen allein lässt sich Mays Handeln nicht erklären. Denn ohne ihn von persönlichem Versagen freisprechen zu wollen, ist seiner Feststellung zuzustimmen: „An der Tat des Einzelnen ist auch die Gesamtheit schuld."

Da es zu jener Zeit ohnehin noch keine forensisch-psychologischen Untersuchungen gibt, erhält Karl May die im sächsischen Paragrafenkatalog festgeschriebene Vergeltung in voller Höhe zugemessen. Das Bezirksgericht der Messestadt verurteilt ihn am 8. Juni 1865 „wegen mehrfachen Betrugs" – in Penig, Chemnitz und Leipzig – zu vier Jahren und einem Monat Arbeitshaus. Am 14. Juni muss er die Strafe auf dem zu einer Anstalt umgebauten Schloss Osterstein in Zwickau antreten.

Ein Urteil desselben Leipziger Gerichts aus dem Jahre 1860 provoziert nachgerade zum Vergleich. Ein Büchernarr hatte in der Universitätsbibliothek Kunstschätze von einmaligem Wert gestohlen beziehungsweise zerstört, darunter berühmte Originalmanuskripte auf Pergament aus dem 13. und 15. Jahrhundert. Allein in 591 Fällen konnte man ihm die Schädigung bibliophiler Kostbarkeiten nachweisen: Mit dem Messer waren Titelseiten, alte Holzstiche, Miniaturen, Handzeichnungen und Ähnliches herausgeschnitten worden. Hinzu kamen 28 ähnliche Delikte in der Stadtbibliothek. Etliches ging durch Verkäufe unwiederbringlich verloren. Insgesamt war der am Kulturgut angerichtete Schaden nicht wieder gutzumachen.

Der Dieb war kein Geringerer als der Theologieprofessor Dr. habil. Wilhelm Bruno Lindner, der sich zu den angesehensten wie auch reichsten Leipziger Bürgern rechnen durfte.

So hoffte er zunächst, mit einem Disziplinarverfahren davonzukommen. Die Affäre zog aber so weite Kreise, dass es doch zur Verhandlung vor Gericht und zu einer Strafe von sechs Jahren Arbeitshaus kam.

Dem gegenüber muss das Urteil gegen May von mehr als vier Jahren für drei Kleiderschwindeleien als überaus hart gelten, zumal die sechs Gefängniswochen von 1862 in die Urteilsfindung nicht als Vorstrafe und damit etwa erschwerend einbezogen worden waren.

Im damaligen sächsischen Strafvollzug nahm das Arbeitshaus eine mittlere Stellung zwischen Zuchthaus und Gefängnis ein, und wie es der Name besagt, war jeder Insasse zur Arbeit verpflichtet. Für die rund 2.000 Häftlinge der Zwickauer Anstalt liegen die Verhältnisse ein wenig günstiger als anderswo, denn hier wird zumindest versucht, durch „Besserung auf dem Wege der Individualisierung" späterer Rückfälligkeit vorzubeugen. Verdienstmöglichkeiten entsprechend dem geleisteten Arbeitspensum, Aufstiegschancen in mildere Disziplinarklassen, die Beachtung bestimmter psychologischer Momente, auch der Verzicht auf das Kahlscheren der Köpfe, ein überschaubares System von Verhaltensregeln, das allerdings bei Renitenz auch harte körperliche Strafen androhte, Unterrichtsstunden, religiöse Betreuung und anderes mehr sollten Moral und Bewusstsein der Verurteilten aufrichten. Dass wir zu diesem wie auch zu anderem Geschehen zahlreiche Einzelheiten kennen, verdanken wir der langjährigen Forschungsarbeit von Hainer Plaul.

Der Häftling „Nummer 171", Karl May, wird zunächst in der Schreibstube beschäftigt – und versagt: Sein seelischer Zustand ermöglicht noch keine konzentrierte Tätigkeit. Als Lederarbeiter erregt er dann keine Beanstandungen mehr. Nach etwa anderthalb Jahren rückt er von der zweiten in die erste Disziplinarklasse auf, und kurze Zeit später überträgt man ihm eine neue Stellung, er wird Schreiber eines Inspektors. Auf eigenen Wunsch hin wird er in einer Einzelzelle untergebracht, ist aber trotzdem nicht mehr so einsam wie

Arbeitshaus Schloss Osterstein nach einer alten Darstellung von 1864.

99

vorher. Die Zusammenarbeit mit jenem Beamten – er heißt Karl August Krell – wirkt sich günstig aus.

Mindestens eine Stunde am Tag kann sich May eigenen Belangen widmen. Er liest viel, die Bibliothek bietet 4.000 Bände zur Auswahl an. Ein Katalog ist nicht überliefert, aber mit Sicherheit sind es vor allem moralisierende und belehrende Erbauungsschriften, die den Häftlingen den rechten Weg ins Leben weisen sollen.

Irgendwann im Laufe des Jahres 1867 erscheint der Verleger Heinrich Münchmeyer in Ernstthal. Das Unternehmen hat er durch Partnerschaft mit seinem Bruder Friedrich ein wenig erweitert und ist nun auf der Suche nach neuen Autoren. Karl May erfährt über seinen Vater von dieser Visite, die er aber offensichtlich völlig überbewertet. Denn er knüpft daran beträchtliche Hoffnungen. Wie sich zeigen wird, leider allzu große.

In seiner Fantasie sieht sich der 25-Jährige bereits als gefeierter Schriftsteller. Vermutlich in den ersten Monaten des Jahres 1868 stellt er das *Repertorium C. Maÿ* (in GW 79, *Old Shatterhand in der Heimat*) zusammen – einen noch heute erhaltenen Plan mit 137 Positionen und Skizzen für künftige literarische Arbeiten.

Zur Konzeption gehören ein „Socialer Roman in 6 Bänden", den er „Mensch und Teufel" nennen will, das auf 62 Fortsetzungen angelegte Projekt „Aus dem Leben kleiner Städte", ein dichterisches Vorhaben über die ihm einst untreu gewordene Anna Preßler („Meine erste Liebe. [A. P. 7ten Januar]") und mehr als 100 weitere Titel, die durchweg dem Zuschnitt damals gängiger Familienzeitschriften und Volkskalender entsprechen.

Auf den ersten Blick deutet nur wenig auf jenes Genre hin, das später Mays bleibenden Ruhm begründen soll. Notizen wie „Der Amerikaner", „Tiger und Bär", „Meine schrecklichste Stunde. ‚Great-Eastern-Railway'", „Im wilden Busch" oder „Der schwarze Capitain" zählen ebenso zu den Ausnahmen

100

wie die unter Nummer 106 gemachte Angabe „Die Vigilanten (Gart. 67 pag. 636)". Die Abkürzungen verweisen auf Heft 40 der *Gartenlaube* vom Oktober 1867. Diese Nummer enthält einen Bericht über private Selbsthilfeaktionen gegen das organisierte Verbrecherunwesen in Montana. Ein sehr früher, konkreter Hinweis, wie May seine Stoffe findet. Unzählige Male variiert er später jenes Grundmotiv der Verbrecherjagd auf eigene Faust, wenn die Obrigkeit nichts ausrichten kann.

Noch in Zwickau verfasst Karl May ein paar kurze Texte. „Auch schriftstellerte ich fleißig", übertreibt er etwas, „ich schrieb Manuskripte, um gleich nach meiner Entlassung möglichst viel Stoff zur Verfügung zu haben."

Im Arbeitshaus Osterstein entsteht höchstwahrscheinlich auch jenes Gedicht, das in einer Handschrift unter dem Titel *Weihnachtsabend* mit 16 Strophen erhalten geblieben ist:

„Ich verkünde große Freude,
Die Euch widerfahren ist;
Denn geboren wurde heute
Euer Heiland Jesus Christ!"

Karl-May-Verleger Roland Schmid verweist auf einen Vers der zweiten Strophe – „Glocken klingen nah und fern" –, der genau die akustische Situation in Zwickau widerspiegelt: In der Umgebung der Anstaltskirche ertönt Geläut von sechs weiteren Glockentürmen. In Ernstthal, Hohenstein oder Waldheim gibt es diese Voraussetzungen nicht.

Karl May verwendet im späteren Schaffen einige Teile aus seinem Weihnachtsgedicht, zuerst 1884 im *Verlornen Sohn*. Und wie ein Leitmotiv ziehen sich 1897 Strophen des Gedichtes durch den Roman „*Weihnacht!*".

Am 2. November 1868 wird Karl May in Zwickau entlassen. In „Folge Allerhöchster Gnade" – nach Antrag durch die Anstaltsleitung – bleiben ihm reichlich acht Monate erspart. „Ich kassierte meine Honorare ein", behauptet er, „und machte eine längere Auslandsreise." Womit zu den sagenhaften ‚Frühreisen nach Übersee' erneut eine gleichermaßen langlebige wie falsche Legende kreiert ist. Auch das Einkassieren von Honoraren gehört wohl gänzlich ins Reich der Fabel.

Die uns derzeit insgesamt bekannten Gedichte und Fragmente aus der Haftzeit – mit Themen aus dem Gefängnisleben, alles in allem etwa zehn Seiten – werden erst viele Jahre später gedruckt. Darüber hinaus können möglicherweise in drei noch nicht aufgespürten Münchmeyer-Editionen aus der Zeit um 1868/69 einige Beiträge enthalten sein. Wenn sie tatsächlich etwas eingebracht haben, dann nicht mehr als ein bisschen Kleingeld, das allen hochgespannten Wünschen sofort einen Dämpfer geben musste.

Mit durchschnittlich einem unterhaltsamen Titel pro Jahr, für den sich neben schon arrivierten Autoren auch eine bescheidene Mitarbeit des Neulings May angeboten hätte, kann der Dresdner Verleger ohnehin keine Möglichkeiten für die weit gespannten Ziele des *Repertoriums* eröffnen. So bleibt der große Plan schon in den allerersten Anfängen stecken. Der Elan der letzten Haftmonate schmilzt dahin.

DURCH DIE HÖLLE

Falschgeld-Fahndung

May ist ohne Auflagen begnadigt worden und hat ein sogenanntes Vertrauenszeugnis erhalten. Er darf sich ungehindert bewegen und wohnen, wo er will. Eine offizielle Polizeiaufsicht bleibt ihm erspart. Dennoch beobachtet die Gendarmerie den gerade entlassenen jungen Mann, der keiner geregelten Arbeit nachgeht, argwöhnisch. May ist der Überzeugung, dass ihm die „heimatliche Polizei ... nicht wohl" wolle.

Im engen Ernstthal verspürt er darüber hinaus bald allzu viele interessierte Augen, „aber sobald ich diese Blicke wiedergab, schaute man schnell hinweg". Ob Einbildung oder übergroße Empfindlichkeit, er fühlt sich wieder einmal gedemütigt. Die für kurze Zeit durch die euphorischen Pläne verdrängten Minderwertigkeitskomplexe brechen erneut auf: „Ich war wieder krank wie damals. Nicht geistig, sondern seelisch krank." Und an anderer Stelle zu seinen Empfindungen um die Jahreswende 1868/69: „Ich aber fühlte mich einsam, einsam wie immer."

Mit höchster Wahrscheinlichkeit ist es der jähe Zusammenbruch jener im *Repertorium* fixierten Pläne sowie der Verlust der damit verbundenen Hoffnung auf soziale Sicherheit, dass sich bereits nach fünf Monaten die psychischen Spannungen und angestauten Fantasien erneut entladen.

Seine Pläne waren nicht nur an den Namen Münchmeyer geheftet. 1994 wurde nach erfolgreichen Recherchen von Peter Richter und Jürgen Wehnert bekannt, dass May zu jener Zeit auch zu einem Kalenderverlag in Stolpen Verbindung hatte. Im Periodikum *Neuer deutscher Reichsbote. Deutscher Haus- und Geschichts-Kalender 1873*, ausgeliefert im September 1872, sind der schon eingangs genannte kleine Vierzeiler und zwei weitere Gedichte von Karl May enthalten – die ersten gedruckten Zeilen von ihm, die wir bisher kennen.

Entstanden sind die Reime sicherlich im März/April 1869, als er von „Freiheit", „Pass" und „Geld" träumt. Den Anfang macht er mit einem Epitaph:

„Meine einstige Grabinschrift.

Ich war ein Dichter, ernst und heiter,
Das Schicksal spielte mit mir frech;
Mein ganzes Leben war nichts weiter,
Als nur ein großer – Klumpen Pech!"

Selbstironisch und melancholisch scheint er mit seiner damaligen Existenz abzuschließen. Ein paar Seiten später folgen vier Strophen zu je sechs Zeilen, die wieder mit „Schicksal" und „Pech" beginnen. *Mein Liebchen*, so der Titel, ist aber kein weibliches Wesen, sondern die „liebe Tabakspfeife", die über Kummer und Sorgen hinweghilft.

Im letzten kleinen Opus aus acht Zeilen sagt er, was ihm aus der Misere hätte heraushelfen können:

„Gerechter Tadel.

Natur, du gute Mutter,
Verzeih', ich tadle dich.
Anstatt zum Wandervogel,
Schufst du zum Menschen mich,
Als der ich ja beim Wandern
Durch Gottes schöne Welt
Die Freiheit hab' von Nöthen,
'nen Paß und – kleines Geld."

Aber über Pass und Geld für eine Reise ins Ausland verfügt er nicht, sodass das Verhängnis seinen Lauf nimmt.

Die drei Gedichte sind mit „C. M." beziehungsweise „C. May." gezeichnet. Und das ist tatsächlich unser Karl May, wie aus Vergleichen mit späteren Jahrgängen des *Reichsboten* aus den Jahren 1876 bis 1887 hervorgeht: Dort gibt es keinen anderen Autor, zu dem das Kürzel „C. M." passt, wohl aber etliche Beiträge von Karl May.

Bisher konnten aber nicht alle Kalenderjahrgänge des Stolpener Verlages, die vielleicht weitere Arbeiten von May enthalten, ermittelt werden. Aber was auch immer von Münchmeyer, aus Stolpen oder an anderen Stellen eventuell zusätzlich entdeckt wird – eine Existenzgrundlage war darauf nicht aufzubauen.

Was auf dem Papier – gegen auskömmliches Honorar – noch nicht möglich ist, wird nun ein weiteres Mal durch Hochstapeleien praktiziert.

Am 29. März 1869 erscheint bei dem Krämer Reimann in Wiederau unweit von Mittweida ein „Polizeilieutenant von Wolframsdorf aus Leipzig" und erklärt, die Kasse durchsuchen zu müssen. Einen 10-Taler-Schein und ein paar Silbermünzen beschlagnahmt er als „Falschgeld"; außerdem wird „eine an der Wand hängende Taschenuhr" (!) als angebliches Diebesgut konfisziert. Der Ladenbesitzer wird aufgefordert, nach Clausnitz mitzukommen, „wo ein Verhör stattfinden solle". Dort wird ihm beschieden, zunächst im Gasthof zu warten. Stunden später fragt er auf der Gendarmeriestation, wann es endlich soweit sei. Vom geplanten „Verhör" weiß man aber hier genauso wenig wie von einem „Polizeilieutenant von Wolframsdorf".

Zwölf Tage darauf ist May – jetzt als „Mitglied der geheimen Polizei" – erneut auf ‚Falschgeld-Fahndung'. Das nächste Opfer, der Seilermeister Krause in Ponitz bei Meerane, will sich aber nicht so leicht etwas am Zeug flicken lassen. So hat der ‚Geheimpolizist' mit dem unbequemen ‚Arrestanten' seine liebe Not, und auf dem Wege nach Crimmitschau, wo diesmal das ‚Verhör' stattfinden soll, will er den Mann rasch loswerden. Mit dem Vorwand, seine Notdurft zu verrichten, tritt er hinter ein Gebüsch und rennt dann querfeldein davon. Worauf nun der um etliche Taler geprellte Ponitzer Seilermeister erkennt, dass er einem Betrüger aufgesessen ist und schnurstracks hinterhersetzt. May wirft das erschwindelte Geld von sich, zieht ein ungeladenes Terzerol und kann entkommen.

Auf der Flucht verliert er ein kleines Stück Pappe mit dem Namen „Julius Metzner, Oberlungwitz", ob absichtlich oder versehentlich, ist ungewiss. Der Name des kleinen Oberlungwitz lässt die Behörden sofort an das angrenzende größere Ernstthal denken, von dem Wiederau wie Ponitz fast gleich weit entfernt liegen. So ahnt die sächsische Gendarmerie, wer hier den falschen Polizisten gespielt hat. Schon eine Woche später, am 17. April, lässt der Mittweidaer Staatsanwalt Ephraim Taube im Fahndungsblatt mitteilen, dass man May der Tat verdächtige, weshalb ersucht werde, „auf denselben allerorts zu invigilieren und ihn im Betretungsfall zu verhaften".

In Ernstthal kann er sich nicht mehr blicken lassen. Zeitweiligen Unterschlupf findet er in oder bei Schwarzenberg bei der um sechs Jahre jüngeren Auguste Gräßler, die dort als Dienstmädchen arbeitet. Kennengelernt hat er sie vermutlich erst wenige Wochen vorher in Ernstthal; ihr Bruder Carl August Gräßler war Besitzer einer Schmiedewerkstatt an der Unterseite des Ernstthaler Marktes, nur ein paar Meter von Mays elterlicher Wohnung entfernt.

Polizeiakten bezeichnen Auguste Gräßler später als „Geliebte Karl Mays". Sie wusste von seiner Arbeitshaus-Strafe, nicht jedoch von den neuerlichen Aktionen.

Schwarzenberg und das nahe gelegene Bad Ottenstein spielen eine besondere Rolle in einem Brief, den Karl May am 20. April 1869 an seine Eltern geschrieben hat.

Auf dem Ottenstein, heißt es in dem Brief, habe er eine „recht glückliche Bekanntschaft gemacht". Von zwei reichen Amerikanern, Vater und Sohn Burton, sei er eingeladen worden, mit ihnen nach Pittsburg, Bundesstaat Pennsylvania, zu gehen, um eine Hauslehrerstelle zu übernehmen: „Ein guter Schriftsteller muss die Welt kennen, muss Erfahrungen gesammelt, muss seine Anschauungen erweitert und berichtigt haben", deshalb reise er nun in die USA; „man wird meine

106

Vergangenheit vergessen und verzeihen, und als ein neuer Mensch mit einer besseren Zukunft komme ich wieder."

Hier liegt ganz sicher kein tatsächliches Geschehen zu Grunde; es erscheint vielmehr das Beispiel einer recht frühen Traumkomposition. Denn es ist ja schon mehr als unwahrscheinlich, dass zwei waschechte Yankees als Erzieher für ihre Familie ausgerechnet einen Mann engagieren wollen, über dessen Qualitäten sie so gut wie nichts wissen und der kaum ein paar Brocken Englisch spricht.

In dem Brief gehen alle heimlich gehegten Wünsche in Erfüllung, so die Rückkehr in den Lehrerstand, denn er solle ja die „jüngeren Geschwister" der Burtons unterrichten. Dazu kostenlose Überfahrt nach Amerika – in das Land seiner Träume. Er könne „gleich mitreisen, ohne mir erst Papiere holen zu müssen". Weil im Pass der Burtons drei Personen vermerkt seien, bleibe ihm der Gang zu den Behörden – wo das Gendarmerieblatt mit seinem Signalement ausliegt – erspart.

Tags darauf sind Burton & Burton – bei „der Eile, welche die beiden Herren haben" – und ihr neuer Hauslehrer schon auf der Durchreise in Leipzig. Vor der Weiterfahrt via Frankfurt nach Amsterdam bleibt jedoch genügend Zeit für das Schreiben eines längeren Briefes. Dann wird noch erwähnt, dass er „zum Beispiel in einer hiesigen Restauration partout festgenommen werden" sollte, weil man ihn mit einem ähnlich aussehenden Zechpreller verwechselt habe. Vielleicht ein Hinweis, dass man ihn – „diese ominöse Ähnlichkeit" – wohl auch bei anderen Delikten verwechselt haben müsste? Jedenfalls gehe er jetzt aus Sachsen weg.

Da erwächst die Vermutung, dass nicht nur die Eltern, sondern auch die Polizei Adressaten sein sollen: Jetzt verschwinde ich von der Bildfläche, stellt die Fahndung ein, ich komme erst wieder, wenn Gras über die Sache gewachsen ist!

Die Annahme, dass der Brief allein zur Irritation der recherchierenden Gendarmerie abgefasst wurde, greift aber wohl etwas zu kurz. Und ganz sicher hat May die lange Epistel auch nicht in einem Leipziger Wartesaal und flankiert von zwei hektischen, eiligen Yankees zu Papier gebracht.

Größere Wahrscheinlichkeit kommt wohl der Hypothese zu, dass er – die Fahnder schon hinter sich und eine zweite langjährige Haftstrafe vor sich – irgendwo Ruhe und Gelegenheit findet, seinen Frust durch eine Fabel abzubauen. Zumindest versuchsweise. Und wie so oft in seinem späteren Leben entsteht dabei ein grandioser Wunschtraum: Er flaniert ins stark frequentierte Bad Ottenstein, gleichzeitig schweben die Retter Burton & Burton ein, befreien ihn von seinem seelischen Marterpfahl, beschützen ihn mit einem amerikanischen „Budjeruldi" und brechen mit ihm schnurstracks auf ins Land aller Träume!

Die Option einer subalternen Erzieherstelle gilt ihm dabei als opportun. Schon nach dem Uhrendrama kreisten Mays Pläne um einen gut dotierten Privatlehrerposten. In den Werken begegnen wir dann Lehrern in mancherlei Gestalt, so beispielsweise im ersten Band *Winnetou* (1893) oder im Roman *Die Liebe des Ulanen* (1883/85), wo ein Held die Abenteuer nahezu immer unter der Maske eines Hauslehrers besteht (GW 58, 59, *Der Spion von Ortry*, *Die Herren von Greifenklau*).

Bei einem späteren Verhör erzählt May nochmals von dem ominösen Angebot; er habe „aber in Bremen wieder umkehren" müssen.

Der Räuberhauptmann

Ende Mai 1869 kommt May heimlich nach Ernstthal und hält sich bei dem uns bereits bekannten Gevatter Weißpflog auf. Als er das Haus des Schmieds verlässt, führt er außer zwei Talern und einem Viertelpfund Seife auch einen ausgedienten Kinderwagen, eine Schirmlampe und eine Brille bei sich, möglicherweise Geschenke, die ihm der Pate zum Veräußern überlässt. Aber einige Sperrhaken gehören ebenfalls zur Bagage, was den Schmied etliche Tage später, als Mays

Karl-May-Höhle im Jahre 1936.

Besuch ruchbar wird, zur Anzeige veranlasst. Offensichtlich will er jedem Verdacht einer Mitwisserschaft vorbeugen.

Kinderwagen nebst Schirmlampe und anderes Gerät schafft May in zwei Höhlen im Oberwald nördlich von Hohenstein, die er zeitweilig als Zufluchtsort benutzt. Es sind Reste alter Stollen aus dem 17. Jahrhundert, als dort nach Eisenerz gesucht wurde. Man nennt sie deshalb ‚Eisenhöhlen‘, mitunter auch ‚Räuberhöhlen‘, weil in den Hungerzeiten um das Jahr 1772 der Räuberhauptmann Christian Friedrich Harnisch mit seiner Bande von dort aus zu Beutezügen in die geplagte Gegend aufbrach.

Alte Leute wissen noch manche ‚erschröcklichen‘ Geschichten zu berichten, die von Mund zu Mund laufen. Als sich Karl May am selben Ort für kurze Zeit versteckt, vermischen sich mit Hilfe der Fama und gezielter, bösartiger Nachrede die so weit auseinander liegenden Ereignisse. Die Legende von den Raubzügen lebt weiter, nur spricht man statt vom vergessenen Harnisch vom bekannten Karl May. Hans Zesewitz erinnerte sich, wie noch um 1920/30 gerade solche Zerrbilder in der Heimatstadt kursierten.

Einer der beiden Stollen ist inzwischen durch den Serpentinsteinabbau verschüttet. Der andere aber, dort, wo der Schindel- in den Pechgraben mündet, heißt heute ‚Karl-May-Höhle‘.

Nach dem Besuch beim Ernstthaler Paten nimmt Mays Treiben immer groteskere Formen an. Das Motiv des materiellen Gewinns tritt zurück. Die eroberten kleinen Beuten stehen in keinem Verhältnis zum strafrechtlichen Risiko. Manches erinnert an Eulenspiegeleien. Die Gefahr, gefasst zu werden, wächst.

Mit Rachegedanken, wie schon zuvor 1864, erklärt May sein Handeln auch in jenen düsteren Wochen. Das Uhrendrama ist wieder als schweres Trauma gegenwärtig. Er habe „unausgesetzt den inneren Befehl“ vernommen, „an der menschlichen Gesellschaft Rache zu nehmen“. Aber weitaus stärker als vordem lässt er sich jetzt von Selbstmitleid und einer

110

Untergangsstimmung treiben: Jene, die ihn um Jugend und Zukunft brachten, sollen ihn „auf dem Gewissen" haben.

Am 31. Mai 1869 kehrt May in eine Limbacher Schankwirtschaft ein, steckt im leeren Gastzimmer fünf Billardkugeln in die Tasche und verschwindet. Drei Tage später holt er aus einem Stall in Bräunsdorf ein Pferd, reitet nach Remse und anschließend nach Höckendorf bei Meerane, wo er das Tier einem Schlächter für billige 15 Taler anbietet. Noch ehe er das Geld erhält, rücken die Verfolger an. Der Reiter flieht zu Fuß und entkommt. Mitte Juni folgt nochmals ein Auftritt als „höherer Beamter der geheimen Polizei". In Mülsen St. Jacob wird dem Bäcker Wappler zunächst eröffnet, dass er mit seinen drei Söhnen umgehend nach Glauchau kommen solle. Dokumente zu seiner Erbschaft seien abzuholen. Das männliche Quartett bricht auch ungesäumt auf, und die zurückbleibende Bäckersfrau erfährt nun, dass die Nachlasssache nur ein Vorwand gewesen sei, im Hause werde vielmehr Falschgeld vermutet. Und prompt findet der ‚Geheime' unter den Barschaften auch vorgebliche ‚Talerblüten'.

Zum Finale schließlich am Monatsende, es ist der Fall Nummer 7, ein erster wie zugleich einziger Einbruchdiebstahl, und das in einem symbolischen Zielobjekt: im Kegelschub der Hohensteiner Schankwirtschaft Engelhardt. Als ‚Beute' werden ein Handtuch und ein „Cigarrenpfeifchen" (!) ausgewählt.

In die Stätte der bösen Kindheitserinnerungen steigt Karl May am Abend des ersten Julitages nochmals ein und entschließt sich zum Übernachten. Am Morgen wird er entdeckt und festgenommen.

Vor dem zuständigen Bezirksgericht in Mittweida ist von der Verzweiflung der letzten Wochen nichts zu spüren. May tritt ganz anders auf als einst im Leipziger Polizeiamt; rundweg weist er alle Beschuldigungen von sich. Staatsanwalt Ephraim Taube, dem die Untersuchung obliegt, verlangt zunächst vergebens ein Geständnis. Weil man nicht alle Beteiligten nach Mittweida herbei bitten kann, werden Lokaltermine und Verhöre vor Ort fällig.

111

In Limbach, Wiederau und Mülsen St. Jacob gibt sich May so abweisend wie im staatsanwaltlichen Büro. Den Krämer Reimann will er nicht kennen und andere Zeugen ebenfalls nicht, selbst wenn wie in Mülsen St. Jacob gleich eine ganze Familie aufgeboten wird.

May zeigt sich überraschend selbstbewusst. Die jüngsten ,Erfolge', sonderlich beim Bäcker Wappler, haben bewiesen, dass er ,etwas darstellen' kann. May krönt sein Auftreten mit einer Bravoureinlage.

In Sachen Bräunsdorfer Pferdediebstahl ist der 26. Juli 1869 für „Tatort-Exkurse" anberaumt. Per Zug geht es bis zur Bahnstation St. Egidien, dann weiter auf der Landstraße. Bereits am ersten Dorf passiert es: Bei Kuhschnappel entschnappt May dem Bewacher „unter Zerbrechen der Fessel", wie schon tags darauf das *Königl. Sächs. Gendarmerieblatt* berichtet.

Einzelheiten zu dieser Flucht wie auch zum folgenden Geschehen, insbesondere zu späteren Verhören Mays durch den Untersuchungsrichter in Mittweida, wurden erst 1999 wieder bekannt. Bis dahin galten die Quellen – die „Untersuchungsacten wider den ehemaligen Schullehrer Karl Friedrich May aus Ernstthal..." – als vernichtet. Klara May hatte 1922 einen entsprechenden Antrag durchgesetzt.

Aber Woldemar Lippert, Direktor des Sächsischen Hauptstaatsarchivs in Dresden, erkannte damals den historischen Wert der Dokumente und ließ vor dem Autodafé wichtige Teile der Akten abschreiben. Fast acht Jahrzehnte danach konnte Hans-Dieter Steinmetz diese Auszüge aufspüren. Im Buch *Karl May auf sächsischen Pfaden* (Bamberg-Radebeul 1999) werden diese Vorgänge geschildert und jene Abschriften veröffentlicht.

Dass Karl May beim Fußmarsch zum Lokaltermin so ziemlich leicht entweichen kann, hängt mit sonderbaren Vorschriften zusammen. Denn für derartige Gefangenentransporte sind nicht Gendarmen, sondern unbewaffnete Gerichtsdiener zuständig oder auch „Hülfsdiener", zu deren Obliegenheiten ansonsten kleine Botengänge gehören.

Redacteur:

E. Berndt,
Regierungs-Assessor und Canzl.-Secretär
im K. Ministerium des Innern.

Gendarmeriehblatt.

Königl. Sächs.

Preis: bei der Redaction halbjährl. 1 Thlr. pränum. u. portofrei; alle geeignete Insertionen werden gratis aufgenommen.

Der Steckbrief Mays vom Juli 1869.

1) **May**, Carl Friedrich, vormal. Schullehrer aus Ernstthal (s. uf. Bd. XX, S. 10, sub 1), welcher sich wegen zahlreicher Verbrechen in Mittweida in Untersuchung befindet, ist heute auf dem Transport von St. Egydien nach Bräunsdorf unter Zerbrechung der Fessel entsprungen. Es ist Alles zu seiner Wiederergreifung aufzubieten. **M.** ist 72 Zoll lang, schlank, hat längl. Gesicht und blasse, dunkel blondes nach hinten gekämmtes Haar, schwachen Bartwuchs (trägt auch falsche Bärte), graue Augen, starren stechenden Blick, krumme Beine. Er spricht langsam, in gewähltem Ausdrücken, verzieht beim Reden den Mund, hat auch häufig ein Zucken um den Mund. Er ist mit Trippertrantheit behaftet. Bei der Entweichung trug er schwarzseidenes rund-bed[]ges Sommerhütchen, braunen, ins Gischliche schillernden juchtartigen Rock mit breiter schwarzer Borde besetzt, braune Weste und bergl. Hosen mit breiten schwarzen Streifen. Hohenstein, den 26/7. 69. Der Staatsanwalt beim Bez.-Ger. Mittweida: Taube.

113

Zur Begleitung und Bewachung Mays ist ein Beifrohn – so der amtliche Titel für die Aushilfskraft – namens Posselt eingesetzt, der nach dem Zwischenfall aus den Gerichtsdiensten entlassen wird und als „Beischaffner an der Eisenbahn" arbeitet. Er hatte noch ein paar Feldarbeiter herbeigerufen und im Wald bei Kuhschnappel nach May suchen lassen. Dann war er nach Bräunsdorf gelaufen und hatte dem dort ungeduldig wartenden Staatsanwalt Taube vom Malheur berichtet.

Ohne Aufenthalt fährt der Beamte nach Hohenstein und telegrafiert an die „Gendarmerie der nächsten größeren Städte" wie an die Redaktion des *Königl. Sächs. Gendarmerieblattes*. „Es ist Alles zu seiner Wiedererlangung aufzubieten", steht in der Steckbrief-Depesche, denn der Entsprungene sei ein höchst gefährlicher Mensch, schuldig „zahlreicher Verbrechen", habe „längl. Gesicht und Nase,... (trägt auch falsche Bärte), graue Augen, starren, stechenden Blick, krumme Beine ... verzieht beim Reden den Mund... Er ist mit Tripperkrankheit behaftet..." Bösartigeres lässt sich kaum noch hinzuerfinden, um die vermeintliche Gefährlichkeit des Gesuchten herauszustreichen.

Im Wadenbach-Wahn

In den heimatlichen Wäldern wird der Entsprungene angeblich gesichtet. Gendarmen werden zur „genauesten Durchsuchung der Hölzer" aufgeboten. Ein Turnerverein, der sich auch aufs Feuerlöschen versteht, schließt sich an. Das erinnert an ähnliche Häschereien Dezennien zuvor im gar nicht allzu weit entfernten Tann am Greifenstein, als ein Schützenverein an der Seite der Büttel den erzgebirgischen Volkshelden Karl Stülpner fangen wollte. Vergeblich ist auch diesmal die Hilfe. Wie ehedem der rebellische Wildschütz, kann sich auch der ‚Fesselbrecher' nach Böhmen absetzen.

114

Auf etlichen Umwegen über außersächsische Gebiete gelangt May über die Grenze. In der dörflichen Umgebung von Halle besucht er eine Malwine Wadenbach, Wirtschafterin auf einem Rittergut, die er ebenso wie ihre Tochter Alwine vermutlich von seinem Leipziger Aufenthalt im März 1865 her kennt.

Ob er dort irgendwelche Unterstützung und Hilfe findet, wissen wir nicht. Nach langen Wanderungen, die sich zuletzt am erzgebirgischen Südhang hinziehen, erreicht er zum Jahreswechsel 1869/70 das Tetschener Gebiet, erschöpft und frierend sucht er eine Bleibe.

Bewohner von Algersdorf entdecken am 4. Januar 1870 auf dem Dachboden ihres Hauses einen halb verhungerten Landstreicher. Die k. u. k. Gendarmen, die ihn in Gewahrsam nehmen wollen, bekommen eine fantastische Geschichte zu hören: Er heiße Albin Wadenbach, sei 22 Jahre alt und Plantagenbesitzer in Orby auf der westindischen Insel Martinique. „Mein Grundbesitz in Amerika repräsentiert einen Werth von 20.000 Dollars." Zusammen mit dem Bruder Friedrich wäre er nach Deutschland zum Verwandtenbesuch gekommen. Sie hätten sich in Coburg getrennt, um nach drei Tanten zu suchen – irgendwo bei Halle und in der Nähe von Görlitz –, von denen man aber nichts Genaues wisse. Leider befänden sich die Legitimationspapiere noch bei seinem Bruder und ebenso das meiste Geld. Ihm wären vor drei Tagen die Mittel ausgegangen. Deshalb müsse er zu Fuß nach Görlitz laufen und auf so ungewohnte Weise nächtigen; solches Missgeschick sei ihm zum ersten Male widerfahren.

Um das zu unterstreichen, entführt er die Gendarmen aus dem grauen Regentag in die Karibik. Märchenbilder vom bunten Treiben auf Hanf-, Tabak- und Vanilleplantagen werden in den Raum gezaubert. Aber trotz allen Reichtums, so wird ihnen listig ausgemalt, sei das Leben nicht leicht, weder hier in Europa – was man ja an seinem desolaten Zustand sehe – noch auf der fernen Insel. Sein Vater Heinrich Wadenbach sei schon früh verstorben, deshalb trage er trotz seiner Jugend bereits die Bürde eines Plantagenbesitzers. Was Karl

May auf dem Gendarmerie-Revier fabuliert, passt schon so recht in das Muster, das er dann bei so vielen ‚Reiseabenteuern' webt. Erlebtes und Erdachtes verschmelzen. Nur wenige Fakten genügen, um die Fantasie zu entzünden. Jetzt ist es die höchst bedrohliche Lage, die ihn unter Verwendung einiger realer Fakten zum Plantagenbesitzer werden lässt.

Alwine Wadenbach regt May zum Namen Albin W. an, und ihr Onkel Heinrich W. – der nach Amerika ausgewandert war – gibt die Vorlage für den verstorbenen Vater des reiselustigen, nach seinen Tanten recherchierenden Sohnes ab. Ein kurz zuvor besuchtes Rittergut bei Halle wandelt sich zur Plantage unter subtropischer Sonne. Der 28-jährige May schlüpft in die Gestalt des 22-jährigen Wadenbach: Sechs dunkle Jahre sind damit getilgt. Als nach der Erziehung des Plantagenbesitzersohnes gefragt wird, tauchen hervorragende Hauslehrer (!) auf. Der Blick zurück bleibt – wie noch so oft bei Mayschem Fabulieren – am versagten Berufswunsch hängen. Besonderen Wert habe man bei der Ausbildung auf „practische Kenntnisse in der Medicin" gelegt!

Die Fantasie arbeitet jedoch nicht nur Vergangenheit auf. Geht es um Gegenwärtiges, schlägt sie über alle Stränge. So beim Geld. Wenn es auch momentan fehle, für einen Plantagenbesitzer kein Problem – man schreibt beiläufig an seinen Bankier. May alias Wadenbach richtet einen Brief an das „Banquierhaus Plaut & Comp." in der Leipziger Katharinenstraße.

„Geehrtester Herr!

Meine erste Bitte an Sie ist um Verzeihung, daß ich Sie mit einem Schreiben von meinem gegenwärtigen unfreiwilligen Aufenthalt incommodire; aber, bitte werfen Sie die Schuld auf meine unangenehme Lage. Ich habe ohne Legitimation Böhmen durchreist, um meine Verwandten in der Lausitz zu besuchen, bin von der Polizei aufgegriffen worden und muß mich ausweißen, um meine Freiheit wieder zu erhalten. Diese Ausweißung kann nur durch meinen Bruder Frederico Wadenbach, Kaufmann aus Orby auf Martinique,

116

geschehen, welcher bei unserer Trennung die betreffenden Legitimationspapiere bei sich behalten hat.

Da nun derselbe einen Wechsel zur Präsentation auf Ihr Haus bei sich führte, sich Ihnen jedenfalls schon vorgestellt hat, so wage ich es, an Sie die ergebene Bitte auszusprechen, ihm umgehend Nachricht von meiner Lage zu geben und ihn zu veranlassen mich durch seine Gegenwart und Vorzeigung der betreffenden Papiere zu erlösen.

Indem ich Ihnen schon im Voraus meinen Dank für Ihre freundliche Bemühung ausspreche, behalte ich mir vor, später bei meiner Gegenwart in Leipzig demselben noch mündlichen Ausdruck geben zu dürfen.

Achtungsvoll
Albin Wadenbach
Plantagenbesitzer in Orby auf Martinique.“

Formvollendet hat sich die Hochstapelei ins geschriebene, wenn man will, sogar ins literarische Metier gewendet. Die Fantasie schwebt über unerreichbaren Gestaden der Trauminsel Martinique, und dorthin möchte Albin Wadenbach zurückkehren, sich zum wenigsten aber vorerst aus den Gendarmeriefängen lösen.

Im späteren literarischen Schaffen unterliegt May über lange Strecken der Faszination, Erzähltes letztlich für Erlebtes zu nehmen. Ob er bereits bei den böhmischen Polizisten ein bisschen glaubt, tatsächlich der Monsieur Wadenbach zu sein, mag dahingestellt bleiben, die Beamten jedenfalls fallen anfangs auf die so überzeugend dargebotene Geschichte herein; den Diebstahlsverdacht lassen sie fallen. Als aber eine routinemäßige Nachfrage keine Verwandten bei Görlitz ans Licht bringt, regt sich neues Misstrauen. Zunächst wird in dem alten *Eberhardt'schen Allgemeinen Polizeianzeiger* ein Steckbrief veröffentlicht. Das an die Dresdner Redaktion übermittelte Signalement erwähnt „als besonderes Kennzeichen an der unteren Seite des Kinns eine von einem Geschwür herrührende

Narbe" – jenes Wundmal, das laut erstem *Winnetou*-Band vom Messer des Apachenhäuptlings herrühren soll.

Die sächsischen Behörden erbitten von den k. u. k. Instanzen nähere Auskunft, und nach kurzem Hin und Her steht die Identität Mays fest. Mitte März erfolgt die Auslieferung, und am 13. April 1870 spricht das Bezirksgericht Mittweida das Urteil: Der Angeklagte wird „wegen einfachen Diebstahls, ausgezeichneten Diebstahls, Betrugs, und Betrugs unter erschwerenden Umständen, Widersetzung gegen erlaubte Selbsthilfe und Fälschung bez. mit Rücksicht auf seine Rückfälligkeit mit Zuchthausstrafe in der Dauer von 4 Jahren belegt". Auch ist der Angeklagte „des ihm Beigemessenen geständig".

Pflichtverteidiger Karl Hugo Haase hat sich während der Verhandlung nicht strapaziert und in einem Berufungsschreiben lediglich um einen kleinen Strafnachlass ersucht, „weil nicht sowohl Schlechtigkeit und Böswilligkeit den Angeklagten zu den Verbrechen getrieben zu haben scheinen, als vielmehr grenzenloser Leichtsinn und die angeborene Kunst, den Leuten etwas vorzumachen und daraus Gewinn zu ziehen". Jede Erfolgschance macht der Anwalt zwei Sätze weiter aber selbst zunichte, indem er ausführt, „daß der Angeklagte ein gemeinschädliches Individuum" ist.

Im Skriptum klingt allerdings auch die Einsicht an, dass „sich die meisten seiner Verbrechen in ihrer Ausführung mehr als leichtsinnige Streiche wie als böswillige Verbrechen" darstellen. Bei solchem vorsichtigen Abwägen aber bleibt es. Mays Verhalten entlastende oder ihm zumindest gerechter werdende Schlussfolgerungen zieht er nicht.

Die für die sieben tolldreisten „leichtsinnigen" Streiche addierte „Schadenssumme" beträgt rund 106 Taler.

Bei so bescheidener Beute sind eindeutig kriminelle Motive nicht zu vermuten. May ist es vielmehr auf die Aktion angekommen, um „den Leuten etwas vorzumachen"; die Absicht, „daraus Gewinn zu ziehen", rangierte erst an zweiter Stelle.

Inferno Waldheim

Die Zeit vom 3. Mai 1870 bis zum 2. Mai 1874, die May als „Züchtling No. 402" im Zuchthaus Waldheim verbüßen muss, wird für ihn zur Hölle. Der hier für den Strafvollzug gebräuchliche Begriff ‚progressiv' bedeutete in der Praxis das ganze Gegenteil: übergroße Härte als Abschreckung und Vergeltung von Anfang an, die lediglich am Ende geringfügig gemildert wird.

In einem ausgeklügelten System der Demütigung rangiert an erster Stelle das „Gebet beim Eintritt in die Strafanstalt": „...Ich selbst bin die Ursache meines Elends, ich selbst muß mich anklagen und verdammen ... ich erkenne Deine strafende Gerechtigkeit ... ich murre nicht wider die Wege ... will die Befehle und Anordnungen meiner Vorgesetzten gehorsam und unverdrossen befolgen, will dieselben als meine Wohltäter erkennen ... will ich geduldig in meinem Trübsal bleiben..."

Eine endlos lange, erniedrigende Litanei muss nach vorgegebenem Text gesprochen werden. Alles zielt auf bedingungslosen Gehorsam, auch das absolute Sprechverbot während der 13-stündigen täglichen Arbeit.

Wer das auferlegte Pensum nicht schafft oder auch nur geringfügig unliebsam auffällt, wird bestraft: durch Streichung des Verdienstes oder mit mehrtägigem ‚Dunkelarrest' in einer engen Zelle, die kein Hinlegen ermöglicht. Besonders grausam ist der sogenannte ‚Latten-Arrest'. Die dafür präparierten Zellen sind am Boden und an den Wänden mit scharfkantigen Hartholzlatten ausgeschlagen. Wird das ‚Tragen von Klotz und Kette' verordnet, muss bis zu einem Monat, auch während der Arbeit, an einer langen Kette am Bein ein Eisenklumpen von fünf, zehn oder fünfzehn Kilogramm mitgeschleppt werden. Zum zehnteiligen, noch vielfach untergliederten Strafenkatalog gehören auch 30 Schläge mit einem „85 cm langen ... ¾ cm starken Haselstocke auf das entblößte Gesäß". Als es in Waldheim noch nicht ‚progressiv' zuging, verabreichte man 60 Hiebe.

Die in Dutzende von Paragrafen aufgefächerten „Verhaltensvorschriften" verbieten unter anderem „unnötiges Schnauben und Räuspern" während der „kirchlichen und außerkirchlichen Andachtsübungen", alle „Bewegungen und Gesticulationen" beim Gespräch mit „Vorgesetzten" und auch „Worte, Mienen oder Gebehrden", sollte ein Sträfling über eine Anweisung erregt sein, ja selbst das Drehen des Kopfes beim Laufen und „laut zu lachen".

Irgendeines dieser ‚Delikte' lässt sich May in den ersten Monaten zuschulden kommen, worauf er wegen „Neigung zu grobem Unfug, Widersetzlichkeit und Gewaltthaten" etwa ein Jahr in Isolierhaft verbringen muss, anders als in Zwickau nunmehr gegen seinen Willen. Als verschärfend wird nochmals der „Verdacht des Entweichens" vermerkt – ein Hinweis auf die einstige Flucht bei Kuhschnappel.

„Meine Strafe war schwer und lang", erfahren wir von ihm über die Waldheimer Zeit. Aber er habe auch viel Zeit zum Schreiben gehabt, behauptet er: „Es stand mir jedes Buch zur Verfügung, das ich für meine Studien brauchte. Ich stellte meine Arbeitspläne fertig und begann dann mit der Ausführung derselben. Ich schrieb Manuskripte. Sobald eines fertig war, schickte ich es heim. Die Eltern vermittelten dann zwischen mir und den Verlegern."

An solche Mußestunden jedoch kann in diesem Zuchthaus überhaupt nicht gedacht werden. Lesen ist nur an den wenigen sonn- und feiertäglichen Freistunden gestattet. Schon das Abfassen eines längeren Briefes gehört zu den Privilegien, die nur in Ausnahmefällen einem Häftling der ersten Disziplinarklasse gewährt wird. May bleibt, wie wir heute wissen, nur in der dritten beziehungsweise zweiten Stufe. Er muss, ob in der Isolierzelle oder danach wieder im großen Arbeitssaal, Zigarren drehen.

Wenn er jene Jahre so beschönigend ausmalt, dann wohl vor allem, um die Erinnerung an die furchtbarste Zeit seines Lebens zu überdecken und zu verdrängen.

Einige Vergünstigungen werden ihm tatsächlich gewährt,

120

Zigarrenfabrikation im Zuchthaus Waldheim.

sind vergleichsweise von bescheidener Natur, haben aber beachtliche Wirkung. Wahrscheinlich noch während der Isolierhaft überträgt man ihm das Orgelspiel im katholischen Gottesdienst – vermutlich, weil es unter den Sträflingen dieser Konfession keinen kundigen Organisten gab. Dem Betreuer der kleinen katholischen Gemeinde, dem Katecheten Johannes Kochta, hat May in der Selbstbiografie große Dankbarkeit bekundet, wird doch nunmehr die Verlassenheit der Isolierzelle wenigstens für Stunden durchbrochen:

Er war „ein Ehrenmann in jeder Beziehung, human wie selten Einer und von einer so reichen erzieherischen, psychologischen Erfahrung, daß das, was er meinte, einen viel größeren Wert für mich besaß, als ganze Stöße von gelehrten Büchern. Nie sprach er über konfessionelle Dinge mit mir. Er hielt mich für einen Protestanten und machte nicht den geringsten Versuch, auf meine Glaubensanschauung einzuwirken... Mir war das schöne Verhältnis heilig, das nach und nach zwischen ihm und mir entstand, ohne daß sich störende Gegensätze in das rein menschliche Wohlwollen schleichen durften. Er tat seinen Kirchendienst, ich meinen Orgeldienst, aber im Uebrigen blieb die Religion zwischen uns vollständig unberührt und konnte also umso direkter und reiner auf mich wirken. Grad dieses sein Schweigen war so beredt, denn es ließ seine Taten sprechen, und diese Taten waren die eines Edelmenschen, dessen Wirkungskreis zwar ein kleiner ist, der aber selbst das Kleinste groß zu nehmen weiß."

Gegen Ende der Haftzeit wird May noch zu Hilfsarbeiten bei der sonntäglichen Ausleihe in der Bibliothek herangezogen. Dieses Privileg findet aber bald wieder ein Ende, als er sich schützend vor einen Mitgefangenen stellt, dem man das Beschmutzen eines Buches vorwirft. Die Schrift sei schon vorher unsauber gewesen, versichert May.

„Züch. No. 402 ist fernerweit nicht mehr mit dem Austheilen der Bücher zu beschäftigen", heißt es im sofort angelegten Protokoll vom Märzanfang 1874.

„Züchtling Nummer 402" hat zu dieser Zeit noch zwei

122

Monate zu verbüßen. In den am 2. Mai 1874 ausgefertigten Entlassungsunterlagen wird ihm vom Arzt attestiert: „etwas entkräftigt, sonst arbeitsfähig". Befragt nach „Plan und Wunsch" sowie „über sein ferneres Fortkommen und wozu er sich eignet", wird als Antwort in den Papieren notiert: „Will nach Amerika auswandern." Der Blick auf eine völlig ungewisse Zukunft wird hier den Ausschlag gegeben haben. Es sollen aber fast noch dreieinhalb Jahrzehnte vergehen, bis es zur ersten und einzigen Reise nach diesem Kontinent kommt.

Außer der verfügten Polizeiaufsicht von zwei Jahren – die allerdings einer Auswanderung nicht entgegengestanden hätte – ist May noch von anderen Festlegungen betroffen. Nach § 31 des seit 1. Januar 1872 geltenden *Strafgesetzbuches für das Deutsche Reich* wird beispielsweise „die dauernde Unfähigkeit zur Bekleidung öffentlicher Aemter" ausgesprochen, wozu unter anderem „der Geschworenen- und Schöffendienst" gehört.

Für jeden Entlassenen, so auch für May, stellt sich vor allem die unmittelbare Existenzfrage. Die einstigen schriftstellerischen Pläne hat er trotz vierjähriger literarischer Abstinenz nicht aufgegeben. Offen bleibt für ihn natürlich, welche Erfolgschancen sich nunmehr anbieten. Er kehrt zunächst zu seinen Eltern zurück.

Von den Geschwistern ist niemand mehr im Haus. Der 64-jährige Vater lebt allein mit der Mutter. Aus manchen späteren Äußerungen spricht die Reue über den Kummer, den er den Eltern zugefügt hat. Die Absicht, etwas wiedergutmachen zu wollen, wird jeden möglichen Gedanken an Auswanderung rasch wieder verdrängt haben.

„Mich sehen Sie hier niemals wieder", hatte Karl May dem Aufseher in Waldheim versichert, als sich nach vier Jahren das Tor zur Freiheit öffnete. Ein „stürmischer Frühlingstag" begrüßte ihn.

Frühling und Neubeginn? Oder Vorbote eines alles vernichtenden Orkans? Die Antwort wird nicht allein von Mays Wollen abhängen.

MAPPE EINES VIELGEREISTEN

Günstige Grundlagen

Vier unendliche Jahre bleiben die Gedanken nach innen gerichtet, kreisen um Disziplinarklasse und Tagespensum, stauen sich bei Kostentzug und Sprechverbot, bleiben an Klotz und Kette hängen. Draußen ist indes vieles anders geworden; die innenpolitische und wirtschaftliche Lage Deutschlands hat sich geändert.

Der deutsch-französische Krieg 1870/71 endete mit Reichsgründung und Kaiserproklamation. Französische Kontributionen kurbeln die Wirtschaft an und lösen die Gründerjahre aus: Deutschland entwickelt sich in wenigen Jahrzehnten zu einer europäischen Großmacht.

Zwischen 1871 und 1874 werden allein in Preußen genauso viele Eisenhüttenwerke, Hochöfen und Maschinenfabriken gegründet wie in den vorangegangenen Jahren seit 1800. Von den sechziger Jahren bis 1900 steigt die Industrieproduktion fast auf das Vierfache, während sich die Zahl der Industriearbeiter nur etwa verdoppelt und die Wochenarbeitszeit sogar etwas zurückgeht. Im Durchschnitt beträgt sie in den wichtigsten Industriezweigen für die Zeit 1870/75 achtundsiebzig Stunden und für 1890/95 vierundsechzig Stunden. Noch gegen Ende der 1850er-Jahre waren es am Tag häufig zwölf oder vierzehn, mitunter noch mehr Stunden. Jetzt ist die Produktion intensiver geworden: Pro Arbeitsstunde wird mehr geleistet. Der Umfang der Freizeit vergrößert sich. Zwischen 1871 und 1900 bleibt die Landbevölkerung mit rund 26 Millionen annähernd konstant, während sich die Stadtbevölkerung von knapp 15 auf über 30 Millionen mehr als verdoppelt hat. Am schnellsten wachsen die Großstädte mit über 100.000 Einwohnern: An der Gesamtbevölkerung steigt ihr Anteil von 4,8 auf 16,2 Prozent. In drei Jahrzehnten erhöht sich allein die Einwohnerzahl Berlins von 800.000 auf knapp zwei Millionen. Auch Sachsen gehört zu den Gebieten mit überdurchschnittlichem Wachstum. Leipzig ist bis kurz vor der Jahrhundertwende nach Berlin und Hamburg die drittgrößte Stadt des Deutschen Reiches. Hässliche Mietskasernen mit zwei, drei und sogar vier Hinterhöfen bestimmen weithin das neue Bild der ausufernden Städte. Die Wohnungen bieten für die oft vielköpfigen Familien recht unwürdige Verhältnisse.

Obwohl das Dasein schon kummervoll ist, bringt es für zahlreiche Menschen in den Großstädten noch zusätzliche Probleme: Viele leiden unter Gefühlen der Einsamkeit und des Unbeachtetseins. Was auch immer den Einzelnen am meisten bedrückt, stärker als je zuvor wird nach einem Ausgleich zum düsteren Alltagsleben gesucht. In dieser Zeit entstehen am Rande der Städte Schrebergartenanlagen und Laubenkolonien. Als sonntägliche Fluchtmöglichkeiten werden neue Ausflugslokale genutzt oder einfach Rastplätze im Grünen. Wer nicht allein oder mit Familie wandern will, kann Anschluss an organisierte Gruppen finden. Gründungen zahlloser Vorstadttheater fallen in diese Zeit – und eine beachtliche Zunahme der Lektüre.

Das elementare Bildungsniveau hat sich verbessert. Durch neue Bestimmungen zum Volksschulunterricht, Einführung der staatlichen Schulaufsicht, zahlreiche Schulneubauten und andere Maßnahmen wird den Erfordernissen der wirtschaftlichen Entwicklung Rechnung getragen. Das Analphabetentum ist geschrumpft. Konnten um 1830 erst rund 40 und anno 1870 etwa 75 Prozent der Bevölkerung lesen, so sind es 1900 fast 90 Prozent. Auch das Leseverhalten wandelt sich; aus einem intensiven wird ein extensiver Vorgang. Standen in vielen Haushalten, besonders auf dem Lande, häufig nur Bibel, Gesangbuch und ein Kalender mit ein paar Geschichten zur Auswahl, so setzten sich in den letzten Jahrzehnten vor 1900 Zeitungen und Zeitschriften durch.

Eine kaum noch überschaubare Anzahl von Unterhaltungs- und Familienzeitschriften entsteht. Viele folgen dem Muster, das durch die Leipziger *Gartenlaube* geprägt wird.

Ihr Gründer Ernst Keil gehörte zu den politisch sehr aktiven Publizisten der Vormärzzeit. Nach den Wirren der Revolution wird er zu neun Monaten Gefängnis verurteilt, die er 1852 auf der Hubertusburg verbüßen muss.

Über den Verlauf der Revolution und die nachfolgende Entwicklung ist er bitter enttäuscht. Wehmütige Gedanken in der Zelle gelten auch seiner Leipziger Wohnung in der Dresdner Straße und vor allem der schattigen Laube im schönen Garten, der Stätte harmonischer Familienszenen. Und dabei fällt ihm der volkstümliche Titel für eine neue Zeitschrift ein: *Die Gartenlaube.*

Der Name ist zugleich Programm: Es soll ein Familienblatt werden, eine Zeitschrift für häusliches Glück „fern von aller raissonnierenden Politik". Ernst Keil will interessante Lektüre nach drei Richtungen bieten: Freudvolle Lesestunden im grauen Alltag, Ausblicke in die weite Welt und Berichte aus fernen Zonen sowie naturwissenschaftliche und technische Belehrungen.

Am 1. Januar 1853 erblickt das Blatt das Licht der Welt. Weil Keil die bürgerlichen Ehrenrechte aberkannt wurden, darf er nicht als Redakteur hervortreten. Zwei Freunde übernehmen formell diese Aufgabe. Keil macht dennoch die Hauptarbeit. Er kann von Anfang an hervorragende Autoren als Mitarbeiter gewinnen, so den Zoologen und Forschungsreisenden Alfred Brehm, Friedrich Gerstäcker, Otto Ruppius und Balduin Möllhausen. Zu späterer Zeit, ab 1881, ist Rudolf Cronau ständiger *Gartenlaube*-Korrespondent in den USA.

Schon bald nach der Gründung steht das Wochenblatt hoch in der Gunst der Leser, sodass eben Karl May 1858 seine erste Indianergeschichte dort einreicht. Durch die Ablehnung war er so enttäuscht, dass er in fast 200 Zeitschriften Originalbeiträge und Nachdrucke veröffentlicht, aber nie wieder für die *Gartenlaube*, die sich ihm von der Konzeption her geradezu angeboten hätte, schreibt. Immerhin aber kommt es 1880 nochmals zu einem Kontakt mit diesem Familienblatt (siehe S. 235ff.).

Andere weiland vielgelesene Schriftsteller beziehungsweise Schriftstellerinnen – etwa Eugenie Marlitt oder Wilhelmine Heimburg – finden durch die Leipziger Familienzeitschrift ihr großes Publikum.

126

Auch bei der *Gartenlaube* scheint man gelegentlich bedauert zu haben, dass es zu keiner Partnerschaft mit May kam. Noch im Juni 1932 publiziert Mitarbeiter Ernst Klippel einen Erinnerungsbeitrag zu *Karl May und Ernst Keil* und fabuliert, wie er im April 1899 Karl May in Kairo getroffen habe – eine fiktive Geschichte, die aber zumindest ein wenig Nachdenklichkeit auslöst: Was wäre wenn – wenn May und Keil irgendwann zu Stuhle gekommen wären, wenn Karl May den Großteil seiner Werke in der auflagenstärksten deutschen Zeitschrift veröffentlicht hätte?

Dieses Zusammenspiel aber trat nicht ein. Für Karl May ergibt sich dennoch ein breites Feld von Publikationsmöglichkeiten in Zeitschriften, die nach der Reichsgründung entstehen oder ihren Aufschwung erleben und sich am Vorbild der überragenden *Gartenlaube* orientieren. Tragende Elemente dieser Blätter sind die belletristischen Beiträge. Begehrt sind jetzt vor allem kleinere Erzählungen oder über viele Nummern laufende Fortsetzungsromane, natürlich auch in Buch- oder Heftausgaben, die Träume wecken von privaten Idyllen, die zurückführen zu historischen Heldenmythen oder über die Grenzen hinaus in exotische Fernen. Der Leser sucht nach Identifikationen, die das graue Existenzeinerlei nicht bietet; er will Heldentaten miterleben und sich in ein Geschehen hineinversetzen, in dem der Einzelne frei und ungebunden von allen Zwängen agiert, wo er Ordnung schaffen und die Welt nach eigener Fasson zurechtrücken kann. Solche Lektüre ist gefragt: Karl May wird sich als erstrangiger Könner auf diesem Gebiet erweisen.

Neben der wachsenden Leserschar begünstigen auch eine Reihe äußerer Bedingungen die Verbreitung gedruckter Erzeugnisse.

Seit der Reichsgründung 1871 kann sich ein einheitlicher Literaturmarkt voll entfalten. Schon mit der Gewerbeordnung des Norddeutschen Bundes von 1869 hat sich die allgemeine Gewerbefreiheit durchgesetzt, also das Recht für jedermann, jedes beliebige Gewerbe ohne irgendwelche Vorbedingungen zu betreiben; Hemmnisse, wie sie sich beispielsweise früher durch den Zunftzwang ergaben, sind damit verschwunden.

Ein reichseinheitliches Pressegesetz vom 7. Mai 1874 – May wird am 2. Mai 1874 entlassen – beseitigt dann die in einzelnen Ländern noch vorhandenen Hindernisse für einen breiten Aufschwung im Druck- und Verlagsgewerbe: etwa hemmende Steuern, richterliche Beschlagnahmebefugnisse und lästige Kautionsverpflichtungen vor Druckbeginn.

Neugegründete Verlage orientieren sich zumeist auf das sichere Geschäft mit Unterhaltungs- und Trivialliteratur, und bestehende Unternehmen stellen ihr Programm teilweise oder gänzlich um. Einige Firmen, darunter der Betrieb von Heinrich Gotthold Münchmeyer, können sich bald beträchtlich vergrößern. Und nicht zuletzt ermöglichen diverse technische Fortschritte in der Polygrafie nunmehr eine preisgünstige Massenproduktion von Zeitschriften und Büchern. Hingewiesen sei nur auf die rasche Ausbreitung der Rotationsdruckmaschinen seit der Wiener Weltausstellung von 1873, auf denen nicht allein Zeitungen, sondern auch Bücher und Broschüren hergestellt werden können.

1884 erfindet Ottmar Mergenthaler mit seiner Linotype eine automatische Setzmaschine. Per Tastatur lassen sich damit stündlich etwa 5.000 bis 7.000 Lettern setzen und in Zeilen gießen. Bei dem seit Gutenbergs Zeiten (1468) üblichen spiegelbildlichen Montieren beweglicher Lettern waren das nur ein paar hundert Buchstaben pro Stunde. In Leipzig haben die Gebrüder Brehmer 1879 eine Fabrik für Drahtheftmaschinen gegründet; die Erzeugnisse werden in alle Welt geliefert. Im Jahre 1885 wird in diesem Werk die Fadenheftmaschine erfunden und umgehend produziert und den Buchbindereien angeboten.

Die wirtschaftlichen und sozialen, politischen und gesetzlichen, technischen und technologischen Bedingungen sind und bleiben nach 1874 für einen Schriftsteller wie Karl May günstig. Eine gewisse Aufmerksamkeit und Vorsicht scheinen dennoch geboten, damit man sich nicht in juristischen Richtlinien verstrickt.

Ziemlich häufig strapaziert wurde damals der Majestäts-beleidigungs-Paragraf 95 des Reichsstrafgesetzbuches. Zu den strafrechtlich geschützten Majestäten gehörten neben dem Kaiser auch die Landesfürsten der Bundesstaaten. Hier musste man sich gar nicht zu einer Tätlichkeit hinreißen lassen oder Pfui rufen, auch das „Sitzenbleiben bei einem Hoch auf den Landesherren" oder ein Ausrutscher auf dem Papier konnte ausreichen.

Für die Zeit von 1878 bis 1890 bringt das „Gesetz gegen die gemeingefährlichen Bestrebungen der Sozialdemokratie" zusätzliche Fährnisse. Alle sozialdemokratischen Vereinigungen und Aktivitäten sind verboten, und es bleibt nicht auszuschließen, dass eine harmlose Tätigkeit unter schiefem Blickwinkel als strafwürdig gewertet wird. Karl May erkennt zweifelsohne die Risiken, denn er weicht ihnen in großem Bogen aus.

Löwe, Rose und Wanda

Den schriftstellerischen Neubeginn startet Karl May in zwei Provinzfirmen. Über seine Beziehungen zu diesen kleinen Unternehmen wissen wir nichts.

Das früheste bekannte Zeugnis aus jener Zeit kommt aus dem Verlag von F. W. Staub aus Pirna. Die Zeitschrift *Der Kamerad. Officielles Central-Organ für sämmtliche Militär- & Krieger-Vereine in Sachsen...* druckt in der Ausgabe vom 24. April 1875 die hurrapatriotische Eloge *Rückblicke eines Veteranen am Geburtstag Sr. Majestät des Königs Albert von Sachsen.* Gezeichnet ist die Arbeit mit Karl May, der weder Veteran noch Vereinsmitglied, ja nicht einmal ‚Gedienter' war. In neunzehn Vierzeilern huldigt er dem Monarchen und gibt sich als anhänglicher Untertan zu erkennen. In der letzten Strophe heißt es:

„Nehmt den Pokal, das volle Glas zur Hand,
Erhebt den Blick zum freien deutschen Aaren,
Und hell und jubelnd schall' es durch das Land:
‚Der Löwe Sachsens hoch mit seinen Schaaren!‘"

Obwohl solche Verseschmiedereien in jener Zeit nicht selten sind, bleibt es für Karl May – sieht man von einer zweiten Druckfassung mit etwas variiertem Text ab – bei diesem einmaligen Versuch. Vermutlich will er etwas für seinen guten Leumund tun, um Widrigkeiten, die ihm als Debütanten und Vorbestraften drohen könnten, vorzubeugen. Eine gehörige Portion Opportunismus dürfte ihm die Feder geführt haben. Denn die früheste bisher ermittelte Erzählung, die mit dem Gedicht nahezu zeitgleich in dem kleinen Verlag von Hermann Oeser in Neusalza erscheint, zeigt uns einen ganz anderen Karl May. Von etwa Ende April bis Juni 1875, weiteren Recherchen zufolge bereits im November 1874 läuft in vier Lieferungen der *Deutschen Novellen-Flora. Sammlung der neuesten, fesselndsten Romane und Novellen unserer beliebtesten Volksschriftsteller der Gegenwart* die schon zitierte *Rose von Ernstthal* (GW 43, *Aus dunklem Tann*). Hier werden die ‚Schaaren des sächsischen Löwen‘ nicht glorifiziert, sondern arg zerpflückt.

Die Erzählung spielt zur Zeit des Zweiten Schlesischen Krieges mit der von sächsischen Truppen verlorenen Schlacht bei Kesselsdorf 1745. Der Sachsenbezwinger Leopold I. von Anhalt-Dessau – der ‚Alte Dessauer‘ – wird von May für seinen Sieg gelobt: Er hat sich „so außerordentlich brav geschlagen", ein „origineller aber bei all seiner Grimmfertigkeit doch gutmütiger Kopf".

Dem Kurfürstentum Sachsen, lesen wir weiter, wird es, wenn es auch fernerhin „dem nördlichen Nachbar feindselige Grimassen schneidet ... sowohl an militärischen als auch civilen Ohrfeigen nicht mangeln, und die kriegerischen Bravours der märkischen Expansivkraft müssen allemal mit kurfürstlichem Avers und Revers bezahlt werden".

130

Für die militärischen Erfolge Preußens sorgen Männer wie der Rittmeister von Göbern – der erste Held, den May auf die literarische Bühne entsendet. Und das ist kein Sachse, sondern ein preußischer Offizier – „der beste Reiter und Fechter der Armee, ein feiner Strategiker", ein Held mit „geistiger Gewandtheit und körperlicher Stärke und Unverwüstlichkeit". Dieser Preuße zeigt schon etwas vom Schneid des späteren Old Shatterhand. So bändigt er ein Pferd, das noch keinen in den Sattel ließ, und einen Feind streckt er mit einem einzigen Fausthieb nieder.

Mays antisächsische Ambitionen sind die Fortsetzung des 1864 beschrittenen Pfades der Rache – nun mit literarischen Mitteln: Denn sächsische Polizei und sächsische Justiz waren es, die ihn nach der recht belanglosen Uhrengeschichte durch ihr Paragrafengetriebe gedreht, um die mühsam errungene Existenzgrundlage gebracht und durch die Hölle geschickt haben.

Wenn sich Karl May jetzt sächsische Obrigkeit vornimmt, dann im historischen Kostüm. Geschehen und Kritik werden in die Geschichte verlagert, um Repressalien vorzubeugen, aber auch wegen trefflicher historischer Sujet-Angebote.

Dem volkstümlichen ‚Alten Dessauer' etwa – dem Sachsenbezwinger – widmet er bis 1883 neun Humoresken. Und da fallen immer wieder mal harte Worte. In der Erzählung *Unter den Werbern* (heute *Seelenverkäufer* in GW 42, *Der Alte Dessauer*) von 1876 beispielsweise wollen „sächsische Seelenverkäufer" im Anhaltischen Rekruten werben. Der ‚Alte Dessauer' aber, so sieht es Karl May, wird „diesen Himmelhunden die Suppe so versalzen, daß sie die Mäuler von Leipzig bis Merseburg verziehen sollen ... die Sachsen ... die Schurken ... solches Gelichter..."

Manche antisächsischen Attacken werden nicht zeitlich zurück, sondern räumlich in exotische Ferne verlegt: Stellvertretend für die Sachsen werden etwa osmanische Staatsdiener der Lächerlichkeit preisgegeben. Die anfänglich barschen Töne klingen später allmählich ab.

Die literarischen Figuren gestaltet Karl May zumeist mehr oder minder verschlüsselt nach konkreten Vorbildern, häufig findet er sie im direkten Umfeld. So spielt die *Rose von Ernstthal* zu großen Teilen im Haus eines Ernstthaler Schmiedes mit dem Namen Weißpflog: Mit ihm hat May seinem Taufpaten, dem Ernstthaler Schmiedemeister Christian Friedrich Weißpflog, ein literarisches Denkmal gesetzt. Bei den zwei Frauengestalten, bei Auguste und ihrer Mutter Anna, wird er an die früheren Geliebten Auguste Gräßler und Anna Preßler gedacht haben. Und sein eigenes Wunschbild erkennen wir in zwei Figuren wieder: in dem bereits Old Shatterhand-ähnlichen Rittmeister Richard von Göbern und in Emil Wallner – eine „hohe stolze Gestalt..." und dazu noch Augenarzt! Er operiert seine blinde Tochter Auguste – die Rose von Ernstthal – und gibt ihr das Augenlicht wieder: Ein klar erkennbares Bündel biografischer Bezüge, wie es nicht allzu oft so dicht vorkommt.

Unmittelbar nach der *Rose von Ernstthal* beginnt in einer anderen Zeitschrift der Fortsetzungsdruck der Novelle *Wanda* (heute in GW 72, *Schacht und Hütte*). Auch hier hat May seine Selbstdarstellung auf zwei Personen aufgeteilt: Da gibt es den Polizisten Winter, der auf eigene Faust nach Falschgeld fahndet, und seinen Bruder Emil. Widrige Umstände haben ihn ins Metier eines Schornsteinfegers abgedrängt, aber in seiner Freizeit erweist er sich als „reichbegabter" Dichter und Komponist. Er ist Vorsitzender des Vereins „Erheiterung" und tritt als Sänger und Deklamator auf, rettet während eines Brandes drei Menschen aus dem Feuer und mehrmals die bezaubernde Wanda von Chlowicki aus Gefahren.

Es wurde vermutet, dass Karl May das erste Kapitel von *Wanda* bereits Mitte der sechziger Jahre geschrieben hat: Er war als Deklamator aufgetreten und hatte Wünsche und Hoffnungen; in Hohenstein gab es tatsächlich die Gesellschaft ‚Erheiterung'; bei einem Stadtbrand vom August 1863 wurde ein Ferdinand Winter für seinen Löscheinsatz gelobt. Später hat er die Novelle auf den eigentlichen Umfang gebracht, dazu vielleicht eine andere kleine Erzählung, ganz bestimmt aber

132

einen aktuellen Wunsch eingearbeitet: Emil Winter gewinnt nicht nur die geliebte Wanda, sondern verhilft mit seiner Dichtkunst einem bisher „mittelmäßigen Journal" zum großen Aufschwung. Das Blatt ist „in die Reihe unserer ersten periodischen Schriften getreten und die Zahl seiner Abonnenten hat sich um das Doppelte vermehrt".

Auf Erfolge in dieser Richtung hofft nun auch Karl May. Denn die Novelle läuft von Juni bis August 1875 durch 17 Nummern des Wochenblatts *Der Beobachter an der Elbe* – im Verlag von Heinrich Gotthold Münchmeyer. Mit diesem Unternehmen und seinen Zeitschriften steht Karl May seit Frühjahr 1875 in näherer Beziehung. Im März war es in Mays Leben zu einer glücklichen Wende gekommen.

Über seine finanzielle Lage in den Monaten vorher – seit Mai 1874 – wissen wir nichts. Neben der Mutter, die nach wie vor als Hebamme arbeitet, wird vor allem Christiane Wilhelmine Schöne über manche Anfangschwierigkeiten hinweggeholfen haben. Das ist jene der drei Schwestern, zu der er das innigste Verhältnis besitzt und die vermutlich auch am ehesten beispringen kann; ihr Ehemann arbeitet als Fleischer und Viehhändler. Die beiden Schwäger dürfen ebenfalls recht gut miteinander harmoniert haben. Als Karl May hernach in Dresden wohnt und besuchsweise nach Ernstthal kommt, weilt er zumeist in der schwesterlichen Wohnung. Bei seiner ersten Hochzeit fungiert Schwager Schöne als Trauzeuge. Dieser Mann hat überdies ein paar Jahre in den USA gelebt – für May also durchaus eine interessante Informationsquelle.

Als Redakteur

Wahrscheinlich durch eine Manuskripteinsendung, vielleicht *Wanda*, hat Karl May den seit sechs Jahren unterbrochenen Kontakt zu Münchmeyer erneuert. Nach einem knappen Dezennium kann nun auch dieser Dresdner Verlag von der steigenden Nachfrage nach Unterhaltungsliteratur wie von den gesetzlichen Erleichterungen im Druckgewerbe profitieren. Das Unternehmen ist durch eine Druckerei erweitert worden, und 1873 stellt Münchmeyer einen Redakteur ein, der auf seine Weise einen Beitrag zu Mays schriftstellerischem Start leisten wird.

Dieser Mann heißt Otto Freitag und soll zwei neue Wochenzeitschriften betreuen. Noch vor Jahresende erblickt *Der Beobachter an der Elbe. Unterhaltungsblätter für Jedermann* das Licht der Welt, der schon bald auch an anderen Flüssen ‚umherspäht‘. Das Blatt erscheint unter anderem in Berlin und in Halle – als *Beobachter an der Spree*, *Beobachter an der Havel* beziehungsweise *Beobachter an der Saale*. Insgesamt gibt es 16 Parallelausgaben mit unterschiedlichem Titelkopf.

Auf allzu großen Zuspruch stoßen diese Ausgaben aber nicht, und dem zweiten Journal, dem *Nachtwächter an der Elbe*, ist schon nach kurzer Zeit das Schicksal so vieler Neugründungen jener Jahre beschieden: Im großen Angebot findet es keine Publikumsgunst und verschwindet wieder.

Bereits Anfang 1875 trennt sich Otto Freitag von Münchmeyer, um es selbst als Verleger zu versuchen. Eines seiner Blätter – *Deutscher Herold* – wird in den ersten Monaten im Betrieb des einstigen Chefs gedruckt, woraus man schließen kann, dass der von May später geschilderte große Trennungskrach wohl so dramatisch nicht verlaufen ist.

Beide Brüder Münchmeyer, so berichtet er, seien unerwartet in Ernstthal aufgetaucht und hätten ihn bedrängt, doch den vakanten Redakteursposten zu übernehmen. Otto Freitag habe sich mit dem Verlag „überworfen, sei plötzlich aus der Redaktion gelaufen, habe alle Manuskripte mitgenommen...“ Solche Retter-in-der-Not-Darstellungen gibt May 1905 und 1910, um für die gerade laufenden Prozesse gegen den Münchmeyer-Verlag einige Pluspunkte zu sammeln.

Welche konkreten Umstände im Frühjahr 1875 nun gerade Karl May zur Anstellung als Redakteur verholfen haben, wissen wir nicht in allen Einzelheiten. Münchmeyer jeden-

134

falls erkennt mit dem Gespür eines Geschäftsmanns Mays Befähigung. Der Weggang von Otto Freitag erweist sich als äußerst glücklicher Zufall für die unmittelbare Zukunft des nunmehr Dreiunddreißigjährigen.

An der verbüßten Strafe und der noch laufenden Polizeiaufsicht nimmt der Verleger keinen Anstoß. Wenn ihm die Fakten nicht von Anfang an bekannt waren, so erfährt er spätestens ab 15. März 1875 von ihnen. Denn nach genau einwöchigem Dresdner Aufenthalt verfügt die Polizei Mays Ausweisung aus der Elbestadt.

Münchmeyer setzt sich für ihn ein, versichert der Behörde, dass er den jungen Mann aus Ernstthal gegen ein Jahressalär von 600 Talern mit der Aussicht auf baldige Verdoppelung fest angestellt habe und mit den Leistungen seines Redakteurs „sehr zufrieden" sei. Ein Urteil, das sich nur auf eventuell vorliegende Manuskripte und auf Vorschläge oder Gedanken zu zwei neuen Zeitschriften – *Deutsches Familienblatt* beziehungsweise *Schacht und Hütte* – stützen kann, die an die Stelle der zwei erfolglosen Blätter treten sollen. Auf alle Fälle will sich der Verleger die Mitarbeit Mays für seine Zeitschriftenabteilung sichern.

In einem Bittschreiben an die „Hohe Königliche Polizei-Direktion" ersucht May selbst um „gütige Nachsicht": „Nach langem Irren ist mir endlich eine Stellung geboten, welche mich von Sorgen befreit und mir Gelegenheit bietet, das Vergangene wieder gut zu machen und den Beweis zu führen, daß der Weg meines Lebens nie wieder sich einem dunklen Hause nähern werde... Der Ausweis aber raubt mir diese Gelegenheit, wirft mich in den Schmutz zurück, bereitet mir den größten pekuniären Schaden und bringt die bitterste Kränkung über meine armen Eltern, denen ich eine Stütze sein könnte, nun aber nicht sein kann..."

Münchmeyer und May bemühen sich vergebens, der Ausweisungsentscheid wird wirksam. So düster jedoch, wie in der Eingabe angedeutet, zeigt sich die Zukunft nicht. Man kommt überein, dass May von Ernstthal aus die Herausgabe der beiden neuen Wochenblätter vorbereiten soll, um bei nächster sich bietender Gelegenheit nach Dresden zurückzukehren. Das wird ihm nach einem neuerlichen Antrag ab August 1875 gestattet.

Zwischenzeitlich bringt er im noch laufenden *Beobachter an der Elbe* nach *Wanda* eine weitere, wenn auch nur kurze Geschichte unter. *Der Gitano. Ein Abenteuer unter den Carlisten* (heute in GW 48, *Das Zauberwasser*) in der letzten Ausgabe des Unterhaltungsblatts ist Mays erstes Abenteuer in der Ich-Form. Der Erzähler gibt sich allerdings noch nicht als strahlender Held. Er stellt sich vielmehr als Vertreter eines deutschen Handelshauses vor, der sich auf der Rückreise von einer vergeblichen Mahnmission aus Spanien befindet und unversehens in turbulentes Geschehen vor dem historischen Hintergrund des Carlistenkrieges gerät – jener Kämpfe der Jahre 1872 bis 1876, in denen sich die Anhänger der Monarchie, die Carlisten, gegen die republikanischen Kräfte durchsetzten.

May ist hier sehr aktuell: Der Text beginnt mit Geschehnissen am 29. Juli 1875, die Erzählung wird einen guten Monat später, Anfang September, veröffentlicht.

Mit hohem polizeilichem Plazet und mannigfaltigem Material in der Tasche ist May nun wieder nach Dresden gereist. Von *Schacht und Hütte* werden einige Probenummern produziert, und Ende August/Anfang September ist der Redakteur abermals unterwegs. Er besucht unter anderem die Firmen Hartmann in Chemnitz, Krupp in Essen und Borsig in Berlin und in Dortmund, um für das neue Journal zu werben, das „zur Unterhaltung und Belehrung für Berg-, Hütten- und Maschinenarbeiter" gedacht ist und ab September 1875 erscheint.

Für diese Wochenzeitung schreibt May historische, biografische und populärwissenschaftliche Aufsätze: Er berichtet zur Geschichte der Dampfmaschine und des Suezkanals, über die Produktion von Eisen und Stahl, über die Förderung und Verwendung von Erdöl. Erstaunlicherweise fehlen in der bunten Umschau jedwede Hinweise auf den sich bereits andeutenden Siegeszug der Elektrizität. May publiziert daneben

136

Als Redakteur um 1875. Die vermutlich früheste Aufnahme von Karl May.

auch eigene Gedichte und moralisch belehrende Abhandlungen, bereitet statistisches Material auf, beantwortet Leserfragen und liefert allerlei Wissenswertes, das er aus Fachzeitschriften, Lehrbüchern und Lexika schon in der Manier eines routinierten Redakteurs erschließt.

Diverse Beiträge sind namentlich gezeichnet, bei anderen, insbesondere kleinen Texten ist nicht mehr exakt feststellbar, was insgesamt aus Mays Feder stammt.

Von Dezember 1875 bis Juli 1876 laufen die *Geographischen Predigten* (heute in GW 72, *Schacht und Hütte*). In acht Themen, die sich vom Kosmos (*Himmel und Erde*) bis zum häuslichen Leben (*Stadt und Land*, *Haus und Hof*) verdichten, will Karl May einen Gottesbeweis führen. Überall sieht er ein sinnvolles teleologisches Prinzip und somit Zeugnisse für die Existenz eines gütigen Schöpfers. In jenen Texten legt er sein religiöses Weltbild dar.

Viele Jahre danach hat Karl May mehrfach behauptet, mit den *Geographischen Predigten* das Programm für seine späteren Werke konzipiert zu haben. Diese Aussage ist zumeist anerkannt, selten einmal in Zweifel gezogen worden, und in der Tat kehren viele Themen aus den *Predigten* in den Werken wieder. Dass aber der Schriftsteller zu einer Zeit, da er sich noch vorrangig mit Stahlstatistiken und Kohlebergbau herumschlagen muss, schon ein großartiges Gedankenzelt von den Niederungen der Wüsten und Prärien bis hinauf zum Dschebel Marah Durimeh und zum Mount Winnetou aufgespannt hat, erscheint uns dennoch nicht sehr wahrscheinlich. Es ist doch wohl eher so, dass die *Geographischen Predigten* wie alle späteren Werke – mehr oder minder – aus seinem christlichen Glauben geflossen sind. Womit sich in der Rückschau durchaus ein roter Faden erkennen lässt, der sich aber im Laufe der Zeit eben zwangsläufig entwickelte.

Diese *Geographischen Predigten* in 31 der 52 Nummern von *Schacht und Hütte* waren es sicherlich, die den Autor auch zum Urteil verführten, dass es ein „gegen den Unglauben und die Bestrebungen der Socialdemokratie gerichtetes Blatt" gewesen

138

Auf seiner Werbetour für „Schacht und Hütte" besucht May auch die Firma Hartmann in Chemnitz.

139

sei. Schon die Konzeption habe man in den „Fabrikcentren" freudig begrüßt.

„Mit einem Erfolg von über 200.000 festen Lesern" sei er nach der Werbetour wieder in Dresden eingetroffen, behauptet Karl May mit grandioser Übertreibung in einer autobiografischen Rückschau von 1905. Münchmeyer habe jedoch während seiner Abwesenheit den Inhalt des Blattes verändert, einen „fatalen Schundroman" hereingenommen – der sich freilich mit Friedrich Axmanns *Geheime Gewalten* als recht unbedarfter Kriminalroman darstellte – und dafür einiges von den „versprochenen, wertvollen Belehrungen" und den „mühsam zusammengerechneten statistischen Resultaten" gestrichen. Von den Bestellern seien „Briefe über Briefe" gekommen, „voller Fragen und Vorwürfe". Und *Schacht und Hütte* erlebt tatsächlich keinen zweiten Jahrgang.

Die Gründe für den Misserfolg muss man sicherlich anderswo suchen. Es sind neben den Schwierigkeiten, die schon damals jede neugegründete Zeitung bis zum sicheren Platz in den schwarzen Zahlen zu überwinden hatte, wohl vor allem die belehrend-moralisierenden Töne vieler Artikel sowie das Aussparen aller sozialen Probleme, die den Zuspruch verbauten.

„Schacht und Hütte' sollte ein Arbeiterblatt werden, wie es noch nirgendwo je eines gegeben hatte", bemerkt May 1905. Von diesem speziellen Blickwinkel war aber kaum etwas zu spüren, kritische Töne jedweder Art fehlten. In Mays Lage verständlich: Die endlich gewonnene Perspektive will er nicht aufs Spiel setzen.

Zweiundfünfzig Hefte von *Schacht und Hütte* bekunden Mays Fleiß und sein Bemühen, Verleger wie Leser zufrieden zu stellen. Schon bald sei ihm jedoch „alle Freude an diesem Blatte" geraubt worden, schreibt er. Münchmeyers Eigenmächtigkeit macht er dafür verantwortlich. In Wahrheit wird der ausbleibende Erfolg und die Tatsache, dass die Begabung des Redakteurs nicht auf den Gebieten der Populärwissenschaft oder Statistik liegt, den anfänglichen Arbeitsschwung gemindert haben.

Titelkopf der von May redigierten Zeitschrift „Schach und Hütte".

141

Die Waldheimer Jahre haben May verändert, ihn noch mehr von der Außenwelt abgeschlossen. Mit der Arbeit bei Münchmeyer bieten sich seinen literarischen Ambitionen zwar reale Möglichkeiten, das seelische Gleichgewicht ist aber damit noch nicht wiedergewonnen, die Schatten der Vergangenheit noch nicht verdrängt. Diese Last muss innerlich ausgeglichen werden. Mit keinem Schritt verlässt May dabei seine Traumwelten – im Gegenteil. Ihre Konturen werden immer schärfer und kontrastreicher. In den folgenden fünfundzwanzig Jahren entwirft er einen fiktiven Kosmos, der alles bietet und in dem sich erfüllt, was ihm die Realität versagt.

Die ersten Bausteine dieses Gebäudes kommen *Aus der Mappe eines Vielgereisten*, die May Anfang September 1875 öffnet. *Inn-nu-woh, der Indianerhäuptling* begrüßt die Leser der zweiten neuen Münchmeyer-Zeitschrift *Deutsches Familienblatt*.

Erstmals berichtet May vom nordamerikanischen Schauplatz. Im Mittelpunkt steht ein edler, stolzer Häuptling der Sioux, der durch kühnes Handeln ein Kind vor dem Zugriff eines Tigers und mehrerer Krokodile rettet. Schon sieben Wochen später, als der „Vielgereiste" aus seiner Mappe mit *Old Firehand* die zweite Indianernovelle darbietet, hat sich der Ich-Erzähler vom passiven Beobachter zum aktiv ins Geschehen eingreifenden und bewunderten Helden gewandelt.

Zunächst deutet allerdings noch nichts darauf hin. Der Erzähler reitet über die Prärie, hält dabei Rückschau auf die schlimmen Jahre, gibt sich Hoffnungen hin: „...mein Frühling konnte also wohl beginnen, doch beileibe nicht schon zu Ende sein, aber das Leben war mir bisher nichts gewesen als ein Kampf mit Hindernissen und Schwierigkeiten, ich war einsam und allein meinen Weg gegangen, unbeachtet, unverstanden und ungeliebt, und bei dieser Abgeschiedenheit hatte sich eine Art Weltschmerz in mir entwickelt..."

Die Trübsal schwindet mit Beginn der aktiven Handlung, in

die wenig später ein Indianer eingreift. Er heißt Winnetou – ein Apache, der „berühmteste und gefürchtetste" in den weiten Jagdgründen und längst noch nicht die Idealfigur späterer Winnetou-Erzählungen.

Über Herkunft und Bedeutung des Namens Winnetou wurde schon viel gerätselt, ohne dass man bisher eine gesicherte Erklärung gefunden hätte. Und gleichermaßen im Dunkeln liegt der Ursprung von Inn-nu-woh. Lange Zeit vermutete man, die Häuptlingsfigur sei nach dem Wort „vintu" (= Indianer) aus einer Sprache der Shoshonen benannt worden, bis sich herausstellte, dass ein entsprechendes Wörterverzeichnis mit diesem Begriff erstmals Ende 1876 erschienen war, also ein ganzes Jahr nach Mays Namensgebung.

Eine andere Hypothese besagt, May sei durch den Indianer aus einem Werk von George Catlin, das 1848 unter dem Titel *Die Indianer Nordamerikas* in deutscher Übersetzung erschien, angeregt worden: Wun-nes-tou, Medizinmann der Schwarzfußindianer, zu Deutsch ‚Weißer Büffel'.

Die größte Faszination ging jedoch von Winnetoon aus, einem kleinen Dörfchen in Knox County, Nebraska, in der Nähe des Quicourt. An diesem River lebten nach Karl Mays Schilderung die Assiniboins, und aus diesem Stamm kam Ribanna, die „Rose vom Quicourt" und eine frühe Liebe Winnetous, die sich aber für Old Firehand entscheidet.

Alles scheint sich zusammenzufügen: In der *Old Firehand*-Erzählung (in GW 71, *Old Firehand*) tritt zum ersten Mal Winnetou auf – und nahebei das Anwesen Winnetoon! Aber: Karl May schrieb die Novelle 1876, und Winnetoon entstand erst zwischen 1891 und 1893 im Zusammenhang mit dem Eisenbahnbau. Als 1893 das Postamt eröffnet wurde, erfolgte die erste offizielle Erwähnung. Ältere Landkarten zeigen an dieser Stelle noch einen leeren Fleck.

Werner Poppe informierte im *Karl-May-Jahrbuch 1978* über diese Fakten. Aber die Winnetou-Legende war zu schön, um sie ins Kuriositätenkabinett abzulegen. Noch im Jahrzehnt darauf berichtet ein Autor über seine Recherchen zu Kinderbuchfiguren und eine Reise nach Winnetoon, denn „alles spricht dafür..."

In späteren Werken hat Karl May die von ihm benutzten indianischen Worte durchweg erklärt. Bei Winnetou geschah das nicht.

Lediglich ein Mal (1898), so ist es überliefert, habe May gesprächsweise erklärt, der Name bedeute ‚Brennendes Wasser' – weil der Apache im Alter von dreizehn Jahren einen mit brennendem Öl bedeckten See durchschwimmen musste. Alle zwischenzeitlich erarbeiteten Wörterbücher zu den zahlreichen indianischen Sprachfamilien und Dialekten liefern aber keinen Anhaltspunkt für eine solche Übersetzungsmöglichkeit. Ende 2010 erläuterte Rudi Schweikert, dass nach einer Algonkin-Sprache Winnetou ‚Guter Mann' bedeuten könne. Vielleicht aber verbleibt auch die Vermutung, dass Innu-woh der Mayschen Fantasie entsprang und der Name des besseren Wohlklangs und auch der leichteren Schreibweise wegen dann in Winnetou abgeändert wurde.

Dem Apachenhäuptling von 1875 jedenfalls sitzen Messer und Tomahawk genauso locker wie dem Präriejäger Old Firehand, „an dessen Person sich Erzählungen von fast unglaublichen Kühnheiten knüpften ... mit einem durch immer neue Berichte wachsenden Nimbus" umgeben. Aber beiden überlegen erweist sich der „Vielgereiste".

Noch ist der Name Old Shatterhand nicht kreiert. Deshalb wird Tim Finnetey alias Parranoh, ein weißer Schurke, der es zum Häuptling der Oglala gebracht hat, nicht durch den nachher so berühmten Fausthieb, sondern mit den Fingern der linken Hand bezwungen; sie krampfen sich mit „unbegreiflicher Gewalt ... um seine Kehle", während die Rechte das tödliche Messer abwehrt.

„Mein junger, weißer Bruder hat ihn niedergeworfen", lobt Winnetou, „der große Geist hat ihm die Kraft des Büffels gegeben..." Und Old Firehand ruft aus: „Mann, wie Euch, so hab' ich noch keinen getroffen, so weit ich auch herumgekommen bin, und Ihr wollt nach dem Westen gekommen sein, nur um Steine und Pflanzen kennenzulernen?" Zur Überlegenheit

Erste Winnetou-Darstellung aus dem Buch „Im fernen Westen"
von 1879.

trägt auch der „Henrystutzen mit fünfundzwanzig Kugeln im Kolben" bei, der hier erstmals auftaucht.

Am Ende kommt es zum blutigen Kampf mit einer an Zahl weitaus stärkeren Schar des Tim Finnetey. „Ich hatte vorhergesehen, wie es kommen werde", erzählt der „Vielgereiste", „hatte geraten und gewarnt, und nun mußte ich die Fehler der anderen mitbüßen..."

Aber die Gefangenschaft ist nur von kurzer Dauer. Zusammen mit Winnetou, den er durch ein paar rasche Schnitte von den Fesseln befreit, dem schrulligen Sam Hawkens, der schon mit von der Partie ist, und Old Firehands Tochter Ellen kann er entfliehen. Die hübsche Miss hat er in der Eile zu sich aufs Pferd hochgerissen, und noch während des wilden Rittes fällt die Entscheidung für das Happy-End: „Einige Wochen später feierten wir unsere Hochzeit".

Zur *Old Firehand*-Novelle wurde ein anonymer, textlich etwas abweichender Druck aufgefunden, dessen Herkunft bisher jedoch nicht geklärt werden konnte. Vermutungen, dass er einer vor 1875 erschienenen Fassung entstammt, May somit möglicherweise zu einem noch früheren Zeitpunkt bereits wesentliche Charakteristiken der literarischen Identifikationsfigur schuf, ließen sich noch nicht beweisen. Seit der Redakteurszeit jedenfalls hat ihn dieses Sujet dann für lange Jahre beschäftigt, sieht man von kleineren Unterbrechungen ab.

Einen guten Überblick zu *Karl Mays Winnetou* gibt Ekkehard Bartsch im Anhang zu Band 80 der *Gesammelten Werke*, *Auf der See gefangen*. Der Suhrkamp Verlag in Frankfurt/ Main edierte 1989 das Materialien-Taschenbuch *Karl Mays 'Winnetou'. Studien zu einem Mythos*.

Noch während im *Deutschen Familienblatt* die Fortsetzungen von *Old Firehand* laufen, stellt May in den *Feierstunden am häuslichen Heerde* – Nachfolgerin von *Schacht und Hütte*, die sich nun wieder an „alle Stände" wendet – mit *Leilet* (heute *Die Rose von Kahira* in GW 71, *Old Firehand*) die erste Orient-Geschichte und sich selbst, dem einstigen Wunschbild entsprechend, als berühmten Arzt aus dem Abendlande vor.

146

Das allerdings unter dem Pseudonym M. Gisela, denn das ganze Geschehen dreht sich um die abenteuerliche Befreiung einer verschleppten levantinischen Schönheit, deren Herz der Held erobern möchte. Zur selben Zeit auf Freiersfüßen im Wilden Westen und an den Gestaden des Nils zu wandeln – das hätten ihm die Leser beider Zeitschriften wohl nicht abgenommen.

Andere Pseudonyme, die May mitunter verwendete, sind Capitän Ramon Diaz de la Escosura, Hobble-Frank, Hobbelfrank, Karl Hohenthal, D. Jam, Oberlehrer Franz Langer, Prinz Muhamêl Latréaumont, Ernst von Linden, P. van der Löwen, Richard Plöhn und Emma Pollmer.

Publikationspraxis

Die meisten Arbeiten Mays erscheinen zunächst in Zeitschriften oder anderen periodisch herausgegebenen Publikationen. Nicht selten bietet der Schriftsteller seine Veröffentlichungen dann noch anderen Blättern an – in der Erstfassung oder in einer überarbeiteten Variante. So bringt die von Peter Rosegger in Graz gegründete und geleitete Zeitschrift *Heimgarten* schon 1877 einen Nachdruck von *Leilet* unter dem Titel *Die Rose von Kahira. Eine morgenländische Erzählung.*

Der steiermärkische Dichter ist von dem eingesandten Text sehr angetan und vermutet sogar hinter der Fabel ein reales Erlebnis. „Diese Geschichte ist so geistvoll und spannend geschrieben", teilt Rosegger einem Freund brieflich mit und will von ihm wissen, ob er „vielleicht zufällig den Namen Karl May schon gehört" habe: „Seiner ganzen Schreibweise nach halte ich ihn für einen vielerfahrenen Mann, der lange Zeit im Orient gelebt haben muß."

Zu dieser Suggestion, der später nicht wenige Leser erliegen, trägt unter anderem das geschickte Einflechten von fremdsprachigen Wörtern und Wendungen in Dialoge oder beschrei-

147

bende Passagen bei – eine Technik, die May nach ersten Proben in der *Mappe eines Vielgereisten* in seiner Orient-Erzählung virtuos beherrscht. Im Gebrauch einschlägiger Nachschlagewerke entwickelt er bemerkenswertes Können.

Auch zu *Inn-nu-woh, der Indianerhäuptling* gibt es einen zweiten Text – nunmehr als *Winnetou. Eine Reiseerinnerung*, 1878 in *Omnibus – Illustriertes Wochenblatt* in Hamburg veröffentlicht. Über den Titel hinaus gibt es auch im Text etliche Abweichungen. Ein Vergleich der beiden, drei Jahre auseinanderliegenden Fassungen deutet zumindest schon zwei Aspekte an, die für Mays schriftstellerische Entwicklung charakteristisch sind. Ausgangsort der Handlung ist beide Male New Orleans. Der Sioux-Häuptling Inn-nu-woh war aus nicht ganz einleuchtenden Gründen in diese Stadt gekommen: Er hatte sich, wie ein Blick auf die Landkarte offenbart, dabei mehr als 1.500 Kilometer von den Jagdgründen seines Stammes entfernt, um, so mutmaßt der Ich-Erzähler 1875, „vielleicht seinen Vorrath von Häuten in der Stadt" zu verkaufen. Dazu jedoch wäre eine derart weite Reise überflüssig gewesen, denn im Gebiet der Sioux selbst gab es zu jener Zeit mehrere Stationen für den Tauschhandel.

Solche sachlichen Unkorrektheiten, die May ab und an unterlaufen sind, treten mit dem weiteren Schaffen im Allgemeinen zurück; zumindest Milieu und Motive gewinnen an Glaubwürdigkeit. So war denn der Winnetou von 1878, was plausibler klingt, „am Mississippi erschienen, um, nach seiner eigenen Ausdrucksweise, die ‚Hütten der Bleichgesichter' zu sehen und mit dem ‚Vater der weißen Männer', dem Präsidenten zu sprechen". Jetzt befand er sich auf der Rückreise von Washington zum Rio Pecos und hatte eine Route gewählt, die über New Orleans führen musste.

Fließt in Mays ersten Abenteuer-Erzählungen noch ziemlich viel Blut, so fällt auf, dass im Laufe der Jahre die Handlungen zunehmend von Grausamkeiten entschärft werden. In der Fassung von 1875 wird der Tierbändiger Forster von einem Tiger angefallen und liegt dann „mit halb aus der Schulter

148

gerissenem Arme blutend am Boden". Drei Jahre darauf erhält derselbe Akteur nur noch einen Stoß, durch den er „weit fortgeschleudert wurde".

In den ‚Schwarzen Büchern' notiert Ludwig Patsch interessante Gedanken über den Wandel zur Friedfertigkeit, die ihm Franz Kandolf am 30. April 1937 mitgeteilt hatte: Die „mildere Denkungsart" habe sich Karl May „so um das Jahr 1880/81" angeeignet – aus einer „einfachen Tatsache" heraus: Wenn er als Ich-Erzähler behauptet, „ich bin Old Shatterhand, ich bin Kara Ben Nemsi" – „dann ist er auch verantwortlich für alles, was dieser Old Shatterhand im Wilden Westen und dieser Kara Ben Nemsi im fernen Orient anstellen... Dieser kann nicht mehr hauen, stechen und schießen wie früher, sondern muß so handeln, wie es sich für einen biedern königlich sächsischen Untertan und guten Christen, der in seinem Leben KM heißt, geziemt... Daneben mögen noch künstlerische und religiöse Gründe KM bewogen haben, seinen Helden eine Schwenkung nach dem Edelmenschlichen hin vollziehen zu lassen."

Um 1878 hat Karl May mit Winnetou weit gespannte Pläne. Er „habe von zahlreichen Abenteuern zu berichten", verkündet er am Schluss des *Omnibus*-Textes, „bei denen ich ohne ihn verloren gewesen wäre". Er nennt ihn „den besten, treuesten und edelsten meiner Freunde".

Ein großer Teil der Mayschen Zeitschriften-Beiträge findet später Aufnahme in seine Romane. Viele Texte werden von ihm nochmals überarbeitet, um sie in größere Rahmenhandlungen einzufügen. Aus *Winnetou. Eine Reiseerinnerung* beispielsweise gestaltet er 1890/01 das erste Kapitel vom *Schatz im Silbersee*. Die *Old Firehand*-Novelle, zu der wir bereits die beiden Varianten erwähnten, wird noch zweimal überarbeitet. Schon 1879 bildet sie einen Teil der frühen Buchausgabe *Im fernen Westen*, und 1893 entstehen daraus Abschnitte des zweiten Bandes der Trilogie *Winnetou, der Rote Gentleman*. Das wird Mays berühmtestes Werk und heißt in allen Auflagen ab 1904 einfach *Winnetou*.

Leilet beziehungsweise *Die Rose von Kahira* schließlich verwendet Karl May, als er ab 1881 an seinem großen Orientzyklus arbeitet, der zunächst wiederum in einer Zeitschrift (*Deutscher Hausschatz in Wort und Bild*, Regensburg) erscheint. Die ersten Teile laufen unter dem türkischen Titel *Giölgeda padischanün* , auf deutsch: *Im Schatten des Großherrn*. 1892 folgt die sechsbändige Buchausgabe, beginnend mit *Durch Wüste und Harem* (ab 1895 *Durch die Wüste*), wo wir in den Kapiteln „Im Harem" beziehungsweise „Eine Entführung" manches aus *Leilet* wiederfinden. Die einstige Liebesromanze hat May allerdings zur handfesten Abenteueraktion umgeschrieben.

Schon die wenigen Beispiele zeigen, dass es den Rahmen dieser Biografie sprengen würde, wollten wir alle bibliografischen Zusammenhänge im Werk Karl Mays darstellen. Denn zählt man nur seine Veröffentlichungen in Zeitschriften und anderen Periodika, die bekanntesten, von ihm besorgten Überarbeitungen sowie die Erstausgaben von Büchern, diverse Privatdrucke und Manuskripte aus dem Nachlass zusammen, so ergeben sich bereits über 200 Positionen. Dieser Fundus umfasst rund 50.000 Druckseiten im Kleinoktavformat. Zählt man alle zu Lebzeiten des Schriftstellers erschienenen Nachdrucke und Textvarianten hinzu, kommt man auf rund 600 Titel.

Um die Liebe

Im Jahre 1876 reist Karl May für zwei Wochen nach Dessau, um Quellen zu durchforschen und Lokalkolorit zu atmen. Der Nachweis für den Aufenthalt war in den Benutzungsbüchern der Hofkammer, Sitz der Herzoglichen Bibliothek, vorhanden. Diese Unterlagen fielen zusammen mit der alten Dessauer Pracht den Bomben des 2. Weltkriegs zum Opfer. Bernhard Heese, früherer Leiter der Anhaltischen Landesbibliothek und bis zu den 1950er-Jahren Dessaus Stadtarchivar, konnte sich jedoch an Karl Mays Eintragungen genau erinnern und hat das überliefert.

Vielleicht war May auch schon Ende August oder Anfang September 1875 bei seiner Werbetour für *Schacht und Hütte* mal kurz in Dessau; hier gab es Werke der Eisenindustrie und andere Betriebe sowie bedeutende Umschlagplätze für den Schienen- und Wasserverkehr. Das Herzogtum Anhalt-Dessau verfügte über das dichteste Eisenbahnnetz aller deutschen Bundesstaaten. Und schon 1875 war May vom ‚Alten Dessauer‘ fasziniert: In der ersten Septemberhälfte – zeitlich würde das gut zusammenpassen – bringt das *Deutsche Familienblatt* die kurze, nur sechs Quartseiten zählende Humoreske *Ein Stücklein vom alten Dessauer*.

Mays zwei Dessau-Wochen von 1876 werden um den 3. Juli herum gelegen haben; an diesem Tage feierte man den 200. Geburtstag des Fürsten Leopold I. In der Hofkammer konnte er praktisch alle damals verfügbare Literatur über den alten Haudegen studieren. Manche Titel standen später in seiner eigenen Büchersammlung, die er aber erst im Laufe der Jahre zusammentrug. Am Anfang des Schaffens war er, schon aus finanziellen Gründen, auf öffentliche Bibliotheken angewiesen.

In Dessau lässt sich May vom Flair „der guten Haupt- und Residenzstadt" beeindrucken, flaniert über die prachtvolle Cavalierstraße mit den „grausam vornehmen" Gasthäusern und genießt den „unvergleichlichen Blick auf die Johanneskirche". Das alles war so im Juli 1876 zu sehen, und Anfang September beschreibt er es in der Dessauer-Humoreske *Unter den Werbern*.

Die Erzählung spielt freilich anno 1744/45, und da bot die Cavalierstraße ein eher tristes Bild. Auch der Blick auf die Kirche war noch verbaut und erst 1876 nach Verbreiterung der Magistrale möglich.

Ein zeitlicher Lapsus Mays. Seine reportagehafte Schilderung der Eindrücke bestätigt aber nur zusätzlich, dass er 1876 tatsächlich in der herzoglichen Residenzstadt weilte.

151

Neben den Dessauer-Skizzen hat May etwa zur selben Zeit noch ein reichliches Dutzend andere Humoresken – recht harmlose Geschichten – geschrieben. Den Anfang machen *Die Fastnachtsnarren* im *Deutschen Familienblatt* von 1875: Ein reicher Färbereibesitzer möchte die Liaison zwischen seiner Tochter und einem armen Burschen unterbinden, wird in eine für seine Reputation despektierliche Lage gebracht, aus der ihn der Schwiegersohn in spe gegen das Versprechen, der Bindung zuzustimmen, befreit.

1876 erscheinen in derselben Zeitschrift die Humoreske *Auf den Nußbäumen* und in den *Feierstunden am häuslichen Heerde* die Geschichte *Im Wollteufel*. Wiederum geht es um Widerstände gegen nicht standesgemäße Liebesverhältnisse.

Elf dieser Geschichten gehören heute zum Inhalt von Band 47 der *Gesammelten Werke*, *Professor Vitzliputzli*. *Die Fastnachtsnarren* findet man im Band 72, *Schacht und Hütte*.

Kann man in der *Rose von Ernstthal* einen Vorläufer zu den humoristischen Episoden über den Dessauer sehen, so gilt das auch für elf weitere Arbeiten in einem anderen Genre, die May zwischen 1877 und 1879 – dann schon nicht mehr bei Münchmeyer – und 1903 veröffentlicht. In ähnlicher Art wie Berthold Auerbach, Ludwig Anzengruber, Peter Rosegger und andere Autoren schreibt er Dorfgeschichten, die im Erzgebirge handeln. Im Mittelpunkt stehen kriminelle Vergehen wie Schmuggel oder andere Bereicherungsdelikte, die aufgeklärt und am Ende gesühnt werden – durch irdische Gerechtigkeit, Versöhnung der Gegenspieler oder durch ein Gottesurteil, das die böse Tat auf den Frevler lenkt und ihn vernichtet.

Das moralisierende Bemühen – er stehe „auf dem festen Boden des göttlichen und staatlichen Gesetzes", streicht May bei späterer Gelegenheit dazu heraus – ist dick aufgetragen. Aber Dorfgeschichten, noch dazu solche mit spannendem Geschehen und dem fortwährenden Triumph der Gerechtigkeit, werden gern gelesen, nachgewiesenermaßen gerade in den Städten. So kann auch dieses Genre dem breiten Spektrum der gefragten ‚Fluchtliteratur' zugerechnet werden. May stellte sich hier also auf ganz konkrete Leserbedürfnisse ein.

Heute sind diese Dorfgeschichten in den Bänden 43 und 44 der *Gesammelten Werke, Aus dunklem Tann* und *Der Waldschwarze*, zusammengefasst.

In den Humoresken wie in den erzgebirgischen Dorfgeschichten geht es immer wieder auch um Liebe. Mit diesem Thema ist May über etwa acht Monate des Jahres 1876 hinweg noch in besonderer Weise befasst.

Im Verlag von H. G. Münchmeyer waren 1874 die Lieferungswerke *Die Geheimnisse der Venustempel aller Zeiten und Völker...* und *Die Geschlechtskrankheiten des Menschen und ihre Heilung...* erschienen und verboten worden – zuerst in Preußen und Österreich, dann auch in Sachsen. Polizisten durchsuchten den Verlag und beschlagnahmten aufgefundene Lieferungshefte.

Aber Münchmeyer konnte ‚münchmeyern' – die Polizisten an der Nase herumführen und einen beachtlichen Teil des Bestandes vor ihren Augen verbergen.

Die Geschlechtskrankheiten... bereitete er für eine Neuausgabe vor, die dem Auge des Gesetzes als harmlos, potenziellen Käufern aber immer noch zugkräftig genug erscheinen sollte. So wurde *Das Buch der Liebe. Wissenschaftliche Darstellung der Liebe nach ihrem Wesen, ihrer Bestimmung, ihrer Geschichte und ihren geschlechtlichen Folgen ... Geschrieben und herausgegeben nur für Erwachsene und wissenschaftlich gebildete Leute* – in damaliger Diktion eine endlos lange Titelschlange – vorbereitet.

Aus den *Geschlechtskrankheiten...* entstand die *Zweite Abtheilung. Die Liebe nach ihren geschlechtlichen Folgen*, eingerahmt in religionsphilosophische Abhandlungen einer *Ersten Abtheilung* und der *Dritten Abtheilung. Die Liebe nach ihrer Geschichte. Darstellung des Einflusses der Liebe und ihrer Negationen auf die Entwicklung der menschlichen Gesellschaft.* Als Verleger wird nicht Heinrich Gotthold, sondern Friedrich Louis (F. L.) Münchmeyer genannt. Die Zweite Abteilung „unseres Buches ist die wichtigste", heißt es im Vorwort, und deshalb werde man die 26 Lieferungen den Abonnenten „gemischt" zustellen, anfangs gleichzeitig Hefte aus der Ersten und Zweiten, später aus der Dritten und Zweiten Abteilung.

Mit Sicherheit hat Karl May nichts für die Zweite Abteilung des anonymen Werkes geschrieben; diese Texte entstanden, als er noch in Waldheim war. Vermutet wird allerdings, dass er als Redakteur mildernd mitwirkte. Darauf weisen etliche Unterschiede zwischen der Original- und der Neuausgabe hin. Als Autor hat Karl May an der Ersten und – zu Teilen – an der Dritten Abteilung mitgearbeitet; manche Partien stammen mit Sicherheit, andere mit einer gewissen Wahrscheinlichkeit von ihm, für einige Teile ist seine Verfasserschaft auszuschließen. „May hat nichts geschrieben, was auch nur nach damaligen Maßstäben sittlich anfechtbar war", urteilt Claus Roxin, der langjährige Vorsitzende der Karl-May-Gesellschaft. „Andererseits enthält das ganze Werk keine ernstlich beanstandbaren Ausführungen."

Was aus Mays Feder geflossen ist, betrifft vor allem die göttliche Liebe und die traditionellen Beziehungen in Ehe und Familie.

In Mays Nachlass war nur ein kurzes Textfragment erhalten geblieben. Dieses Kapitel *Die Liebe nach ihrer Geschichte* wurde 1968 in den Band 72 der *Gesammelten Werke*, *Schacht und Hütte*, aufgenommen. Dann spielte der Zufall seine berühmte Rolle:

Im Jahre 1982 entdeckte der Berliner Bibliothekar Gernot Kunze ein antiquarisches Exemplar, auch nicht vollständig, immerhin aber 816 Seiten. Große Teile davon, darunter alles, was irgendwie von May herrühren könnte, wurden 1988/89 von der Karl-May-Gesellschaft als Reprint vorgelegt. Der Karl-May-Verlag konnte einen der fehlenden Druckbogen zur Verfügung stellen. Seit 2006 gehört *Das Buch der Liebe* als Band 87 zu den *Gesammelten Werken*.

Berechnungen ergaben, dass von der Zweiten und Dritten Abteilung über 400 Seiten fehlen. Möglicherweise sind sie nie erschienen und einer neuerlichen Zensur zum Opfer gefallen. Denn einige kürzere, sporadische Meldungen der *Dresdner Nachrichten* zeigen, dass auch *Das Buch der Liebe* in den Blick der Behörden gelangte.

So wird schon am 25. Februar 1876 über eine „polizeiliche Nachforschung in den Münchmeyer'schen Geschäftslokalitäten" berichtet. Beschlagnahmt habe man eine größere Anzahl Exemplare eines Werkes, das „nicht mehr den früheren Titel" führte, „sondern zur Täuschung über den Inhalt … z. B. das Buch der Liebe" heiße. Irgendwann war dann Friedrich Louis Münchmeyer wegen „Vergehen gegen die Sittlichkeit" zu 200 Mark Geldstrafe verurteilt, nach einer Zeitungsnotiz vom 16. Dezember 1876 in zweiter Instanz aber wieder freigesprochen worden. Unterm Strich ist die Liebesbuchgeschichte wohl doch glücklich ausgegangen. Vielleicht tauchen die vermissten Seiten doch noch einmal auf?

IM BANNE VON EMMA POLLMER

Ritterromantik

Zu den vielen Aufgaben, die Karl May in Münchmeyers Diensten mit Bravour meistert, gehört die redaktionelle Betreuung des großen und langen Romans des Wiener Schriftstellers Friedrich Axmann *Fürst und Junker* (Neuauflage im Karl-May-Verlag 2001). Das imposante historische Ritterepos aus der Frühzeit des Hauses Hohenzollern läuft als Titelgeschichte ab Nr. 1 des ersten Jahrgangs des *Deutschen Familienblattes*. Viele Zeitschriften damaliger Zeit zählten ihre Jahrgänge nicht, wie heute üblich, vom Januar bis Dezember, sondern ab September – so bei Münchmeyer – oder Oktober über zwölf Monate bis zum Folgejahr. Axmanns Werk beanspruchte 50 Hefte, im August 1876 war das spätmittelalterliche Panorama aus der Mark Brandenburg vollendet. In den beiden letzten Nummern wurde angekündigt, dass der Autor – Axmann also – in den *Feierstunden am häuslichen Heerde* eine Fortsetzung über die weiteren Schicksale derer von Quitzow folgen lassen werde.

Im zweiten Jahrgang des *Familienblattes* begann aber sofort im September 1876 der Axmann-Roman *Das Testament des Großen Kurfürsten*. Nun sah sich der Autor aber offenbar außer Stande, parallel dazu noch die angesagte Fortsetzung zu schreiben. Vielleicht hatte er auch gesundheitliche Probleme, denn wenige Wochen vor Jahresende 1876 – ein genaues Datum wissen wir nicht – ist Friedrich Axmann, gerade mal 33 Jahre alt, plötzlich verstorben. Zu diesem Zeitpunkt aber ritten die Ritter schon wieder durch die Mark Brandenburg.

Kurzentschlossen hatte Karl May selbst die Fortsetzung übernommen. Mit dem Stoff war er durch die einjährige redaktionelle Betreuung gut vertraut, auch lag die Thematik gewissermaßen in der Luft: Seit 1871 saß ein Hohenzoller auf dem deutschen Kaiserthron, das Interesse der Leser am Sujet galt als gesichert. Und weitaus reichlicher als mit dem vergleichsweise

156

kurzen patriotischen Gedicht konnte der Autor mit einem langen Roman Pluspunkte für sein Renommee sammeln.

Friedrich Axmann war ein Jahr jünger als Karl May, hatte 1870 mit schriftstellerischen Arbeiten begonnen und es rasch auf über 40 kleinere und größere Titel gebracht. Beide Schriftsteller zeigten mancherlei Ähnlichkeiten, sodass bis etwa 1990 Axmann gelegentlich als ein Pseudonym Mays vermutet wurde. Aber dann gelang der biografische Nachweis des zuletzt in Wien lebenden Autors. May wusste wohl die Fähigkeiten Axmanns zu schätzen. Nur allzu gern wird er den Versuch unternommen haben, sich an einem gleichartigen Projekt zu versuchen. Ab Heft 10 des ersten Jahrgangs der *Feierstunden am häuslichen Heerde* – November 1876 – präsentiert Karl May sein erstes großes belletristisches Werk. *Der beiden Quitzows letzte Fahrten. Historischer Roman aus der Jugendzeit des Hauses Hohenzollern* (heute GW 69, *Ritter und Rebellen*) heißt das Werk, das in den gleichen Jahren 1411 bis 1414 wie Axmanns *Fürst und Junker* spielt.

Vor historischem Hintergrund lässt May alles lebendig werden, was ihn einst beim Lesen von Ritter- und Räuberromanen beeindruckte: Edle Ritter und Raubritter, Räuber und Bösewichte kämpfen in brandenburgischen Wäldern und Burgen, schleichen durch unterirdische Gänge und geheimnisvolle Gewölbe, führen gefährliche Schläge mit ihren Schwertern.

Probeehe

Die Quitzows haben sich durch 19 Wochenhefte gekämpft, als die Leser in Nummer 29 – im März 1877 – plötzlich erfahren, dass nicht mehr May als Autor zeichnet, sondern Dr. Goldmann das Werk fortsetzt. Was ist geschehen?

Karl May scheidet aus dem Verlag des Heinrich Gotthold Münchmeyer aus, und zwar – wie der Abbruch seiner Arbeit an dem Roman ahnen lässt – nicht im besten Einvernehmen mit seinem Prinzipal.

Wann und aus welchem Anlass der Weggang erfolgte, ist nicht genau bekannt. Das muss nicht notwendigerweise im März beim Wechsel der Romanautorenschaft von May zu Goldmann geschehen sein; schon vorliegende Fortsetzungen wurden sicherlich noch gedruckt. Zudem existiert ein Briefentwurf vom 23. Februar 1877, der bereits eine neue Anschrift trägt.

Bei der vereinbarten vierteljährlichen Kündigungsfrist wäre somit schon im Herbst 1876 die Trennung avisiert worden. Das könnte im Zusammenhang mit den gerichtlichen Verwicklungen um das *Buch der Liebe* geschehen sein: May kündigte, weil er nicht mehr mit Gesetzen in Konflikt geraten wollte.

Mindestens genauso intensiv dürften aber Gründe aus dem privaten Bereich gewirkt haben. Denn mit der fachlichen Arbeit seines Redakteurs ist der Verlagschef von Anfang an sehr zufrieden, und überaus freundlich gibt sich auch Ehefrau Pauline Münchmeyer. Zum Weihnachtsfest 1875 beispielsweise fällt das Präsent geradezu generös aus. Karl May bekommt ein Klavier geschenkt, zwar schon ziemlich alt, „trotz alledem ein wahres Wunder", berichtet er, denn „das sagte Jeder, der den sogar gerichtlich zugestandenen Geiz der Geberin kannte. So etwas war noch nie geschehen."

Etwa zur selben Zeit gibt er auf Wunsch der Münchmeyers sein bisheriges Zimmer auf, um im Hause des Verlegers eine kleine Zwei-Zimmer-Wohnung zu beziehen. Weitere Aufmerksamkeiten folgen, die sich immer mehr als Aufdringlichkeiten erweisen und das eigentliche Anliegen enthüllen: Karl May soll die noch ledige Minna Ey, Schwester der Frau Pauline, heiraten.

Heinrich Münchmeyer hofft, durch familiäre Bande den befähigten jungen Mann für immer an seine Firma zu fesseln. May aber kann für das ‚späte Mädchen' keinerlei Sympathie empfinden, und als die Situation sich unerträglich zuspitzt, verlässt er den Verlag. Der Schritt ist unausweichlich, zumal er Monate vorher, Mitte 1876, in seiner Heimat die knapp zwanzigjährige Emma Lina Pollmer kennengelernt hat, die in seinem weiteren Leben eine schicksalhafte Rolle spielen wird.

Die Mutter Emma Pollmers, die „unverheiratete Weibsperson" Ernestine Pollmer, war nach der Entbindung dem Kindbettfieber erlegen. Neun Jahre später verstirbt auch die Großmutter, sodass fortan die Erziehung des Kindes allein dem Großvater Christian Gotthilf Pollmer obliegt. In Hohenstein betreibt er das Handwerk eines Barbiers und wird, weil er gelegentlich Zähne zieht und Wunden behandelt, auch als ‚Chirurgus' tituliert.

Emma wächst zu einer umschwärmten Schönheit heran. Der vierunddreißigjährige Karl May ist von der verführerischen Anmut des jungen Mädchens angetan. Als sich dann gar noch herausstellt, dass Emma schon einiges von seinen schriftstellerischen Arbeiten gelesen hat, sogar ein paar treffende Bemerkungen dazu machen kann, auch Briefe zu schreiben versteht, die „einen außerordentlich guten Eindruck" auf ihn machen, verbleibt ihm nur noch festzustellen: „Welch eine Veranlagung zur Schriftstellersfrau!"

Ob es nun wirklich geistige Vorzüge sind, die Karl May an Emma Pollmer entdeckt haben will, muss fraglich bleiben. Wir sind da allein auf seine Bekundungen angewiesen, die uns an anderer Stelle wissen lassen, dass er das alles schon recht bald als „Blendwerk" durchschaut habe, sich aber nicht aus den Fängen der Frau zu lösen vermochte. „Eine schlau berechnende, außerordentlich raffinierte Courtisane hatte mich gefangen!" Das schreibt er 1907 in *Frau Pollmer. Eine psychologische Studie.*

Emma habe nichts gelernt, „als nur sich putzen", behauptet Karl May später, und „sich nur auf ihre Schönheit verlassen". Schon frühzeitig wären ihr „die Geheimnisse des Frauenkörpers und die Macht der weiblichen Reize" bewusst gewesen, und Karl May hat, wie das weitere Geschehen zeigt, diese Reize mit Beharrlichkeit ‚erobert', allen zeitweiligen großväterlichen Pollmerschen Querelen zum Trotz. Versuche, von denen er uns berichtet, schon in den ersten Monaten die Liaison wieder zu lösen, werden so ernsthaft nicht gewesen sein.

Nach dem Weggang von Münchmeyer hat er natürlich auch

seinen Wohnsitz gewechselt. Nur wenig später, im Mai 1877, lässt er Emma nach Dresden nachkommen und bringt sie zunächst bei einer Pastorenwitwe unter. Hier soll sie im Haushalt helfen und ihre Hausfrauenkünste vervollkommnen.

Karl May, nunmehr freischaffender Autor, schreibt erzgebirgische Dorfgeschichten. Drei davon übernimmt der Stuttgarter Verleger Schönlein für seine *Illustrierte Chronik der Zeit*. Rosegger hingegen, der *Die Rose von Kahira* so lobte, schickt ein Manuskript zurück. Die Sache sei gut, das Angebot an Dorfgeschichten aber zur Zeit übergroß.

Zu jener Zeit beginnt May mit der erwähnten Praxis, bereits veröffentlichte Erzählungen noch anderen Verlagen einzusenden. Den ersten Anstoß dazu liefert ein ganz profaner Grund: Die finanzielle Lage hat sich mit dem Ausfall des Münchmeyer-Fixums drastisch verschlechtert. Zudem will er der geliebten Frau als Schriftsteller imponieren. „Körperliche Vorzüge besitze ich nicht", gesteht er selbst ein, und mit „geistiger Ueberlegenheit" ist es auch nicht getan. Die Notwendigkeit, Geld zu verdienen, motiviert nun stärker als zuvor viele Entscheidungen im Leben Mays.

So greift er Ende 1877 das Angebot des Dresdner Verlegers Bruno Radelli auf, die Redaktion des Wochenblattes *Frohe Stunden* zu übernehmen. Die Genugtuung, vorerst wieder ein gesichertes Einkommen zu beziehen, lässt sich an der Fleißarbeit für diese Unterhaltungszeitschrift ablesen. Der folgende Jahrgang enthält zwölf Beiträge aus Mays Feder – Abenteuer aus Amerika oder anderen Teilen der Welt und historische Geschichten –, die sich alle über mehrere Nummern erstrecken. *Auf der See gefangen*, ein *Criminalroman*, bringt es allein auf 32 Fortsetzungen.

Nach Abbruch der Quitzow-Fahrten ist das Mays erster vollständiger großer Roman, der auch als Indianer-, Seeräuber- oder Liebesroman eingeordnet werden könnte. Es ist eine turbulente Geschichte auf vielen Schauplätzen – in einem sächsischen Schloss und im Wilden Westen, am Kai in San Francisco und bei Mutter Thick in Hoboken. Winnetou

160

Emma Pollmer um 1880.

ist in Aktion, noch wild und blutrünstig. Seinen Erzfeind Riccaroh, der besinnungslos am Boden liegt, skalpiert er bei lebendigem Leib.

Teile dieses Romans verwendete May später im zweiten Band von *Old Surehand* (heute GW 19, *Kapitän Kaiman*). Die Urfassung von *Auf der See gefangen* wurde 1998 als Band 80 in die *Gesammelten Werke* aufgenommen.

Sieben Beiträge in den *Frohen Stunden* und noch zwei in anderen Zeitschriften veröffentlicht May unter dem Pseudonym „Emma Pollmer" – ein weiteres Zeichen seines Bemühens, das Interesse der Geliebten ins schriftstellerische Metier einzubinden.

Erzgebirgische Dorfgeschichten, Humoresken und schließlich vor allem Abenteuererzählungen erscheinen ab 1878 auch in diversen weiteren Zeitschriften; die wirtschaftliche Situation beginnt sich allmählich zu stabilisieren. Mit Eintritt in den Radelli-Verlag kann May eine kleine Wohnung in einer Villa in Dresden-Striesen mieten. Emma zieht zu ihm und gilt fortan als ‚Frau May'.

Ab Jahresmitte 1878 wird die Probeehe im Pollmer-Haus am Hohensteiner Markt fortgesetzt. Der einundsiebzigjährige Großvater, etwas hinfällig geworden, hat um Unterstützung durch seine Enkelin gebeten. May kann seine Braut begleiten, denn um diese Zeit beendet er schon wieder sein Arbeitsverhältnis bei Radelli, um sich nunmehr für immer freischaffend zu betätigen. Beachtliche publizistische Erfolge in den zurückliegenden Monaten und weitere sich hoffnungsvoll anbahnende Projekte haben ihn in dieser Entscheidung bestärkt.

Gegenüber Bekannten und Freunden wird die Fiktion von der Verheiratung gewahrt, und Emma Pollmer zeichnet, wenn es etwas zum Unterschreiben gibt, mit „Emma May", so auch am 19. November 1878, als der Postbote für den gerade abwesenden Karl May einen Brief per „Behändigungsschein" übergibt. Es ist ein behördliches Schreiben und enthält einen „Beschluß in Untersuchungssachen wider May aus Ernsthal".

162

Amateurdetektiv

Emil Pollmer, ein Sohn des Hohensteiner Barbiers, der dasselbe Handwerk erlernt hatte, aber mehr Gefallen an der Schnapspinte als am Rasierpinsel fand, war am 26. Januar 1878 unter merkwürdigen Umständen ums Leben gekommen. Im Gasthof ‚Zum braven Bergmann‘ in Niederwürschnitz bei Stollberg hatte er Händel mit anderen Gästen gesucht, die ihn dann kurzerhand auf die Straße setzten. Dort geriet er in seinem benebelten Zustand unter ein Fuhrwerk, wurde überrollt und verstarb in einem Pferdestall. Der alte Pollmer schenkte der offiziellen Version vom Tod seines Sohns keinen Glauben, vermutete eine Prügelei, Totschlag oder gar Mord und bat nun den Verlobten seiner Enkelin, in dieser Sache nochmals zu recherchieren.

Karl May kommt diesem Anliegen nur allzugern nach, kann er doch damit dem betagten Mann, der schon einige Male seine Bindung mit Emma Pollmer zu hintertreiben versucht hatte, einen Gefallen erweisen. Außerdem entspricht diese Angelegenheit so recht den Ambitionen des angehenden Abenteuerschriftstellers.

Am 25. April 1878 betritt Karl May den, wie sich erweisen soll, verhängnisvollen Pfad des Amateurdetektivs. Er läuft zuerst ‚Zum braven Bergmann‘ und dann zur Wirtschaft ‚Gute Quelle‘ in Neuoelsnitz, verschweigt aber seine wahre Identität. „Von der Regierung eingesetzt“, sei er, „und etwas höheres, wie der Staatsanwalt“.

Dem Wirt in der zweiten Kneipe stellt er sich allerdings als „Redakteur einer Zeitung in Leipzig“ vor. Überall fragt er nach den Umständen der Ereignisse, die schon ein Vierteljahr zurückliegen, verkündet, dass er den Leichnam exhumieren lassen werde, und droht, den Staatsanwalt hinter Gitter zu setzen, falls dieser „nicht richtig gehandelt hat“. Übereinstimmend bekunden danach mehrere Zeugen, dass sich der dilettantische Detektiv „einen bestimmten Titel und Namen“ aber nicht zugelegt habe.

Das Geschehen kommt dem Oelsnitzer Gendarmen Ernst Oswald zu Ohren, der das Inkognito lüften kann und bei der Staatsanwaltschaft Anzeige erstattet. Da die Fakten allzu dürftig sind, erfindet der Polizist belastende Umstände hinzu: „Derselbe ist Socialdemocrat durch und durch und soll gegenwärtig Schriftsteller der Socialdemocratischen Blätter sein." Außerdem, so denunziert Oswald weiter, soll „p.p. May schon verschiedene Strafen auch 7 bis 8 Jahr Zuchthaus verbüßt haben".

Das geringfügige Delikt wird zur großen Sache aufgebauscht. Zuständigkeitshalber überweist die Chemnitzer Staatsanwaltschaft den Vorgang an das Gerichtsamt Stollberg, und dort werden die Zeugen angehört. Weil Karl May im Juni 1878 seinen Wohnsitz offiziell noch in Dresden hat, wird er dort „in Folge staatsanwaltlichen Antrages vorerörterungsweise vernommen".

May erkennt sehr wohl, aus welcher Ecke die größte Gefahr droht. Denn in der Schlusspassage des Protokolls heißt es: „Noch gab er unaufgefordert an: Es sei Unwahrheit, daß er der socialdemokratischen Partei angehöre und ein Schriftleiter dieser Partei sei."

Mit einem langen Schreiben, das er ein paar Tage später dem Untersuchungsrichter übermittelt, glaubt May die ganze Angelegenheit endgültig aus der Welt schaffen zu können. Noch einmal versichert er, kein Sozialdemokrat zu sein, und „nie eine sozialistische Versammlung besucht" zu haben.

Dem Brief fügt er extra sein königstreues Gedicht von 1875 bei, „welches wohl am Besten meine loyale Gesinnung zu beweisen vermag. Grad in der gegenwärtigen Zeit ist jeder brave Unterthan gehalten, seine Einreihung unter die unverbesserlichen Weltverbesserer entschieden zurückzuweisen." Und so hoffe er, „daß vorliegende Zeilen eine freundliche Berücksichtigung finden werden".

Sie finden es nicht. Durch die Akten geistern weiterhin die Begriffe „Schwindler" und „Socialdemocrat". Ein Ernsthaler Gendarm namens Backmann macht sich gar erbötig, „den Urian zu recognoscieren".

Am 15. November 1878 fordert das Königliche Gerichtsamt Stollberg May auf, bis zum 21. November Entlastungszeugen zu benennen. „Unterbleibenden Falles" werde „an diesem Tage die Untersuchung abgeschlossen".

In den Akten sind solche Bürgen nicht verzeichnet. Jener 15. November erweist sich aber in anderem Zusammenhang als erwähnenswerter Tag. Denn just zu diesem Datum ging der letzte Rest schönburgischer Landesherrschaft an Sachsen über, die verbleibenden Teile der Justizhoheit waren für 1,5 Millionen Mark verkauft worden. Karl May mutierte an diesem 15. November 1878 zum uneingeschränkten sächsischen Untertanen.

An der Voruntersuchung war das Fürstlich Schönburgische Gerichtsamt zu Hohenstein-Ernstthal beteiligt, vom 15. November an tragen die Akten zunächst die Bezeichnung Gerichtsamt Hohenstein-Ernstthal, ab April 1879 heißt es dann Königliches Gerichtsamt zu Hohenstein-Ernstthal.

Auf diese feinen Unterschiede wird May nicht geachtet haben, für den Fall waren sie ohnehin belanglos. Er hatte sich zum vierten Mal in den Fängen sächsischer Justiz verstrickt.

Nach Monaten voll Ungewissheit fällt am 9. Januar 1879 das Königliche Gerichtsamt zu Stollberg ein Urteil. Die Begründung bezieht sich auf die „Befragung" von Gästen besagter zwei Lokale durch May, aus der ein Strafbestand gemäß § 132 des Reichsstrafgesetzbuches – die „unbefugte Ausübung eines öffentlichen Amtes" – konstruiert wird. Der Angeklagte sei „drei Wochen lang mit Gefängniß zu bestrafen... Von Rechts-Wegen!"

Und das eben stimmte nicht, war nicht „von Rechts-Wegen", denn selbst die Behauptung, mehr als ein Staatsanwalt oder „von der Regierung eingesetzt" zu sein, gilt nach dem geltenden Paragrafen nicht als Amtshandlung; den Fragen an die Restaurationsgäste waren schließlich keine Taten gefolgt.

Nachdem ein Einspruch Mays zurückgewiesen und das Urteil in zweiter Instanz bestätigt wird, verbleibt ihm noch die Möglichkeit eines „Unterthänigsten Bittgesuches an Seine Majestät Herrn Albert König von Sachsen":

„Ew. Majestät wolle in Gnaden geruhen, dem ganz gehorsam Unterzeichneten ein unterthänigstes Gesuch zu gestatten", heißt es einleitend. Ein „ebenso dringendes wie tief ergebenes Bittgesuch" sei es, um die Haft zu verkürzen oder sie in eine Geldstrafe umzuwandeln, der Majestät dann „zu immerwährendem Dank" verpflichtet, „mit schuldigster Hochachtung und tiefster Ehrerbietung..."

Die Antwort fällt wesentlich einfacher aus. Sie kommt auf vorgedrucktem Bogen: „...nicht bewogen gefunden, ... Begnadigung eintreten zu lassen...", und abgelehnt wird auch eine neue Petition, ihm wenigstens die Schmach einer Strafverbüßung in der Heimatstadt zu ersparen. Vom 1. bis 22. September 1879 gehört Karl May somit zu den Insassen des Gerichtsgefängnisses von Hohenstein-Ernstthal (diese Behörde führte bereits vor Vereinigung beider Städte den Doppelnamen).

Die Akten zu Mays vierter Konfrontation mit dem Strafgesetz, zu jener Affäre Stollberg, wurden erst Ende 1958 durch den Hohenstein-Ernstthaler Lehrer und Forscher Adolf Stärz wieder entdeckt. Er hatte gezielt gesucht und war schließlich im damaligen Sächsischen Landeshauptarchiv Dresden fündig geworden; im August 1959 erwähnte Stärz den Vorgang erstmals in einem Zeitschriftenbeitrag.

Die von Adolf Stärz entdeckten Akten sind im Buch von Fritz Maschke *Karl May und Emma Pollmer* (Karl-May-Verlag, 1973) dokumentiert.

Anders in Amadijah

Unmittelbare Folgen zieht die dreiwöchige Zwangspause zunächst nicht nach sich, zumal keine völlige Arbeitsunterbrechung damit verbunden ist. Der Wachtmeister Philipp, im Gegensatz zu anderen Stadtgendarmen May recht wohlgesinnt, besorgt unter Umgehung der Dienstvorschriften dem Arrestanten die gewünschte Literatur. Bei einer Zellenkontrolle wird

166

Ablehnung des Gnadengesuchs, das May am 2.7.1879 an den sächsischen König gerichtet hatte.

Mays Schreiben vom 30.7.1879 an das Gerichtsamt Stollberg, mit dem er die Umwandlung der Gefängnis- in eine Geldstrafe erbittet oder wenigstens um Verschonung der Strafverbüßung in Hohenstein-Ernstthal nachsucht.

168

diese Gefälligkeit allerdings entdeckt, und Philipp muss ein Disziplinarverfahren in Kauf nehmen.

Das Jahr 1879, möchte man trotz der Haftstrafe meinen, zählt zu den erfolgreichsten in Mays schriftstellerischer Anfangsphase. Weitere Humoresken und Dorfgeschichten erscheinen. Ab Oktober beginnt die über zwei Jahre laufende Fortsetzungsserie des zweiteiligen Großromans *Scepter und Hammer / Die Juweleninsel*, und es gibt die allerersten Buchausgaben: Der Verlag von Morwitz & Co. in Philadelphia, Pennsylvania, produziert den Kriminalroman *Auf hoher See gefangen* (deutscher Titel 1878: *Auf der See gefangen*) – vermutlich ein Raubdruck, von dem Karl May nichts wusste –, und ein Stuttgarter Verlagsunternehmen ediert im November den schon erwähnten Buchtitel *Im fernen Westen* und dazu noch den *Waldläufer* von Gabriel Ferry – „für die Jugend bearbeitet von Carl May". Schließlich unterbreitet der Regensburger Verleger Friedrich Pustet das Angebot, für den *Deutschen Hausschatz* – damals die bekannteste katholische Familienzeitschrift – alle künftigen Manuskripte zu übernehmen und sofort nach Posteingang zu bezahlen.

Auch wenn wir die amerikanische Ausgabe gar nicht mitrechnen, deuten sich durchaus günstige Perspektiven an, woraus man schließen könnte, dass die neuerliche Konfrontation mit Gerichtsamt und Gefängnis rasch in Vergessenheit geraten wird. Das ganze Gegenteil ist jedoch der Fall. Denn zahlreiche Episoden und Motive in den folgenden Werken offenbaren, wie tief der Schriftsteller von seinem missglückten Abenteuer als Amateurdetektiv be- und vom anschließenden juristischen Nachspiel getroffen war: Was ihm in der rauen sächsischen Wirklichkeit missglückte, wird auf imaginären Reisen durch exotische Reviere viele Male als Wunschtraum realisiert.

So schlüpft Old Shatterhand – sein Name taucht erstmals Mitte 1879 in der zweiten *Hausschatz*-Erzählung *Unter Würgern* (heute *Die Gum* in GW 10, *Sand des Verderbens*) auf – in immer wieder neue Rollen: Er lässt sich als Wunderwesen bestaunen, das, ohne nachzuladen, mit dem Henrystutzen immerfort schießen kann, oder er spielt zur Abwechslung das Greenhorn. Ob erkannt oder nicht, sein Vorhaben gelingt, die Gegen- oder Mitspieler werden allesamt getäuscht, und der Erfolg ist ihm gewiss. Und nicht anders handelt Kara Ben Nemsi, das zweite Pseudo-Ich.

Auf weitere Beispiele macht Heinz Stolte aufmerksam. So verweist er etwa bei dem Titel *Giölgeda padiśhanün*, 1881 im *Deutschen Hausschatz* veröffentlicht, besonders auf jene Kapitel aus den *Reise-Erinnerungen aus dem Türkenreiche*, die 1892 in die Buchausgabe *Durchs wilde Kurdistan* übernommen wurden.

Mohammed Emin, der alte Scheik der Haddedihn, hat den jungen Kara Ben Nemsi gebeten, sich in der Türkenfestung Amadijah um das Schicksal seines Sohnes Amad el Ghandur zu kümmern. Am Anfang ist der besorgte Vater durch einen verstauchten Fuß in seinen Aktivitäten behindert – der alte Pollmer konnte wegen seiner Gebrechlichkeit auch nicht selbst die Umstände aufklären, die den Tod seines Sohnes herbeiführten. Was May in Niederwürschnitz misslang, glückt Kara Ben Nemsi ruhmreich in Amadijah. Vor dem Sitz des Kommandanten wird er gleich mit militärischen Ehren begrüßt, und das Budjeruldi (Pass) des Großherrn verleiht ihm schier unbegrenzte Macht. Der Kommandant vermutet in ihm einen geheimen Abgesandten des Padiśha. Kara Ben Nemsi lässt das offen und legt sich keinen bestimmten Titel zu. Als der Befehlshaber der Festung Näheres über den Auftrag des vermeintlichen Emissärs erfahren will, wird er gefragt: „Hast du einmal etwas von Politik und Diplomatik gehört, Mutesselim?" Denn von dieser Aufgabe dürfe er nicht sprechen.

Etwas später zieht der Ich-Erzähler eine Zwischenbilanz: „Ich hatte die Kühnheit, mich als einflußreiche Persönlichkeit zu fühlen; ich handelte abenteuerlich, das ist wahr; aber der Zufall hatte mich nun einmal, sozusagen, an die Kletterstange gestellt und mich bis über die Hälfte derselben emporgeschoben; sollte ich wieder herabrutschen und den Preis aufgeben,

170

da es doch nur einer Motion bedurfte, um vollends empor zu kommen?"

In Niederwürschnitz konnte May die Hürde nicht nehmen; er rutschte herunter, tiefer ging es nicht. In Amadijah läuft alles ganz anders: Amad el Ghandur wird am Ende wohlbehalten befreit.

Das kurdistanische Märchen ist noch mit etlichen glorreichen Episoden ausgeschmückt. Kara Ben Nemsi spielt auch hier zwischendurch wieder einmal die Rolle des erfolgreichen Arztes. Sogar eine Parallele zur Gerichtsverhandlung gibt es. Aber Kara Ben Nemsi kann den Spieß schnell umdrehen: Er unterbricht kurzerhand die Beschuldigungstirade und erklärt, dass der Mann, der sich quasi zum Staatsanwalt aufschwingen wollte, abgesetzt sei. Zusammen mit einem gegnerischen Zeugen wird er abgeführt und eingesperrt. „Wer hätte das gedacht!", ruft der Kommandant nach der raschen Wende. Dann bittet er Kara Ben Nemsi: „Herr, verzeih mir! Ich wußte ja von diesen Dingen nichts."

Wenn Karl May persönliche Bitternisse literarisch kompensiert, dann durchaus nicht nur in den Erfolgstaten von Old Shatterhand oder Kara Ben Nemsi. Da gibt es zum Beispiel im *Oelprinz* (zuerst 1893/94 in der Jugendzeitschrift *Der Gute Kamerad* erschienen) einen Matthäus Aurelius Hampel aus Klotzsche bei Dresden, der durch den Wilden Westen reitet, um Inspirationen zu einer Heldenoper zu sammeln. Wird er als „Herr Kantor" angesprochen, kommt prompt die Korrektur: „Herr Kantor emeritus. Es ist gewiß und wahrhaftig nur der Vollständigkeit wegen. Man könnte sonst denken, ich messe mir ein Amt an, in welchem ich mich nun schon seit zwei Jahren nicht mehr befinde..." Oder: „Herr Kantor emeritus, wie ich Ihnen schon hundertmal gesagt habe. Es ist wahrhaftig nur der Vollständigkeit wegen und weil ich mir kein Amt anmaßen darf, welches ich nicht mehr bekleide."

Ob nun hundertmal oder etwas weniger – solche stereotypen Passagen gibt der Kantor emeritus Hampel aus dem sächsischen Klotzsche immer wieder von sich, über die der Leser aber schon bald nicht mehr lachen kann. Ein Humor, mit dem sich Karl May nicht nur hier sehr schwer tut. Es sind meist die immer gleichen Possen, mit denen sich der Autor unter dem Vorzeichen der Komik Schlimmes von der Seele schreiben will.

Mit solcher Clownerie wie beim Kantor Hampel vermag der Schriftsteller nur recht ungelenk über die Schatten seiner Vergangenheit zu springen. Schlüpft er hingegen in die Gestalt eines Old Shatterhand oder Kara Ben Nemsi, so gelingt das in viel souveränerer Manier. Und das sind auch die Figuren, die den Leser reizen, sich mit ihnen zu identifizieren.

Hochzeitsglockengewirr

Er sei von einer seiner Reisen zurückgekehrt und habe erfahren, dass der „alte Pollmer" gestorben sei, berichtet Karl May. „Ich eilte nach seiner Wohnung. Man hatte mir zu viel gesagt. Er war nicht tot; er lebte noch, konnte aber weder sprechen noch sich bewegen. ... Er erkannte mich und wollte reden, brachte es aber nur zu einem unartikulierten Lallen. Aus seinen halbstarren Augen sprach eine ungeheure Angst, die mich innerlich tief ergriff. ... Da kam der behandelnde Arzt ... und gab uns dann den Bescheid, daß alle Hoffnung vergeblich sei. Als er sich entfernt hatte, trat tiefe Stille ein. Der Blick des Sterbenden war mit einem unbeschreiblichen Ausdruck auf mich gerichtet... Da glitt seine Enkeltochter vor mir nieder, faßte meine beiden Hände und bat mich, wieder zu ihr zurückzukehren und sie um Gotteswillen nicht zu verlassen; sie habe nun weiter niemand als mich. Ich sah zu ihr nieder und wollte ‚nein' sagen. Und ich sah hinüber in die ausdruckslosen und doch so fürchterlich beredten Augen des Alten; da sagte ich ‚ja'."

Am 26. Mai 1880 stirbt Großvater Pollmer. Die Umstände seines Todes hat Karl May mehrere Male in übereinstim-

172

mender Weise beschrieben: 1907 in *Frau Pollmer. Eine psychologische Studie*, 1910 in der Selbstbiografie und 1911 in der Prozess-Schrift *An die 4. Strafkammer...* (heute in GW 83, *Am Marterpfahl*). Aus letztgenannter Quelle haben wir zitiert.

In der *Studie* schreibt May von schlimmen Bedenken, er habe innerlich „einen schweren, wühlenden Kampf" ausgefochten, sich aber durch Bitten und „hypnotische Blicke" umstimmen lassen und außerdem ins Kalkül gezogen, mit dem vorherigen Zusammenleben „ihre Ehre vor den Menschen geschädigt zu haben. Ich war verpflichtet, das wieder gut zu machen... Kurze Zeit, nachdem er begraben worden war, heiratheten wir."

Aber so ganz stimmig sind diese Zeiten und Zusammenhänge nicht. Denn als Pollmer stirbt, ist die Eheschließung schon längst eine ausgemachte Sache: Bereits am 19. Februar 1880 war das Aufgebot bestellt und anschließend in den Rathäusern von Ernstthal und Hohenstein ausgehängt worden: „Es wird zur allgemeinen Kenntniß gebracht, daß der Schriftsteller Karl Friedrich May ... und die Wirthschafterin Emma Lina Pollmer ... die Ehe mit einander eingehen wollen."

Die Ernstthaler Standesamtsunterlagen mit dem Aufgebot wurden erst 1992 durch Wolfgang Hallmann wieder aufgespürt. Bis dahin war man davon ausgegangen, dass der Entschluss zur Heirat erst bei Pollmers Tod gefallen sei.

Seit Mitte 1878 lebten Karl und Emma wieder in ihrer Heimat. Der Großvater war vom Widerstand gegen ihre Verbindung abgerückt, der Gang zum Traualtar aber schien nicht angebracht. Denn bei einer Vernehmung im Juni 1878 zum Amateurdetektiv-Abenteuer hatte May angegeben, verheiratet zu sein, und Emma ließ sich ja bekanntlich auch schon als „Frau May" ansprechen. Eine Trauung während der laufenden Untersuchungen oder kurz danach hätte die Glaubwürdigkeit auch aller anderen Aussagen in Frage gestellt. So muss er warten, bis etwas Gras über die Sache gewachsen ist.

173

Im April 1879 kommt es zu Zwistigkeiten zwischen den beiden und Karl kehrt wieder zu den Eltern nach Ernstthal zurück. Verbürgt ist dann ein Besuch von Emma am 7. September im Gerichtsgefängnis von Hohenstein-Ernstthal. Anfang 1880 sind sie jedenfalls wieder versöhnt und planen eine gemeinsame Zukunft.

Zwischen Aufgebot und Trauung vergeht aber noch ein knappes halbes Jahr – eine ungewöhnlich lange Zeit. Vielleicht gab es ein neuerliches Zerwürfnis? Und spielte sich dann beim Tode von Großvater Pollmer tatsächlich alles so ab, wie es uns überliefert ist? Wir wissen es nicht.

Unmittelbar nach dem 26. Mai 1880 freilich konnte auch keine Stimmung für Hochzeitsglocken aufkommen. Denn nur einen Tag später, am 27. Mai, stirbt Mays älteste Schwester Auguste Wilhelmine, verehelichte Hoppe. Sie ist erst 43 Jahre alt und hinterlässt drei Töchter und fünf Söhne.

Zwei Tage vor Ablauf der sechsmonatigen Aufgebotsfrist, am 17. August 1880, treten Karl und Emma schließlich doch vor den Standesbeamten im Ernstthaler Rathaus. Trauzeugen sind Vater May und Schwager Schöne. Die kirchliche Trauung erfolgt am 12. September in der St. Christophorikirche in Hohenstein.

Damit beginnt offiziell eine Ehe, die nach 22 Jahren im Januar 1903 mit der „Scheidung von dieser fürchterlichen Frau" endet. Und die dann mit schlimmen Prädikaten belegt, als „Vampyr", „seelische Impotenz", „Giftpflanze" und „Bestie" bezeichnet wird. Wer sich mit einem solchen Weib einlässt, muss dazu schon Erklärungen mit „halbstarren Augen" und „hypnotischen Blicken" bereithalten.

Emma und Karl um 1890.

AUF DEM *WEG ZUM GLÜCK*

Drehspiegel des Schaffens

Was immer auch May später über Emma Pollmer zu Papier bringt, welche bösen Worte er findet, um Enttäuschung und angestauten Hass abzureagieren – unter dem schlechten Stern, der dabei heraufbeschworen wird, hat die Beziehung beider am Beginn der Ehe ganz sicher nicht gestanden.

Der Wahrheit näher kommen wir vielleicht, wenn wir in Mays Werken aus jener Zeit nach Belegen suchen, die sein Verhältnis zu Emma Pollmer noch unbeeinflusst von den späteren Ereignissen reflektieren. Die literarischen Zeugnisse sind überdeutlich.

Unmittelbar vor der Eheschließung verfasst Karl May den ersten Teil des bereits erwähnten Doppelromans *Scepter und Hammer/Die Juweleninsel.* Eingeflochten in die Handlung ist eine Romanze zwischen dem Schriftsteller Karl Goldschmidt, „der sehr berühmte Romane und Novellen schreibt", und seiner Geliebten Emma Vollmer!

„Emma ist schön, besitzt ein gutes Gemüth, einen häuslichen, wirthschaftlichen Sinn...", erfahren wir, und Karl Goldchmidt erklärt uns: „Sie hat ihre Mutter bei der Geburt verloren und wurde von Ihrem Vater durch übergroße Zärtlichkeit und unverständige Nachsicht so verzogen, daß sie kein anderes Gesetz kennt, als das Gefühl des Augenblickes. Sie kennt ihre körperlichen Vorzüge sehr genau; sie bemerkt es, wenn sie bewundert wird, und thut man dies nicht, so fordert sie durch Blicke, Bewegung und Geberde dazu auf. Sie hat mich lieb, aber sie will ihre Vorzüge nicht nur mir allein widmen, sie bedarf auch der Anerkennung Anderer, welche sie mit suchendem Auge einkassirt. Bei einem solchen Charakter oder viel mehr Naturell ist sie allen Versuchungen ausgesetzt, denen gegenüber sie nicht diejenige Festigkeit besitzt, welche erforderlich ist zur inneren Treue gegen den Geliebten."

Ersetzen wir den Vater durch den Großvater, so stimmen

176

die Fakten verblüffend überein. Und wie etliche Überlieferungen auch aus nachfolgenden Jahren belegen, ist Emma Pollmer eine Frau, die ihre Ansprüche stellt, Geselligkeit liebt und gern Bewunderung erheischt. Ob dabei gewisse Grenzen überschritten werden, lässt sich weder beweisen noch widerlegen. May selbst äußert sich dazu nur widersprüchlich, während er entschieden häufiger und detaillierter gegen die „Klatschbasen" räsoniert, mit denen Emma täglich zusammensitzt oder, „was noch schlimmer war", die sie mit ins Haus bringt. Weder Ruhe noch Erholung habe er finden können, Zuflucht in der Arbeit gesucht, „oft wöchentlich zwei oder drei Nächte hindurch" geschrieben und wiederum feststellen müssen, dass er „noch viel, viel einsamer lebte, als es vorher jemals der Fall gewesen war... Ich hatte zwar ein Haus, aber kein Heim."

Emmas Bedürfnisse, die kaum auf geistige Teilnahme an der Schriftstellerei abzielen, erfordern Geld. Das aber kann nur durch ununterbrochene Arbeit ‚herbeigeschrieben' werden – und bleibt dennoch knapp. In den anderthalb Jahren von 1881 bis Mitte 1882, für die wir eine Zahl kennen, sind es zirka 2.000 Mark.

Die meiste Zeit des Tages zieht sich der Ehemann ins Studierzimmer zurück, um zu arbeiten. Der lebensdurstigen jungen Frau behagt das Alleinsein nicht. Also lädt sie Leute ins Haus, was nun wiederum dem Mann missfällt, der erneut an seinen Schreibtisch flieht. Das Gefühl innerer Einsamkeit beherrscht ihn weiterhin, und hinzu kommt nun jener neue Kreislauf, der immer wieder Anlass für Auseinandersetzungen liefert.

Ganz sicher gibt es auch Zeiten guten Einvernehmens und Situationen, in denen sich Karl May gern und ganz den Wünschen seiner Frau unterordnet. Dafür liefert er uns selbst indirekte Beweise in den *Reise-Erinnerungen aus dem Türkenreiche* (*Giölgeda padiśhanün*), die ab 1881 im *Deutschen Hausschatz* erscheinen. Mersinah, die Gattin des Statthalters in der Sahara-Oase Kbilli, ist eine etwas ins Lächerliche karikierte, aber dennoch sehr resolute Frau. Nach mancherlei Turbulenzen resümiert der Erzähler: „O du beglückende Pantoffelherrschaft, dein Scepter ist ganz dasselbe im Norden wie im Süden, im Osten wie im Westen!"

Dass der Autor hierbei humorvoll auf seine eigene Situation zu Beginn der Ehe anspielt, lässt sich unschwer aus dem vorangegangenen Geschehen ablesen: Emma, so erkennt der kundige Leser, ist beim Schreiben stets gegenwärtig gewesen. Daneben bezeugen diese ersten Abschnitte des großen Orient-Zyklus – wie etliche Stellen im Gesamtwerk – das traumatische Nachwirken des einstigen Uhrendramas. Natürlich gibt es noch weitere Bezüge zum eigenen Leben, deren Darstellung aber würde den Rahmen dieses Buches sprengen.

Die Handlung beginnt, auch das verdient hervorgehoben zu werden, mit dem ersten Auftritt von Kara Ben Nemsi und Hadschi Halef Omar Ben Hadschi Abul Abbas Ibn Hadschi Dawud al Gossarah auf der literarischen Bühne. Dieser kleine skurrile Mann, „so hager und dünn, daß man hätte behaupten mögen, er habe ein volles Jahrzehnt zwischen den Löschpapierblättern eines Herbariums in fortwährender Pressung gelegen", sieben Barthaare am Kinn und auf dem Kopf den Riesenturban, „drei volle Fuß im Durchmesser", scharfsinnig, mutig, tapfer und gewandt, oftmals auch unüberlegt oder prahlsüchtig, stets auf Eindruck und Wirkung seines langen Namens bedacht, wird sich als die am köstlichsten gezeichnete Figur Karl Mays erweisen. Beide, der Sihdi und sein „Freund und Beschützer", entdecken im Wadi Tarfaui, einem Wüstental, das Opfer eines Verbrechens. Der Ermordete trägt einen Trauring mit der Gravur „E. P. 15. juillet 1830". Die Frau des Toten, so erfährt man später, heißt Emilie Pouillet – ein Name, den May mit Bezug auf Emma Pollmer wählte, und 1830 war das Geburtsjahr ihrer Mutter!

Der Ich-Erzähler steckt den aufgefundenen Ring an seinen Finger und nimmt dann bei der Begegnung mit den Mördern auch eine „goldene Uhr nebst Kette" (!) an sich. Ein leichtfertiges Handeln, denn der Besitz dieser Gegenstände kann Kara

Ben Nemsi selbst in den schlimmen, ja existenzbedrohenden Verdacht der Täterschaft bringen. Und beim Wekil (Statthalter) der Oase Kbilli scheint sich tatsächlich ein Verhängnis anzubahnen: Der wirkliche Mörder Hamd el Amasat will ihn durch erlogene Anzeige mit einem Doppelmord belasten.

Die Uhr spielt als Beweisstück keine Rolle mehr. Wie seinerzeit in Chemnitz erweist sich nun in der Oase Kbilli die falsche Anschuldigung eines Gegners als das entscheidende Moment. Wurde damals Mays Berufsexistenz als Lehrer vernichtet, so droht jetzt der Statthalter mit der Todesstrafe. Die weiteren Ereignisse in Kbilli gestaltete May dann so, wie er sich das ehemals selbst gewünscht hätte.

Soldaten sollen Kara Ben Nemsi verhaften. Sie benehmen sich mit ihren „schmutzigen Fingern" dabei derart täppisch, dass er sich Mühe geben muss, bei ihrem „sonderbaren Exerzitium ernsthaft zu bleiben". Er empfindet die angedrohte Verhaftung „zu komisch, als daß ich eine Bewegung zu meiner Befreiung hätte machen mögen", er hätte sogar „beinahe laut aufgelacht".

Wenn Karl May hier Karikaturen von osmanischen Staatsdienern zeichnet, dann sind das auch Stellvertreterbilder von sächsischen Beamten. Er fabuliert so, wie er es sich weiland gewünscht hätte: In seiner Verhaftung sieht er ein Possenspiel, das er rasch beendet. Er hat seine Waffen und bewaffnete Freunde parat und handelt, um „sich selbst Gerechtigkeit zu verschaffen", springt „ganz plötzlich zwischen den Soldaten hindurch", reißt dem Mörder und falschen Ankläger die Arme auf den Rücken und lässt ihn fesseln.

Die Repräsentanten staatlicher Gewalt sind zuerst „ganz consterniert" und rennen dann „nach allen vier Richtungen auseinander, um Schutz in den Mauerecken zu suchen". Auch die Gattin des Statthalters, Mersinah, greift ein und versichert Kara Ben Nemsi: „Du sollst Gerechtigkeit haben!" Energisch setzt sie sich über ihren Mann hinweg und verfügt: „Du bist also unser Gast und sollst mit den Deinen so lange bei uns wohnen, bis es Dir gefällig ist, uns wieder zu verlassen."

Derartige Szenen sind typisch für Mays Werke: Der Drehspiegel des Schaffens nimmt dunkle Strahlen aus der eigenen Vergangenheit auf und reflektiert grandiose Wunschbilder.

Im Figurenensemble gibt es dabei im Allgemeinen wechselnde Identifizierungen mit dem eigenen Ego oder mit Menschen seines Lebenskreises. So spielt die Figur des Statthalters von Kbilli zuerst auf einen höheren Polizei- oder Justizbeamten aus der Zeit des Uhrendramas an, und dann ist er ein Stückchen von May selbst, als nämlich Mersinah alias Emma den Ablauf bestimmt. Wenn May sich häufig in verschiedene Figuren spaltet, dann in den ersten Arbeiten sicherlich unbewusst, aber so perfekt, dass er im reifen Alter behaupten kann, diese Absicht von Anfang an gezielt verfolgt zu haben, beispielsweise im Wechselspiel von Kara Ben Nemsi und Hadschi Halef Omar.

„Und dieser Hadschi", schreibt er 1910 in der Selbstbiografie, „ist meine eigene Anima, jawohl, die Anima von Karl May!" Wobei er unter Anima einfach Leben und Dasein versteht, ohne höhere Ansprüche an Seele und Geist damit zu verknüpfen. Kara Ben Nemsi hingegen symbolisiert das erträumte Idealbild mit allen denkbaren positiven geistigen wie auch körperlichen Eigenschaften und Fähigkeiten – eine Gestalt, die sich an edlen Zielen orientiert und jede Situation meistert.

Halef Omar verkörpert somit die entschieden realistischere Seite der Mayschen Existenz – schon von der Statur her ein Knirps (May selbst misst ganze 1,70 Meter) und mit keinen sichtbaren Vorzügen ausgestattet. „Indem ich alle Fehler des Hadschi beschreibe", erfahren wir, „schildere ich meine eigenen und lege also eine Beichte ab..."

Viele Male handelt der Hadschi unbedacht und beschwört dadurch schwierige Umstände oder Gefahren herauf. Wenn er sich bei hochstaplerischen Prahlereien gefällt, rechnet May mit der eigenen Vergangenheit ab.

Gleich zu Beginn der Handlung erfahren wir, dass Halef Omar noch nicht in Mekka war und sich dennoch Hadschi nennt – auch das eine Reflexion Mays auf Titel, die er sich selbst unbefugt zugelegt hatte, Reminiszenzen an seine Auftritte etwa als „Augenarzt Dr. Heilig" oder „Polizeilieutenant Wolframsdorf". Dass May bei der literarischen Formung des kleinen Hadschi mit seinen persönlichen Schwächen ins Gericht ging, trug ganz entscheidend dazu bei, eine so sympathische Gestalt schaffen zu können.

Der gemeinsame Abenteuerritt von Kara Ben Nemsi und Halef Omar führt schon bald nach Mekka. Ein Wunschbild des „eigentümlichen Kerlchens" geht in Erfüllung, er ist nun ein echter Hadschi – „wodurch seine Lüge zur Wahrheit wird".

Von einer Haddsch mit solchem Erfolg träumte Karl May seit seiner Schulzeit, von einer Pilgerfahrt zur Kaaba hoher Gelehrsamkeit: vom Gang durch akademische Instanzen, an dessen Ende ein begehrtes Diplom winkt. Es bleibt ihm versagt.

Der *Allgemeine Deutsche Literaturkalender* von 1880 enthält erstmals folgenden Vermerk: „May, Dr. Karl, Journalist, Redakteur..." Dieses bekannte Nachschlagewerk, zwischen 1883 und 1902 von Joseph Kürschner herausgegeben und daher auch kurz als der *Kürschner* bezeichnet, registriert den Doktortitel bis 1904; ab 1884 als „Dr. phil.".

In der Schrift *Ein Schundverlag* berichtet May, wie es dazu gekommen ist. Er sei schon am Tage seines Dienstantrittes bei Münchmeyer von dem Verleger gegenüber Kunden und Bekannten als „mein neuer Redakteur, Herr Doktor Karl May" vorgestellt worden. Das gehöre zum Geschäft, habe der Chef erklärt, ein Redakteur müsse vor den Abonnenten als „gescheidter Kerl" gelten.

Obwohl es seiner Eitelkeit schmeichelt, hat May doch lange gezögert, fünf Jahre immerhin, bis er schließlich bei einer Anfrage der *Literaturkalender*-Redaktion der verfänglichen Faszination unterliegt. In einem Brief an seinen späteren Verleger Friedrich Ernst Fehsenfeld schreibt er 1902, dass die ganze Sache mit dem Doktortitel „leere Prahlerei" gewesen sei. Einigen Ärger wird ihm aber diese Leichtfertigkeit dennoch bereiten.

Einen anderen Titel, wenn auch nicht akademisch und längst nicht so attraktiv, darf May zu jener Zeit rechtmäßig führen: Er ist Feuerwehrmann.

Die erst vor ein paar Jahren wieder aufgetauchte alte Stammrolle der Hohensteiner Feuerwehr enthält den Eintrag „Mai, Karl, Journalist", Alter 40, wohnhaft Markt 2; ein Vermerk also aus dem Jahre 1882, der aber durchaus schon früher, irgendwann zwischen 1880 und 1882, erfolgt sein kann.

Es fehlen die Daten des Eintritts und der Abmeldung, die sicherlich im April 1883 erfolgte, wie auch die Angaben zu den Modalitäten der Aufnahme, die üblicherweise durch eine Ballotage – eine Abstimmung mit kleinen weißen und schwarzen Bällen – vorgenommen wurde. Dieses Bällchenwerfen in einen Blechkasten entfiel, wenn der Bewerber schon Mitglied der Turnerschaft war. So ist das fragliche Aufnahmeprotokoll entweder verschollen oder unvollständig geführt oder Karl May betätigte sich tatsächlich eine Zeit lang auch als aktiver Turner.

Die in der Stammrolle genannte Wohnung Markt 2 hat seit 1898 die Anschrift Altmarkt 2. Es ist ein Haus an der Oberseite des Hohensteiner Marktes. Hier lebten Karl und Emma von Oktober 1880 bis April 1883 in der ersten Etage.

Das ganze Areal war einst Bergbaugebiet. Von etlichen Hauskellern aus gab es Verbindungen zu kürzeren oder längeren Stollen, auch von Haus Nr. 2 konnte man in künstliche unterirdische Gänge und Räume gelangen. Als Karl May 1884/86 den Roman *Der verlorne Sohn* schreibt und den Schurken Fritz Seidelmann in einen alten Stollen fliehen lässt (heute GW 64, *Das Buschgespenst*), wird er wohl an die Örtlichkeiten unter jenem Haus gedacht haben.

Reiter im *Hausschatz*

Nach den Ereignissen im Wadi Tarfaui am Rande der östlichen Ausläufer des Sahara-Atlas und in der Oase Kbilli reiten Kara Ben Nemsi und Hadschi Halef Omar durch weite Teile des nahen Orients, bestehen Abenteuer auf Abenteuer in Kurdistan und in Damaskus und Baalbek; sie kommen nach Stambul und durchqueren den Balkan bis zu den albanischen Bergen. Am Schluss bringen sie in Rugova, einem kleinen Ort bei Skutari (Shkodra) den „Schut" zur Strecke, den „Gelben" (so wegen seiner Gesichtsfarbe bezeichnet), der zu den reichsten und mächtigsten Männern der Gegend gehört, mit Pferden handelt, einen Khan (Herberge) betreibt und gleichzeitig als Oberhaupt einer weit verbreiteten Verbrecherbande die in Armut lebende Bevölkerung terrorisiert. Seine Strafe bekommt auch Hamd el Amasat, der Mörder aus dem Wadi Tarfaui, der gleichfalls an den Untaten des Schut beteiligt war.

Nahezu die ganze lange, turbulente Tour liegt „giölgeda padischanün" – „im Schatten des Großherrn", denn die meisten Schauplätze gehörten in den siebziger Jahren des vorigen Jahrhunderts noch zum Osmanischen Reich. Der Name geht auf Emir Osman I. zurück, der einst die territoriale Expansion eingeleitet hatte.

Padischa nannten sich später die Sultane dieses Staates, der zur Mitte des 16. Jahrhunderts auf dem Gipfel von Macht und Größe stand. 1529 und nochmals 1683 waren türkische Truppen bis nach Wien vorgestoßen und hatten die Stadt belagert, vergeblich allerdings.

Allmählich, aber unaufhaltsam vollzog sich der Niedergang. Zu Kara Ben Nemsis Zeiten umfasste das Osmanische Reich aber noch immer große Gebiete im östlichen und südlichen Mittelmeerraum.

Je größer der Abstand zur Pforte, wie Residenz und Regierung in Stambul bezeichnet wurden, desto schwächer war der Arm des Großherrn. Korruption und Vetternwirtschaft hatten sich ausgebreitet. Die an Provinzspitzen stehenden Paschas wie auch die kleinsten Beamten gebrauchen ihre Macht nach eigenem Gutdünken und mit Willkür. Ohne kräftiges Bakschisch (Trinkgeld) setzt sich beim ‚kranken Mann am Bosporus‘ kaum jemand in Bewegung. Am schlimmsten steht es offenbar im Revier von Rugova, wo der verbrecherische Schut die Fäden in der Hand hält.

Ein unfähiger oder gar unkenntlicher Verwaltungsapparat liefert für abenteuerliches Fabulieren natürlich einen viel besseren Nährboden als ein strenges staatliches Regime – ein entscheidender Grund, dass Karl May seine Helden nicht nur durch den Wilden Westen, sondern häufiger noch durch osmanische und orientalische Gefilde ziehen lässt.

Mays großer Orient- und Balkanzyklus erscheint zwischen 1881 und 1888 im katholischen Familienblatt *Deutscher Hausschatz*. Heute sind das die Bände 1 bis 6 der *Gesammelten Werke*.

Bis 1898 und nochmals 1907/09 erscheinen in dieser Zeitschrift weitere Reiseromane, die unter anderem in Nord- und Südamerika, in Afrika, Persien und in Fantasielandschaften spielen. 1880 beziehungsweise 1888/89 laufen hier *Deadly Dust* und *Der Scout* – die beiden einzigen *Hausschatz*-Erzählungen, die 1893 Teile des *Winnetou*-Romans werden.

Alle diese Publikationen verhelfen May zu literarischem Aufstieg, gegen Ende der achtziger Jahre ist er bereits ein bekannter Schriftsteller. Und wie der Autor von den Möglichkeiten einer Zeitschrift wie dem *Deutschen Hausschatz* profitiert, so zieht auch dieses noch junge Journal aus den Mayschen Erzählungen Nutzen. Der katholische Verleger Friedrich Pustet hatte das Blatt erst 1874 in Regensburg als ein Sprachrohr im sogenannten Kulturkampf ins Leben gerufen.

Die industrielle Entwicklung in der ersten Hälfte des 19. Jahrhunderts war an den überlieferten religiösen Vorstellungen nicht spurlos vorübergegangen, hatte Werturteile verändert und Wirkungen gemindert, worauf sich vor allem die katholische Kirche in ihren traditionellen Gebieten sehr um das Bewahren bisheriger Positionen und Rechte bemühte. Um den

184

„Stambul" – hier ein zeitgenössisches Bild mit Blick über das Goldene Horn – heißt eine „Hausschatz"-Erzählung von 1883.

Einfluss auf die Gläubigen auch weiterhin zu sichern, wurden Sonderbestrebungen zum Erhalt von Befugnissen und Freiheiten der Bundesstaaten und Provinzen unterstützt. Das aber richtete sich gegen die Einigungspolitik Bismarcks.

Der Reichskanzler ließ scharfe Gegenmaßnahmen veranlassen, so 1872 die Beseitigung der geistlichen Schulaufsicht. Im Jahr darauf folgten die sogenannten Maigesetze, die unter anderem den Kirchenaustritt regelten, 1875 wurden in Preußen fast alle katholischen Orden aufgelöst und die Zivilehe eingeführt.

Dieser Kulturkampf – der Begriff wurde 1873 von dem Arzt Rudolf Virchow geprägt – brachte nicht den erhofften Erfolg, er stärkte sogar noch das vorwiegend katholische Zentrum. Deshalb strebte Bismarck nach einem Ausgleich mit dem Vatikan und beendete um 1878/79 den Kulturkampf.

Bei diesen Auseinandersetzungen, aber auch darüber hinaus, spielte im Leben der katholischen Kirche das Schrifttum eine bedeutende Rolle. Mit einigem Unbehagen wird man den Aufstieg der Leipziger *Gartenlaube* verfolgt haben, beispielsweise das Wachsen der Auflage zwischen 1863 und 1885 von 157.000 auf 250.000 Exemplare. Zu den zeitweiligen Mitarbeitern zählte *Pfaffenspiegel*-Autor Otto von Corvin, und Ernst Keil dürfte schon seit seiner Schrift *Die Jesuitenpest* von 1845 als suspekt gegolten haben.

Auf den (seit 1848) jährlich stattfindenden Katholikentagen wurden einige Male Gefahren beklagt, die von solchen Zeitschriften, namentlich von der *Gartenlaube*, ausgingen. Mit dem *Deutschen Hausschatz*, so hoffte man, könne ein Gegengewicht geschaffen werden.

Das ist freilich zu keiner Zeit gelungen. Nach der Startauflage 1874 mit 30.000 Exemplaren ging es nur mühsam bergan. Zwanzig Jahre später werden für den *Hausschatz* und einige andere kleine katholische Unterhaltungsblätter zusammen erst 60.000 Abonnenten registriert. Dass es überhaupt zu einem Anstieg kam und das Regensburger Journal nicht, wie zahllose andere Familienzeitschriften jener Zeit, schon bald

186

wieder von der Pressebühne verschwand, war zu guten Teilen eben Mays Reiseromanen zu danken.

Mit den Hintergründen der Zeitschrift hat er nichts zu schaffen. Die „konfessionelle Zugehörigkeit war mir höchst gleichgültig", stellt er fest. „Der Grund, warum ich dieser hochanständigen Firma treugeblieben bin, war kein konfessioneller, sondern ein rein geschäftlicher."

Er liefert seine Manuskripte auf Grund der Pustetschen Offerte, unbesehen alles zu übernehmen. Der Rhythmus, „so viel Seiten, so viel Geld", läuft gut an, und als die Reiter in den Schatten des Großherrn einbiegen, so scheint May gleich in der ersten Szene Redaktion und Leserschaft des *Hausschatzes* eine besondere Reverenz erweisen zu wollen.

Religiöse Gedanken

„Und ist es wirklich wahr, Sihdi, daß du ein Giaur bleiben willst, ein Ungläubiger, welcher verächtlicher ist als ein Hund, widerlicher als eine Ratte, die nur Verfaultes frißt?'

,Ja.'

,Effendi, ich hasse die Ungläubigen und gönne es ihnen, daß sie nach ihrem Tode in die Dschehenna kommen, wo der Teufel wohnt; aber dich möchte ich retten vor dem ewigen Verderben, welches dich ereilen wird, wenn du dich nicht zum Ikrar bil Lisan, zum heiligen Zeugnisse, bekennst. Du bist so gut, so ganz anders als andere Sihdis, denen ich gedient habe, und darum werde ich dich bekehren, du magst wollen oder nicht.'"

So eröffnet Karl May den Roman *Giölgeda padishanün*, und den gleichen Dialog, der sich noch lange fortsetzt, übernimmt er beim Zusammenstellen der Buchausgabe. Wer heute Band 1 der *Gesammelten Werke*, *Durch die Wüste*, zur Hand nimmt und Seite 5 aufschlägt, liest dieselben Worte – mit richtig gestellter Schreibweise des arabischen Begriffes: Ikrâr bi'l-lisân

187

und ist wiederum gleich am Anfang mitten drin. Denn religiöse Fragen und Motive spielen in den Werken eine dominierende Rolle, sind oft handlungstragend, nicht selten sogar handlungsbestimmend. Christlicher Glaube ist ein zentrales Thema der Karl-May-Bücher.

Der Schriftsteller wurde evangelisch-lutherisch getauft und konfirmiert und ist als gläubiger Mensch aufgewachsen: „Und die, auf die es hier am meisten ankam, nämlich Vater, Mutter und Großmutter", so in der Selbstbiografie, „die waren alle drei ursprünglich tief religiös, aber von jener angeborenen, nicht angelehrten Religiosität, die sich in keinen Streit einläßt und einem jeden vor allen Dingen die Aufgabe stellt, ein guter Mensch zu sein. Ist er das, so kann er sich dann umso leichter auch als guter Christ erweisen." Toleranz gegen Andersgläubige gilt als selbstverständlich, tägliche Gebete gehören zu seinem Leben.

Kalte Waldenburger Jahre reißen ihn aus dem ohnehin nicht sehr stabilen seelischen Gleichgewicht. „Freilich so ganz ohne alle innere Störung ist es auch bei mir nicht abgegangen", kommentiert er das strenge religiöse Reglement.

Die weitere Entwicklung verschärft die innere Krise, und noch tieferes Unbehagen offenbart sich im Exposé-Fragment zu einem Roman *Ange et Diable* (*Engel und Teufel*), das 1870 dem Gericht in Mittweida vorliegt:

„Es geht ein großer Gedanke durch die ganze Schöpfung, die ganze Welt, die ganze Menschheit: der Gedanke der Entwickelung..." Am Anfang seiner Entwicklung habe der Mensch „eines allmächtigen etc. Vaters, den er Gott nannte", bedurft, um in ihm „den Herrn über alle seinem Gesichtskreis nahe liegenden Erscheinungen und Verhältnisse" zu sehen.

„Je mehr sich aber der Mensch entwickelt, desto mehr kommt er zu der Erkenntniß, daß Vieles, was er außer sich gesucht hat, in ihm selber wohnt und lebt, und so wird und muß auch einst die Zeit kommen, in welcher er seinen Gott in sich selbst fühlt und findet... Kirchen, Pagoden, Synagogen etc. werden verschwinden..."

188

Es scheint kaum glaubhaft, dass solche Zeilen von May stammen, er mit dem Anspruch antritt, „Dogmen unserer Bibellehre" umzustoßen sowie „Kirchen" und andere Gotteshäuser „verschwinden" lassen zu wollen. Hier verwirft er den Schöpfungsgedanken zu Gunsten einer Entwicklungsthese.

Wann genau dieses Fragment geschrieben wurde, wissen wir nicht. Karl May hat sich auch nie darüber geäußert, ob es noch einen konkreten Anlass für die doch recht schroffe zeitweilige Abkehr vom Glauben gegeben hat. Auch die Gründe für die Rückbesinnung können wir nur vermuten: Der Waldheimer Katechet Kochta wird dabei wohl in ganz wichtiger Rolle gewirkt haben. Denn als Karl May nur wenig später seine *Geographischen Predigten* schreibt, hat er selbst die Aufgabe eines Katecheten übernommen.

Biblisches Gedankengut und christliches Ethos bestimmen dann im zunehmenden Maße das Schaffen.

Ob im wilden Kurdistan ein Kampf zwischen den Yazidi (auch Jesidi; May schrieb Dschesidi) und Truppen des Paschas droht oder im Umkreis des Ölprinzen die Stämme der Navajos und Nijoras das Kriegsbeil ausgegraben haben – immer wieder wird versucht, Konflikte friedlich zu lösen, Blutvergießen durch List, Geschicklichkeit oder Drohung zu vermeiden. Karl May lässt seine Helden nur im Notfall oder in Notwehr auf Menschen schießen. Und nicht, um zu töten, sondern höchstens zu verwunden. Einstige Feinde versöhnen sich, Gefangene werden verschont, manchmal bestraft, nie der Rache ausgesetzt.

Dieses Ethos orientiert sich an der Bergpredigt des Matthäus-Evangeliums, vor allem an der Antithese von der Feindesliebe: „Liebet eure Feinde; segnet, die euch fluchen; tut wohl denen, die euch hassen; bittet für die, so euch beleidigen und verfolgen." (Mt 5, 44).

Kara Ben Nemsi und Old Shatterhand müssen von ihren Gefährten manche Vorhaltung anhören; nicht jeder Feind mutiert zum Freund, es gibt Hohn und Spott. „Wenn Raub und Mord und Totschlag ungeahndet bleiben sollen", hält

Hiller alias Nana-po im Roman „*Weihnacht!*" Old Shatterhand entgegen, „so hört auf Erden alles auf..." Und in der Tat: Wenn Christen die Bergpredigt ganz ernst nehmen, kann die Welt unregierbar werden. Es „mögen die roten und weißen Halunken nur immer drauflos sündigen", so Hiller, „weil ihnen nichts geschehen wird".

Der Österreicher Oliver Gross erlangte 1996 mit einer Diplomarbeit zur Thematik *Old Shatterhands Glaube* an der Universität Wien den akademischen Grad eines Magisters der Theologie. Karl May versuche, stellt er fest, die Bergpredigt „praktikabel zu machen", eben durch den Wandel von Feinden zu Freunden: Denn diesen Gedanken gibt es im Matthäus-Evangelium nicht. Und gleichsam als „heikle Gesinnung" wertet es Gross, wenn Old Shatterhand im dritten Band von *Winnetou* über einen Stakeman sagt: „Er hat sich selbst gerichtet, – – – wohl uns, daß wir es nicht zu thun brauchen!" Ähnliches wiederholt sich an anderen Stellen.

Gross hat zehn der meistgelesenen Bücher Mays untersucht – die jeweils dreibändigen Werke *Winnetou* (GW 7-9), *Old Surehand* (heute GW 14 und 15, *Old Surehand I + II*, und 19, *Kapitän Kaiman*) und *Satan und Ischariot* (heute GW 20-22, *Die Felsenburg*, *Krüger Bei* und *Satan und Ischariot*) sowie den Band „*Weihnacht!*" (GW 24).

In diesen Wildwest-Romanen zitiert Karl May etwa sechzigmal aus dem Alten und Neuen Testament. In sieben der zehn untersuchten Werke wird gebetet. Hier wie in anderen Reiseerzählungen kommen die drei grundsätzlichen Gebetsarten – Lob-, Dank- und Bittgebete – vor. Die Häufigkeit und Leidenschaftlichkeit, mit der sich Karl May dem Thema Gebet nähert, lassen erahnen, schreibt Gross, „welche zentrale Rolle es für ihn gespielt haben muss. Ich meine, dass es das Zentrum seiner Frömmigkeit überhaupt ist."

Der Glaube steht ihm „höher als alle irdischen Angelegenheiten", bekennt Karl May im Roman „*Weihnacht!*" – „aber das zudringliche Zurschautragen der Frömmigkeit ist mir verhaßt, und wenn jemand vor Salbung förmlich überfließt

190

wie dieser Mann, so zuckt es mir in der Hand, und ich möchte ihm am liebsten mit einer Salbung anderer Art antworten."

„Dieser Mann" – das ist Frank Sheppard, der Prayer-man (Predigtmann), „ganz schwarz gekleidet", für den fromme Redeweise und Traktätchenhandel nur Tarnung für Verbrechen sind.

Solche Wölfe im Schafspelz begegnen uns einige Male in den Werken. Tobias Preisegott Burton alias Stealing-Fox gehört dazu, auch „in schwarzes Tuch gekleidet" und Anführer der Geier des Llano Estacado (in GW 35, *Unter Geiern*), sowie Harry Melton, der „Satan" bei *Satan und Ischariot* (GW 20-22). Diese beiden treten als Mormonen auf, als „Heilige der letzten Tage".

Jene Religionsgemeinschaft war 1830 in den USA entstanden und in Europa vor allem durch die bis 1896 gängige Vielehe bekannt und anrüchig geworden. May erzählt nichts Ausführliches zu den Mormonen, macht nur ein paar Mal negative Anmerkungen.

Die Kritik an Scheinheiligkeit und Glaubensmissbrauch war aber keinesfalls an die Exotik einer solchen Gemeinschaft geknüpft. Denn da gibt es beispielsweise im *Verlornen Sohn* (hier: GW 64, *Das Buschgespenst*) die betrügerischen Verleger und Schmugglerbandenanführer Seidelmann senior und junior und ihnen zur Seite einen Onkel, der als „Vorsteher der Gesellschaft der Brüder und Schwestern der Seligkeit" fleißig und verlogen mit Bibelsprüchen um sich wirft.

Arme betrogene Weber werden mit frommen Phrasen aus dem Haus gewiesen, und eine Blinde, die um ein kleines Almosen nachsucht, erhält den Ratschlag, eifrig zu beten. Denn geben könne man nichts, das sei allein Gottes Sache: „...ich darf ihm ja nicht vorgreifen ... ich darf Gott die Freude nicht verderben. Bete Sie, und dann wird er selbst kommen und Ihr helfen, oder er wird Ihr einen seiner Engel senden!"

Beim Umgang mit solchen Bösewichten erleben wir des Öfteren, wie sie zur Reue bekehrt und zur Bitte um Vergebung geleitet werden. Eindrucksvollstes Beispiel dafür liefert wohl

Old Wabble im Roman *Old Surehand*, der alte Indianerschinder und Gotteslästerer. Er flucht fast bis zuletzt und findet erst Minuten vor seinem grauenvollen Tode „zum ersten und zum letzten Mal" zum Gebet.

Weitaus kürzer, aber kaum minder beeindruckend für Old Shatterhand wie für alle Leser ist die Begegnung mit Klekihpetra. Er war als atheistischer Agitator und „Führer der Unzufriedenen" in der Revolution von 1848 aufgetreten, dann aus Reue „in die Wildnis" geflohen und als Lehrer Winnetous „ein vollständiger Apache geworden".

Er ist wieder mit Gott versöhnt und wünscht sich den Tag herbei, an dem Winnetou „sich einen Christen nennt!" Klekih-petra stirbt am Anfang der *Winnetou*-Trilogie durch eine Mörderkugel und am Ende des Romans erfüllt sich sein Wunsch.

„Schar-lih, ich glaube an den Heiland. Winnetou ist ein Christ. Lebe wohl!", sind die letzten Worte des sterbenden Apachenhäuptlings. Winnetous Bekehrung gilt als Old Shatterhands beachtlichste missionarische Leistung; er ist, so der Ich-Erzähler, „durch den Umgang mit mir in seinem Innern ein Christ geworden".

In Winnetous Todesstunde haben Siedler aus Helldorf Settlement das von Karl May gedichtete und komponierte *Ave Maria* gesungen, das „Lied von der Königin des Himmels".

Dieses *Ave Maria* war, wie May in der Selbstbiografie festhält, der Dank an die „katholische Kirche für die hochsinnige Gastfreundlichkeit, die sie mir, dem Protestanten, vier Jahre lang erwies" – in Waldheim durch den katholischen Katecheten Kochta.

Fragen der Konfession waren wohl für dieses Verhältnis unerheblich, spielten aber damals eine wichtige Rolle. Weil Karl May für den *Deutschen Hausschatz* und dann noch andere katholische Publikationen schrieb, galt er eine Zeit lang als Katholik. Diese Hommage mit dem *Ave Maria* an die „Königin des Himmels" erfolgte aber nun gerade nicht in einem katholischen Verlag: Mays religiöse Bekenntnisse hän-

192

gen, von ein paar Ausnahmen abgesehen, nicht oder nur sehr wenig von der Konfession der Verlagseigentümer ab. Es gibt quer durch die Werke einige „katholische Elemente", beispielsweise jene Marienverehrung oder die Verwendung des Begriffes Priester statt Pfarrer. Auf evangelisch-lutherische Prägung weist das Zitieren aus der Luther-Bibel oder aus evangelischen Gesangbüchern hin. Die meisten Leser werden solche Unterschiede aber wohl gar nicht bemerkt haben. Karl Mays Texte sind nicht stringent auf eine Konfession ausgerichtet.

Viel diskutiert und oft negativ bewertet wurden von May-Forschern jene 18 Erzählungen, die zwischen 1890 und 1898 beziehungsweise 1907 und 1909 in verschiedenen katholischen Marienkalendern erschienen. Herbert Meier etwa meint, dass „die aufgepfropfte Moral und drastische Schwarz-Weiß-Malerei verschiedener dieser Erzählungen ... an die Geduld des Lesers einige Anforderungen" stellen. Das gilt für solche Parabeln, die die Macht von Christentum und Islam oder die Position von Glauben und Unglauben gegenüberstellen; es sind jene Ausnahmen, wo der Charakter als Auftragsarbeit durchschlägt.

Christoph F. Lorenz verweist auf die Notwendigkeit einer differenzierten Betrachtung, weil in manchen Marienkalendergeschichten die religiöse Thematik sogar zurücktritt, „ein programmatisch-versöhnlicher Schluß an Stelle der göttlichen Strafgerichte ... steht" und sogar eine „pazifistische, von Liebe durchzogene Erzählung in einem Marienkalender erschien".

Gemeint ist *Merhameh* (1910, in GW 81, *Abdahn Effendi*), Mays letzte Marienkalendergeschichte und seine letzte Erzählung überhaupt. Es geht um zwei Beduinenstämme, bisher durch Blutrache verfeindet, die versöhnt werden – weitab vom christlichen Abendland: „...im östlichen Teil von Ardistan, also tief im orientalischen Hinterlande ... Allah nur allein ist gerecht. Nimmt der Mensch die Rache in die Hand, so trifft er stets niemand, als nur den eigenen Bruder. Von nun an sei Friede!"

193

Toleranz im Zeichen des Halbmondes, ein islamischer Friedensappell in einem katholischen Journal: Für Karl May war Glaube kein Dogma. Auch anderen Religionen räumte er breiten Raum ein. Das größte Interesse widmete er dem Islam. In den Orient-Romanen zitiert er des Öfteren aus dem Koran und vermittelt indirekt Kenntnisse. So schildert er die Pflichten der Muslime, das täglich fünfmal durchzuführende rituelle Gebet oder das Gebot zur Pilgerfahrt nach Mekka. Wie kein anderer deutschsprachiger Schriftsteller seiner Zeit hat May Wissenswertes über den Islam verbreitet.

Noch zu weiteren Religionen ist manches zu erfahren – so zum Konfuzianismus und Buddhismus, zum Glauben der Yazidi (verächtlich als „Teufelsanbeter" bezeichnet) und natürlich der Indianer. Mays Vorstellungen von einem überkonfessionellen Christentum erweiterten sich zu einem die Religionen überspannenden Humanitätsideal, zu einer Weltfriedensreligion, was ihm, wie wir noch sehen werden, einige Schwierigkeiten bescheren sollte.

Am 2. Mai 1902 notierte Klara Plöhn, ab 1903 verehelichte May, nach dem Besuch einer Aufführung von Nathan der Weise in ihrem Tagebuch: „Diese Arbeit Lessings steht mir über der Bibel." Bei philosophischen und ähnlichen Vermerken in diesem Diarium können wir davon ausgehen, dass Karl May der Spiritus Rector bei der Niederschrift ist.

Seine Gedanken zur Toleranz drückt er am trefflichsten in einem Brief vom 13. April 1906 an einen jugendlichen Leser jüdischen Glaubens aus, der sich durch die Lektüre seiner Bücher bewogen fühlte, zum Christentum überzuwechseln. „Mein lieber Junge!", schreibt May, „...der Glaube Deiner Väter ist heilig, ist groß, edel und erhaben. Man muß ihn nur kennen und verstehen. Einen solchen Glauben wechselt man nicht einiger Bücher wegen ... Denn glaube mir, mein lieber Junge: es kann keiner ein guter Christ oder ein guter Israelit sein, der nicht vorher ein guter Mensch geworden ist."

Nicht nur schriftliche Zeugnisse bekunden tiefe Toleranz, auch in seinem persönlichen Leben hat May diese Haltung

194

eingenommen: Sein vertrautester Freund aus dem Kreise der wenigen Menschen, zu denen er überhaupt engere Beziehungen findet – Richard Plöhn –, ist ein Mann jüdischer Herkunft.

Lockrufe der Kolportage

„Das können wir Ihnen wirklich nicht sagen, wie viel Selbsterlebtes und wie viel dichterische Zuthaten an May's Reiseabenteuern sind. Das ist aber wahr, daß der Verfasser alle jene Länder bereist hat, welche den Schauplatz der Abenteuer bilden; und das ist richtig, daß seine farbenreichen Schilderungen von Land und Leuten, Thieren und Pflanzen, Sitten und Gebräuchen etc. genau nach der Natur gezeichnet sind... Gegenwärtig reist er in Rußland und beabsichtigt, bald wieder einen Abstecher ins Zululand zu machen...“ Das steht im Mai 1880 als redaktionelle Antwort auf eine Leseranfrage im *Deutschen Hausschatz*.

Im März 1881 wird den Lesern mitgeteilt, dass der „Verfasser der Reise-Abenteuer“ von einem großen Ausflug zurückgekehrt sei, „und zwar mit einem Messerstich als Andenken. Denn er pflegt nicht, mit dem rothen Bädeker in der Hand im Eisenbahn-Coupé zu reisen, sondern er sucht die noch wenig ausgetretenen Pfade auf“. Und ein reichliches halbes Jahr später heißt es, er liege „krank darnieder ... in Folge einer wieder aufgebrochenen alten Wunde. Auf seinen weiten und gefahrvollen Reisen in allen Theilen der Welt hat er sich selbstverständlich manche Wunde geholt.“

Ähnliche Meldungen folgen und nähren die Legende, der Autor schildere tatsächlich Erlebtes; anfänglich noch vage Andeutungen werden zunehmend konkreter.

Solche Beigaben zu den Texten erweisen sich für die Zeitschrift zweifelsohne als recht werbewirksam, und bei vielen Lesern gewinnen sie noch an Glaubwürdigkeit, als weitere

Fortsetzungen der Reiseabenteuer plötzlich ausbleiben und die Redaktion diesen Umstand mit dem Hinweis auf neue Abenteuerfahrten des Verfassers erklärt.

Im März 1883 brechen die Reiseerinnerungen *Im Schatten des Großherrn* vorerst ab. Ein neuer, kleiner Teil folgt erst im November und Dezember 1884. Dann ist wiederum Pause bis September 1885, und nochmals wird der Zyklus vom Februar 1886 bis zum Januar 1888 unterbrochen. Zwischendurch wird gemeldet: „...Dr. K. May ist wieder auf der Rückkehr nach Deutschland begriffen ... nach langer Irrfahrt wieder in der Heimat eingetroffen ... ist ein von Dr. Karl May an uns rechtzeitig abgesandtes Manuscript-Packet wahrscheinlich auf der Post verlorengegangen ... wir sind zur Zeit ganz ohne Nachricht von dem Verfasser ... unser beliebter ‚Weltläufer' befand sich nämlich in Aegypten...“

Nun hat Karl May, der noch immer am Hohensteiner Markt wohnt, tatsächlich eine Reise unternommen, die mit jenen Unterbrechungen im Zusammenhang steht, die aber nicht nach Ägypten, sondern nur bis Dresden führt. Im Spätsommer 1882 gönnt er sich eine kleine Pause und seiner Frau ein paar abwechslungsreiche Tage. Das Ehepaar verbringt einen kurzen Urlaub in der Elbmetropole, und bei einem abendlichen Spaziergang kommt es zur Begegnung mit Heinrich Gotthold Münchmeyer.

Der Verleger habe einen sorgenbeladenen Eindruck gemacht, berichtet May später, von schweren geschäftlichen Nöten gesprochen und behauptet, die Misserfolge hätten mit seiner Kündigung des Redakteurspostens begonnen, denn einen geeigneten Nachfolger habe er nicht gefunden. Aber jetzt, nach dem Wiedersehen, wisse er, was ihn retten könne: ein Roman von Karl May.

Falls der Vorgang so abgelaufen ist, war Münchmeyer über alle sonstigen Fähigkeiten hinaus auch ein guter Schauspieler. Denn vor einem geschäftlichen Zusammenbruch steht er keineswegs: Wie neuere Nachforschungen ergeben haben, richtet er genau zu jener Zeit eine weitere Filiale in Hamburg ein. In

196

Kairo –
el Kahira (die
Siegreiche) –
gehört zu den
Handlungs-
orten der
„Reiseromane".

Berlin existiert bereits eine Zweigniederlassung, und in einer ganzen Reihe weiterer Städte, darunter sogar New York und Chicago, besorgen beauftragte Kolporteure den Vertrieb der Verlagsprodukte.

Nicht um Sanierung geht es dem Unternehmer, sondern um weiteren kommerziellen Aufstieg, und dazu soll ihm das zugkräftige Werk eines bereits bekannten und erfolgreichen Autors verhelfen. Vertragsbedingungen und anschließende Vermarktung bestätigten diese Absicht.

Das einstige Zerwürfnis wegen Münchmeyers Schwägerin Minna Ey spielt überhaupt keine Rolle mehr. Der Verleger macht Frau Emma Komplimente: „Sie sei schön wie ein Engel, und sie solle sein Rettungsengel werden." Emma möge ihren Mann beeinflussen, auf die Bitte des Verlegers einzugehen. Und dies geschieht dann auch, winkt doch dadurch neues Geld ins Haus.

Pustet zahlt wohl, wie zugesichert, regelmäßig, aber, weil die Aufnahmekapazität seiner Zeitschrift begrenzt ist, nicht eben reichlich. Eine Durststrecke von zurückliegenden achtzehn Monaten brachte nicht mehr als 1.840 Mark ein. So trägt die finanzielle Seite ganz entscheidend dazu bei, dass May einwilligt und mit Münchmeyer zu Stuhle kommt – zu einem Stuhle allerdings, der sich zwei Jahrzehnte später in eine Bank vor Gerichtsschranken verwandelt.

Vereinbart wird ein Roman in 100 Lieferungsheften zu je 24 Seiten mit einer Auflage von 20.000 Exemplaren, danach sollen alle Rechte wieder an den Autor zurückfallen. Pro Heft zahlt Münchmeyer ein Honorar von 35 Mark. Diese Bedingungen werden mündlich abgesprochen, ohne dass ein schriftlicher Kontrakt folgt. Ein Handschlag besiegelt das Geschäft, das für Karl May verhängnisvolle Entwicklungen nach sich ziehen wird.

35 Mark – das sind zunächst sogar 15 Mark weniger gegenüber einem gleichen Textumfang im *Deutschen Hausschatz*. Insgesamt jedoch stehen nun 3.500 Mark in Aussicht, für die May nach seinen bisherigen Erfahrungen eine Arbeitszeit von

198

etwa zwölf Monaten veranschlagen muss – vergleichsweise zu den Regensburger Honoraren somit eine Verdreifachung seines Jahreseinkommens.

Erscheinen aus dieser Sicht die 3.500 Mark als beträchtliche Summe, so muss man nur ein wenig mit Prozenten rechnen, um zu ermessen, worauf sich der Schriftsteller mit diesem Geschäft tatsächlich eingelassen hat. Bei einem Heftpreis von zehn Pfennigen bringt jede Lieferung bei einer Auflage von 20.000 Stück dem Verleger die Gesamteinnahme von 2.000 Mark. Der Autorenanteil von 35 Mark beträgt also ganze 1,75 Prozent. Aber der Verleger hält sich nicht einmal an die verabredete Auflagenhöhe. Er druckt weiter; die Firma macht schließlich mit allen Lieferungen insgesamt einen Umsatz von rund fünf Millionen Mark. Selbst bei Abzug aller Unkosten ergibt das einen mehr als überdurchschnittlichen Gewinn. Die an Karl May gezahlten Honorare – exakt 3.815 Mark, weil der Roman am Ende 109 Hefte umfasst – entsprechen nur noch etwas über 0,07 Prozent der Gesamteinnahme!

Für Karl May sind es ganze 500 Mark Vorschuss, die ihn zu dieser Arbeit stimulieren. Schon kurz nach der Absprache mit Münchmeyer, seit November 1882, erscheinen wöchentlich ein bis zwei Hefte mit dem Titel *Das Waldröschen oder Die Rächerjagd rund um die Erde. Großer Enthüllungsroman über die Geheimnisse der menschlichen Gesellschaft von Capitain Ramon Diaz de la Escosura.* Seinen Namen versteckt Karl May hinter einem klangvollen Pseudonym.

Er will nicht öffentlich mit dem anrüchigen Kolportagegeschäft verknüpft werden, obwohl „Kolportage" im Allgemeinen nur „das Umhertragen und Ausbieten von Waren", im Besonderen das Hausieren mit Druckerzeugnissen, beispielsweise eben mit Romanen in einzelnen Teillieferungen, bedeutet. Der Kaufpreis verteilt sich dabei auf viele kleine Raten, wodurch größere Abnehmerkreise und vor allem Kunden mit schmaler Geldbörse gewonnen werden können. Selbst Lexika sowie populärwissenschaftliche und religiöse Werke werden solcherart vertrieben, vorrangig jedoch Lektüre, die keinen hohen literarisch-ästhetischen Ansprüchen genügt oder gar als ‚Schund‘ oder ‚Kitsch‘ gilt. Das Wort ‚Kolportage‘ hatte eine abwertende Bedeutung bekommen.

Münchmeyers Drängen sei er auch erlegen, bemerkt May, weil „man der ‚Schundliteratur‘ nur dadurch zu Leibe gehen könne, dass man sie aus den Höhlen, in denen sie gepflegt und gefüttert wird, hinausschreibt… Man muss den Kolporteur überzeugen, dass er mit guten Sachen bessere Geschäfte mache, als mit Schund." Das sei ihm „wenigstens eines Versuches wert" gewesen – und diese Worte von 1905 sind keine bloße Schutzbehauptung. Denn schon vor dem Zusammentreffen mit Münchmeyer hat May eine geharnischte Philippika gegen die damaligen Kolportageromane geschrieben.

Die Reise nach Dresden fand im Spätsommer 1882 statt, und etwa justament zur gleichen Zeit – im September – liefert Julius Hanzsch's Verlag in Stolpen den *Neuen deutschen Reichsboten* für 1883 aus. Dieser Kalender enthält von Karl May *Ein wohlgemeintes Wort*, das er natürlich schon einige Zeit vorher verfasst hat (jetzt in GW 79, *Old Shatterhand in der Heimat*).

Das „längst verurtheilt(e) Genre der Ritter-, Räuber-, Kloster-, Geister- und Schauerromane … dieses literarische Ungeziefer", klagt May, ist „immer noch nicht vollständig auszurotten gewesen". Besonders in den sogenannten „Winkelbibliotheken" seien „diese Scharteken zu Hunderten zu haben".

Der Leser solcher Bücher sehe sich aus seinen „vielleicht ärmlichen Verhältnissen in eine phantastische, reiche, buntbelebte Weil versetzt". Er nehme Anteil am Glück der Helden, sauge falsche Lebensanschauungen ein und habe die Kraft verloren, „die Anforderungen der Alltäglichkeit zu erkennen und ihnen gerecht zu werden". Er laufe in die Leihbibliothek, „um sich eine neue Dosis Opium zu holen". Lieber lasse er sich selbst und die Familie „wirthschaftlich und geistig versumpfen … als die Lesewuth zu zügeln…"

Karl May kritisiert, was er eigentlich selbst am besten beherrschen und was seinen großen Erfolg begründen wird – das Entführen der Leser in Traumwelten –, und er bedient das gleichermaßen zählebige wie übertriebene Klischee von der gefährlichen Wirkung von Büchern.

So ist *Ein wohlgemeintes Wort* wohl auch ein Versuch, etwas am eigenen Schriftsteller-Renommee zu polieren. Sicherlich war der Stolpener *Reichsbote* dafür nicht der wirkungsvollste Ort, aber als May im September 1884 ein Prospekt für die von Joseph Kürschner geplante *Deutsche Schriftsteller-Zeitung* ins Haus flattert, bietet er dem Redakteur seinen Kalenderartikel – „einen Beitrag über die für uns so hochwichtige Frage des Colportageromans" – an.

In der *Deutschen Schriftsteller-Zeitung*, die ab 1885 ausgeliefert wurde, ist Mays Kolportage-Epistel dann aber nie erschienen. Vielleicht wollte man nur Originalbeiträge ins Blatt nehmen. Dass May zu jener Zeit selbst tief im Kolportagebetrieb steckte, dürfte nicht bekannt gewesen sein.

Hälfte der Druckseiten

Das *Waldröschen...* (heute GW 51-55, 77, *Schloß Rodriganda, Die Pyramide des Sonnengottes, Benito Juarez, Trapper Geierschnabel, Der sterbende Kaiser* und *Die Kinder des Herzogs*) wird zum erfolgreichsten Lieferungsroman am Ende des 19. Jahrhunderts. In rund 20 Jahren können 500.000 Exemplare verkauft werden; diese Zahl wird unter anderem in einer Börsenblattannonce von 1904 genannt.

Karl May hat mit dem *Waldröschen* die ausgetretenen Pfade der Kolportage jener Zeit verlassen. An die Stelle von Sensationen rückt er Abenteuer, und wie in den Reiseromanen geht es hinaus in ungebundene Ferne. Frei von allen obrigkeitlichen Zwängen können sich die Helden entfalten. Dass es dennoch beim beschaulichen Titel *Waldröschen* bleibt, ist – so May – einer persönlichen Vorliebe Münchmeyers zuzuschreiben.

Zentrale Figur des Romans ist Doktor Karl Sternau, dessen

ärztliche Kunst und männliche Heldentugenden gleichermaßen unübertroffen scheinen: „Er hat die berühmtesten Universitäten seines Vaterlandes mit Ehren absolviert und bei den geachtetsten Aerzten assistirt." Es gibt Bücher, „welche er geschrieben hat, und eine ganze Reihe von ärztlichen Zeitschriften, in denen von seinen Kenntnissen und Erfolgen in der belobigendsten Weise die Rede ist... Während seiner Wanderungen durch fremde Erdtheile hatte er mit den wilden Indianern Nordamerikas, den Beduinen der Wüste, den Malayen des ostindischen Archipels und den Papuas Neuhollands gekämpft. Er hatte sich dabei jene Geistesgegenwart angeeignet, welche kein Erschrecken kennt ... und in jeder Lage sofort das Richtige ergreift."

In Paris lernt er Rosa de Rodriganda kennen und reist nach Spanien, um ihren Vater Don Emanuel von einem Steinleiden und vom grauen Star zu heilen. Auf dem Schloss versucht Gasparino Cortejo mit teuflischen Umtrieben, sich den Rodriganda-Reichtum anzueignen. Sein Bruder Pablo verfolgt gleiche Ziele mit den mexikanischen Besitztümern der Rodrigandas. Vor keinem Verbrechen, ob Kindesaustausch, Giftmischerei, Menschenraub oder Mord, schrecken die Unholde zurück.

Sternau heiratet seine geliebte Rosa, sorgt für ihre sichere Obhut und nimmt dann die „Rächerjagd rund um die Erde" auf, um die Bösewichte zur Strecke zu bringen. Mexiko heißt das Signalwort. „...eins der schönsten Länder der Erde; es bietet die seltensten Genüsse und Annehmlichkeiten", schwärmt Sternau schon lange vor dem Aufbruch aus früheren Erfahrungen, aber „wer da nicht gut beritten und ebenso gut bewaffnet ist, Körperstärke und Erfahrung besitzt, der soll lieber daheim bleiben". Erwartungen auf furiose, weitgespannte Abenteuer werden ausgelöst und auch erfüllt.

In Mexiko gerät Sternau zusammen mit Freunden in einen Hinterhalt, um dann für achtzehn Jahre auf eine einsame Pazifikinsel verschleppt zu werden. Inzwischen wächst eine neue Generation heran, darunter Sternaus Tochter Röschen,

202

Szene mit dem Indianer-Präsidenten Benito Juárez aus dem „Waldröschen".

genannt „Waldröschen", und Kurt Helmers, Sohn eines mit-
verbannten Getreuen, dem schließlich die Rettung der Ver-
schollenen gelingt.

Das anschließende Geschehen im Lande der Azteken läuft
vor dem Hintergrund der ‚mexikanischen Expedition' Frankreichs (1861/67) ab, durch die die Macht des Indianer-Präsidenten Benito Juárez gebrochen und dem Staat mit dem österreichischen Erzherzog Maximilian ein Kaiser vorgesetzt werden soll; ein Unternehmen, das letztendlich scheitert.

Das Geschehen zieht sich durch 2.612 Heftseiten. Nach
dem Muster anderer umfänglicher Lieferungsromane gibt es
viele Nebenhandlungen und Randfiguren; die Seiten wollen
gefüllt sein.

Schon nach dem Starterfolg des *Waldröschens* bittet Münchmeyer, „noch einen zweiten und wo möglich noch einige weitere zu schreiben". May sagt zu und nennt als Hauptgrund:
„...ich brauchte das, was ich schreiben wollte, nicht, wie bei
Pustet, auf viele Jahrgänge auseinander zu dehnen, sondern
ich konnte es flottweg hintereinander schreiben, um das, was
jetzt als Heftroman erschien, später in Buchform herauszugeben. Das bestrickte mich." Er willigte nicht zuletzt auch
deshalb ein, weil er die Erfahrung gemacht hat, dass er in
diesem Genre gegenüber den anspruchsvolleren Reiseromanen
mehr als das Dreifache in derselben Zeit schafft. Außerdem
ist es ihm gelungen, für künftige Projekte ein Hefthonorar
von 50 Mark durchzusetzen.

„Hierzu kam das beständige Zureden meiner Frau", erklärt
er später. Sie drängt ihn auch, einer weiteren Werbung Münchmeyers nachzukommen, nämlich den Wohnsitz von Hohenstein nach Dresden zu verlegen. Anfang April 1883 bezieht
das Ehepaar May eine Mietwohnung im Vorort Blasewitz.

Emma findet rasch einen neuen Kreis von „Klatschbasen" –
bedient sich bei der Suche sogar einer Zeitungsannonce – und
bringt sie ins Haus. Auch der Verleger stellt sich regelmäßig
ein, gibt sich als galanter Charmeur und beeindruckt damit
Frau Emma. Das bleibt jedoch in geziemenden Grenzen, nichts

204

Benito Juárez nach einem Bild von 1867.

geschieht, was „ich mir als Ehemann hätte verbieten müssen", vermerkt May. Er beteiligt sich auch gelegentlich an den belanglosen Gesprächen, vor allem dann, wenn man seiner Eitelkeit schmeichelt, die zu jener Zeit in dem Maße wächst, wie sich die gedruckten Seiten mehren. Dass er der „Capitän Ramon Diaz de la Escosura" ist und sein Roman ‚geht', also breite Publikumsgunst genießt, wissen ja zumindest einige in dem kleinen Kreise. Aber das kann nur für Stunden Befriedigung bringen. Viel ergiebiger ist da schon die Möglichkeit, an den Gästen, die da aus und ein gehen, Studien zu treiben. Er findet manche Anregungen, die ihn zu bizarren Karikaturen veranlassen, und dann sucht er wieder für Tage und Nächte die Einsamkeit. Am gesellschaftlichen Leben in der sächsischen Metropole nimmt er nicht teil. Als ‚Vorbestraften' wird ihn auch eine gehörige Portion Scheu daran gehindert haben.

In die ausgelieferten *Waldröschen*-Hefte schaut May ebensowenig hinein wie in die meisten anderen Erzeugnisse des Verlages. So entgeht ihm völlig, dass Münchmeyer bereits im Sommer 1883 das Versprechen der Pseudonymität bricht.

Der Verleger will das Geschäft durch Bekanntgabe des Autorennamens noch weiter ankurbeln. Das macht er wohlweislich nicht öffentlich; nur die „geehrten Abonnenten des Werkes ‚Das schwarze Schloß oder Die Giftmischerin'" erfahren davon. Der Text dieses Romans ist wiederholt durch Reklame für weit über 100 „billige Volksschriften", eine „Einladung zur Subscription" für „Doctor Martin Luther's Haus-Postille" und Ähnliches unterbrochen, und auf Seite 1.167 wirbt ein „Prospect" für „Das Waldröschen ... Roman von Karl May"!

Ein Blick auf die nächste Seite macht das kommerzielle Bemühen noch deutlicher. Dort gibt es ein kurioses „Verzeichniß der Bilder und Preise derselben" – „zur Zimmerzierde vorzüglich passend, in großem Format und Oelfarbendruck". Insgesamt werden fünfundvierzig Exemplare dem Leser offeriert. Und so beginnt es: „Nr. 1. Doctor Sternau's Liebeserklärung; Nr. 2. Doctor Sternau's Flitterwochen, im Gold-

Der einzige noch erhaltene Wohnsitz Karl Mays in Dresden, heute Sebastian-Bach-Straße 22. Aufnahme von 1991.

Barock-Rahmen; ... Preise von Nr. 1 und 2 das Stück nur 3 Mark". Vom *Waldröschen*-Helden erhofft Münchmeyer somit auch beim Bildervertrieb das beste Geschäft. Alles Weitere fällt dann schlichter und billiger aus, etwa „Nr. 3. Die Geburt Jesu" und fünfundzwanzig andere religiöse Motive, Darstellungen von Schlachten, Landschaften und „Damenschönheiten". Das gibt es „in Holz-Barock-" oder „in eleganten Präg-Barock-Rahmen" zu Preisen zwischen 2,50 und 1,50 Mark. Man solle aber auf jeden Fall „die rechtbaldige Auswahl treffen und die Bestellung an den Boten, oder direct per Post an mich gelangen lassen zu wollen. Hochachtungsvoll ergeben H. G. Münchmeyer".

Auf einer anderen Werbeseite im Roman wird den Kauflustigen indirekt anempfohlen, doch besser die Nummer eins oder zwei zu nehmen. Der Rahmen wegen: Denn diese „können leicht von jedem, insbesondere von dem Fliegenschmutz gereinigt werden, und zwar durch kaltes Wasser, vermittelst Pinsel, oder weicher Bürste, ohne daß der Goldrahmen dadurch leidet, indem das Metall dauerhaft lackirt ist".

Karl May sitzt in seinen vier Blasewitzer Wänden, füllt fleißig Blatt für Blatt und ahnt nichts von Münchmeyers Wortbruch sowie der Vermarktung seines Namens.

Noch läuft das *Waldröschen* in Fortsetzung, da erscheint ab Oktober oder November 1883 schon *Die Liebe des Ulanen. Original-Roman aus der Zeit des deutsch-französischen Krieges von Karl May* (heute GW 56 – 59, *Der Weg nach Waterloo, Das Geheimnis des Marabut, Der Spion von Ortry* und *Die Herren von Greifenklau*). Der Nennung seines Namens hat der Autor diesmal zugestimmt, weil das Werk nicht auf dem üblichen Kolportageweg vertrieben, sondern in Münchmeyers Unterhaltungsblatt *Deutscher Wanderer* – „eine anständig scheinende Zeitschrift" – gedruckt wird.

Die zwischen 1814 und 1870 angesiedelte Handlung läuft vor dem Hintergrund der deutsch-französischen Kontroversen jener Jahre ab. In Kontrast dazu schildert May die guten privaten Beziehungen zwischen Familien beider Länder in drei

208

Generationen. Alle Nebenhandlungen und Personen eingeschlossen, kommt es zu insgesamt zehn Eheschließungen über die Staatsgrenzen hinweg. Für abenteuerliche Verwicklungen sorgen unter anderem Bösewichte aus den französischen Familien, die mittels Entführungen, Mordversuchen und Erbschleichereien gegen diese Verbindungen ankämpfen. Aber auch in solchen Szenen unterläuft May kein böses Wort gegen Frankreich, selbst dann nicht, wenn politisches Geschehen unter dem damals üblichen politischen Blickwinkel gesehen wird.

In dem Werk gibt es keine Kriegsverherrlichung. „Der Krieg ist auf alle Fälle ein Unglück. Besser wäre es, wenn er unterbleiben könnte", lässt May den fiktiven preußischen General Goldberg kurz vor den Ereignissen des Jahres 1870 sagen. Und ein anderer preußischer Offizier, Gebhardt von Königsau, Sohn eines deutschen Vaters und einer französischen Mutter, spricht versöhnlich von der „französischen Nation, deren Kind auch ich mich nenne". Goldberg und Königsau begegnen uns in den *Gesammelten Werken* heute unter den Namen Eschenrode und Greifenklau.

In der *Liebe des Ulanen* geht das Geschehen zügiger voran als im *Waldröschen*, die Dialoge sind geschliffener, und dennoch bleibt die Nachfrage, wie auch bei den drei folgenden Mayschen Lieferungswerken, weit hinter dem „Großen Enthüllungsroman" zurück.

Eine Ursache dafür liegt vielleicht im Wechsel der Schauplätze. Der Leser wird nicht mehr hinausgeführt in erträumte exotische Fernen, die Freiräume für alle denkbaren Abenteuer eröffnen. Wenn der *Ulan* zwischen Berlin und Paris pendelt, sind die Möglichkeiten vergleichsweise eben nun mal bescheidener. Es gibt ein paar Abstecher nach Afrika und die nun wahrlich schaurigen Gefahren in den geheimen Gängen und Kellergefängnissen des Schlosses Ortry.

Reichliche fünf Jahre lässt sich May an Münchmeyer ketten, fünf Romane schreibt er in dieser Zeit, deren Umfang beinahe die Hälfte seines Gesamtwerkes ausmacht. Umgerechnet auf den Satzspiegel der Grünen Bände ergeben sich über 24.000 Druckseiten – eine quantitative Leistung, die hart an der Grenze der physischen Möglichkeiten liegt. Dass unter solchen Bedingungen keine Werke von hohem literarisch-ästhetischen Anspruch entstehen – noch dazu die Form der Kolportage recht bescheidene Maßstäbe und Grenzen absteckt – erscheint verständlich. Immerhin, es ist bewunderungswürdig, wie May auch hierbei manch guter Wurf gelingt.

Das gilt für weite Teile des *Waldröschens* wie auch des dritten Münchmeyer-Werks *Der verlorne Sohn oder Der Fürst des Elends. Roman aus der Criminal-Geschichte* (heute GW 64, 65, 74, 75, 76, *Das Buschgespenst*, *Der Fremde aus Indien*, *Der Verlorene Sohn*, *Sklaven der Schande* und *Der Eremit*). Die ersten Hefte werden parallel zum *Ulanen* ab August oder September 1884 ausgeliefert, die Serie läuft bis Juli oder August 1886. Als Autor wird der „Verfasser des Waldröschens" genannt.

Das Werk erinnert an *Die Geheimnisse von Paris* von Eugène Sue, wo ein Hauptheld mit demselben Beinamen „Fürst des Elends" in Paris und Umgebung als Helfer der Armen agiert, aber auch an den *Grafen von Monte Christo* des Alexandre Dumas (d. Ä.). Beide Romane entstanden in den vierziger Jahren des vorigen Jahrhunderts.

May kennt diese Schriften – vermutlich bereits aus der Hohensteiner Leihbibliothek – und knüpft an die hier gelegte Traditionslinie an, ohne das freilich jemals zu bekennen. Schon in seinem „Criminal-Roman" (*Scepter und Hammer / Die Juweleninsel,* 1879/82) war ihm ein verräterisches Indiz zwischen die Zeilen geschlüpft. Ein korrupter Staatsanwalt sperrt sich dort gegen unangenehme Pflichten mit den Worten: „Aber, mein Herr, das klingt ja ganz so, als sei ihre Erzählung aus der Feder von Alexandre Dumas oder Eugène Sue geflossen." Von den französischen Autoren ließ sich May durch Sujets anregen, die vielschichtigen Handlungsabläufe entsprangen seiner eigenen Fantasie.

Der Edmond Dantès des *Verlornen Sohns* heißt Gustav

210

Brandt – ein Förstersohn, der um eine viel versprechende Kriminalistenkarriere durch ähnlich hinterhältige Intrigen gebracht wird wie beim Komplott gegen den französischen Steuermann. In heimtückischer Weise wird ihm ein Doppelmord angelastet. Nach dem Todesurteil kann er fliehen, um zwanzig Jahre später als millionenschwerer und somit mächtiger Fürst von Befour aus exotischen Gefilden heimzukehren. Er will sich rehabilitieren, den Schuldigen von einst suchen und gleichzeitig seine Heimat aus dem Griff verbrecherischer Bandenherrschaft befreien. Dazu hat er einen Auftrag und alle behördlichen Vollmachten, die er aber nur durch Rückgriff auf seine schier unbegrenzten privaten Finanzmittel wirkungsvoll ausspielen kann.

In den *Gesammelten Werken* tritt der Held auch unter den Namen Detektiv Arndt, Gerhard Burg und Fürst van Zoom auf.

Nach abenteuerlichem Geschehen – umrankt von zahlreichen Nebenhandlungen und angesiedelt in Dresden und im Erzgebirge, die im Roman zu „Residenz" und „Provinz" verfremdet werden – löst der Fürst seine sich selbst gestellte und die ihm übertragene Aufgabe: Als Hauptschurken von einst und jetzt entlarvt er ein und dieselbe Person, den Baron Franz von Helfenstein, der durch Verbrechen ein Vermögen erbte und so vom verarmten Adligen zu einem respektablen Unternehmer aufsteigen konnte.

Er führt ein Doppelleben: In der Residenz ist er als „Hauptmann" gefürchtet und im Gebirge als „Waldkönig"; dafür wurde später der klangvollere Begriff „Buschgespenst" gefunden. Unter seiner Regie wird eingebrochen und gestohlen, Falschmünzerei betrieben, für Nachschub in den Bordellen gesorgt, geschmuggelt und gemordet. In den Roman ist viel von der sozialen Realität eingeflossen, die Karl May in der Kindheit kennenlernte. Die Not der Heimweber gehörte zum Alltag von Ernstthal, das Milieu der Bergarbeiter kannte er aus dem benachbarten Hohenstein.

Worauf man in der Heimat vergeblich wartete – in den Heften wird es Wirklichkeit: Es gibt ihn tatsächlich, den Wundertäter – stets im Augenblick ärgster Not ist er zur Stelle und verhindert das Allerschlimmste. Der wohltätige, grenzenlos liquide Fürst des Elends stellt die heile Welt wieder her.

Hatte Karl May im *Waldröschen* ungewöhnliche Schurkereien geboten, beim *Ulan* eine straff geführte und wohldurchdachte Handlung aufgebaut, mit dem *Verlornen Sohn* sozialkritisches Engagement gezeigt, so offenbart der vierte Münchmeyer-Roman nun deutliche Ermüdungserscheinungen des unentwegt Schreibenden. Die 2.610 Heftseiten von *Deutsche Herzen, deutsche Helden*, die ab 1885 mit ähnlicher Autorenverschlüsselung wie beim *Verlornen Sohn* erscheinen, halten nicht das, was der bombastische Titel verspricht.

Im Mittelpunkt der Fabel steht das Schicksal der drei Söhne und der Tochter des ermordeten Diplomaten Alban von Adlerhorst, die durch verbrecherische Machenschaften in alle Winde verschlagen und nach vielen Jahren von Verwandten und Freunden in der Türkei, den USA und in Russland aufgespürt und gerettet werden. Nebulös bleiben beispielsweise aber schon die Motive der Schurkereien gegen die Familie Adlerhorst – eine von mehreren Schwachstellen. May wird das zum Schluss selbst bemerkt haben; nach der Sühne der Untaten vermerkt er lakonisch, dass die beiden Verbrecher „ihr Hauptgeheimnis" mit ins Grab genommen haben.

„Durchgreifend bearbeitet, mit größtenteils verändertem Personal unter Verwendung bekannter Figuren aus Mays Reiseerzählungen" wurde der Roman, urteilt Walther Ilmer, als „gelungene Leseausgabe" in die *Gesammelten Werke* aufgenommen. Es sind die Bände 60 bis 63 und ein Teil von 78: *Allah il Allah, Der Derwisch, Im Tal des Todes, Zobeljäger und Kosak* und die Erzählung *In den Gewölben von Schloss Grafenreuth* aus *Das Rätsel von Miramare*.

Wenn die *Deutschen Helden* oft recht farblos erscheinen und etliche Ungereimtheiten stutzig machen, so tragen dazu neben dem Verschleiß durch die fieberhafte Kolportagefabrikation auch subjektive Umstände bei. Am 15. April 1885 stirbt Mays

Mutter in den Armen ihres Sohnes, ein schwerer Schock, der ihn spontan zum Wunsch veranlasst, später selbst an gleicher Stelle begraben zu werden. Reuevolle Erinnerungen quälen ihn, weil sein Verhältnis zur Mutter von Kindheit an nicht sonderlich eng war. Und schweifen seine Gedanken zu Ehefrau Emma, fühlt er sich noch unglücklicher.

Sie hat sich mehr und mehr den Münchmeyers angeschlossen, vor allem zur Verlegergattin Pauline nun ein sehr vertrautes Verhältnis gefunden. Es kommt „mir ganz so vor", bemerkt May, „als ob meine Frau in ... vielen Dingen jetzt ganz anders denke als früher". Deshalb versucht er, die häufigen Vertraulichkeiten der beiden Frauen etwas einzudämmen, macht nun mit Emma fast regelmäßig Sonntagsausflüge. Die Wanderungen in die Umgebung der sächsischen Metropole beflügeln wieder seine Fantasie. Das Panorama der Sächsischen Schweiz verwandelt sich zum amerikanischen Felsengebirge, auf den Elbdampfern träumte er von Steamboats auf dem ‚Ol' Man River'. Vom Lößnitzbach im Radebeuler Lößnitzgrund, so ist es mehrfach überliefert, schweiften seine Gedanken zum Mississippi, den Lindenaubach aus einem westlichen Seitental bezeichnete er als Missouri, und wenn er an der kleinen Einmündung stand, dachte er an die Vereinigung der beiden großen amerikanischen Ströme bei St. Louis. Allmählich bahnt sich ein Übergang zu neuen „Reiseromanen" an; in den *Deutschen Helden* werden dazu bereits Kulissen erprobt.

Emma kennt natürlich die Aversionen ihres Mannes gegen Pauline Münchmeyer und trifft sich fortan meist heimlich mit ihrer Freundin, was wiederum dem Gemahl nicht verborgen bleibt. Das von Stimmungen geprägte Zusammenleben der Ehegatten leidet unter zunehmender Entfremdung.

Gibt es im *Waldröschen* noch eine immerhin liebenswert gezeichnete „Emma", so in den *Deutschen Helden* nur noch eine klägliche „Emeria", die ihrem ehemaligen Geliebten nachtrauert – einem „Professor Heulmeier": Spiegelname des akuten psychischen Zustandes Karl Mays. Darüber hinaus fallen im Text viele grobe Aussprüche gegen Frauen: „Ich traue keinem

213

Menschen, einem Weibe am allerwenigsten. Sie alle sind falsch und heuchlerisch." Oder: „Jede Frau steht tiefer als der Mann." Die Ehe gilt ihm als ein Unglück – „das größte, welches es giebt". Auch selbstmitleidige Töne fehlen nicht: „Und ebenso kommt es vor, daß ein recht böses Weib einen sehr guten Mann bekommt."

Schlussstriche scheinen sich anzudeuten, werden aber noch längst nicht gezogen. Resignation besiegt das bescheidene Aufbäumen; es sei wahr, schreibt May, dass ein „schönes Weib ... mehr Einfluß auf den Mann als der beste Mann auf seine Frau" hat. Ob er tatsächlich auch der „beste Mann" war, für den er sich gehalten haben mag, steht dabei auf einem anderen Blatt.

Zunächst aber verlocken ihn die Münchmeyer-Honorare zu einer fünften Runde.

Am 13. Juni 1886 war der Bayernkönig Ludwig II., bekannt vor allem durch seinen verschwenderischen Luxus, im Starnberger See auf mysteriöse Weise aus dem Leben geschieden, und bereits ab August/September liegen die ersten Hefte von *Der Weg zum Glück. Roman aus dem Leben Ludwigs des Zweiten von Karl May* vor. So steht es auf dem Titelblatt einer unmittelbar folgenden gebundenen Ausgabe, während die Umschläge der Lieferungen als Autor den „Verfasser des ‚Waldröschen‘, ‚Verlornen Sohn‘, ‚Deutsche Helden‘ etc." nennen. Spätestens zu diesem Zeitpunkt konnte weithin bekannt werden, wer der Verfasser der bisher anonym edierten anderen Münchmeyer-Romane ist. Inwieweit Mays Zustimmung hierzu vorlag, wissen wir nicht, irgendwelche Reaktionen von ihm bleiben jedenfalls aus.

„Viele Dichter und Schriftsteller schreiben gerade über das, was ihnen am Allerfernsten liegt, am allerliebsten", hatte May im *Verlornen Sohn* formuliert, und mit dem Hineinschlüpfen in die ihm unangemessene oberbayrische Krachlederne wollte er seine Sentenz offensichtlich selbst bestätigen. Mit endlosen Dialogen in einem nicht existierenden Dialekt, tränenreichen Eskalationen und so weiter füllt er Seite um Seite, wobei heute nicht mehr feststellbar ist, ob die gedruckten Seiten durchweg Mayscher Originaltext sind. Denn bei Münchmeyer wie auch anderen Kolportageverlagen war es gängige Praxis, die Manuskripte etwas ‚anzureichern' – die Handlungen spannender, pikanter, rührseliger zu machen. Einmal sei es ihm gesagt worden, berichtete May, „dass Münchmeyer riesig ändere." Er habe gedroht, „sofort mit Schreiben aufzuhören", worauf ihm versprochen worden sei, dass nichts mehr umgestaltet werde. Aber das gegebene Wort sei nicht von Dauer gewesen. Und nur wenig später hat May diese Art des Schreibens tatsächlich beendet.

Bei der Aufnahme in die *Gesammelten Werke* wurden die oft nur lose nebeneinander laufenden Handlungsstränge in für sich bestehende Teile aufgelöst, die ausufernden Dialoge und der Dialekt geglättet. Es entstanden die gern gelesenen Bände 66, 67, 68, 73 und 78: *Der Peitschenmüller, Der Silberbauer, Der Wurzelsepp, Der Habicht* und *Das Rätsel von Miramare.*

Der einst von May gewählte Titel wurde zum Symbol, denn für ihn zeichnet sich ein „Weg zum Glück" ab. Der Schriftsteller kann die seelische Krise von 1885 bezwingen, die Fesseln der Kolportage abstreifen und aus den dunklen Alpenschluchten herausfinden. Ohne diese Umkehr wäre sein Name heute vielleicht vergessen. Zwar liegt zu jener Zeit der große Orient- und Balkanzyklus schon zu zwei Dritteln vor, von Winnetou hat man auch kurz gelesen, viele andere Erzählungen sind bereits gedruckt, aber die meisten Titel, mit denen sich Mays Name zuallererst verbindet – beispielsweise *Winnetou*-Trilogie, *Silbersee, Oelprinz, Bärenjäger* –, stehen ebenso noch aus wie das symbolisch-pazifistische Alterswerk, in dem manche Kenner des Œuvres seine bedeutendste Leistung sehen.

Den *Deutschen Herzen, deutschen Helden* sollte eigentlich der Lieferungsroman *Delilah* folgen. Nach 80 Manuskriptseiten aber veranlasst der Tod Ludwigs II. Karl May zum Abbruch und zum *Weg zum Glück*. Auf *Delilah* kommt er dann nicht mehr zurück. Die Ursache dafür liefert ein Brief.

DURCHBRUCH

Der Sohn des Bärenjägers

„Sehr geehrter Herr!
Sie haben inzwischen schon wieder für andere Unternehmungen Beiträge geliefert, während Sie mich mit dem längst Versprochenen noch immer im Stiche ließen. Das ist eigentlich nicht recht, und ich bitte Sie dringend, nun Ihr Versprechen mir gegenüber wahr zu machen. Ich will diese Gelegenheit nicht vorübergehen lassen, ohne Sie zu fragen, ob Sie nicht geneigt wären, einmal einen recht packenden, fesselnden und situationsreichen Roman zu schreiben. Ich würde I h n e n in diesem Falle ein Honorar bis zu tausend Mark pro ‚Fels'-Bogen zusichern können, wenn Sie etwas Derartiges schreiben würden.
     In vorzüglichster Hochachtung
     Ihr ergebenster Josef Kürschner."

Absender dieses Schreibens vom 3. Oktober 1886 ist „der bekannte, berühmte Publizist, mit dem ich sehr befreundet war". So charakterisiert Karl May den Redakteur und Herausgeber des *Deutschen Literaturkalenders* und anderer literarischer Nachschlagewerke. Die falsche Schreibweise des Vornamens mit *f* statt *ph* entspricht einer Wiedergabe des Briefes durch Karl May, nach der wir zitiert haben.

Kürschner war 1881 von dem Stuttgarter Verleger Wilhelm Spemann mit der Redaktion der neu gegründeten Familienzeitschrift *Vom Fels zum Meer* betraut worden und entdeckte bei der Ausschau nach Autoren Beiträge von Karl May im *Deutschen Hausschatz*. Er hatte Kontakt mit dem Schriftsteller aufgenommen und 1882/83 zwei kleinere Erzählungen (*Christi Blut und Gerechtigkeit* und *Saiwa tjalem*; heute *Schefakas Geheimnis* in GW 48, *Das Zauberwasser*, beziehungsweise *Der Talisman* in GW 23, *Auf fremden Pfaden*) erhalten. Spemann muss von beiden Geschichten sehr begeistert gewesen sein.

216

Denn im Mai 1883 bietet er Karl May einen umfassenden Verlagsvertrag zu einer Romanserie unter dem Sammeltitel *Der Weltläufer* an und zahlt sogar einen Vorschuss von 200 Mark. Bei den Zielgruppen wollte man an die „gebildete Welt" wie an die „reifere Jugend" denken.

Für May eröffnete sich hier die Möglichkeit, schon nach einem Jahr die Münchmeyerkolportagefron hinter sich zu lassen und unter guten Bedingungen kontinuierlich für eine renommierte Leserschaft zu schreiben. Eine verlockende Chance – die er leider nicht genutzt hat. Unendlich viel Ärger und seelische Qualen wären ihm erspart geblieben.

Die Gründe für die Ablehnung sind uns unbekannt. Vielleicht erschienen die Münchmeyerschen finanziellen Konditionen doch attraktiver?

In der Folgezeit wechseln May und Kürschner Dutzende von Briefen. Fast vier Jahre lang bittet der Redakteur um neue Beiträge. „Es wäre mir sehr angenehm, recht bald von Ihnen ein Manuscript zu erhalten. Ich werde gewiß Alles aufbieten Ihnen die Mitarbeiterschaft so erfreulich wie möglich zu machen...", schreibt er beispielsweise am 19. Mai 1885.

Manchmal reagiert May gar nicht und dann wieder mal mit langer Verzögerung. „Krankheit war der Grund meines Schweigens", heißt es danach. Oder „eine sofort anzutretende Reise" habe ihn aus der Arbeit gerissen. Oder: „Von einer monatelangen Reise zurückkehrend, finde ich Ihre werthe Zuschrift vor..."

Erst der Kürschner-Brief vom 3. Oktober 1886 – das zweite verlockend dotierte Angebot – leitet das Ende nicht nur einer monate-, sondern jahrelangen Reise ein: Karl May verlässt die Gefilde der Kolportage.

Ob Kürschner von Mays Autorenschaft in dem Kolportageverlag Kenntnis hatte, mag dahingestellt bleiben. Seine Klage, May habe „schon wieder für andere Unternehmungen" geschrieben, könnte sich auch auf einige kleine Arbeiten beziehen, die zwischen 1883 und 1886 entstanden. In jedem Fall jedoch spricht Kürschners Brief in hervorragender Weise für

May. Dieser vielseitig orientierte und beschlagene Mann – nach Meinung des May-Forschers Erich Heinemann „ein früher Vertreter des literarischen Managements" – wusste Mays Talent wohl zu schätzen: Die Honorar-Offerte „bis zu tausend Mark" pro Bogen dürfte alle bisherigen Vorstellungen übertroffen haben.

Es gibt noch einiges Hin und Her. Karl May möchte gern ratenweise liefern, Kürschner will sich darauf „aber nicht einlassen". Und dann schreibt May doch keinen Roman für das Blatt *Vom Fels zum Meer*, sondern für die *Illustrierte Knaben-Zeitung Der Gute Kamerad*, deren Gründung Kürschner gerade mit vorbereitet hat. Die erste Nummer erscheint am 8. Januar 1887 und beginnt auf Seite 1 mit Mays Erzählung *Der Sohn des Bärenjägers* (heute in GW 35, *Unter Geiern*).

Die Zeitschrift ist auf Gymnasiasten und andere junge Leser zugeschnitten. In den Beiträgen wird viel Wissenswertes geboten – frisch und verständlich aufbereitet, wodurch sich dieses Jugendjournal von so manch belehrendem Blatt jener Zeit abhebt.

Zum ersten Mal in seinem Leben stellt sich Karl May einer ernsthaften Aufgabe. Nicht mehr allein der Verdienst motiviert ihn, und auch die Intentionen gehen nun weit über eine moralisierende Belehrung hinaus, wie beispielsweise noch während der Zeit als *Schacht und Hütte*-Redakteur.

Im Vergleich zur Münchmeyer-Zeit tritt jetzt im *Guten Kameraden* ein ganz anderer Karl May auf, der dem Titel des Journals alle Ehre macht. Ließ er auch schon zuvor stets das Gute über das Böse siegen, so rücken jetzt humanistische Ideale weitaus stärker in den Vordergrund. Die jungen Leser sollen zur Achtung vor dem Leben erzogen werden. „Menschenblut ist eine ungeheuer kostbare Flüssigkeit", schreibt er, „das man nicht vertun darf." Nach solchen Maximen handeln Winnetou und Old Shatterhand, einige Abstriche gibt es mitunter bei anderen Helden, zum Beispiel bei den Racheakten des Bloody Fox in der zweiten *Kamerad*-Erzählung *Der Geist der Llano estakata*. Diese Schreibweise verwendet May im *Guten*

218

Kameraden. Während seinerzeit das Genus in allen drei Formen gebräuchlich war, liegt bei „estakata" ein Irrtum vor. In der Buchausgabe (1890) heißt es dann *Der Geist des Llano estakado*. Die Erzählung bildet heute den zweiten Teil des Bandes GW 35, *Unter Geiern*; der Titel *Der Geist des Llano Estacado* entspricht der jetzigen offiziellen Schreibweise.

Um sich seinem erzieherischen Anliegen gewachsen zu zeigen, wendet Karl May viel Fleiß für sprachliche Gestaltung und kompositorische Probleme auf, literarische Qualität rangiert deutlich vor Quantität. Die Handlungen werden klar und logisch aufgebaut, die Fantasie wuchert nicht mehr ins Uferlose. Und der Autor bietet das Geschehen nicht als Eigenerlebnis dar, er erzählt in der dritten Person.

Winnetou, in einer Erzählung von 1883 durch eine Kugel getötet, erwacht zu neuem Leben. Mit Old Shatterhand bildet er das ideale Freundespaar, das fortan in die für May typische Form des Indianerromans integriert wird. Zuverlässig und unfehlbar erfüllen die edlen Helden den immer gleichen, oft selbstgewählten Auftrag: anständigen Menschen, die das Opfer von Schurkereien geworden sind, zu helfen und Verbrecher zur Strecke zu bringen.

Im *Sohn des Bärenjägers* erfolgt die Vorstellung der beiden, die sich ähnlich später noch etliche Male wiederholt. Schon vor dem Auftritt schwärmt ein junger Indianer: „Er ist der berühmteste Pfadfinder; seine Kugel geht nie fehl, und mit der unbewaffneten Faust fällt er den stärksten Feind. Darum wird er Old Shatterhand genannt. Er schont das Blut und das Leben seiner Feinde..."

Wenig später tritt der Bewunderte aus dem Gebüsch heraus: „Er war von nicht sehr hoher und nicht sehr breiter Gestalt. Ein dunkelblonder Vollbart umrahmte sein sonnenverbranntes Gesicht. Er trug ausgefranste Leggins und ein ebenso an den Nähten ausgefranstes Jagdhemd, lange Stiefel, welche er bis über die Knie emporgezogen hatte, und einen breitkrämpigen Filzhut, in dessen Schnur rundum die Ohrenspitzen des grauen Bären steckten... In der Rechten hielt er ein kurzläufiges Gewehr, dessen Schloß von ganz eigenartiger Konstruktion zu sein schien..."

Bald raschelt es wieder in den Zweigen, und vor Old Shatterhand steht sein bester Freund: „Er war ganz genau so gekleidet wie Old Shatterhand, nur daß er anstatt der hohen Stiefel Mokassins trug. Auch eine Kopfbedeckung hatte er nicht..." Nun folgt die Beschreibung, mit der wir unser Buch eröffnet haben.

Das Winnetou-Bild des Jahres 1875 vom „gefürchtetsten" Indianer hat sich völlig gewandelt.

Neu ist jetzt auch, der Leserschaft angemessen, das Agieren von jugendlichen Helden. Martin Baumann, der Sohn des Bärenjägers, verfolgt die Spur von Entführern, um den Vater zu befreien. Unterstützt wird er von seinem Freund Wokadeh, einem jungen Indianer. Im Mittelpunkt der nächsten Erzählung steht Bloody Fox, der als Geist des Llano Estacado den Mord an seinen Eltern rächt.

In der Zeitschrift *Der Gute Kamerad* veröffentlicht Karl May bis 1897 insgesamt acht längere Erzählungen, fünf davon laufen jeweils über einen vollen Jahrgang.

Nicht ganz verständlich ist, dass er nach dem guten Start mit dem *Bärenjäger* – der Vorschlag für eine Buchausgabe liegt schon im März 1887 vor – und dem nicht minder großen Erfolg mit dem *Geist der Llano estakata* zunächst den nordamerikanischen Kontinent verlässt. In der Erzählung *Kong-Kheou, das Ehrenwort* (1888/1889), die in der Buchfassung von 1892 *Der blau-rote Methusalem* heißt, schildert er eine Studenten- und Gymnasiastenfahrt nach China. Mit diesem Stoff will May aber ganz offensichtlich den Leserkreis der Zeitschrift noch direkter ansprechen. Er vermittelt eine Fülle geografischer, kulturgeschichtlicher und anderer Informationen über ein Land, von dem der deutsche Durchschnittsleser damals nur wenig wusste.

Nach dem Ausflug ins ‚Reich der Mitte' führt Karl May seine „lieben, guten Kameraden", wie er die jugendlichen Leser anspricht, in den Sudan (*Die Sklavenkarawane*, 1889/90)

Der
Gute Kamerad

№ 1.   Spemanns Illustrierte Knaben-Zeitung.

Dein höchstes Gut auf Erden sei
dein Volk.

Ihm gilt die heil'ge Pflicht, die
wärmste Liebe.

Felix Dahn.[*]

Der Sohn des Bärenjägers.

Von

K. May.

Erstes Kapitel.

Wohkadeh.

Nicht weit westwärts von der Gegend, in welcher die Ecken der drei nordamerikanischen Staaten Dakota, Nebraska und Wyoming zusammenstoßen, ritten zwei Männer, deren Erscheinen an einem anderen, als diesem westlichen Orte ganz sicher ein sehr berechtigtes Aufsehen erregt hätte.

Auf der ersten Seite der ersten Nummer beginnt im Januar 1887 die Mitarbeit an der Wochenzeitschrift „Der Gute Kamerad".

und später noch zu einem Abstecher nach Südamerika (*Das Vermächtnis des Inka*, 1891/92). Es sind aber vor allem drei weitere Nordamerika-Erzählungen – *Der Schatz im Silbersee* (1890/91), *Der Oelprinz* (1893/94) und *Der Schwarze Mustang* (1896/97) –, die zusammen mit *Der Sohn des Bärenjägers* und *Der Geist der Llano estakata* zum Besten zählen, was May je geschaffen hat. Mit Recht werden sie den klassischen Werken der Abenteuerliteratur zugerechnet. *Der schwarze Mustang* bildet heute unter dem Titel *Halbblut* die Haupterzählung des gleichnamigen Bandes GW 38.

Zu den Gründen solcher Bewertung zählen unter anderem die klare Handlungskonzeption und die Personengestaltung. Wurde May mitunter vorgehalten, seine Figuren seien zu statisch, ohne charakterliche Entwicklung angelegt, so ist es doch gerade ihr unverwechselbarer Habitus, der zum Erfolgsrezept gehört. Das Erscheinen von Old Shatterhand, Winnetou, Hobble-Frank, Sam Hawkens oder anderen Personen auf dem Schauplatz setzt bestimmte Signale für den weiteren Handlungsverlauf, weckt Erwartungen und suggeriert den Lesern das Gefühl, selbst am Geschehen teilzunehmen.

Diese Wirkung wird vielleicht noch durch die Anregung verstärkt, die Karl May aufgenommen und in grandiose Dimensionen gesteigert hat. Exotische Folie erinnert an allseits Vertrautes, in amerikanischer oder orientalischer Ferne agieren Figuren aus heimischen Gefilden.

„...off der Schtrecke zwischen Pirna und Meißen, und grad so ziemlich zwischen diesen beeden Schtädten hab' ich mein erschtes Licht der Welt erblickt und nachhero schpäter hat' ich ganz in derselbigen Gegend meine Karriere angefangen. Ich war nämlich Forschtgehilfe in Moritzburg...“

So stellt Karl May beispielsweise den ulkigen und liebenswerten Hobble-Frank (auch Hobbel-Frank) im *Sohn des Bärenjägers* vor; im Band GW 35, *Unter Geiern*, wurde das starke Sächseln etwas abgemildert.

Es erscheint dann nur folgerichtig, dass sich solche Personen des Öfteren auf durchaus heimatlich anmutenden Schauplät-

222

Erstauflage der Buchausgabe von 1890.

Erste Buchausgabe von 1899.

224

Union Deutsche Verlagsgesellschaft in Stuttgart, Berlin, Leipzig.

Karl Mays Erzählungen

für die reifere Knabenwelt.

Die Mayschen Bücher dürfen zu den packendsten Jugendschriften gezählt werden. Neben reichem Unterhaltungsstoff bieten sie eine ansehnliche Fülle des Belehrenden, ohne je in lehrhaften Ton zu verfallen. Der Bilderschmuck gereicht dem Werke zu hoher Zierde.

Es sind folgende Bände erschienen:

Die Sklavenkarawane.
Mit 16 Tondruckbildern.
4. Auflage.

Das Vermächtnis des Inka.
Mit 16 Farbendruckbildern. 4. Auflage.

Der Ölprinz.
Mit 16 Farbendruckbildern. 4. Auflage.

Der Schatz im Silbersee.
Mit 16 Tondruckbildern. 6. Auflage.

Der Sohn des Bärenjägers.
Mit 16 Tondruckbildern. 6. Auflage.

Der blau-rote Methusalem.
Mit 16 Tondruckbildern. 4. Auflage.

In elegantem Geschenkband. Preis jedes Bandes 7 Mark.

Zu haben in allen Buchhandlungen.

Werbematerial, etwa 1908.

225

zen bewegen. Den Silbersee beispielsweise, den Karl May ins ferne Utah verlegte, hatte er ganz in seiner Nähe gefunden. Wir meinen nicht den kleinen Silbersee an der Langebrücker Straße in der Dresdner Heide; dieses Gewässer hieß damals noch Schiess-Teich. Die verblüffenden Parallelen zum Silbersee mit den verborgenen Kostbarkeiten betreffen vielmehr den Moritzburger Großteich: Beide Gewässer sind durch künstlichen Stau entstanden, in Moritzburg für die Fischzucht, im Roman als sicheres Versteck für indianische Schätze, und in beiden Seen liegen kleine Eilande – bei Moritzburg die Eremitage- und die Bäreninsel, im Silbersee die Zufluchtstätte für die Tonkawa-Indianer Großer Bär und Kleiner Bär. Und dann sind da die unterirdischen Gänge: Auf der Eremitage-Insel erkennt man noch heute Reste der Mündung einer Wasserleitung aus Holzröhren, die um 1770 vom Fasanenschlösschen her auf dem Grund des Großteiches verlegt wurde und sich in der Legende zum unterirdischen Tunnel ausweitete. Ähnlich gibt es unter dem Silbersee in Utah einen „festen hohlen Gang" zur Insel.

Mays Moritzburger Inspiration erkennen wir auch in der für ihn so typischen Anlage der ganzen Handlung. Alles beginnt im flachen Land. Für die ersten Szenen wurde ein Elbdampfer zum Arkansas-Steamer, und dann setzt die abenteuerliche Verfolgungsjagd in der Prärie und durch die Rocky Mountains ein, immer aufwärts, lößnitzgrundaufwärts, das romantische Tal wächst in Mays Vorstellungen zur gigantischen amerikanischen Bergwelt. Der Weg führt durch einen Cañon, die „kolossalen Sandsteinpyramiden" prägen überwältigende Eindrücke. Schon vor ihrem Ziel erreichen Old Shatterhand und seine Freunde eine „weite, offene Felsenebene". Das Terrain oberhalb des Lößnitzgrundes ist zwar nur im Untergrund felsig, aber doch weit und ziemlich eben, der Silbersee-Großteich ist nun bald erreicht.

Als die Utah-Indianer in den Gang unter dem See eindringen, um die Schätze zu rauben, lässt ihn Häuptling Großer Bär durch einstürzende Felsen zerstören – der Silbersee

226

bewahrt seine Geheimnisse. Euchar Albrecht Schmid hat in der kleinen Studie *Der unterirdische Gang* (Bamberg 1984) noch manche heimatliche Quelle genannt.

In der Zeitschrift *Der Gute Kamerad* veröffentlicht Karl May außer den acht großen Erzählungen noch über ein Dutzend kleinerer Beiträge, die anonym beziehungsweise unter Pseudonym erscheinen, so im März 1889 ein Bericht des „Hobble-Frank" über die „Villa Bärenfett". Schon vorher und auch danach taucht der „geschätzte Mitarbeiter Hobble-Frank auf Villa ‚Bärenfett' an der Elbe" gelegentlich als Preisrätselautor oder Leserbriefbeantworter auf.

Der Name des Blockhauses im heutigen ‚Karl-May-Museum' in Radebeul hat hier seinen Ursprung. Das 1889 beschriebene Interieur erinnert allerdings noch nicht an eine Indianerschau, sondern vermittelt Einblicke, wie sich May ein eigenes Domizil vorgestellt haben mag – Wohnzimmer, Speisezimmer für zwölf Personen, Studierstube, zwei Bibliothekszimmer, Sammlungsraum und anderes mehr. Gerade zu jener Zeit ist er dabei, eine Villa einzurichten.

Nachbarin Heimburg

Die meisterlichen Erzählungen für den *Guten Kameraden* lassen vermuten, dass der Schriftsteller mit ungestörter Muße zu Werke gegangen ist. Die Eheverhältnisse scheinen sich tatsächlich wieder ein wenig gebessert zu haben. May sucht und findet Ruhe. „Ich hatte einsehen müssen", schreibt er, „daß es für mich kein anderes Glück im Leben gab als nur das, welches aus der Arbeit fließt."

Nach dreimaligem Wohnungswechsel innerhalb Dresdens übersiedeln die Mays schließlich am 1. Oktober 1888 ins Gebiet der heutigen Stadt Radebeul. In Kötzschenbroda beziehen sie die auf 800 Mark Jahresmiete festgesetzte Villa ‚Idylle' in der Schützenstraße Nr. 6 (heute Wilhelm-Eichler-

Straße 8). Es war eine ruhige Gegend, wodurch Karl May zur Bezeichnung ‚Idylle' angeregt wurde. Vermutlich hat der Name nie am Haus gestanden, er fand aber Eingang in behördliche Schriftstücke.

Das Anwesen gehörte einer in Dresden ansässigen Freifrau Alma von Wagner. Weil Karl May am 1. Januar 1890 nicht in der Lage war, den im Voraus fälligen Quartalsmietzins von 200 Mark zu begleichen, klagte die Hauseigentümerin vor dem Königlichen Amtsgericht Dresden; die Schuld erhöhte sich um die Kosten des Rechtsstreits zuzüglich 5 Prozent Zinsen auf den rückständigen Betrag.

May sah sich gezwungen, die Villenidylle wieder aufzugeben und im Frühjahr 1890 mit einer bescheideneren Mietwohnung zu vertauschen.

Das neue Domizil, ein einstöckiges Haus mit ausgebautem Dachgeschoss, lag in der Lößnitzstraße (Nr. 11), die an ihrem Südende fast mit der Borstraße zusammenstößt. Das Haus Nr. 15 hat an der Eingangsfront einen turmartigen Vorbau, an dem noch heute der Name ‚Heimburg' prangt. Hier wohnte einst Bertha Behrens, die als Schriftstellerin unter dem Pseudonym Wilhelmine Heimburg schrieb und nur wenige Wochen nach Karl May starb.

Sie war sechs Jahre jünger als ihr Kollege, stammte aus Thale und ließ sich 1881 in Kötzschenbroda nieder. Im Jahr vorher war ihr bekanntester Roman, *Lumpenmüllers Lieschen*, erschienen. Ab 1878 gehörte sie zu den Stammautoren der *Gartenlaube*, 1888 vollendete sie den Roman *Das Eulenhaus* der plötzlich verstorbenen Eugenie Marlitt und galt fortan als Starautorin des Leipziger Wochenblatts. In der Zeit zwischen der Marlitt und der Courths-Mahler war sie die meistgelesene deutsche Autorin.

Für ein paar Wochen anno 1888 lebten Karl May und Wilhelmine Heimburg in nachbarschaftlicher Nähe: Die Villa ‚Idylle' in der Schützenstraße und die ‚Villa Heimburg' in der Gartenstraße 6 (heute Hermann-Ilgen-Straße 21) lagen keinen Steinwurf auseinander. Dann zog die Schriftstellerin für

228

zwei Jahrzehnte in Stadtwohnungen nach Dresden, ihre Eltern blieben in der Kötzschenbrodaer Gartenstraße, ab 1910 bewohnte sie die ‚Heimburg‘ in Niederlößnitz.

Karl May und die Heimburg belegten in der Publikationsgunst vorderste Plätze, ihre Lebensbahnen kreuzten sich und ebenso ihre Verlagswege: Ab 1890 (bis 1899) erscheinen bei Union Deutsche Verlagsgesellschaft in Stuttgart, Berlin, Leipzig die Bucherstausgaben aller Erzählungen von Karl May aus dem *Guten Kameraden*. Im gleichen Jahr 1890 beginnt bei Union Deutsche Verlagsgesellschaft die Edition *W. Heimburgs gesammelte Romane und Novellen* in zwei zehnbändigen Serien. Trotz etlicher Berührungspunkte gibt es bis heute keinen Hinweis zu gegenseitigen Kontakten. Nach derzeitigem Stand scheint es so – freilich kaum denkbar –, als ob sie nichts voneinander gewusst haben!

Lange Jahre bevor die Heimburg die ‚Heimburg‘ kaufte, war es aber nun ausgerechnet die Borstraße, in der aus dem Geflüster anderer Nachbarn großes Ungemach für Karl May erwachsen sollte. Quelle des Übels war Eduard Moritz Lilie, der sich Schriftsteller nannte, aber keine größeren Werke hinterlassen hat. Zumeist mehr schlecht als recht schlug er sich als Redakteur durchs Leben.

Irgendwann zwischen 1875 und 1877, als May bei Münchmeyer angestellt ist, lernt er Lilie als Kollegen bei einer Konkurrenzfirma kennen. Beide bleiben in Verbindung und wohnen später in der Lößnitz nur ein paar Minuten voneinander entfernt. Zwischen 1886 und 1897 lebt Lilie in der Borstraße, zuerst Nr. 38, dann 40 (heute Nr. 52 beziehungsweise 56).

Karl May hat wesentlich mehr Erfolg als Moritz Lilie und etliche Male unterstützt er ihn finanziell. Etwa 1892 muss Lilie eine Ehrenschuld begleichen und hofft wiederum auf Mays Hilfe, die aber ausbleibt. Ehefrau Emma habe das unterbunden, schreibt Karl May später.

Sei es wie es sei: Moritz Lilie sitzt in einer Klemme und reagiert bösartig, reicht eine Klage ein und zieht sie wieder zurück, droht mit ‚Enthüllungen‘.

Er hat auch tatsächlich etwas zu ‚enthüllen'. Denn er weiß, dass May der Autor der pseudonym oder anonym erschienenen Münchmeyer-Lieferungsromane ist. Und er besitzt auch Kenntnis von den Vorstrafen. Karl May lässt sich aber nicht erpressen. So gibt Moritz Lilie sein Wissen erst mal weiter, und die böse Saat geht auf, als im März 1899 Pauline Münchmeyer das Kolportageunternehmen an Adalbert Fischer verkauft.

Der neue Verlagschef wohnt später in einer prächtigen Villa in der Lungkwitzer Straße in Dresden-Niedersedlitz, zunächst aber noch in der Borstraße – genau in dem Anwesen, das dann Wilhelmine Heimburg erwerben wird, damit nur ein paar Schritte von Lilie entfernt. Durch die Quasi-Nachbarschaft erhält Fischer Informationen, die er noch weidlich gegen Karl May benutzen wird.

Das indiskrete Raunen in der Borstraße bestätigt Klara Plöhn, spätere May, am 8. Februar 1903 durch einen Tagebucheintrag: „Fischer ist zuerst durch Lilie auf Karls Werke und seine Bestrafung aufmerksam gemacht worden."

Als Wilhelmine Heimburg Bewohnerin der Borstraße wurde, war Fischer schon längst weggezogen. Jenes Haus, die ‚Heimburg', das lassen wir uns von der Schriftstellerin mal so nebenbei erzählen, habe sie „vorteilhaft kaufen können. Und es ist wirklich gut gebaut, weil es immer zum Eigenhaus und nicht zur Spekulation bestimmt war. Diese Solidität kommt mir nun zugute."

Ob Karl May diese solide Bastion unter Umständen doch von innen kennengelernt hat?

Vielleicht aber lagen die Konstellationen zwischen Fischer und Lilie und May eingeschlossen einstmals auch noch etwas anders: Wie schon Ludwig Patsch ermittelte, waren alle drei Mitglied des Klubs ‚Kegelei'. Ob allerdings gleichzeitig, bleibt offen.

Wilhelmine Heimburg.

Erfreuliches aus Frankreich

Wenn Karl May beim Umzug nach Kötzschenbroda trotz noch unzulänglicher Finanzbasis schon mal als Villenbewohner renommieren will, so vor allem aus dem Verlangen, auch nach außen endlich den sozialen Aufstieg sichtbar zu machen. Ein solches Statussymbol hält der Herr Doktor May, wie er sich allzu gern nennen lässt, schon für angemessen. Als er sich am 12. Oktober 1888 im Gemeindeamt der neuen Wahlheimat ins Melderegister eintragen lässt, so – ohne Vorlage von Legitimationspapieren – als Doktor der Philosophie und Schriftsteller.

In seinem Selbstbewusstsein bestärkt haben wird ihn auch die lobende Erwähnung in der *Geschichte der deutschen Nationalliteratur*. Gustav Brugier schreibt in der 8. Auflage von 1888: „In vorzüglichen, im ‚Deutschen Hausschatz‘ veröffentlichten Reisenovellen und Abenteuerromanen finden wir bei ganz natürlich ebenmäßiger Entwicklung der Erzählung wundersam frische Scenerien, ... so dass eine jede Schilderung ein Visum in seinem Reisepaß ist mit dem Atteste: ‚Er ist dort gewesen, er hat es erlebt!‘ Möchten darum Mays Werke bald gesammelt erscheinen."

Für die Erfüllung dieses auch vom Schriftsteller längst gehegten Wunsches zeichnen sich 1888 jedoch keine Möglichkeiten ab, ja selbst mit dem ersten Buchprojekt bei Spemann geht es noch hin und her. Das Jahr bringt aber außer der Anerkennung durch Brugier ein weiteres für May erfreuliches Ereignis, an das er sogleich große Erwartungen knüpft. Die Prager Monatszeitschrift *Naší Mládezi* (*Unsere Jugend*) veröffentlicht 1888 in allen zwölf Nummern die tschechische Übersetzung des *Bärenjägers*. Für May ist nicht das bescheidene Vorabhonorar von 200 Mark entscheidend, sondern die Tatsache, dass von diesem Titel so rasch eine Auslandsausgabe vorliegt.

Im gleichen Journal folgt 1889 *Duch Llana estakada*; 1890 ediert der Prager Verlag Josef Richard Vilimek, in dem auch die Zeitschrift erscheint, zeitlich parallel zur Union-Ausgabe

232

Die Helden des Westens in tschechischer Sprache, 1895 folgt der zweite Teil.

Mit hoher Wahrscheinlichkeit wusste Karl May aber nichts davon, dass Münchmeyer alle Übersetzungsrechte für das *Waldröschen* an den Wiener Verleger Josef Rubinstein verkauft hatte und ihm sogar die Illustrationsbeigaben mit mehrsprachigen Legenden lieferte. Nachweisbar vor 1890, vielleicht sogar vor 1888 gab es eine tschechische, bereits ab 1886 eine amerikanische Ausgabe des *Waldröschen*. Weitere Übersetzungen erfolgten unter anderem ins Niederländische, Italienische, Polnische, Slowenische und Spanische. Noch bei späteren Ausgaben anderer Münchmeyer-Romane in tschechischer Sprache sah sich May nachträglich „vollständig ahnungslos" getroffen, so bei den Titeln *Der verlorne Sohn* (vor 1902) und *Deutsche Herzen, Deutsche Helden* (1904), die beide im Verlag Alois Hynek, Prag, ediert wurden.

Auf Übersetzungen reagierte Karl May zumeist mit besonderem Stolz. So hebt er beispielsweise in der Schrift *Ein Schundverlag* hervor, dass bereits 1878 erste Arbeiten in Frankreich gedruckt worden seien. Dafür lassen sich jedoch keine Belege finden. Ab 1881 aber erscheinen im Nachbarland seine Werke in nahezu ununterbrochener Folge. Den Anfang machte die Pariser Tageszeitung *Le Monde*, die zwischen 1881 und 1884 dreizehn längere Serien mit Erzählungen aus dem *Deutschen Hausschatz* veröffentlichte; der Verlag ‚Alfred Mame et Fils' in Tours edierte ab 1884 erste Buchausgaben, darunter gleich zu Beginn vier Bände mit den bis dahin im *Deutschen Hausschatz* vorliegenden Teilen des Orientzyklus. Bis 1888 sind schon acht Bände im Angebot. Im Nachbarland gibt es diese Bücher somit Jahre früher als in Mays Heimat.

Diese Erfolge in Frankreich wecken Hoffnungen auf einen ähnlich breiten Durchbruch auch im tschechischen Sprachraum. Hier aber kann May eben erst in den neunziger Jahren einen deutlichen Popularitätsanstieg verzeichnen.

In jüngster Zeit wurden noch zahlreiche weitere Übersetzungen aufgespürt, so in schwedischer Sprache bereits für die

Zeit ab 1888. Der Berliner Jugendrichter Christoph Blau konnte in der Stockholmer Zeitschrift *Hemmet* (*Das Heim*) May-Erzählungen bis 1924 und noch etliche Texte an anderen Stellen nachweisen.

Bis heute sind, nebenbei angemerkt, Übersetzungen in folgenden Sprachen bekannt: Afrikaans, Albanisch, Bahasa Indonesia, Bengalisch, Bulgarisch, Chinesisch, Dänisch, Englisch (auch in der amerikanischen Version), Esperanto, Estnisch, Finnisch, Französisch, Griechisch, Ido, Isländisch, Italienisch, Ivrit (modernes Hebräisch), Japanisch, Javanisch, Jiddisch, Kroatisch, Kurdisch, Lateinisch, Lettisch, Litauisch, Mazedonisch, Niederländisch, Norwegisch, Polnisch, Portugiesisch, Rätoromanisch, Rumänisch, Russisch, Schwedisch, Serbisch, Slowakisch, Slowenisch, Spanisch, Sundanesisch, Tschechisch, Türkisch, Ukrainisch, Ungarisch, Vietnamesisch und Volapük. Auch in Malaiisch soll es Ausgaben geben.

Eine exakte Bibliografie der fremdsprachigen May-Ausgaben gibt es freilich nicht. Zahlreiche ausländische Editionen werden im Karl-May-Haus in Hohenstein-Ernstthal gezeigt.

Allein nur Träume, Renommiersucht und günstige Aussichten waren es nicht, die 1888 Mays Einzug in die Villa ‚Idylle‘ bestimmten. Sicherlich hatte er auch den Lohn für seine Arbeit etwas falsch kalkuliert, obwohl das Geld nun wieder aus zwei Quellen floss. Im *Guten Kameraden* hielt man sich an das *Ehrenwort*, und nach fünf ‚Stotterjahren‘ war May ab Jahresbeginn 1888 wieder im *Hausschatz* präsent, brachte den Orient- und Balkanzyklus zum Abschluss.

Fast gleichzeitig mit dem Umzug nach Kötzschenbroda trübt ein Wermutstropfen die gute Stimmung. Eine erste kritische Pressestimme ist zu vernehmen, und ausgerechnet im *Deutschen Hausschatz*: „Heiß wogt unter unsern Lesern der Kampf um die Romane des Reiseerzählers Carl May. Während der eine Theil in fulminanten Zuschriften bei der Redaction sich beklagt, dass die Romane einen so großen Raum einnehmen, der viel kostbarer verwendet werden könne, verlangt der andere in nicht minder bestimmten Ausdrücken, dass sofort im

234

neuen Jahrgang wieder mit einer Erzählung von Carl May begonnen werde. Da ist die Redaction denn doch gezwungen, den goldenen Mittelweg einzuschlagen, um beiden Theilen gerecht zu werden. Den G e g n e r n von Karl May zu Gefallen bringen wir also vor der Hand Erzählungen aus der Feder anderer Autoren, den F r e u n d e n des Abenteuerromans aber verrathen wir, dass sich in unseren Händen wieder eine s e h r s p a n n e n d e E r z ä h l u n g von Carl May aus der Zeit nach dem amerikanischen Bürgerkriege befindet, die ebenfalls i m n e u e n J a h r g a n g zum Abdruck gelangen wird."

Vielleicht haben tatsächlich Leserstimmen die Wogen der Diskussion ausgelöst. Mit etwas höherer Wahrscheinlichkeit aber waren interne Querelen beim Wechsel des verantwortlichen *Hausschatz*-Redakteurs die Ursache. Auf Venanz Müller, der das Blatt seit der Gründung redigierte und sich May stets wohlgesonnen zeigte, folgte im September 1888 Heinrich Keiter; er fand an Mays Geschichten nicht immer Gefallen. Vielleicht wollte er mit den kritischen Worten der Begeisterung einen Dämpfer aufsetzen.

Der „goldene Mittelweg" erweist sich für den *Hausschatz* jedoch keineswegs als ‚goldene Lösung'. Denn nicht wenige Leser greifen ohnehin nur zu dem Blatt, wenn sie ‚ihren May' darin finden. Zwischen Dezember 1888 und September 1889 gibt es dann auch nur wenige Monate, in denen kein Beitrag von May im *Hausschatz* zu finden ist.

Zweiter Kontakt zur *Gartenlaube*

Dass ausländische Ausgaben für Karl May auch ärgerlicher Anlass sein können, erzählt er 1897. Im dritten Band von *Satan und Ischariot* (GW 22) – der Roman lief im *Deutschen Hausschatz* 1895/96 – klagt er: „Meine Reiseerlebnisse sind in hundert amerikanischen Zeitungen und in tausend amerika-

235

nischen Büchern nachgedruckt worden, ohne dass man mich darum fragte...; die amerikanischen Verleger sind steinreich geworden; mein einziges Honorar aber hat in einem bohnenstrohgroben Briefe bestanden, den der gebildetste dieser Gentlemen mir schrieb..."

Im Band „*Weihnacht!*" (GW 24), gleichfalls 1897, nennt er konkret „die sehr löbliche ‚San Francisco-Abendpost'", die „meine Werke nachgedruckt" hat, ohne ihn auf die „wiederholten Anfragen auch nur einer einzigen Antwort zu würdigen. Es scheint da, man hat gar keine Veranlassung, darauf stolz zu sein, daß man ein Deutscher ist."

Wenn auch die Zahlen von 100 Zeitungen und 1.000 Büchern ganz sicher übertrieben sind, bezieht sich May hier auf sehr reale Vorgänge. Die genannte *San Francisco Abend Post* – so der richtige Name der deutschsprachigen Tageszeitung – gab es tatsächlich und im Juni/Juli 1880 druckte sie in 15 Teilen den *Waldkönig. Eine Dorf-Geschichte von Karl May* nach.

Schon 1879 produzierte der Verlag von Morwitz & Co. in Philadelphia den erwähnten Raubdruck des Kriminalromans *Auf hoher See gefangen*. Ebenfalls 1879 laufen in fünf Lieferungen des deutschsprachigen Unterhaltungsblattes *Novellen-Schatz* in New York drei Karl-May-Geschichten – *Die Universal-Erben*, *Der Waldkönig* und *Die beiden Nachtwächter*.

Vermutlich gibt es in Amerika noch weitere unautorisierte Nachdrucke. So schildert der Plauener May-Sammler Thomas Renato Pilz im Juni 2002 in den *Mitteilungen der Karl-May-Gesellschaft* seinen Flohmarktfund eines in New York edierten Bandes *Deutsch-Amerikanischer Familienschatz. Unterhaltungsblatt für Jedermann. Fünfter Jahrgang* mit den beiden May-Erzählungen *Die Rose von Kahira* und *Die Goliaths* (Titelvariante des *Waldkönigs*). Die May-Bibliografen Wolfgang Hermesmeier und Stefan Schmatz berichten in Heft 88 von *Karl May & Co.*, wie sie durch Indizien die Erscheinungsdaten des Zeitschriftenjahrgangs für die Monate September 1879 bis August 1880 ermittelten.

236

Mindestens sechs Mal also sind in den USA in den Jahren 1879/80 Texte von Karl May ohne sein Wissen und natürlich ohne Honorar nachgedruckt worden, und irgendetwas von diesen Raubdrucken fällt ihm in die Hände. Vielleicht war es der im August 1880 abgeschlossene Jahrgang des *Deutsch-Amerikanischen Familien-Schatzes*, denn schon bald danach verfasst Karl May einen Brief. In der Absenderangabe steht Hohenstein, Am Markt 2. Die Sendung ist nach Leipzig in die Königsstraße adressiert.

Trotz der tiefen Frustrierung von 1858 schreibt Karl May noch einmal an die *Gartenlaube*; er bittet um Auskunft zur Urheberrechtslage in den USA und fragt, was er gegen das unerlaubte Nachdrucken unternehmen könne. Und wie das mit dem Honorar sei? Von dem renommierten Leipziger Wochenblatt erhofft er sich eine kompetente Auskunft.

Damals gängigen Gepflogenheiten entsprechend werden Leserbriefe nicht veröffentlicht, aber in einem „Kleinen Briefkasten" kurz und knapp und für andere Leser zumeist unverständlich beantwortet. So heißt es dann auf der letzten Seite des letzten Heftes von 1880 unter „K. M. in Hohenstein": „Sie sind leider wehrlos, und wir Alle mit Ihnen – weil ein diesbezüglicher gesetzlicher Schutz in Amerika nicht existirt."

> ### Kleiner Briefkasten.
> **K. M. in Hohenstein.** Sie sind leider wehrlos, und wir Alle mit Ihnen — weil ein diesbezüglicher gesetzlicher Schutz in Amerika nicht existirt.

Damit endet Karl Mays zweiter und vermutlich auch letzter Kontakt mit der Leipziger *Gartenlaube*. Diese Zeitschrift aber bleibt für ihn eine Fundgrube der Inspiration.

Im Juni 1881 etwa publiziert das Blatt den Beitrag *Ein Spaziergang durch Tunis* von P. R. Martini, der May gleich mehrfach anregt. Beispielsweise zu seiner Figur des Krüger Bei, des Herren der Heerscharen. Zum historischen Vorbild steht in der *Gartenlaube*:

„Als Curiosum sei hier bemerkt, dass der Oberst der Leibgarde aus unserer Mark Brandenburg stammt; er heißt Krüger und ist der Sohn eines Bierbrauers: schon im Jahr 1831 kam er nach Tunis, trat zum Islam über und ist mit seinem Loose sehr zufrieden; einen komischen Eindruck macht es, den alten Herrn in seiner goldstrotzenden Uniform das echte märkische Plattdeutsch mit consequenter Verwechslung des ‚Mir' und ‚Mich' sprechen zu hören; denn gänzlich hat er die Muttersprache nicht vergessen, obwohl er des Lesens und Schreibens unkundig ist. Ich musste unwillkürlich an unsern Feldmarschall Wrangel denken, als ich ‚Krüger Bey' zum ersten Male sah."

Im gleichen Beitrag lesen wir auch, dass „die O r a n g e n unübertrefflich u n d d i e D a t t e l n von Tunis anerkannt die besten" sind: *Orangen und Datteln* heißt dann ein 1893 erschienener Band mit Erzählungen (GW 10, heutiger Titel *Sand des Verderbens*), darunter die Geschichte *Der Krumir*, die unmittelbar nach der *Gartenlaube*-Lektüre entsteht und ab Januar 1882 durch 13 Hefte der *Belletristischen Correspondenz* läuft. „Nach den Erlebnissen eines ‚Weltläufers' von Karl May" vermeldet der Untertitel – völlig exakt: Denn Karl May hat sich neben anderen möglichen Bezugsquellen vor allem vom Erlebnisbericht des Globetrotters Martini motivieren lassen.

In der *Gartenlaube* sehen wir einen Krumir im Bild: „...einsam dastehend, blickt trotzig in das bunte Menschengewimmel hinein ein Sprosse des räuberischen Khrumirstammes, der es versuchte, daß die Tunisstadt soeben mit dem Schrecken des Krieges bedroht wurde".

Bei Karl May trägt der Krumir den Namen Saadis el Chabir; er gehört zum negativen Figurenensemble. Die historischen Hintergründe, die Auseinandersetzungen Frankreichs mit den vier Krumirstämmen, werden hier nicht angesprochen.

Khrumir.

Anregung zum „Krumir" in der „Gartenlaube" 1881.

Zeitgeschichtliches

Bei etwas oberflächlichem Blick auf die Werke entsteht mitunter der Eindruck, Karl May habe auf aktuelles Zeitgeschehen kaum reagiert. So schreibt er im Orient-Balkan-Zyklus – zwischen 1881 und 1888 entstanden und zuletzt mit dem Untertitel *Reise-Erinnerungen aus dem Türkenreich* – von der „Unhaltbarkeit der Zustände" auf dem Balkan, von Korruption und Zerfall. Die großen Ereignisse indes – beispielsweise in der zweiten Hälfte der siebziger Jahre der Serbisch-Türkische Krieg von 1876/77, der Russisch-Türkische Krieg von 1877/78, die Unabhängigkeit Bulgariens, Serbiens, Montenegros und Rumäniens vom Osmanischen Reich im Jahre 1878 und anderes mehr – bleiben unberücksichtigt.

Der bulgarische Wissenschaftler Wesselin Radkov, ein gleichermaßen guter Kenner der Geschichte des Balkans wie der Werke Karl Mays und Übersetzer vieler dieser Bücher in seine Heimatsprache, führt dies darauf zurück, dass der Schriftsteller einfach „über keine konkreten Informationen" verfügt habe. Und das trifft sicherlich den Kern der ganzen Problematik: Einen Schriftsteller des 19. Jahrhunderts kann man nicht nach heutigen Informationsmöglichkeiten oder den Maßstäben unseres Wissens messen.

Dennoch gibt es dabei manches Überraschende. Karl May hat, bemerkte Radkov, „wohl nie einen Bulgaren vor seine Augen bekommen". Gleichwohl sind ihm durch „unverkennbare Zuneigung" aus der Fantasie „Gestalten von Bulgaren" erwachsen – „...so schön und wahrheitsgetreu dargestellt, wie nur ein bulgarischer Schriftsteller dies tun könnte".

Aber längst nicht nur die Fantasie sorgt für Erstaunliches. Vom weiten Bogen um die große Balkanpolitik mal abgesehen, erweist sich Karl May viele Male als aufmerksamerer Beobachter des Weltgeschehens als mancher seiner Zeitgenossen. So bestätigt ihm der kurdische Orientalist und Religionswissenschaftler, Schriftsteller und Journalist Namo Aziz im Jahre 1992, dass er eine „erstaunlich treffende Charakterisierung des Landes in seinem Buch ‚Durchs wilde Kurdistan'" gegeben hat, die noch dazu „wenig an Aktualität verloren" habe.

Aziz stammt aus Halabdscha (Halabja) im irakischen Teil Kurdistans, einem Ort unweit der Einmündung des Garranflusses in den Djalah. Kara Ben Nemsi und Gefährten reiten im Roman *Von Bagdad nach Stambul* an dieser Stelle vorbei. Nur ein kleines Stück weiter müssen sie das Grabmal für Mohammed Emin errichten, der im Kampf getötet worden war.

Der deutsch schreibende syrische Schriftsteller Rafik Schami fokussiert es auf den Punkt: „Bei Allah, dieser Karl May hat den Orient im Hirn und Herzen mehr verstanden als ein Heer heutiger Journalisten, Orientalisten und ähnlicher Idiotisten."

May hat eifrig Tatsachenmaterial gesammelt und zumeist sehr geschickt in seine Geschichten eingebaut. Zum Beispiel in die im *Hausschatz* angekündigte, „sehr spannende Erzählung ... aus der Zeit nach dem amerikanischen Bürgerkriege". Sie heißt *Der Scout*, wird vom Dezember 1888 bis August 1889 in Fortsetzung gedruckt und 1893 in die beiden ersten *Winnetou*-Bände eingebaut.

Unter anderem geht es dabei um den Ku-Klux-Klan – jene 1866 gegründete Geheimgesellschaft, die es sich zur Aufgabe machte, die Vorherrschaft der Weißen im Süden der USA aufrechtzuerhalten. In dem Ende 1879 veröffentlichten Roman *A Fool's Errand* (*Eines Narren Narrenstreich,* 1881) hatte Albion W. Tourgée, ein Richter aus North Carolina, Einzelheiten über die Umtriebe des Ku-Klux-Klan beschrieben. Diese Schrift zählte zu den Ausnahmen, denn andere Bücher aus den USA in jener Zeit berichteten fast nur über das mystische Zermoniell.

Bei solcher Quellenlage ist es schon erstaunlich, wie wirklichkeitsnah Karl May im *Scout* von Gewalttaten der ‚Kukluxer' berichtet. Da er mit hoher Wahrscheinlichkeit Tourgées Roman nicht kannte, muss er die gelegentlich auch in deutschen Veröffentlichungen auftauchenden Informationen recht sorgfältig und kritisch ausgewertet haben.

Old Shatterhand ist jedenfalls dabei, als der Überfall einer Klan-Bande verhindert wird. Die Geheimbündler hatten es in diesem Falle auf die reichen Barschaften eines Weißen abgesehen, der im Bürgerkrieg für die Nordstaaten kämpfte. Auch solche Aktionen waren typisch für den Klan. Soweit überschaubar, hat kein anderer namhafter deutscher Schriftsteller schon zu jener Zeit das Thema Ku-Klux-Klan kritisch aufgegriffen.

Dem *Scout* folgt ein dreijähriger literarischer Ausflug nach Südamerika. Es ist der einzige Aufenthalt auf diesem Kontinent. Zwischen Oktober 1889 und September 1891 läuft im *Hausschatz* der zweiteilige Reiseroman *El Sendador* (die Buchausgabe von 1894 trägt den Titel *Am Rio de la Plata / In den Cordilleren*). Und anschließend geht es – mit gestrafftem Handlungsablauf – von Oktober 1891 bis September 1892 im *Guten Kameraden* um *Das Vermächtnis des Inka*.

Mit diesen Werken reagiert May ebenfalls auf aktuelles Geschehen, wenngleich der Ich-Erzähler jetzt nicht mit so spektakulären Umtrieben wie beim *Scout* konfrontiert wird.

Argentinien ist in den achtziger Jahren stärker ins Blickfeld der deutschen Öffentlichkeit gerückt. Die Zahl der Auswanderer dorthin hat sich gegenüber dem vorangegangenen Vierteljahrhundert mehr als verdoppelt. Zwischen 1882 und 1889 erforschen Expeditionen in fast ununterbrochener Folge die wenig erkundeten Teile der Kordilleren. Und aus der Pampa kommen Nachrichten von urzeitlichen Riesenfaultieren und anderen sagenhaften paläontologischen Funden.

Der deutsche Naturforscher Hermann Burmeister hat bereits 1862 Resultate eigener Forschungsreisen durch die La-Plata-Staaten vorgelegt. Sein Werk steht in Mays Bibliothek, und die Person des Forschers regt ihn zur – skurril gezeichneten – Figur des Doktor Morgenstern an, der im *Vermächtnis des Inka* nach vorsintflutlichen Fossilien sucht.

Der erste Teil von *El Sendador* trägt die Überschrift *Lopez Jordan*. Das ist der Name eines karrieresüchtigen, skrupellosen argentinischen Offiziers, der in den Bürgerkriegen seines Landes eine unrühmliche Rolle spielte, aus Machtbesessenheit

Niederlage für den Ku-Klux-Klan. Illustration aus „Winnetou II", 1909.

243

1870 sogar seinen Schwiegervater, den Expräsidenten Urquiza (im „Reiseroman" irrtümlich als Stiefvater benannt) ermorden ließ. May hat ihn zurecht ins schurkische Personal der Abenteuergeschichte eingeordnet, in der noch verschiedene andere Persönlichkeiten ihren Platz finden. Beispielsweise Lorenzo Latorre.

Eines der Hauptmotive dieses Romans (GW 12, *Am Rio de la Plata*) ist die Verwechslung des Ich-Erzählers mit dem uruguayischen Oberst Latorre, der zur Handlungszeit um 1870 ein Anführer der Colorados-Partei war und Karl May verblüffend ähnlich sah. Von 1876 bis 1880 regierte er Uruguay als Präsident. Als Karl May 1889/90 den Roman schrieb, regte ihn dann ein Bild des Politikers zur Fabel an.

Vom südamerikanischen Schauplatz führt May die *Hausschatz*-Leser ab Oktober 1891 mit der Reiseerzählung *Der Mahdi* (heute GW 16-18, *Menschenjäger*, *Der Mahdi* und *Im Sudan*) für zwei Jahre nach Nordafrika, in die sudanesische Landschaft. Der politische Hintergrund ist jetzt wieder wesentlich brisanter als beim Abstecher nach Südamerika, denn May greift Ereignisse auf, die seinerzeit dicke Schlagzeilen machten.

Schon 1885 wollte er, wie aus einer Briefkasten-Notiz im *Hausschatz* hervorgeht, über das Land des Mahdi berichten. Das Projekt verschob sich, bis ihn Ende 1888 Wilhelm Spemann anregt, „den Schauplatz der nächsten Erzählung nach Afrika" zu verlegen. „Es wäre vielleicht in Folge der dort in Aussicht stehenden Kämpfe und der ganzen afrikanischen Bewegung angezeigt."

Mit der „ganzen afrikanischen Bewegung" waren die verwickelten Ereignisse im Sudan gemeint, der seit etwa 1820 unter der Herrschaft Ägyptens stand. Dieses Land wiederum galt zwar formal als autonome Provinz des Osmanischen Reiches, wurde aber ab Mitte des 19. Jahrhunderts von England und Frankreich wirtschaftlich wie finanziell kontrolliert. Ab 1882 verwaltete ein britischer Generalkonsul das Land.

Zu den ägyptischen Privilegien gehörte seit langem das Handelsmonopol mit sudanesischen Sklaven. Am mittleren und

Als diese Illustration 1889 in der „Gartenlaube" erscheint, arbeitet May gerade an seinem Roman „Die Sklavenkarawane".

245

oberen Nil herrschten grausame Zustände. Von 1881 bis 1885 kam es unter Mohammed Ahmed, genannt El Mahdi, zum Aufstand, der zum Sturz der ägyptischen Herrschaft führte.

Jener Ahmed, einst selbst Sklavenhändler, gab sich als Mahdi (= Messias) aus, brachte aber nicht die erhoffte Erlösung. In Mays Roman spielt er auch nur eine Nebenrolle. Es geht, wie schon zuvor in der *Sklavenkarawane*, vor allem um das Thema Sklavenhandel mit all seinen schlimmen Erscheinungen.

Auch in anderen Werken hat Karl May viele Male Stellung gegen die Sklaverei und gegen rassistische Vorurteile bezogen. 1894 schreibt er etwa im ersten Band von *Old Surehand*: „Ich ... habe unter den schwarzen, braunen, roten, gelben Völkern wenigstens ebensoviel gute Menschen gefunden wie bei den weißen, wenigstens, sage ich, wenigstens!" Und eine Woche vor seinem Tode, im berühmten Wiener Vortrag, ergreift der Schriftsteller mit seinen letzten überlieferten Worten nochmals Partei: „Körperbau, Hautfarbe usw. sind da vollständig gleichgültig, verändern nicht im geringsten Werth oder Unwerth des betreffenden Menschen."

Fehsenfelds Visite

Mit Beginn des Jahres 1891 haben sich die Finanzverhältnisse etwas gebessert, im April wagt Karl May neuerlich den Wechsel in eine Villa. ‚Agnes' – auf deutsch die ‚Reine' – heißt das neue Domizil in der Nizzastraße 13 (später Lößnitzgrundstraße 2) in Oberlößnitz. Es wird sich zeigen, dass er mit manchen Wünschen nun tatsächlich ins Reine kommt.

Der wohl wichtigste Besucher, den May hier empfängt, Friedrich Ernst Fehsenfeld, fühlt sich bei der ersten Visite sogleich „in eine Stimmung von Gefahren und ihrer Begegnung hineinversetzt". Er weiß von eisernen Stacheln am Bretterzaun zu berichten und bemerkt, dass „Gartentür und Haus ... nach unserem Eintritt wieder fest verschlossen und

Der Mahdi. Bild aus der „Gartenlaube", 1884.

verriegelt" werden. Ein paar Monate zuvor hatte es hier einen Einbruchdiebstahl gegeben, worauf Karl May mit solchen Sicherheitsvorkehrungen reagierte. Der Gast, der im Herbst 1891 den palisadengeschützten Bau betritt, ist elf Jahre jünger als May. Kindheit und Jugend im Hause des weiland recht bekannten Literaturwissenschaftlers Julian Schmidt – Stätte der Begegnung vieler Literaten und Gelehrter, darunter Ferdinand Freiligrath, Fritz Reuter, die Gebrüder Grimm, Gustav Freytag, Friedrich Spielhagen, Iwan Turgenjew und Berthold Auerbach – haben nachhaltige Eindrücke hinterlassen und früh den Weitblick dieses intelligenten, vielseitig begabten Mannes geschärft. Seit 1890 betreibt er im badischen Freiburg eine Verlagsbuchhandlung, mit der er sich bleibende Verdienste um die klassische Abenteuerliteratur sichert. Ihm sind beispielsweise die ersten deutschsprachigen Ausgaben so bekannter Werke wie *Wolfsblut* von Jack London, *Die Schatzinsel* von Robert Louis Stevenson und *Im Dschungel* (später *Das Dschungelbuch*) von Rudyard Kipling zu verdanken. Die Übersetzungen besorgte Fehsenfeld persönlich.

Für seinen jungen Verlag hält er Umschau nach Autoren, stößt dabei im *Deutschen Hausschatz* auf Karl Mays Abenteuerfahrt *Im Schatten des Großherrn*. „Ich begann zu lesen und kam nicht davon los," berichtet er. „Diese Erzählungen aus ihrer Zerstückelung in den Zeitschriften herauszuholen, sie in Bücher zu fassen und so der deutschen Jugend und dem ganzen Volke zu schenken, das war ein Gedanke, der mich nicht wieder losließ. Und alsbald ging ich ans Werk. Ich verschaffte mir Karl Mays Anschrift und fragte bei ihm an, ob er mit mir in Verbindung treten wollte."

So kommt es zum Treffen in der Villa ‚Agnes' und am 17. November 1891 zum Vertrag zwischen Autor und Verleger. Fehsenfeld verpflichtet sich, die im *Hausschatz* und in anderen Zeitschriften erschienenen „Reiseromane" in Bänden zu 500 bis 600 Seiten herauszugeben und alle geschäftlichen Obliegenheiten zu erledigen, während May die Texte in einer für die Buchausgaben geeigneten Form liefert.

248

In der Villa „Agnes" (heute Lößnitzgrund-straße 2 in Radebeul) wird 1891 der Vertrag mit Fehsenfeld geschlossen.

249

Friedrich Ernst Fehsenfeld. Aufnahme von 1887.

Er bekommt ein Akontohonorar von 500 Mark pro Band und weitere 2.000 Mark nach dem Absatz von jeweils 5.000 Exemplaren (in späteren Abmachungen wird der Autorenanteil noch etwas erhöht.)

Fehsenfeld kehrt „in gehobener Stimmung" nach Freiburg zurück. Karl May lässt am 3. Dezember 1891 einen Brief folgen, aus dem eine nicht minder glückliche Gemütslage spricht:

„Im lieben, schönen Lößnitzgrund
Da saßen Zwei selbander;
Die schlossen einen Freundschaftsbund,
Gehn niemals auseinander.
Der Eine schickt Romane ein,
Der Andre läßt sie drucken,
Unds Ende wird vom Liede sein:
's wird Beiden herrlich glucken!"

Hat Karl May sich in seinem Leben nur allzu oft an Träume und unerfüllbare Hoffnungen geklammert, so nicht in diesem Falle. Es „gluckte" tatsächlich: Fehsenfeld wie May sind in wenigen Jahren wohlhabende Männer.

Am 21. Januar 1892 starten Kara Ben Nemsi und Hadschi Halef Omar zum Parforceritt *Durch Wüste und Harem*. Weil es im Harem harmlos zugeht, Pikanterien, die Moralprediger aus Titel und Text herauslesen könnten, sowieso ausbleiben, reiten die Helden ab 1895 nur noch *Durch die Wüste*.

Bereits vor Jahresende 1892 liegt der Orient- und Balkanzyklus aus dem *Hausschatz* als Band I bis VI von *Carl May's gesammelten Reiseromanen* vor (bei der Fehsenfeld-Ausgabe werden beide Schreibweisen, Karl beziehungsweise Carl May, verwendet). Den letzten Band hat der Autor durch einen Nachtrag zu Rihs Tod ergänzt. Im Jahr darauf folgt die Trilogie *Winnetou, der Rote Gentleman*.

Eigens für die Buchausgabe verfasst er den ersten Band – abgesehen von den Greenhornszenen, in die ein kleiner Teil des *Scout* einfließt –, ebenso das Schlusskapitel des dritten Teils. Alles andere wird aus früheren Erzählungen zusammengefügt. Viel Zeit bleibt dafür nicht, denn zur Jahresbilanz von 1893

251

gehören auch folgende Arbeiten: Für den *Hausschatz* werden der *Mahdi* abgeschlossen und große Teile der *Felsenburg* (in der Fehsenfeld-Ausgabe dann *Satan und Ischariot* Band I und zwei Kapitel im Band II) geschrieben, im *Guten Kameraden* erscheint *Der Oelprinz*, zwei Marienkalender erhalten ihre bestellten Geschichten, außerdem entsteht die Erzählung *Der erste Elk* (in *Old Surehand I* zum ersten Kapitel verarbeitet). Eine enorme Leistung, nicht zuletzt auch deshalb, weil der allergrößte Teil der Texte mit zum Besten in Mays Werk gehört.

„Es müsste ein ethnographisch-novellistisches Meisterstück werden, nach welchem 100.000 Hände griffen, noch ganz anders als ‚Lederstrumpf' und ‚Waldläufer', viel gediegener, wahrer, edler; eine große verkannte Nation als Einzelperson ‚Winnetou' geschildert. Es würde ein Denkmal der rothen Rasse sein...", schreibt May am 16. Oktober 1892 über die geplante *Winnetou*-Trilogie an Fehsenfeld. Der Vorsatz, mit dem edlen Winnetou den Indianern ein bleibendes literarisches Monument zu setzen, ist dann mehr als gelungen. Abstriche, die sich aus kompositorischen Mängeln oder beim Abwägen des Realitätsgehaltes ergeben, konnten nichts an der grundlegenden Funktion des Romans ändern. Nicht hunderttausend Hände, sondern Millionen und Abermillionen in aller Welt haben seither nach *Winnetou* gegriffen.

Nach *Winnetou* geht es weiter aufwärts. Bis 1894 kommen fünf neue Fehsenfeld-Titel hinzu, ein Jahr darauf werden über 60.000 Bände der *Gesammelten Reiseromane* verkauft, 1896 weist die Jahresbilanz knapp 150.000 abgesetzte Exemplare auf, die Gesamtauflage klettert auf 400.000. Ein beispielloser Erfolg bahnt sich an. Die Leser kommen aus allen Schichten, der Zuschnitt auf begrenzte Zielgruppen – Katholiken beim *Hausschatz*, Jugendliche beim *Guten Kameraden* – ist überwunden.

„Vor den Erfolg haben die Götter den Schweiß gesetzt" – die Wahrheit der Sentenz des altgriechischen Dichters Hesiod hat Karl May hinlänglich erfahren. Jetzt scheint sich endlich alles zum Guten zu wenden.

252

Durch Wüste und Harem.

1892 erscheint der erste Band im grünen Gewand.

Erfolgsgründe

Der Österreicher Emanuel Kainz promovierte 1949 mit dem Thema *Das Problem der Massenwirkung Karl Mays*. Diese und weitere Dissertationen sowie viele andere umfängliche Arbeiten liefern eine Fülle von Antworten zu diesem Phänomen, ohne jedoch die Wirkungsgeschichte der Mayschen Bücher seit 1879 beziehungsweise 1892 – allein die deutschsprachige Gesamtauflage dürfte die magische 100-Millionen-Marke längst überschritten haben – vollständig aufhellen zu können, und das kann selbstverständlich auch an dieser Stelle nicht erfolgen. Wir wollen nur ein paar wesentliche Überlegungen herausstellen.

Untersuchungsgegenstand in diesem Zusammenhang waren vor allem die *Reiseromane*, die ja in erster Linie die Massenwirkung auslösten. Als Ursachen des Erfolges wurden unterschiedlichste Fakten aufgezählt, beispielsweise das Ethos der Werke, das humanistische, friedfertige Engagement, die eingängige Erzählweise und die geschickte Vermittlung wissenswerter Details, die auf Typen festgelegten Figuren, der lang anhaltende naive Leserglaube an Tatsachenberichte, ein vielfältiges Reklamerepertoire und nach Mays Tod die Rezeption durch Bühne, Film, Funk und Fernsehen, auch das von Fehsenfeld gewählte Kleinoktavformat der Bände und vieles andere mehr. Das alles trifft zu, mit wechselndem Gewicht für jeden Leser, und mancher Schwerpunkt hat sich im Wandel der Zeiten verschoben. Aber die wichtigste Wirkung löste natürlich die Strategie des Karl-May-Verlags aus.

Auf die objektiven Gründe, die am Anfang und über weite Strecken der Schaffensperiode den Erfolg bewirkten, sind wir schon eingegangen. Seinerzeit war es vor allem das Verlangen großer Bevölkerungskreise nach Fluchtlektüre, das May mit seinen Fähigkeiten so hervorragend befriedigen konnte. Natürlich spielt auch heute das Vergnügen an den Büchern eine wichtige Rolle, aber schon längst ist der Leser nicht mehr mit so einfachen Mitteln in exotische Scheinwelten zu entführen.

Erstausgabe von „Winnetou I" 1893.

Nicht nur die grundlegend anderen gesellschaftlichen Verhältnisse und die modernen Kommunikationsformen haben dazu gleichsam jeden Anlass beseitigt, die Welt der Gegenwart bietet kaum noch einen Freiraum, der die Assoziation eines abenteuerlichen Rittes an der Seite von Old Shatterhand oder Kara Ben Nemsi ermöglicht.

Nicht zu unterschätzen ist sicherlich der moralische Anspruch der Bücher. Dieses Motiv mag manchen Leser, der immer aufs Neue nach ‚seinem May' greift, nur unterschwellig beeinflussen, denn vorwiegend wird auch heute auf die ‚spannende Handlung' verwiesen. Ein Aspekt jedoch, der sich beim genaueren Hinschauen als gar nicht so überzeugend erweist. Wer nämlich einige Werke aufmerksam gelesen und kritisch verglichen hat, stellt fest, dass am Anfang gewöhnlich eine vollzogene oder geplante Untat steht. Kara Ben Nemsi oder Old Shatterhand sind zumeist Zeuge oder Opfer, und dann folgt die Handlung einem nahezu immergleichen Schema: Verfolgung der Täter, stunden- und tagelanges Reiten, Spurensuche, Spurenlesen, Lagern und Übernachten mit dem obligaten Wachen, aus taktischen Gründen ab und an auch einmal Flucht vor den Bösewichten, Anschleichen und Belauschen der Gegner gerade zum Zeitpunkt, da sie weitere Ränke schmieden, das Planen und Organisieren von entsprechenden Gegenaktionen, schließlich Gefangennahme und Befreiung. Die Rollen der Gefesselten und Eingesperrten wechseln. Sind Bösewichte entkommen, so deshalb, damit das Geschehen überhaupt weiterlaufen kann; müssen sich die Verfechter der Gerechtigkeit befreien, dann, um ihre Sache zum guten Ende führen zu können.

Noch vor dem Finale bleiben häufig schon Schurken zweiten Ranges auf der Strecke, während der oder die Hauptübeltäter bis zum Schluss gejagt werden. Wurden die Widersacher zu Untaten verführt, erfolgt meist ein Friedensschluss zu ehrenvollen Bedingungen oder werden Maßnahmen getroffen, die für längere Zeit neue Konflikte und Kämpfe ausschließen sollen. Haben sich die Gegner jedoch mit schwerer Schuld

„Winnetou I" heute.

Karl May um 1892.

beladen, so ist ihr Leben in der Regel verwirkt. Den Tod erleiden sie fast immer nach eigenem Versagen oder per Zufall, durch Absturz in die Tiefe beispielsweise wie beim Ende des Schut.

Im Rahmen solcher sich stets wiederholender Grundmuster variiert Karl May die Handlungen auf vielfältige Weise, setzt die Helden immer neuen Gefahren und Bewährungsproben aus, die sie glänzend meistern und die ihnen Gelegenheit geben, ihre hohen moralischen Qualitäten voll zu entfalten. Hier zeigt er sich als ein von Ideen sprühender Schriftsteller. Somit zieht weniger die Spannung – weil sich kommende Ereignisse häufig vorausahnen lassen –, sondern eher die von den gerechten und tapferen Helden ausgehende Faszination die Leser in den Bann.

Andere Autoren, deren Bücher sich in vielen Positionen mit Mays Werk vergleichen lassen, aber nicht durchweg so hohen moralischen Ansprüchen genügen, sind vielfach in Vergessenheit geraten.

Die Grundmuster von Gefangennahme und Befreiung sowie der Jagd auf schurkische Kontrahenten lassen sich aus Mays seelischen Erschütterungen während und nach der Haftzeit erklären. Sie drücken den von Kindheit an allgegenwärtigen Traumwelten ihren Stempel auf. In den Reiseromanen versuchte May, sich von dem Trauma seiner Vergangenheit zu befreien, und schuf dabei eine Fantasiewelt ganz eigener Art, mit völlig neuer Gestaltungsform, aber mit der für Märchen typischen scharfen Polarisierung von Gut und Böse.

Der Makel der ‚Jugendsünden‘, unter dessen Druck sich Mays Talent voll entfaltete, zwang ihn in die Isolation, die sich durch die Ehekrisen noch vertiefte. Die Türen zur bürgerlichen Gesellschaft, an die er zaghaft mit dem Doktortitel und dem Villaschlüssel klopfte, blieben ihm lange verschlossen. Erst nach Fehsenfelds Visite öffneten sie sich Spalt um Spalt.

Beim ersten Hiebe schrie der Gezüchtigte grell auf ...

Karl May's Reiseerzählungen Bd. XVII. Seite 426.

Die Bastonade (Auspeitschung der Fußsohlen): Postkarte Nr. 8 aus einer zehnteiligen Serie des Fehsenfeld-Verlages von 1898.

260

WOHLVERDIENTES DENKMAL

Der Wilde Westen

„Wer aber einmal den Thau der Savanne getrunken und den Duft des Büffelgrases geathmet hat, dem geht es wie dem Seemanne mit dem Meere; er kann nimmer mehr von ihm lassen; es zieht ihn zurück, und die geringste Veranlassung wird ihm zur eisernen Nothwendigkeit, den Wanderstab und die Trapperbüchse von Neuem zu ergreifen."

Zweimal schon hatte er „die Prairie nach allen Richtungen durchstreift" und das Felsengebirge „vom Nordpark bis hinunter zur Wüste Mapimi kennen gelernt", aber „die interessantesten Punkte des Gebirges" standen noch aus – „die drei Tretons, die Windriverberge..."

Die „oft erprobten Waffen" lagen griffbereit, es fehlte nur noch „ein gutes, zuverlässiges Pferd ... ohne das es geradezu unmöglich ist, in den dark and bloody grounds zu bestehen..."

In der Fußnote wird dazu erläutert: in den „„Finstern und blutigen Gründen'. So nennt der Amerikaner den wilden Westen seines Landes."

Und so lesen wir es in der Erzählung *Im 'wilden Westen'* *Nordamerikas* von 1882/83, die Karl May 1893 mit einigen Streichungen für den dritten Band von *Winnetou* verarbeitete.

Die 'dark and bloody grounds', der Wilde Westen – diese Worte wecken Visionen von faszinierender Landschaft und atemberaubenden Abenteuern, von Trappern und Scouts, von stolzen Indianerkriegern und Tramps, von Cowboys und Goldgräbern. Was aber war der Wilde Westen wirklich? Welche Gebiete gehörten dazu? Und was erzählt uns Karl May davon?

US-Präsident Thomas Jefferson hatte 1803 das Geschäft seines Lebens gemacht. Im günstigsten Gelegenheitskauf der Weltgeschichte konnte er von Napoléon Bonaparte die bis dahin französische Kolonie Louisiana – ein Riesengebiet zwischen Mississippi und Rocky Mountains – für bescheidene

15 Millionen Dollar erwerben. Durch diesen ‚Louisiana Purchase' kamen die USA zu einem Drittel ihrer heutigen Fläche.

Zu damaliger Zeit hatten Siedler die Gebiete östlich des Mississippi schon weitgehend erschlossen. Die neuen Regionen aber waren ein noch unbekanntes Land – Indianerland, für das später der Begriff vom Wilden Westen aufkam. Hinzu gehörten auch die Bereiche jenseits des Felsengebirges – im Nordwesten das Oregon-Gebiet und hernach die einst spanischen beziehungsweise mexikanischen Ländereien südlich des 42. Breitengrades.

Im Auftrag von Präsident Jefferson starteten im Mai 1804 Meriwether Lewis und William Clark zu einer ersten Forschungsreise. Von St. Louis kamen sie bis nach Oregon, errichteten dort Fort Clatsop, das noch heute existiert, zeichneten Karten, sammelten Material zu Flora und Fauna sowie reiche Erfahrungen zum freundschaftlichen Umgang mit Indianern. In ihren Berichten weckten die Biber besonderes Interesse. Mountain Men – so hießen die Männer der Berge jenseits der Missouri-Mississippi-Linie – waren die Ersten, die den Wildreichtum des Westens ausbeuteten. Wie auch die Trapper (engl. trap = Falle) in anderen Regionen jagten sie mit Fallen. Biberfellmützen waren bis nach Europa modische Statussymbole geworden.

Mountain Men und Trapper führten ein Leben, wie man das nur von einigen Pionieren des 18. Jahrhunderts – vom *Lederstrumpf*-Vorbild Daniel Boone etwa – kannte. Allein Mut, Geschick und blitzschnelle Reaktionen sicherten die Existenz in freier Natur.

Nach 1840 waren die Biber stark dezimiert, Fallen stellen lohnte sich nicht mehr. Trapper und Mountain Men wurden Scouts – Pfadfinder für Auswanderertrecks, Militärs oder Forschungsexpeditionen.

Seit 1820 wurden die Einwanderer zahlenmäßig erfasst, bis 1886 waren es 18 Millionen. Um 1840 begann der große Strom nach Westen. Viele fuhren auf Steamboats den Mississippi

262

und Missouri hinauf. St. Louis, Missouri, wurde zum ‚Gateway to the West', zum Tor zum Westen. Der weitaus größte Teil aller Siedler und Abenteurer, Forscher und Spekulanten passierte auf dem Weg nach Westen St. Louis, überquerte hier den Mississippi.

Wenn man Karl Mays Abenteuergeschichten ihrem Handlungsablauf nach chronologisch aufreihen könnte – was aber wohl kaum vollständig gelingen wird –, so ist es durch die historischen Gegebenheiten jedoch nur logisch, dass sie nirgendwo anders als in St. Louis beginnen müssen: Hier startet Old Shatterhand, dessen Name bald im ganzen Wilden Westen ehrfürchtig genannt wird, seine Karriere. Zunächst als Hauslehrer, dann lernt er Mr. Henry kennen und der Gunsmith erkennt die in dem Greenhorn schlummernden Fähigkeiten. Er vermittelt ihm eine Stelle als Surveyor, als Landvermesser, und beschenkt ihn obendrein mit dem Bärentöter (*Winnetou*, 1. Band). Später erhält Old Shatterhand in St. Louis auch den Henrystutzen als Präsent (*Winnetou*, 2. Band).

Frau Rosalie Ebersbach, geborene Morgenstern, verwitwete Leiermüller, Herr Kantor emeritus Matthäus Aurelius Hampel und die anderen Auswanderer im Roman *Der Oelprinz*, die in Arizona ihr Glück suchten, sind aber vermutlich nicht über St. Louis gereist. Denn das wäre ein Umweg gewesen. Unzählige Siedler – allein von 1840 bis 1860 waren es 300.000 – zogen nach Überquerung des Mississippi auf dem 3.200 km langen Oregon Trail nach Westen und Nordwesten. Wagenräder und Tierhufe prägten einen breiten, teilweise noch heute sichtbaren Pfad. Im Roman „*Weihnacht!*" führt ein Teil der Reise in Wyoming längs des alten Trails, ohne dass das freilich gesagt wird.

Für die Indianer brachten die Vorstöße in ihr Land üble Folgen. Ein 1834 im Kongress beschlossenes Gesetz sollte ihren Besitzstand westlich des Mississippi „für ewige Zeiten" festschreiben. Jene Ewigkeit aber währte nur wenige Jahre. Die Frontier – die Grenze zwischen weißer und indianischer

Zivilisation – wurde immer weiter nach Westen verschoben. Schon 1786 hatte – zunächst im Osten – die Umsiedlung der Indianer in Reservationen begonnen. In der langen Geschichte nimmt der ‚Trail of Tears‘ (= Pfad der Tränen) einen besonders tragischen Platz ein: Fünf Stämme aus dem Südosten mussten den Fußmarsch in das Indian Territory (heute Oklahoma) antreten. Von den Cherokee kam dabei im Winter 1838/39 ein Viertel um.

Gegen die ständige Beschneidung ihrer Lebensräume zogen die Indianer auf den Kriegspfad. Einen großen und zugleich letzten Sieg errangen sie 1876. Am Little Bighorn River brachten Sioux und Cheyenne unter Tatanka Yotanka (Sitting Bull) und Tashunka Witko (Crazy Horse) dem Kavallerieregiment von George Armstrong Custer eine vernichtende Niederlage bei.

Es gab viele kleinere Aktionen wie die Überfälle auf Planwagenzüge. Weiße wiederum jagten den Prämien für Indianerskalps hinterher. In zahlreichen Indianerkriegen wurde der Widerstand gebrochen.

Indianerkämpfe aus unterschiedlichsten Anlässen nehmen bei May und anderen Autoren breiten Raum ein; sehr oft stehen Prärieindianer im Mittelpunkt. Ihre Lebensgrundlage waren die Büffel; einst gab es 40 Millionen Tiere. Weiße Siedler und Scharen von Büffeljägern begannen mit dem gnadenlosen Abschuss. Um die wertvollen Felle ging es – in Dodge City, Kansas, wurden 1872 täglich 40.000 Häute verladen – und um die Vernichtung der indianischen Existenzbasis. Häufig wurde deshalb sogar auf die Verwertung von Fellen verzichtet, das Fleisch ohnehin Geiern und Kojoten überlassen. Mit dem Vorstoß des Eisenbahnbaus nach Westen wurde alles noch schlimmer. Es gab Angebote für Fahrten mit ‚Ausflugszügen‘: „Die Büffel am Schienenweg sind so zahlreich, dass sie bequem vom Abteilfenster aus geschossen werden können. Den Passagieren stehen ausgezeichnete Sharpsbüchsen und besondere Patronen mit großer Pulverladung zur Verfügung.“

264

In einem reichlichen Jahrzehnt waren die mächtigen Herden nahezu völlig ausgerottet: Um 1881 lebten nur noch etwa 650 Bisons.

Der älteste Wagenkarawanenzug war seit 1820 der Santa Fe Trail von Missouri in die weiland spanische Kolonialstadt. In Dodge City gabelte sich die Strecke. Nördlich ging es durch die Rocky Mountains, südlich durch die Staked Plains. Dieser Pfad war mit Pfählen markiert. Indianer und Desperados steckten die Hölzer um, wenn sie einen Treck in den Hinterhalt locken wollten. In Deutschland wurde diese Steppenwüste durch Mays Erzählung *Der Geist des Llano Estacado* bekannt.

Jahrelang waren auf dem alten Trail nur Handelsleute unterwegs, bis im Sommer 1846 General Kearny mit seinen Missouri Volunteers in Santa Fe einrückte und die Wildwestwüstenregion New Mexico für die USA sicherte.

Durch politische Schachzüge, einen Krieg mit Mexiko und Käufe vergrößerten die USA bis 1853 ihren Wilden Westen, zuletzt um den Südteil von Arizona durch den Gadsden Purchase.

Spektakulärste Ereignisse bahnten sich an, als Mexiko nach dem Krieg im Februar 1848 auf Kalifornien verzichtet hatte. Denn nur wenige Tage vorher waren in der Sierra Nevada im Wassergraben einer Sägemühle ein paar Goldnuggets gefunden worden. Überall an Flussufern nördlich von Sacramento begannen Digger mit dem Suchen und wurden fündig. Im Juli 1848 erreichte die Kunde vom Gold die Ostküste und lief dann um die Welt. Die USA hatte ihren ersten Goldrausch.

Menschen aus aller Welt strömten nach Kalifornien, 80.000 allein 1849. Sie kamen durch Prärien und über die Rockys, auf dem Seeweg um Kap Hoorn, einige überquerten den Isthmus von Panama. Nach zehn Jahren gingen die millionenfachen Hoffnungen auf Millionenreichtümer zu Ende, Boomtowns wandelten sich zu Ghostcities, die bisher größte amerikanische Welle von Gesetzlosigkeit und Abenteuertum ebbte ab.

Mit dem Goldrush hat sich Karl May nicht befasst. Im dritten Band *Winnetou* führt die Handlung wohl ein Stück durch kalifornische Goldgräbergebiete, aber das liegt lange nach dem goldenen Jahrzehnt und schon kurz vor Winnetous Tod; dessen Lebensdaten hatte der Schriftsteller einmal mit 1840 bis 1874 angegeben. Man sah „auf den ersten Blick", heißt es dann auch, „daß die Glanzperiode dieses Teiles der Minen vorüber war". Ein paar weitere Erwähnungen anderswo verbreiten ebenfalls keine goldene Pracht.

Nach den Goldfunden wurde 1848 eine Postverbindung zwischen New York und San Fransisco eröffnet – mit Schiffen in Atlantik und Pazifik und über die Landwege in Panama. Das war viel zu zeitaufwändig, und ab 1858 rollten schließlich erste Überlandkutschen zwischen St. Louis und Kalifornien. Jeweils acht Passagiere und die Postfracht hatten die 4.411 Kilometer über das südliche Arizona mit 139 Stationen nach 24 bis 25 Tagen geschafft; etwa alle 40 Kilometer erfolgte ein Pferdewechsel. Mit dem Eisenbahnbau ging die Zeit der Overland Mail – auch über nördliche Routen – schon nach elf Jahren zu Ende. Nur kleinere Strecken blieben noch ein paar Jahrzehnte in Betrieb.

Das Reisen in den schlecht gefederten Wagen war mit unglaublichen Strapazen, mit Dreck, Achsenbrüchen, verunglückten Pferden und Überfällen verbunden. Gerade das aber beflügelte die Romantik um die Postkutschen, die als berühmteste Verkehrsmittel im Wilden Westen gelten.

Bei Karl May spielen sie freilich kaum eine Rolle. Im dritten Band von *Satan und Ischariot* (GW 22) krächzt zwar ein solches Gefährt über viele Seiten, aber es ist eben „nur eine alte, ausgediente Ueberlandkutsche".

Noch kürzer als die Overland Mail, gerade mal anderthalb Jahre (April 1860 bis Oktober 1861), existierte der Pony Express, der spektakulärste Postreiterdienst der Welt. Die Reiter – Gewicht maximal 65 Kilogramm, „Orphans preferred" („Waisen bevorzugt") – legten die 3.120 Kilometer zwischen St. Joseph, Missouri, und Sacramento, Kalifornien, in nur zehn Tagen zurück, bezwangen Prärien und Rockys in glühender Sonnenhitze und bei eisigen Hagelschauern. Sie wurden zu Helden des Wilden Westens.

Im Band „*Weihnacht!*" kommt Old Shatterhand nach St. Joseph, aber da ist von der spektakulären Pony Express-Zeit, die mit der ersten transkontinentalen Telegrafenverbindung am 11. Oktober 1861 zu Ende gegangen war, längst nichts mehr zu spüren.

Unter den 7.000 Einwohnern gibt es 2.000 Deutsche, und als bekannt wird, „daß Old Shatterhand da sei, so kamen die Besitzer der Newspapers, um Beiträge von mir zu verlangen. Ich befriedigte sie alle binnen drei Tagen und konnte mir von dem erhaltenen Honorare einen feinen Anzug und Wäsche für unsere Reise nach dem Osten kaufen."

Neben Overland Mail und Pony Express wurden die Cowboys zu besonderen Symbolen des Wilden Westens, obwohl auch ihre Ära mit nur 25 Jahren recht kurz war. Die Cowboys waren stolz und hilfsbereit, mutig und fair, hart und rau. In dieser Gesellschaft gleichberechtigter Männer gab es keinen Rassendünkel; jeder Dritte war farbig. Ihre große Zeit begann mit dem Bürgerkriegsende 1865. Fleisch und Felle waren knapp geworden. Herden von tausenden Rindern wurden von Texas nach Dodge City und anderen Verladebahnhöfen getrieben. Von den Abenteuern auf den Trails zehren Romane und Filme bis heute.

Bei Karl May reiten keine Cowboys auf Trails. Im Roman *Old Surehand* gibt es mit Old Wabble aber immerhin einen „King of the Cowboys" – „eine mythische Gestalt", die „mit der Gegenwart nichts mehr zu schaffen hat. Man berichtete hundert und aberhundert Schrullen und Thaten von ihm, welche bewiesen, daß er ein Original war." Es folgen keine Einzelheiten zu diesen Taten und auch nicht zum Leben der Cowboys. Karl May bekundete aber in dem ab 1894 erschienenen Werk, dass er etwas von Mythen um diesen Menschenschlag wusste: Denn als die Eisenbahn den Westen erobert hatte, wechselten ab 1890 die Cowboys in Shows und in die Welt der Legenden.

Am 10. Mai 1869 war in Promontory, Utah, der berühmte ‚Goldene Nagel' eingeschlagen worden. Mit Schaufel, Schubkarre und Spitzhacke hatten die Mannschaften von Central

Pacific und Union Pacific Railroad die erste durchgängige Bahnverbindung zwischen Atlantik und Pazifik vollendet. Das Feuerross hat Millionen Siedler in den Westen gebracht, die Fontier bis zum Pazifik hin verschoben: Um 1890 gab es keinen Wilden Westen mehr.

Dieses Ende brachte aber kein Ende der Romantik – im Gegenteil. William F. Cody, genannt Buffalo Bill, Pony Express-Reiter, Scout und Büffeljäger, präsentierte seit 1883 seine Wildwest-Show mit Indianern und Cowboys. Er zog durch viele amerikanische Städte und mehrmals durch Deutschland und Europa. Und deutschen Zeitungslesern war er schon seit 30 Jahren bekannt, als 1905 hierzulande (in den USA seit 1869) die allerersten Romanhefte mit einem Serienhelden – Buffalo Bill – starteten; die erste Reihe brachte es bis 1912 auf 386 Titel.

Karl May hegte für Buffalo Bill keine Sympathien. Als der amerikanische Colonel Cody mit seiner aufwändigen Wild West Show nach Deutschland kam, schlugen die Wellen der Begeisterung hoch. Es wird vermutet, dass Karl May vom Buffalo Bill-Rummel Konkurrenz für seine Romanhelden befürchtete.

‚Buffalo Bill's Wild West' gastierte in der ersten Junihälfte anno 1890 in Dresden. Ob Karl May unter den Zuschauern weilte, können wir nur vermuten. Jahre später, 1894 schreibt er an einen Verehrer: „Buffalo Bill kenne ich persönlich; er war Spion und guter Führer, weiter nichts. Zu den Westmännern à la Firehand wurde er nicht gerechnet." Und 1898 überrascht May einen Fan-Klub in München mit der Kundgabe, dass von seinen Gefährten aus den dark and bloody grounds nur noch der Hobble-Frank leben würde; alle anderen seien ausgelöscht worden – die meisten von Buffalo Bill!!!

Im August 1906, allerdings nur für vier Tage, präsentiert sich die Show neuerlich in Dresden. Klara May, die zweite Ehefrau, die viele Events in ihrem Tagebuch notierte, hat davon nichts festgehalten. Aber 1918 erzählt sie eine hübsche Story:

268

Buffalo Bill. Bild aus der „Gartenlaube", 1877.

Der Colonel habe Karl May eingeladen, und nur auf ihr Drängen hin – „ungern" – sei man „zwei Stunden vor der Vorstellung" hingegangen. Beide – May und Cody – hätten sich schon vor Jahren kennengelernt und Karl May sei es schwer gefallen, „seine Abneigung gegen den Feind der roten Rasse zu verbergen". Mit einigen Indianern der Show, flunkert Klara May, „unterhielt sich Karl May längere Zeit in ihrer Muttersprache". Cody habe verstanden, „wovon die Rede war, denn er lachte, klopfte Karl May auf die Schulter und sagte: ‚Sie sind ein Idealist, mein Lieber; nur das Recht des Stärkeren und Schlaueren gilt'... Karl May war von diesem Augenblick an zugeknöpft und ziemlich einsilbig. Er lehnte es auch ab, nach der Vorstellung noch ein Stündchen mit Cody zu plaudern; er habe etwas Unaufschiebbares vor. Auch die mir erst versprochene Einladung Codys unterblieb..."

Ein Gespräch zwischen May und Cody gehört vermutlich genauso ins Reich der Fabel wie das Märchen, Buffalo Bill habe etwa Sam Hawkens oder die Tante Droll erschossen. Vom Vermengen realer Persönlichkeiten und fiktiver Figuren und Fastlinksliegenlassen großer Markenzeichen – Goldrausch, Cowboys und Trails, Overland Mail und Pony Express etwa – einmal abgesehen, hat Karl May zu manchen Ereignissen im Wilden Westen aber auch außerordentlich Bedeutsames gesagt und mehr gewusst als andere Autoren. Beispielsweise im Zusammenhang mit den Apachen.

Die Apachen

Die Apachen – oder Apatschen – gehören zur großen Sprachfamilie der Athapasken und nennen sich selbst, je nach Dialekt, Na-Dene, Inde oder Dinneh, was nichts anderes als Menschen oder Volk bedeutet.

Das Wort Apache ist für sie selbst ein Fremdwort; es stammt aus der Sprache der Pima oder Zuni und bedeutet Feind.

Lexika halten für den Begriff Apache noch eine zweite Erklärung bereit. Es ist das Synonym für Verbrecher oder Zuhälter in Paris. Ein Zusatz erläutert, dass diese Bezeichnung heute veraltet sei.

Immerhin ist das Wort Apache damit aber negativ eingefärbt. Andererseits wurde achtungsvoll von den „Adlern des Südwestens" gesprochen.

Diese Indianer zogen besonderen Hass, aber auch enorme Bewunderung und Sympathie auf sich – je nach dem Standpunkt des Beobachters. Denn mehr als 300 Jahre lang kämpften sie erbittert und mitleidlos, mit kluger Taktik, geringstem Risiko und beachtlichem Erfolg um ihre Freiheit und ums Überleben.

Die Apachen bewohnten die Steppen- und Wüstenregionen von Arizona, New Mexico und Texas. Bei Kämpfen und Verfolgungen zogen sie sich zeitweise auf mexikanische Gebiete – Sonora und Chihuahua – zurück. Spanische Kolonisatoren und die mexikanischen Nachfolger konnten sie ebenso wenig besiegen wie die Armee der Vereinigten Staaten.

Durch hervorragende Tapferkeit und Verwegenheit zeichneten sich seit eh und je die Mescaleros aus – jene Apachen, aus denen May seinen Winnetou erwählte. Sie lebten westlich des Rio Pecos und erhielten ihren Namen von den Spaniern, weil zu ihrer Nahrung das Fruchtfleisch der Mescalagave gehörte.

Mescaleros und andere Apachen operierten vielfach von der Bolsón de Mapimi aus. Dieses auch von May geschilderte Gebiet ist ein 1.100 bis 1.200 Meter hoch gelegenes Wüstenplateau südlich des Rio Grande del Norte, von tiefen Canons durchzogen, steilen Sierras umgeben und mit einer Ausdehnung von mehreren hundert Kilometern nach allen Seiten. Hier kannten die Indianer geheime Wasserquellen und verborgene Weidegründe für ihre Pferde. Die kleinen, beweglichen Gruppen fanden sichere Zuflucht vor dem Militär.

Von Jugend an wurden die Apachen für den unerbittlichen Kampf trainiert. Die Krieger waren durch Widerstandskraft und Willensstärke, körperliches Leistungsvermögen und Zähigkeit geprägt. Ihre Fähigkeiten im Laufen – mit hohem Tempo auf kurzen Strecken oder unglaublicher Ausdauer über lange Distanzen – galten als legendär.

Meist operierten sie in kleinen Gruppen von höchstens zehn Kriegern ohne Häuptling. Groß angelegte Kriegszüge wurden aber von einem mächtigen Anführer geleitet.

Die Namen hervorragender Persönlichkeiten sind mit dem Kampf der Apachen verbunden, so der von Cochise, dem hünenhaften Häuptling der Chiricahuas. Mit den Behörden im südöstlichen Arizona hatte er jahrelang einvernehmlich gelebt und sogar einen kleinen Tauschhandel betrieben, bis er 1861 in einen Hinterhalt geriet, aber entkommen konnte. Nun begann das letzte Kapitel im Kampf der Apachen um ihr Land.

Es kam zu vielen spektakulären Aktionen, doch mussten die Indianer, zum Teil noch mit Pfeil und Bogen kämpfend, erkennen, dass sie letztendlich auf verlorenem Posten standen. Mangas Coloradas, Häuptling der Mimbrenjos, Blutsbruder und Schwager von Cochise und mit 2,05 Metern eine Riese von Gestalt, akzeptierte ein Verhandlungsangebot der Blauröcke, wurde gefangen und erschossen. Er gilt als der befähigste Apache des 19. Jahrhunderts. Im Roman *Die Nacht von Santa Rita* von Werner Legère (Bamberg-Radebeul 1997) fand er eine verdiente Würdigung.

Bis 1872 zog sich der Kampf der Apachen hin. Weil der große Cochise militärisch nicht zur Kapitulation zu zwingen war, kam es schließlich zu einem Abkommen, das den Chiricahuas einen Teil ihrer alten Heimat als Reservation zusicherte.

Zwei Jahre darauf starb Cochise. Neue Pläne zielten auf eine Umsiedlung der Indianer in die unwirtlichere San Carlos-Reservation am Gila River.

Unmittelbar nach Custers Niederlage im Juni 1876 mussten die Chiricahuas den Marsch antreten. Noch war ihr Lebenswille ungebrochen, erste Gruppen ergriffen die Flucht, im-

272

Szenen aus der Gran Apacheria in der „Gartenlaube".

mer wieder brachen dann kleinere Verbände auch aus der San Carlos-Reservation aus. Eine allerletzte Phase des Kampfes begann.

Weil den Indianern jede Existenzgrundlage fehlte, hielten sie sich an den Herden der Weißen schadlos. Aus Teilen von Arizona und Texas wurden Siedler vertrieben. Truppenaufgebote konnten die taktisch klug operierenden Indianer nicht bezwingen. Zahlreiche sagenhaft anmutende Aktionen sind verbürgt, so die erfolglose Jagd von 5.000 Soldaten nach 24 Apachen, die kurz darauf selbst wieder zum Angriff übergehen. Von den Anführern wird vor allem der Name des Häuptlings Gokliya (spanisch Geronimo) weithin bekannt. Er gelangt zu legendärem Ruhm.

Erst 1886 war der Widerstand gebrochen. Geronimo, der letzte Kriegshäuptling der Apachen, legte die Waffen nieder und wurde zusammen mit seinen letzten Getreuen nach Florida verbannt.

Ab 1894 wurde er in Fort Sill in Oklahoma gefangen gehalten, wo er 1909 mit 80 Jahren starb. Sein Grab auf dem Apachen-Friedhof ist noch heute Wallfahrtsort von Indianern und Indianerfreunden.

Nach den Kapitulationen hatte sich in den Reservationen weithin Resignation ausgebreitet. Die Indianer suchten Zuflucht in der alten Religion, die sich mit christlichen Elementen vermischt hatte. Viele hofften auf einen Messias, der die alte indianische Welt zurückbringen würde.

Solche Erwartungen konzentrierten sich im Ritual der Geistertanzbewegung. Sie breitete sich rasch aus und löste bei den amerikanischen Behörden Furcht vor neuen Unruhen aus. Im Dezember 1890 kam es am Wounded Knee Creek in South Dakota zum blutigen Finale. Für lange Zeit lag dann Fatalismus über den Reservationen.

So sieht in grober Skizze die indianische Realität aus. Was aber war davon weiland in Deutschland bekannt?

Apachen-Häuptling Cochise – ein mögliches Vorbild für Winnetou.

Was wusste Karl May?

Dee Brown, langjähriger Bibliothekar an der University of Illinois und damit ein Mann, der es von Berufs wegen genau wissen muss, stellt 1970 im Vorwort zu seinem Weltbestseller *Bury my Heart at Wounded Knee* (*Begrabt mein Herz an der Biegung des Flusses*) fest, dass es aus der Zeit von 1860 bis 1890 „Tausende von Berichten über die ‚Erschließung‘ des amerikanischen Westens" gibt. „Es war eine unglaubliche Ära von Gewalt, Habgier...", vermerkt er weiter, und die Schilderungen vermitteln durchweg nur Mythen: „Der Indianer war der böse Schurke der Mythen." Bloß „einige wenige authentische Darstellungen der Geschichte des amerikanischen Westens" sind in jenen Jahren entstanden, und wenn überhaupt gedruckt, dann lediglich in „obskuren Zeitschriften, Broschüren oder Büchern, die nur geringe Verbreitung fanden". Für die Zeit nach 1890, so erfahren wir von Dee Brown, zeigen sich die Quellen etwas fündiger. Zeitungsreporter zeichneten viele Gespräche mit Indianern auf, die in der letzten Phase des Kampfes aktiv waren. Aber auch solche Berichte müsse man mit gebührender Vorsicht betrachten: „Der Wert dieser Interviews war sehr unterschiedlich und hing von den Fähigkeiten der Übersetzer ab sowie von der Bereitschaft der Indianer, offen zu sprechen. Manche fürchteten Repressalien, wenn sie die Wahrheit sagten; andere machten sich einen Spaß daraus, die Reporter aufzuziehen und ihnen Lügengeschichten und Schauermärchen zu erzählen. Berichte von Indianern, die zu jener Zeit in den Zeitungen erschienen, müssen deshalb mit Skepsis gelesen werden; manche davon sind Meisterstücke der Ironie, andere von glühendem poetischem Zorn erfüllt."

Viele heute bekannte Einzelheiten sind den unermüdlichen Recherchen von Dee Brown zu verdanken. Seine „ergiebigsten Quellen" fand er schließlich in Protokollen, die jahrzehntelang in Archiven unter Verschluss lagerten.

Die einst in den USA umlaufenden Berichte zur Situation

der Indianer veränderten wohl kaum ihren Duktus, wenn sie den Weg nach Europa fanden. Hiesige Journalisten stimmten dann bei eigenen Beiträgen in diesen Tenor ein. Beispielsweise in der viel gelesenen *Gartenlaube*. Mit Blick auf Karl May ist gerade diese Wochenzeitschrift von besonderer Bedeutung, wissen wir doch von einigen ganz frühen Anregungen aus dieser Quelle. Und just im Jahr 1874, als Karl May seine schriftstellerische Tätigkeit beginnt, wird den Lesern ein Wandel kundgetan:

„Die Zeiten, wo man Cooper'sche Romane las und wenigstens einen Theil der wundervollen Schilderungen indianischen Edelmuthes für fortbestehende Wirklichkeit hielt, sind längst vorüber, und selbst manches, was noch vor zehn oder zwanzig Jahren zu Gunsten der Indianer gesagt und geschrieben wurde, stimmt jetzt nicht mehr mit der Wirklichkeit überein. Unaufhaltsam rücken die Indianer Amerikas dem Untergange näher. Die Versuche, sie zu civilisieren, sind bis jetzt im großen Ganzen nicht geglückt, wobei freilich zweifelhaft bleibt, auf wessen Seite die Schuld lag. Jedenfalls haben die sogenannten Indianerdolmetscher und Indianeragenten der Regierung im Großen und Ganzen weit eher dazu beigetragen, die Indianer mit den Weißen zu verfeinden und in ihnen das Gefühl erlittenen Unrechts zu erhalten und zu stärken, als sie dem Leben der Weißen näher zu bringen."

Gartenlaube-Autor M. Lindemann berichtet unter dem unschönen Titel *Von den ‚roten Teufeln'* über eine Amerikareise und „einen kurzen Blick in jene untergehende indianische Welt..." Er erwähnt dabei – wie noch 100 Jahre später Dee Brown – den fragwürdigen Einfluss von Dolmetschern. Kritikwürdig erscheint ihm auch die Rolle der Indianeragenten, die „vielfach ihre Stellung dazu benutzen, um ihren persönlichen Vortheil auf mannigfache Weise zu fördern..."

Auf seiner Tour machte Lindemann auch in St. Louis Station und begegnete dort einer „Deputation..., nicht weniger als sechs Stämme waren in derselben vertreten", die auf dem Weg nach Washington gewesen sei. Die „Vornehmsten unter den Indianerstämmen" hätten unter anderem folgende Namen gehabt: „Hunde-Esser" als Vertreter der Kiowas, „Schläger" von den Apachen und „Großmaul" als Arapaho-Repräsentant! So war es ihm jedenfalls übersetzt worden.

Unter den rund 300.000 Indianern in den USA gäbe es noch „78.000 völlig barbarische Indianer". Ein Regierungsbericht schätzte darüber hinaus die „Zahl der gegenwärtig noch feindseligen und marodierenden Indianerbanden ... auf 8.000... Diese Zahl wird mit jedem Jahr mehr und mehr zusammenschmelzen. Der fortschreitende Bau der Eisenbahnen verengt ihr Terrain zusehends. Die Romantik, welche bei uns noch ... die edelmüthigen Indianer umgiebt und ihr freies Jägerleben, ihre einfachen Sitten und Anschauungen verherrlicht, sie muß zerfließen gegenüber der harten Wirklichkeit der Gegenwart. Jene nomadisierenden räuberischen Grenzstrolche des Westens verdienen das gleiche Schicksal wie die weißen Rowdies der großen Städte des Ostens."

Andere Blätter schreiben ganz ähnlich. Nur wenig später etwa, 1876, wird die Niederlage von Custer am Little Bighorn River recht verschleiert dargestellt – der Offizier erscheint im Lichte eines Helden und die Sioux gelten als „barbarische, blutdürstige Bestien". Die *Gartenlaube* bezeichnet die Custersche Truppe als „brave Schaar", die „ihr Leben für die Civilisation und für den Frieden ihrer Mitbürger in die Schanze schlagen mußte..."

Zum blutigen Geschehen am Wounded Knee Creek gibt es überhaupt keinen Bericht und in einem kalendarischen Rückblick heißt es nur lapidar: „Im Winter hatten die Truppen der Republik mit einem Indianerkrieg im Dakotagebiet zu thun, der die gefürchtete große Ausdehnung jedoch nicht annahm und nach der Niederlage des Häuptlings durch Unterhandlungen ein Ende fand."

Ganz schlecht kommen die Apachen weg. Cochise, Geronimo und andere Häuptlinge werden als „Bandenführer", „Mordbanditen" oder „Raubguerilleros" und die Apachen selbst als „zahllose Banden und Horden" dargestellt, ohne Tugenden

278

und Ehrgefühl, dafür reich an gefühlloser Mordlust, nur auf Raub und das Erfinden immer neuer qualvoller Tötungstorturen bedacht. Und Geronimo, Symbol für den letzten Widerstandswillen, gilt als „der schlimmste, der schrecklichste Indianer".

Nach seiner Kapitulation 1886 entstehen recht schiefe Bilder: Das Volk mit auch körperlich so auffallend stattlichen Persönlichkeiten wie Mangas Coloradas oder Cochise erscheint nicht selten als eine Masse durchweg degenerierter Zwerge, aus verwegenen Reitern werden Pferdefleischfeinschmecker und so weiter.

Erstaunlich wirkt, dass selbst Heinz-Josef Stammel, ein renommierter Kenner des amerikanischen Westens, noch 1982 eine ziemlich abschätzige Beschreibung gibt: „Die Apachen waren weder Jäger, Sammler, Hirten, Ackerbauern noch Reiter..., der Gestalt nach klein, schmalbrüstig, kurzbeinig, dickbäuchig..., wanderten ziellos in der Wüste umher..., verzehrten Pferde lieber als daß sie ritten...“! Vor allem jedoch: „Karl Mays Mär vom ‚edlen Roten Manne‘, den er gerade in diesem Stamme fand, ist ein fantastisches Trugbild."

Den Befund vom „fantastischen Trugbild" muss man wohl eher als Kompliment denn Kritik werten. Von allen Indianern hat Karl May die am düstersten Dargestellten – die Apachen – ausgewählt, um sie dem Wohlwollen des Lesers zu empfehlen.

In den negativen Darstellungen zu den Apachen gab es seinerzeit nur eine gewichtige Gegenstimme, den 1881 von Helen Hunt Jackson veröffentlichten Report *A Century of Dishonor* (*Ein Jahrhundert der Schande*). Wie schon im Falle des Ku-Klux-Klan können wir auch hier davon ausgehen, dass Karl May dieses Buch aus den USA ebenfalls nicht gekannt hat. Vermutungen dazu sind überdies müßig, denn der Apachenhäuptling Winnetou wird erstmals 1875 vorgestellt, und beim zweiten Auftritt 1878 nennt ihn May bereits „den besten, treuesten und edelsten meiner Freunde".

Positive Äußerungen über die Apachen kann May mögli-

James Fenimore Cooper.

cherweise in älteren Werken gefunden haben, etwa aus den Strubbergschen *Amerikanischen Jagd- und Reiseabenteuern...* von 1858. Dort gibt es ein ganzes Kapitel mit sympathisch geschilderten Mescaleros und ihrem Häuptling – „über sechs Fuß hoch, mit breiten Schultern und gewölbter Brust, regelmäßig schönen Gesichtszügen, ... hoher Stirn..., eine stolze achtunggebietende Haltung..." Vielleicht hat er auch einige Informationen aus Werken von Karl Eduard Buschmann herausgefiltert, die zum Teil in seiner Bibliothek standen. Der Sprachforscher beschreibt in den 1850er Jahren die Apachen zwar auch nur als räuberische Banden, verwendet aber dabei viele authentische Zitate, so dass zwischen den Zeilen manches anders zu lesen ist.

Das Fazit: Zur aktuellen Lage der Indianer in den USA nach 1874 kann May nicht auf gesicherte Informationen zurückgreifen. Diese Ausgangssituation stellt sich somit anders dar, als gemeinhin angenommen wurde. Aber es bieten sich auch Traditionen an, deren Wurzeln weit zurückreichen und auf denen er aufbauen kann.

Indianerliteratur

Washington Irving und James Fenimore Cooper hatten bis zur Mitte des 19. Jahrhunderts wesentliche Grundlagen für die Weltgeltung der USA-Literatur und – Cooper vor allem – für das Ansehen der amerikanischen Indianerliteratur gelegt.

Cooper wuchs in Cooperstown auf, einer Gründung seines Vaters in Pennsylvania, als es dort schon keine Indianer mehr gab. Mit Unterbrechung durch Studium, Seefahrten, Europareisen und Aufenthalten an der Atlantikküste lebte er bis zu seinem Tode in seiner Heimatstadt. „Alles, was ich von den Indianern weiß", bekannte er, „stammt aus meiner Lektüre oder von dem, was ich meinen Vater von ihnen erzählen hörte." Waren es auch keine eigenen Erlebnisse, so doch Informationen aus erster Hand, die er zu wirklichkeitsnahen Schilderungen indianischen Alltagslebens verarbeiten konnte. In die Romane – wir denken vor allem an die fünf weltberühmten *Lederstrumpf*-Bände, entstanden zwischen 1823 und 1841 – ist aber auch viel Fantasie eingeflossen. Eine menschlich so einnehmende Gestalt wie der edelmütige Indianerfreund Natty Bumppo war alles andere als typisch für die harte Realität. Deshalb blieben auch Versuche, zum *Lederstrumpf* ein eindeutig historisches Vorbild nachzuweisen – in der Person des Daniel Boone etwa –, erfolglos. Bei den möglichen Kandidaten überwogen letztendlich doch die rauen Seiten der Grenzpioniere.

Von Cooperstown aus wanderte der *Lederstrumpf* um die Welt und mit ihm der sanfte, stolze, mutige Mohikaner Chingachgook, der trotz seiner letzten Liebe zum Feuerwasser das Vorbild für viele Idealgestalten in der Indianerliteratur lieferte – mit höchster Stilisierung im Winnetou.

In deutscher Sprache stellten sich Natty Bumppo und sein bester Freund erstmals im Rahmen der großen Cooper-Edition (insgesamt 38 Werke in 258 Bändchen) vor, die der Verlag J. D. Sauerländer in Frankfurt am Main ab 1826 herausbrachte. Bereits ab 1841 begann der Stuttgarter Verlag S. G. Liesching mit einer dreißigbändigen Werkausgabe.

Die Wirkung war überwältigend. Goethe, Hauff, Stifter und andere Dichter zählten zu den Lesern und spielten gelegentlich in ihren Werken darauf an. Besonders beeindruckt zeigte sich Nikolaus Lenau, der 1832/33 selbst ein paar Monate in den USA verbrachte.

Mit einer Wehklage von Indianern am Susquehanna-Ufer beginnt seine Elegie *Der Indianerzug*, es ist der Standort von Cooperstown, den Cooper poesievoll geschildert hatte. Lenau lässt die Indianer Abschied nehmen von den angestammten Gründen und den Gräbern der Vorfahren; unter Tränen brechen sie ins Ungewisse auf. In einem zweiten Gedicht – *Die drei Indianer* – stehen ein Greis und seine zwei Söhne am

282

Niagara. „Fluch dem Weißen!", spricht der Vater „aus tief empörtem Herzen": „...Nichts hat uns die Räuberbrut gelassen, / als im Herzen tödtlich bittres Hassen; / Kommt, ihr Kinder, kommt, wir wollen sterben!" Dann stürzen sie sich im Todesnachen den Katarakt hinunter. Lenau fasst hier die zu jener Zeit gängige Ansicht vom Aussterben der Indianer in Worte. Wenn Karl May 1893 im Vorwort zu *Winnetou I* vom „sterbenden Manne" schreibt, entspricht das gänzlich der weiland verbreiteten Meinung.

Von Cooper lässt sich auch Karl Postl anregen, der vor den Zwängen des Klosterlebens nach Nordamerika entflieht und 1828 im anonym erschienenen Roman *Tokeah, or the White Rose* den Gegensatz zwischen der Lebensweise indianischer Jäger und ackerbautreibender Ansiedler darstellt. Das Vordringen der weißen Zivilisation hält er für unvermeidlich.

Später verwendet der Autor das Pseudonym Charles Sealsfield. Erst nach dem Tode wird 1864 seine Identität mit dem einstigen Priester Postl aus Prag bekannt.

Von den Sealsfieldschen Werken übt *Das Cajütenbuch* (1841) einen besonderen Einfluss auf Karl May aus. Als er den *Old Surehand* für die dreibändige Buchausgabe schreibt, greift er 1895 beim zweiten Teil auf Sealsfields Kompositionsmuster zurück und versucht, mehrere ältere, nicht zusammenhängende Erzählungen durch eine knappe Rahmenhandlung zu verbinden.

Nimmt man Sealsfield und nachfolgende Schriftsteller, die in Coopers Spuren wandeln – beispielsweise Friedrich Gerstäcker, von dem sich mehrere gedankliche Detailanleihen im Werk Mays nachweisen lassen –, so findet man bei diesen Autoren manche biografische Gemeinsamkeiten. Hochfliegende Jugendträume, Probleme im persönlichen Leben oder politische Schwierigkeiten bewegen sie zum zeitweiligen, teils wiederholten Verlassen der Heimat, zur Flucht nach Amerika.

Postl alias Sealsfield wählt den Weg über den großen Teich, um aus dem engen Klosterdasein auszubrechen. Gerstäcker fühlt sich in vielen einsamen Kindheitstagen wie Robinson

Crusoe, fasst den Plan, „ebenfalls eine unbewohnte Insel aufzusuchen“, so vermerkt er in der kurzen Selbstbiografie, doch dann wirkt „das Wort ‚Amerika‘“ wie „eine gewisse Zauberformel“. Als er 1837 zur ersten Fahrt aufbricht, will er auf alle Fälle aus deutscher Muffigkeit heraus.

Ähnlich ergeht es auch dem früh verwaisten Balduin Möllhausen. Er darf nicht Maler werden, sondern soll als Husar durchs Leben reiten. 1849 entflieht er dem verwandtschaftlichen Druck. Im selben Jahr lässt auch der Journalist Otto Ruppius die Heimat hinter sich. Ihm drohen laut Spruch eines Berliner Gerichts neun Monate Gefängnis wegen „Erregung von Mißvergnügen gegen die Regierung und frechen unerbietigen Tadel derselben“.

Dem Zugriff von Justitia, allerdings durch Duellfolgen bedingt, entzieht sich schon 1826 oder 1828 Frédéric Armand Strubberg durch die Reise nach Nordamerika. Die Angaben zu den Gründen sind widersprüchlich. Fest steht jedoch, dass er zweimal jenseits des Ozeans weilte. Seine Werke sind unter dem Pseudonym Armand bekannt geworden.

Ob von Fantasien beflügelt, Druck oder Gefahren ausweichend, ihnen allen gelingt, was May in jungen Jahren versagt bleibt: Sie betreten den amerikanischen Kontinent. Geblieben ist allerdings keiner. Die Wunschträume welkten rasch. Auch abenteuerliche Streifzüge durch die Wildnis der Wälder und Prärien bringen für Gerstäcker und Strubberg nur zeitweise das erhoffte Erlebnis. Entbehrungen dämpfen bald das euphorische Gefühl völliger Ungebundenheit, und einem Chingachgook begegnen sie schon gar nicht. Schließlich wird der Wunsch, in den Schoß der Zivilisation zurückzukehren, wieder übermächtig. Gerstäcker, Strubberg und auch Ruppius, der sich im Osten der USA aufhielt und vermutlich nie einen Fuß ins Präriegras setzte, richten in ihren Publikationen dann manche Warnung an Auswanderungswillige in Deutschland. Dafür gibt es ein ganz besonderes Motiv. Denn allesamt werden sie Zeugen oder sogar Opfer von Betrügereien. So verliert Gerstäcker schon bald nach der

Charles Sealsfield.

Ankunft in den USA seine knappen Barschaften. Strubberg muss sich bei der Arbeit in einer texanischen Kolonistenbehörde mit Spekulanten herumschlagen. Ruppius verdient als Privatlehrer und Artikelschreiber für seine vierköpfige Familie kaum das tägliche Brot, muss dann verbittert zusehen, wie die Anfänge bescheidenen Besitztums einer Brandkatastrophe zum Opfer fallen. Er kann außerdem aus nächster Nähe beobachten, wie Unterweltorganisationen aus Großstädten ihre Macht bis in weitab gelegene, anscheinend friedliche Landstriche ausweiten.

Solche persönlichen Erlebnisse sind wohl ein ganz entscheidender Grund, dass jene deutschen Autoren einen großen Teil ihrer Abenteuerromane dann viel weniger im Indianermilieu ansiedeln, sondern Kriminalgeschichten mit exotischer Kulisse schreiben. Gerstäckers berühmteste Werke – *Die Regulatoren in Arkansas* (1846) und *Die Flusspiraten des Mississippi* (1848) – leben von der Aufklärung von Verbrechen und der Jagd auf die Täter. Weil der Arm des Gesetzes nicht bis ins hinterwäldlerische Grenzgebiet reicht, müssen die Siedler auf eigene Faust handeln. Indianer figurieren nur am Rande. In den zwei bekanntesten Ruppius-Büchern – *Der Pedlar* (1857, deutsch 1859) und *Das Vermächtnis des Pedlars* (1859) – nehmen Einzelgänger den Kampf gegen kriminelle Übeltäter auf. Auch solche Motive lassen sich bei May häufig finden.

Mit anderen Akzenten, schon mächtig flunkernd, verarbeitet Strubberg seine Erlebnisse. Sein Held ist „der tapfere Armand" – „allein in einem ungemessenen Lande, in dem sein Wille Recht und seine Waffe Gesetz waren".

Möllhausen ist einer der wenigen Autoren, der an wissenschaftlichen Expeditionen teilnimmt. Seine Erlebnisse hat er in zwei Büchern zusammengefasst: *Wanderungen durch die Prairien und Wüsten des westlichen Nord-Amerikas...* (1860; 1. Auflage unter anderem Titel 1858) und *Reisen in die Felsengebirge Nord-Amerikas...* (1861). Die eindrucksvollen Naturbeschreibungen damals noch wenig erforschter Gebiete sind mit zahlreichen abenteuerlichen Handlungen verknüpft. Das

Friedrich Gerstäcker.

übrige Werk Möenhausens – es umfasst rund 50 Titel – ist ausschließlich belletristisch. Viele seiner Romane beginnen in Deutschland und enden in Amerika. Oft schlägt dabei Leid in Glück um, aber es gibt auch Beispiele, dass Auswanderer Opfer von Betrügereien werden.

Sucht man nach einem gemeinsamen Nenner für die genannten belletristischen Werke, dann findet man ihn in den wirklichkeitsnahen Schilderungen von Ereignissen, deren Bogen sich von der Ostküste bis hart an die Frontier spannt.

Aus eigenem Erleben wurde ein zutreffendes Bild über die Natur, Geografie und Kulturgeschichte dieses Kontinents vermittelt. Der Realitätsgehalt tritt jedoch zurück, wenn die Handlung ins Indianerland vorstößt. Am meisten bei Strubberg. Der von Cooper kreierte Heroenmythos lebt noch am stärksten bei Sealsfield und verblasst danach etwas.

Die außerordentliche Beliebtheit, die jene Bücher zu ihrer Zeit besaßen, lässt sich nicht allein mit dem Fernweh der Leser und ihrem Informationsbedürfnis über fremde Länder – insbesondere Amerika, dem Land der bürgerlichen Freiheiten und der Heimat der Indianer – erklären. Wesentlich tragen dazu auch die idealisierte Darstellung indianischen Lebens, der Reiz einer fremd anmutenden Landschaft und die romantische Verklärung der Erlebnisse bei. Die Wirklichkeit erfährt man eher aus hinterlassenen Briefen der Autoren.

Die Bücher von Gerstäcker und anderen Schriftstellern entstehen zumeist nach zeitlichem Abstand zum Geschehen und werden durchweg in der alten Heimat geschrieben. Die Arbeitszimmer sind exotisch ausstaffiert und liefern ein anregendes abenteuerliches Fluidum inmitten bürgerlicher Behaglichkeit.

„Indianische Waffen, Schmuck und Kleidungsstücke" bewundert eine Reporterin im Domizil von Balduin Möllhausen, der nach seiner „Trapperzeit" als Kustos der Bibliotheken der Potsdamer Schlösser wirkt. Die Besucherin will Näheres zu einer „furchtbar bemalten Frau" erfahren. Eine „gute alte Squaw", erzählt Möllhausen: „Ihrem scharfen Ohre verdanke

Auch Gerstäcker hat, wie später May, sein Arbeitszimmer exotisch ausgestattet.

ich es, wenn ich in einer schlimmen Nacht nicht die Beute jenes Burschen wurde, dessen Schädel Sie da über meinem Schreibpulte erblicken!" Die Dame schaut hoch: „Wahrhaftig, da lag ein grosser weisser Todtenkopf!"

„Felle erbeuteter Tiere und Waffen in Menge" kann man rund um den roten Mahagoni-Schreibtisch bestaunen, an dem Strubberg sitzt und längst nicht mehr an seine vergebliche Jagd nach Geld und Glück in Amerika denkt. Jetzt schreibt er andere *Amerikanische Jagd- und Reiseabenteuer*, jetzt ist er Armand, „stark wie ein Bär", und er fabuliert, dass ihn unlängst der Franzosenkaiser Louis Napoléon bei einer Rundfahrt unter Tausenden in der Menge erkannt und „ganz laut" gerufen habe: „Siehe, da steht Strubberg!"

Auch Gerstäckers Arbeitszimmer gleicht dem Saal eines Völker- und Naturkundemuseums. Bevor er zur Feder greift, legt er Trapperkleidung an, nach Stunden ist er gänzlich in seine Welt versunken; Traumbilder, in denen auch gelegentlich romantisch-edle Indianer wie Assowaum emporsteigen und den Weg auf die Buchseiten finden, mischen sich mit der Realität. Seine Tochter berichtet, dass er nach einer eben geschriebenen Krawallszene mit Flusspiraten aus dem Zimmer trat und im stillen Haus verzweifelt ausrief: „Herrgott, die Kerle machen einen Spektakel, ich halt's nicht aus."

Nach der Schilderung eines schrecklichen Unwetters begrüßte er anschließend seine Schwägerin, die im leichten Sommerkleid vor ihm stand, und fragte kopfschüttelnd: „Bei dem Wetter?" Solche Momente des Entrücktseins sind auch von May bekannt.

Ab 1844 haben Gerstäckers Schriften ihren festen Platz im deutschen Buchhandel, Cooper und Sealsfield sind schon früher präsent, von den fünfziger, sechziger Jahren an folgen die Abenteuerromane von Strubberg, Möllhausen und Ruppius.

Anno 1851 ediert das Verlagscomptoir Grimma und Leipzig den Titel *Trapperleben im fernen Westen* des Engländers George Frederick Ruxton und damit das sicherlich beste Buch, das es damals zu dieser Thematik gab; das englische Original

Balduin Möllhausen im Kostüm des Abenteurers.

291

Life in the Far West war 1849 in London und parallel in New York erschienen. Ruxton, der nur 27 Jahre alt wurde, schilderte das abenteuerliche Leben der Mountain Men und Gefahren, die er selbst durchstanden hatte. Sein Trapper-Held La Bonte zeigt manche Fähigkeiten, die wir später an Old Shatterhand und Old Firehand bewundern.

Ruxtons Westmänner unterhalten sich auch in der Sprache, der wir bei Karl May wieder begegnen: Da wird „angehobbelt", „ausgelöscht" und „Fleisch gemacht", manchmal – „By Jove" – „schwimmt der Stecken verkehrt", wenn ein „Greenhorn" seine Hand im Spiel hat. Und so weiter.

Und dann gibt es in Ruxtons Buch einen Rube Herring, genannt Old Rube, der uns schon 1851 im Roman *The Scalphunters* des Iren Thomas Mayne Reid (zwei deutsche Ausgaben *Die Scalpjäger* 1852) wieder begegnet: „Seine Kleidung ... war so einfach wie plump und aus einem Ding, das früher mal ein Jagdrock gewesen sein mochte, jetzt aber mehr wie ein Ledersack ohne Boden aussah, an dessen Seiten man Ärmel genäht hatte. Es war zusammengeschrumpft, an den Ellbogen geflickt... Die Züge des Mannes waren scharf und adlerartig, die kleinen Augen schwarz und wach..."

Old Rube reitet auf einer klapperdürren Stute durch den Wilden Westen. Ihrem Schweif fehlen die Haare, dafür sind die Lauscher des Tieres übergroß. Der Reiter Rube wiederum hat selbst keine Ohren mehr und keinen Skalp und er hat auch einen Finger eingebüßt.

Seine Mütze – aus Katzenfell ohne Haare – sitzt auf einer schwarzen Perücke. Er gilt als gewiefter Jäger und treffsicherer Schütze und ulkiger Erzähler. Über seine Späße kichert er selbst am meisten: „Hihihi, hohoho..."

Das erinnert uns doch – „hihihihi... wenn ich mich nicht irre" – sehr an Sam Hawkens. Und das ist längst nicht die einzige Anregung, die Karl May von Mayne Reid aufnahm. Der Ire beschreibt beispielsweise auch einen Indianerhäuptling „von etwa dreißig Jahren... Seine Züge waren ganz die römischen... Das Auffallendste aber an dem Mann war sein

292

Haar..., glänzend schwarz..., der Schaft seiner Büchse war reich mit Silber ausgelegt. Er selbst erschien mir als das Ideal eines Wilden, obgleich weder seine Sprache noch sein Aussehen etwas Wildes oder Rohes an sich hatten..."

Zum roten Gentleman gehört die hübsche Schwester Luna, bei den *Scalpjägern* wird auch schon mit einem Bärentöter geschossen.

In diesem Roman wie in *The War Trail* (*Der Kriegspfad* beziehungsweise *Die Kriegsfährte*; englische und beide deutschen Ausgaben 1857) agiert ein ganzes Ensemble komisch gekleideter Westmänner von zumeist auffälliger Gestalt – mit überlanger Nase oder eben ohne Ohren, mit beachtlicher Leibesfülle, manchmal hinkend. Der Dicke Jemmy und der Lange Davy, Sans-ear, Hobble-Frank und Tante Droll und Kollegen lassen schon mal grüßen.

Mayne Reid hatte die Abenteuerlust gelockt; er verbrachte ein ganzes Jahrzehnt in den Vereinigten Staaten, arbeitete als Heizer auf einem Mississippi-Steamboat, als Koch und Bauarbeiter, als Lehrer und Storekeeper und in anderen Jobs. In der Armee brachte er es als Freiwilliger bis zum Captain.

Mehrere Trips führten ihn in den Wilden Westen. Einmal zog er mit einer Handelskarawane von St. Louis nach Santa Fe. Für die Rückreise wählten sie den südlichen Abschnitt des Santa Fe Trails. Im Llano Estacado, so ist es jedenfalls überliefert, verirrten sich die Travellers und erreichten schließlich eine geheimnisvolle Oase, in der eine englische Auswandererfamilie ihre neue Heimat gefunden hatte.

In Reids rund 60 Werken sind manche persönlichen Erlebnisse eingeflossen. Das Schicksal der Familie in der versteckten Oase in den Staked Plains regte ihn zur Jugenderzählung *The Desert Home* (*Das Haus in der Wüste* beziehungsweise *Die Heimath in der Wüste*; englische und beide deutschen Ausgaben 1852) an. Der Llano Estacado wird ausführlich beschrieben; mit der Familie ist auch ein schwarzer Diener in die Oase gekommen!

Bloody Fox als Geist des Llano Estacado und natürlich der

sympathische Bob werden in *The Desert Home* ihre Vorfahren haben.

Insgesamt lieferten verschiedene Werke des Thomas Mayne Reid mit Persönlichkeitsensemble und Milieu, Komposition und Stil ein paar Aktien für Karl May.

In seinem ersten Roman, *The Rifle Rangers* (1850; zwei deutsche Ausgaben 1852: *Die Scharfschützen* beziehungsweise *Die Freischaar*), hatte der Ire gesagt, dass „die Ereignisse, die ich erzähle, ... keine Erdichtungen" sind, „obwohl die Phantasie ohne Zweifel auch ihren Theil daran hat..." So mischten sich im frühen Schaffen Fakten und Fiktionen. Bereits 1856 erklärte er dann in einer Vorrede zum Roman *The Quadroon* (*Die Quadrone*, zwei deutsche Ausgaben 1857) den Lesern: „Dieses Buch ist ein Roman – weiter nichts. Der Verfasser ist nicht der Held."

Etliche authentische Anregungen findet May auch durch Texte und Bilder von George Catlin. Der 1841 erschienene große Reisebericht *Illustrations of the manners, customs, and condition of the North American Indians* des nordamerikanischen Autors und Malers liegt ab 1848 in deutscher Übersetzung vor. Im Mittelpunkt der beiden Bände von hohem ethnografischen Wert stehen die klassischen Bison jagenden Prärieindianer in der ersten Hälfte des 19. Jahrhunderts.

Neben Catlins Werk gibt es zu jener Zeit nur eine weitere bedeutsame völkerkundliche Quelle zu den Plainsindianern, die allerdings fast ausschließlich in Büchereien und exklusiven Sammlungen zu finden ist, die *Reise in das innere Nord-America...* des Prinzen Maximilian zu Wied, der nach einer abenteuerlichen Expedition in den Jahren 1832 bis 1834 eine beachtliche Materialfülle zu Leben und Gebräuchen der Indianer überlieferte. Vermutlich hat Karl May auch diese Bände gekannt, die der Maler Carl Bodmer aus eigener Anschauung prächtig illustrierte. Die ‚Königliche öffentliche Bibliothek' im Dresdner Japanischen Palais besaß ein Exemplar der kostbaren Ausgabe.

Der Boden scheint jedenfalls bestens vorbereitet zu sein,

294

als sich May den Indianern zuwendet. Zahllose Leser erfuhren durch die Mitarbeit von Gerstäcker, Möllhausen und Ruppius an der *Gartenlaube* nicht nur vieles aus der ‚Neuen Welt‘, sondern wussten auch, dass die beliebten Buchautoren tatsächlich Nordamerika bereist und Abenteuer erlebt hatten. Von Strubberg alias Armand war diese Tatsache ebenfalls bekannt.

Eigenes Panorama

Das Erbe dieser Kollegen, Negativbilder zu den Apachen und ein lückenhaftes Informationsangebot bewältigt Karl May in bewundernswürdiger Weise. Zu seinen maßgeblichen Beweggründen zählen sicherlich die Erfahrung, dass abwertende Pauschalurteile immer fragwürdig sind, und die Seelenverwandtschaft eines selbst Verfemten mit anderen Verfemten, ein ausgeprägtes Gerechtigkeitsgefühl, humanistische Gesinnung wie auch die punktuellen positiven Aufschlüsse: Seine Sympathie für die Apachen ist geweckt, und zu einer Zeit, da die letzten freien Indianer den Weg in die Reservationen antreten, ihr Untergang als besiegelt gilt, wagt er noch einmal den Sprung in die Coopersche Welt.

Für sein 1893 im *Winnetou*-Vorwort formuliertes Vorhaben, den Indianern ein grandioses Denkmal setzen und gleichzeitig klagen und trauern zu wollen, sieht er literarisch keine Alternative. Das realistische Grenzmilieu der Gerstäcker-Generation scheint ihm dafür ebenso ungeeignet wie die unmittelbare amerikanische Realität des ausgehenden 19. Jahrhunderts. Freilich hätten sich auch das Reservationsleben der Apachen oder der Wagemut der Geronimo-Guerillas zu einer, wenn dann auch anders akzentuierten Darstellung angeboten – wobei sich wieder die Frage stellt, was May im Einzelnen davon hätte wissen können. Nicht viel, wie wir gesehen haben. Er konnte die Situation nur im Großen und Ganzen überschauen und die Zustände in den Reservationen zumindest erahnen. „Wovon lebt er heute?", fragt May im *Winnetou*-Vorwort: „Von dem Mehle und dem Fleische, welches man ihm liefert? Schau zu, wieviel Gyps und andere schöne Dinge sich in diesem Mehle befinden; wer kann es genießen! ...und wie elende und verkommen sieht er jetzt aus in den Fetzen, welche nicht seine Blöße decken können!"

Das war nicht der Stoff, aus dem sich ein Denkmal für die Indianer bauen ließ. Die Beschwörung einer großen Vergangenheit, das Glorifizieren indianischer Tugenden schienen da geeignetere Mittel: „Welch eine stolze, schöne Erscheinung war er früher, als er, von der Mähne seines Mustangs umweht, über die weite Savanne flog, ... der in überstrotzender Kraft einst dem schrecklichen grauen Bären mit den Fäusten zu Leibe ging..."

Trotz einer idealisierten Darstellung findet May zum Schicksal der Indianer bittere Worte: „Ganz unstreitig gehörte diesen das Land, welches sie bewohnten; es wurde ihnen genommen. Welche Ströme Blutes dabei geflossen und welche Grausamkeiten vorgekommen sind, das weiß ein jeder, der die Geschichte der ‚berühmten' Conquistadores gelesen hat... Der Weiße kam mit süßen Worten auf den Lippen, aber zugleich mit dem geschärften Messer im Gürtel und dem geladenen Gewehre in der Hand... Der Rote mußte weichen, Schritt um Schritt, immer weiter zurück. Von Zeit zu Zeit gewährleistete man ihm ‚ewige' Rechte auf ‚sein' Territorium, jagte ihn aber schon nach kurzer Zeit wieder aus demselben hinaus... Aber das schleichende Gift des ‚Feuerwassers' brachte man ihm desto sorgfältiger bei, dazu die Blattern und andere, noch viel schlimmere und ekelhaftere Krankheiten, welche ganze Stämme lichteten und ganze Dörfer entvölkerten. Wollte der Rote sein gutes Recht geltend machen, so antwortete man ihm mit Pulver und Blei..."

Getragen von Mitgefühl und dem allgegenwärtigen Kompensationsdrang, der zur Gut-Böse-Polarität führt, versucht sich Karl May nun an seinem Denkmal. Mit dem edlen Winnetou greift er den schon bei Cooper idealisierten Heldentyp wieder auf und stilisiert ihn noch weiter.

Vermutlich haben auch die Beziehungen zwischen Lederstrumpf und Chingachgook zum Verhältnis von Old Shatterhand und Winnetou angeregt; die Literatur hält aber noch andere klassische Freundespaare als Vorbilder parat. Mit Lederstrumpf war jedoch das erste Beispiel eines Serienhelden gegeben. Von anderen Autoren, genannten wie ungenannten, erhält May weitere Anregungen.

Interessant erscheint, dass sich Karl May mit seinem großen Vorhaben in jene Linie deutschsprachiger Abenteuerautoren stellt, die aus unterschiedlichen Gründen nach Amerika gingen und dann Coopers Spuren folgten. Denn auch für ihn ist ja dieser Kontinent Fluchtlandschaft – wenn auch nur fiktive –, und weil er Schauplätze lediglich aus Schilderungen kennt, gestaltet er daraus eine flexible Folie, die er über die *Winnetou*-Trilogie hinaus für alle großen Amerika-Erzählungen benutzt. Mit grandioser Fantasie überspielt er das Fehlen realer Erlebnisse.

Unter dem Einfluss seines persönlichen Schicksals und geprägt von der Anlage seines Talents entstehen die Bausteine einer einzigartigen Märchenwelt, die fantastischer ausgeschmückt ist als bei allen seinen Vorgängern. Vergleiche in Sachen Realitätsgehalt mit Cooper, Gerstäcker und anderen Autoren wären ein müßiges Unterfangen. Von diesen Autoren ließ sich May nur inspirieren, um ganz eigene märchenhafte Abenteuer zu schreiben. Dabei formt er das Panorama eines Wilden Westens, wie es ihn in dieser Form nie gegeben hat.

Karl May steht in einer Traditionsfolge und markiert zugleich ein Ausnahmephänomen. Kein Zeitgenosse hat gleich ihm das Hohe Lied auf die Indianer angestimmt.

Er selbst ist sich beider Tatsachen bewusst gewesen. Zu seinen literarischen Vorfahren lässt er schon im *Waldröschen* einen Grafen sagen: „Habe viele Romane gelesen, Reisebeschreibungen, Cooper, Marryat, Möllhausen, Gerstäcker..."

297

Und im *Winnetou III* erklärt Old Shatterhand, die Werke von Cooper zu kennen.

Aber derartige Hinweise finden sich nur ganz selten. Denn May wollte bewusst seine Ausnahmestellung hervorkehren. In der Selbstbiografie von 1910 behauptet er, bereits am Anfang den Plan gefasst zu haben, solche Bücher zu schreiben, die „überhaupt in der Literatur ... fehlten".

Als 1923 ein Verzeichnis von *Karl Mays Bücherei* zusammengestellt und im *Karl-May-Jahrbuch 1931* veröffentlicht wurde, gab es eine Fülle wissenschaftlicher Werke, aber keinen Titel von Cooper, Sealsfield, Gerstäcker, Ruppius oder Reid. Federick Marryat war lediglich mit dem Buch *Die drei Kutter* und Möllhausen mit den beiden Expeditionsberichten vertreten. Obwohl der 1903 und 1905 von Karl May selbst aufgestellte Katalog seiner Bibliothek auch nichts anderes offenbart, wurde vermutet, dass seine zweite Ehefrau die Sammlung entsprechend ‚bereinigt' habe. Denn Klara May befleißigte sich noch lange, eine alte Legende weiter glimmen zu lassen.

OLD SHATTERHAND-LEGENDE

„...über 1200 Sprachen"

Ein „Abu el Botlahn oder Dschidd el Intifach, wie der Araber sich auszudrücken pflegt, genannt zu werden" sei gleichsam unvermeidlich, wenn „ein Autor von seinen Lesern aufgefordert, ja förmlich gedrängt wird, ‚doch auch einmal etwas über sich selbst zu schreiben'". Aber er wäre kein Abu el Botlahn, kein „Vater der Eitelkeit", auch kein „Großvater des Eigendünkels", er lasse nur die Tatsachen sprechen, greife einfach einen Tag heraus, den Dienstag der vergangenen Woche zum Beispiel, und werde nun die „Freuden und Leiden eines Vielgelesenen" einmal schildern.

Die Abonnenten des *Deutschen Hausschatzes* können es dann in den beiden ersten Oktoberausgaben von 1896 lesen. Sie erfahren unter anderem von den vielen Besuchern, „welche täglich kommen, um ‚ihren' Old Shatterhand resp. Kara Ben Nemsi Effendi persönlich kennen zu lernen", von dreißig Briefen, die schon frühmorgens gelesen werden und dem Aufenthalt in einem Konzertgarten am Nachmittag, auch davon, dass ihm nach einer Krankheit „von Angehörigen der verschiedensten Stände die umfassendste Gastfreundschaft angeboten worden ist" – sogar aus Ungarn, Österreich und der Schweiz – und dass „der Photograph Adolf Nunwarz in Linz-Urfahr Bilder von Old Shatterhand und Kara Ben Nemsi verkauft". Und vieles andere mehr.

Einige Aufnahmen sind abgebildet, so ein Porträt mit dem Namenszug „Dr. Karl May", außerdem „Dr. Karl May's Bibliothek", „Karl May – Old Shatterhand mit Winnetous Silberbüchse", „Karl May – Kara Ben Nemsi mit dem Henrystutzen". Und viele Bilder ähnlicher Art. Im ebenfalls 1896 erschienenen dritten Band von *Old Surehand* ist auch ein Bild von ihm zu sehen. Und dort steht es überdeutlich: „Old Shatterhand (Dr. Karl May) mit Winnetous Silberbüchse".

Doktor Karl May: Zwischen Fehsenfeld-Visite und grünem

Als Old Shatterhand mit der Silberbüchse.

No. 1. XXIII. Jahrgang.

Deutscher Hausschatz

in Wort und Bild.

Von Oktober 1896 bis Oktober 1897.

Wöchentlich eine Nummer. — Vierteljährlich 1 Mk. 80 Pf. oder jährlich 18 Hefte à 40 Pf. — Zu beziehen durch alle Buchhandlungen und Postämter.

Freuden und Leiden eines Vielgelesenen.

Von Dr. Karl May.

„Ei ku guli dichaze,
istirijahn ssi lakzime buchaze!"

Wenn ein Autor von seinen Lesern aufgefordert, ja förmlich gedrängt wird, „doch auch einmal etwas über sich selbst zu schreiben," so geht er nur, eben weil er so gedrängt wird, an die Erfüllung dieses Wunsches; denn er stürzt sich dabei kopfüber in die unvermeidliche Gefahr, ein Abu el Botlahn[1] oder Dschidd el Intilahd,[2] wie der Araber sich auszudrücken pflegt, genannt zu werden. Und wenn er gar sich der obenstehenden Überschrift bedient, sich also einen Vielgelesenen nennt, so hat diese Gefahr schon gleich bei der ersten Zeile einen solchen Grad erreicht, daß sie gar nicht größer werden kann. Damit ist aber auch zugleich die Angst überwunden, welche man vor Gefahren zu haben pflegt, und ich kann freien und heiteren Gemütes meinen lieben Leserinnen und Lesern sagen, daß ich mich schon deshalb als einen Vielgelesenen bezeichnen darf, weil nur ein solcher von den Freuden und ganz besonders von den Leiden reden kann, durch deren Besprechung an dieser Stelle ich mein Herz gern einigermaßen erleichtern möchte.

Daß ich kein Abu el Botlahn, sondern im Gegenteile ein bescheidener, durch seine Erfolge schwer niedergedrückter

[1] „Vater der Eitelkeit."
[2] „Großvater des Eigendünkels."

Schriftsteller bin, kann ich schon durch den Standpunkt beweisen, von welchem aus ich heute „meine Feder in die Tinte tauche", Glücklich, dreifach glücklich ist nämlich der Autor zu preisen, dessen Werke nie zum Drucke angenommen werden! Sie bleiben sein unbestrittenes geistiges Eigentum, und er kann, ohne jemals widerrechtlich nachgedruckt zu werden, zwischen seinen vier Wänden und im Kreise seiner heimlichen Bewunderer so oft, als er ihm beliebt, in ihrem Schönheiten schwelgen; sie dürfen ihm je fech und so kostbar sein und bleiben wie eine Sammlung von Diamanten, die man nie verkauft. Schon voriger glücklich ist der Autor, welchem die Fatalität begegnet, einst der einige Male gedruckt zu werden. Er ist dem Löwen der Öffentlichkeit in die unerbittlichen Pranken geraten, wird von ihm hin- und hergeworfen und hat von Augenblick zu Augenblick den entsetzlichen Biß zu erwarten, der ihm den Garaus macht. Das Honorar ist nur die Lockspeise gewesen, welche ihn in eine Lage brachte, der er nur durch die nummehr größte schriftstellerische Enthaltsamkeit entrinnen kann. Von einem vertraulichen, behaglichen, häuslich verborgenen Genusse seiner Geistesfrüchte kann keine Rede sein! Und nun erst derjenige mißglückte Litterat, den der obenerwähnte p. t. Löwe so fest hält, daß er nicht wieder loskommen kann! Er ist einem so beklagenswerten Geschöf verfallen, daß jedes nur einiger-

Mit einem zweiteiligen Beitrag im „Deutschen Hausschatz" wird im Oktober 1896 vor breiter Leserschaft die Identifizierung Dr. Karl May – Old Shatterhand – Kara Ben Nemsi vollzogen.

301

Buchserien-Start versucht er zumindest, auch das ins Reine zu bringen.

Begonnen hatte es zu Münchmeyers Zeiten: „Ich wurde ... von Jedermann Doktor genannt." Und so außergewöhnlich erschien das gar nicht. Auch in anderen Unternehmen und erst recht in literarischen Kreisen gehörten falsche Titel zum guten Ton.

Sollte es nicht bei der Sprechblase bleiben, konnte man schon damals durch Dienstleistung einer ‚Doktormühle' ein Diplom zum Vorzeigen erwerben. Ludwig Patsch ermittelte die Kontaktaufnahme Mays zu einem ‚Informationsinstitut für wissenschaftliche Zwecke. Spezialität: Promotionswesen' in der Landsberger Straße 35 in Berlin.

Der Herr Direktor Dr. Herrmann Grünfeld antwortet justament am 25. Februar 1892 – am 50. Geburtstag – auf die Begehrlichkeit: „Sehr geehrter Herr! Ihre Promotion ist an einigen Universitäten zulässig und durchführbar, vorausgesetzt, dass Sie gewillt sind, sich in drei Fächern für das Doctorat vorzubereiten ... Hochachtungsvoll ergebenst..."

Institutsname und umtriebige Sachlichkeit könnten schon von einem Titelhöker unserer Tage herrühren. Ebenso die exotischen Würden, die den Direktor dekorieren. Denn dieser Mann nennt sich unter anderem „Korrespondent der Kaiserlichen Russischen Nina-Ordens-Congregation, Korrespondent des Kaiser-Alexander-Marien-Instituts et cetera". Sein Briefbogen ist mit einem prächtigen Doppeladler verziert. Vielleicht konnte man bei ihm auch die Bestallung als Ataman oder Bojar erwirken? Oder gar als russischer Großfürst?

Mit Karl May kommt ein Geschäft offensichtlich nicht zu Stande. Der Titel bleibt noch ohne Diplom.

Die Welt hat sich nach Fehsenfelds Besuch dennoch verwandelt. Karl May ist ins grelle Licht der Öffentlichkeit hinausgetreten. Gesten und Requisiten, die seit Jahren in Reserve liegen und schon immer mal stückweise probiert und vorgezeigt wurden, werden jetzt gezielt eingesetzt. Ich, Karl

May, Doktor der Philosophie, so erfährt das Publikum, „bin wirklich Old Shatterhand resp. Kara Ben Nemsi, ... habe das Alles und noch viel mehr erlebt..." In den *Freuden und Leiden eines Vielgelesenen*, seinem ersten autobiografischen Bericht, versichert er: „Weil ich meist Selbsterlebtes erzähle und Selbstgesehenes beschreibe, brauche ich mir nichts auszusinnen..."

Der letzte Schritt zur totalen Identifizierung mit Old Shatterhand erfolgt nicht nur auf mehreren außerliterarischen Ebenen, sondern auch durch ein paar abgestimmte Zugaben zu den Werken. Old Shatterhand wird, kommt er in zivile Regionen, jetzt auch als „Herr Doktor" tituliert. Das aber sind nun keine *Reiseromane* mehr, sondern *Reiseerzählungen*. Ab Nummer XVIII der Fehsenfeld-Serie (*Im Lande des Mahdi*, III. Band, 1896) wird das Titelwort geändert, um den Eindruck der Realität zu stärken.

Was auf solche Weise ab 1896 allen Lesern kundgetan wird, bekamen einzelne Verehrer schon vorher per Brief zu erfahren. Am 9. August 1894 teilt May einem Stuttgarter Professor mit, dass „jeder Fachmann" aus den Werken ersehen könne, „daß ich solche Studien unmöglich in der Studierstube gemacht haben kann. Die Gestalten, welche ich bringe (Halef Omar, Winnetou, Old Firehand etc.) haben gelebt oder leben noch und waren meine Freunde."

Ein halbes Jahrzehnt geht es so weiter, werden die Töne bizarrer und schriller, muten zunehmend seltsamer an:

„Wenn Sie im ,Deutschen Hausschatze' gelesen haben, werden Sie gefunden haben, daß ich erst kürzlich in Arabien und Persien und bei meinem braven Hadschi Halef Omar gewesen bin. ... Halef ist jetzt Oberscheik aller Schammarstämme, zu denen auch die Haddedihn gehören. Lindsay hat soeben eine großartige Expedition durch Australien vollendet und bedeutende Goldfelder entdeckt. Haben Sie in den Zeitungen nicht davon gelesen? Hobble lebt noch, Hawkens, Firehand, Hawerfield sind tot. ... Winnetou war geboren 1840 und wurde erschossen am 2.9.1874. Er war noch herrlicher, als

Als Old Shatterhand mit dem Fell des Kojoten.

Als Old Shatterhand mit dem Bärentöter.

ich ihn beschreiben kann. ... Ich spreche und schreibe: Französisch, englisch, italienisch, spanisch, griechisch, lateinisch, hebräisch, rumänisch, arabisch 6 Dialekte, persisch, kurdisch 2 Dialekte, chinesisch 2 Dialekte, malaiysch, Namaqua, einige Sunda-Idiome, Suaheli, Hindostanisch, türkisch und die Indianersprachen der Sioux, Apachen, Komantschen, Snakes, Utahs, Kiowas, nebst dem Ketschumany 3 südamerikanische Dialekte. Lappländisch will ich nicht mitzählen... Wem der Herrgott 1 Pfund Verstand verliehen hat, der soll damit wuchern...

...behaupten aber muß ich und mit mir jeder vernünftige Mann, daß die Meinung, ich schreibe nichts als Erdichtetes, nur in einem jungen, also unreifen Gehirn entstehen kann. Der gereifte Denker weiß, daß solche Erzählungen, zu denen eine solche Summe von Kenntnissen und Erfahrungen gehört, nicht aus den Rippen zu saugen sind...“

Wer Zweifel anmeldet, bekommt es ordentlich gesteckt. Für May „ist es eigentlich lächerlich, daß ich einiger Flachköpfe wegen diesen Brief schreibe. Diese jungen Herren mögen hierher kommen und meine Reisetrophäen sehen, dann werden sie schweigen! Oder sie mögen die Narben sehen, welche meinen Körper bedecken!“

Auch die Waffen werden mehr oder minder genau erläutert: „Der Bärentödter ist ein doppelter Vorderlader mit 2-löthigen Kugeln, Treffsicherheit 1.800 m, Gewicht 20 alte Pfund; es gehört also ein sehr kräftiger Mann dazu. Verfertigt von der berühmten Firma M. Flirr, San Francisco. Es ist das einzige Gewehr dieser Art...

Der Henrystutzen ist gezogen; der Lauf wird nicht warm, was eben sein größter Vorzug ist. Treffsicherheit 1.500 m. Die Patronen sind in einer exzentrisch sich drehenden Kugel enthalten... Über meinen Stutzen kommt kein anderes Gewehr. Henry hat seinerzeit nur 12 Stück angefertigt; 11 sind verschwunden, das meinige ist noch allein da...

Ich habe nur noch zwei große Lebenszwecke zu erfüllen: eine Mission bei den Apatschen, deren Häuptling ich bin, und

306

eine Reise zu meinem Halef, dem obersten Scheik der Had-dedihn-Araber. Dann aber werde ich vor den deutschen Kaiser treten: ‚Majestät, wir wollen einmal miteinander schießen'. Ich werde ihm meinen Henrystutzen vorführen. Derselbe wird in der gesamten deutschen Armee eingeführt werden, und kein Volk der Erde wird dann je den Deutschen wider-stehen können."

Die Absicht, mit Wilhelm II. um die Wette zu schießen, hat May später in Abrede gestellt. Der zuletzt zitierte Absatz ist nicht aus einer Leserbriefantwort, sondern durch den Bericht über einen Vortrag vom Juli 1897 in München überliefert. Sollte er tatsächlich von einer unwiderstehlichen Wunder-waffe für das kaiserliche Heer gesprochen haben, so war an eine Vorführung anno 1897 nicht zu denken. Den seit 1875 immer wieder beschriebenen Henrystutzen kauft May erst 1902 von dem Kötzschenbrodaer Büchsenmacher Oskar Max Fuchs. Es ist ein 18-schüssiges Winchester-Repetiergewehr, das nach einem Patent des US-Amerikaners Benjamin T. Henry von 1860 und späteren Verbesserungen produziert wurde. Besucher, die schon vorher den legendären Stutzen sehen wollen, müssen sich vertrösten lassen: Die Waffe sei „gerade zur Reparatur".

Vorzeigen kann May ab 1896 hingegen Silberbüchse und Bärentöter – beides doppelläufige Vorderlader mit Perkussi-onsschlössern, die der erwähnte Oskar Max Fuchs nach Mays Wünschen anfertigte.

Die Gewehre gehören ab 1896 zu den Requisiten auf Kos-tümfotos. Prospekte werben für „Hervorragende Neuheiten": „Dr. Karl May als Old Shatterhand", „Dr. Karl May als Kara Ben Nemsi", „...in den Original-Kostümen", die er „auf sei-nen gefahrvollen Weltreisen trug".

Sind Silberbüchse oder Bärentöter klar zu sehen, so erscheint der noch nicht vorhandene Henrystutzen etwas undeutlich – beispielsweise auf der Abbildung im *Deutschen Hausschatz* vom Oktober 1896 –, denn es soll verborgen bleiben, dass hier vermutlich mit einem gängigen Armeegewehr hantiert wird.

Als Kara Ben Nemsi mit Revolver.

Eigentlich dürfte auch die Silberbüchse nicht präsent sein, war doch im dritten *Winnetou*-Band zu lesen, dass dem Apachenhäuptling seine Waffe mit ins Grab gelegt wurde. Aber im dritten Teil von *Old Surehand* wird dann erzählt, wie „die begrabene Silberbüchse wieder auferstanden ist": Er sei justament in dem Moment ins Tal des Metsurflusses geritten, als Ogellallah-Indianer das „Grab öffneten und berauben wollten... Sie hatten es auf die Silberbüchse abgesehen... und da zu erwarten war, daß sich die Entweihung des Grabes wiederholen werde, nahm ich die Silberbüchse heraus und sorgte dafür, daß dies überall bekannt wurde... Jetzt hängt dieses herrliche Gewehr neben meinem Schreibtische..."

Die Serienbilder in Kostüm und mit Waffen tragen zur Old Shatterhand-Legende bei, und Auftritte vor zumeist jugendlichen Lesern in München, Wien, Prag und anderen Städten vertiefen sie. In München beispielsweise „standen die Gymnasiasten, um Autogramme zu erjagen, in solchen Massen vor dem Hotel, daß die Tramway nicht hindurch konnte und sie mit einem Schlauch auseinander gespritzt werden mußten", schreibt er an Fehsenfeld.

In Diskussionsrunden und Vorträgen wird das wildwestliche Jägerlatein noch furioser als in den Briefen ausgebreitet. Mehr als zwanzigmal schon sei er in Nordamerika gewesen, und demnächst wolle er wieder über den großen Teich, um sich „in den Rocky Mountains einen Grizzly-Bären zu holen". Nach den vielen Reisen durch die ganze Welt verstehe er jetzt „über 1.200 Sprachen und Dialekte". Und so weiter.

Am 5. Juli 1897 hatten sich nachmittags und abends im Speisesaal des Hotels Trefler in München jeweils mehrere hundert Verehrer versammelt. Sie erfahren, dass er den Befehl über 35.000 Apachen habe. Es gebe „Kriegsgedanken gegen die Union". Aber davon wolle er die Indianer abbringen.

Ein paar Monate darauf, im März 1898, weilt Karl May wieder an der Isar und erzählt, so ist es jedenfalls überliefert, dass er schon mit 16½ Jahren die Universität besucht habe. Und dann fliegen die Gedanken wieder über den Großen Teich.

Als Kara Ben Nemsi im Burnus.

Damit ihn im Wilden Westen „die Strapazen nicht aufreiben sollen", esse er täglich oft zehn bis vierzehn Pfund Fleisch, nicht selten roh oder unter dem Sattel zugeritten. Wie alle richtigen Westmänner könne er „mit beiden Augen zielen und das Gewehr auf der Brust ansetzen... Die schwerste Art zu schießen" sei aber der sogenannte „Knieschuß". Allein Winnetou und er brächten ihn fertig, „nicht einmal Old Firehand und Old Surehand".

Auch über die „zahlreichen Narben" am Körper wird gesprochen – nicht nur über Winnetous Stich, sondern auch über „eine in Brasilien erhaltene Pfeilwunde, mit vergiftetem Pfeile und die des Grizzlybären", der ihm „fast die halbe Brust mit seinen Krallen herunterriß, so daß die eine Seite ... nur in lauter Fetzen herunterhing". Diese habe er ganz abgeschnitten und „die ganze offene Brust, um das Wundfieber zu verhüten, mit Schießpulver" eingerieben.

Als er von Brasilien zurückkam, wäre die Pfeilwunde wieder aufgebrochen. Im Spital sei er von einer „Professortochter mit großer Hingabe" gepflegt worden. Aus „der Ohnmacht erwacht", habe er „die Ähnlichkeit zwischen seiner Pflegerin und Nschotschi, der Schwester Winnetous", herausgefunden. Deshalb sei „sie seine Frau geworden. Seitdem vergingen 17 Jahre."

Das alles wissen wir nur aus zweiter Hand, aus den Aufzeichnungen des Zuhörers Ernst Abel. Er gehörte zu den Mitgliedern des ‚May-Club-München', der sich nach dem Aufenthalt des Schriftstellers 1897 in der bayrischen Metropole gebildet und den Besuch von 1898 organisiert hatte. Vorsitzender war der Arzt Dr. Josef Weigl. In der Mitgliederliste sind geachtete Berufe aufgeführt – unter anderem Buchhändler, Kanzlist, Fabrikant, Bautechniker, Bäckermeister und Rentier.

Alle lauschten ehrfurchtsvoll und huldigten Winnetou als „letztem erblichen obersten Kriegshäuptling von den Apatschenstämmen" nach dem Vorschlag des Vorsitzenden Dr. Weigl durch „ein fünf Minuten währendes Trauerschweigen..." Es war der „ergreifendste Beweis".

Viel Beifall gab es – „Hoch! Old Shatterhand!". Irgendwelche Zweifel an den Worten des „geehrten und geliebten Weltreisenden" – so im Bericht von Ernst Abel – sind offensichtlich nicht aufgekommen.

Nicht nur in München existiert eine solche Vereinigung. Seit Beginn der neunziger Jahre haben sich in mehreren Städten begeisterte Leser zu Karl-May-Klubs zusammengeschlossen. Die *St. Pöltner Zeitung* führt als Gratisbeilage *Onkel Franzens Dr. Karl May-Jugendblatt*. Am 22. Juni 1899 werden „die lieben Kinder der geehrten Abonnenten" angehalten, bei der täglichen Andacht auch für „Dr. May's Reise und glückliche Heimkehr" zu beten.

Immer umfänglicher werden die eingehenden Briefstapel. Sie sind nur noch durch verschiedene vorgedruckte Antworten zu bewältigen. „Ihre w. Zuschrift kann leider nicht von meinem Manne beantwortet werden", heißt es da, „weil er gegenwärtig auf einer Reise um die Erde von hier abwesend ist. Hochachtend Emma May."

Nun stehen in den neunziger Jahren tatsächlich etliche Reisen an, freilich nicht „um die Erde". Auch die Besucher häufen sich, und zwangsläufig wächst der Bekanntenkreis.

Um den Ursachen von Mays Legendenspiel nachzuspüren, wollen wir zunächst das menschliche Umfeld des Schriftstellers etwas näher betrachten.

Die Plöhns

„Es grüßt Dich Deine Heimatstadt, / Mein liebes, gutes Klärchen! / Wir sitzen hier ganz reisematt, / Als müdes Schwalbenpärchen. / Bald werden wir die Flügel schwingen, / Die uns nach Hause zu Dir bringen. / Grüß uns inzwischen Deine Lieben, / Denn dies ist auch für sie geschrieben!"

Diese Verse werden Anfang 1894 in Dessau auf eine Postkarte gesetzt und an Klara Plöhn in Radebeul gesandt.

312

Auch das „Portrait in Civilkleidung" gehört zum großen Fotoangebot.

„Deine Emma" steht darunter und am Rande „Und Dein Karl ooch mit!". Gereimt ohnehin, aber auch zu Papier gebracht, wie die Schriftzüge ausweisen, hat es Karl May selbst.

Zusammen mit Ehefrau Emma weilt er für ein paar Tage in Dessau, um weitere Studien zum ‚Alten Dessauer' zu treiben. Irgendwann will er eine „dreiaktige Posse", ein „zwerchfellerschütterndes Stück" über Leopold I. schreiben.

Sie haben sich im Gasthaus ‚Drei Kronen', weiland das vornehmste Hotel der Stadt, einquartiert. Kustos Paul Lattolf führt Karl May in die fürstliche Gruft unter der Marienkirche an den Sarkophag des populären Fürsten.

Über den ‚Alten Dessauer' hinaus wird eine ‚alte Dessauerin' noch eine schicksalhafte Rolle im Leben Karl Mays spielen – jenes liebe, gute Klärchen, ab 1903 die zweite Ehefrau des Schriftstellers. Der vertrauliche Ton der Postkarten von 1894 darf nicht zu falschem Schluss führen; an etwas anderes als an rein freundschaftliche Beziehungen ist zu diesem Zeitpunkt überhaupt nicht zu denken.

Besagtes Klärchen wurde am 4. Juli 1864 als Klara Beibler in Dessau geboren. Sie war somit 22 Jahre jünger als Karl May. Die Benennung als ‚alte Dessauerin' soll besagen, dass sie aus einer alteingesessenen Familie der Stadt stammt.

Ihr Großvater Johann Ephraim Gotthelf Beibler diente zuerst in der Garde der Schlosssoldaten und war dann fast ein halbes Jahrhundert – zwischen 1780 und 1828 – Türmer auf der Schlosskirche St. Marien. Zu seinem Sohn, Klaras Vater Johann Ludwig Heinrich Beibler, steht in alten Akten „Schloßbediensteter, später Kastellan der Amalienstiftung"; dieses Verwalteramt übte er über ein reichliches halbes Jahrhundert aus. Die Amalienstiftung war einst von einer Tochter des ‚Alten Dessauers' als Armenanstalt für alte Frauen gegründet worden. Bekannter als durch dieses Anliegen wurde die Einrichtung jedoch durch eine Gemäldesammlung von rund 600 Kunstwerken, die im vornehmen Dittrich-Palais in der Zerbster Straße ihren Platz hatte. Dieses Bauwerk beherbergte zuvor das Philanthropinum, die erste deutsche

314

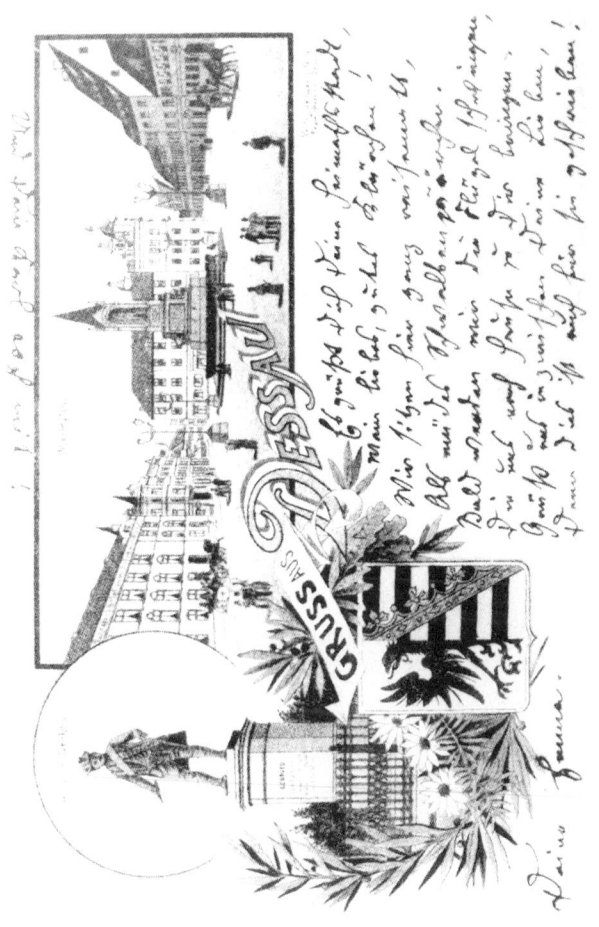

Karte von
Karl an
Klara,
Anfang
1894.

315

Klara Plöhn in den 1890er-Jahren.

staatliche Schule, die auf Naturwissenschaften und Bedürfnisse des praktischen Lebens ausgerichtet war; sie existierte nur von 1774 bis 1793. Zu dieser berühmten, einst europaweit bekannten Bildungsstätte gehörte ein Betsaalgebäude in der Poststraße, das später dem Kastellan der Amalienstiftung als Wohnsitz diente. In diesem Haus mit dem historisch bedeutsamen Umfeld, das heute nicht mehr existiert, erblickte Klara Beibler das Licht der Welt. Ihre Mutter ist zu diesem Zeitpunkt knappe 27, der Vater bereits 75 Jahre alt.

Durch Karl Mays Legenden angeregt, hat Klara noch viele Jahre nach dessen Tod selbst Legenden gestrickt. Beispielsweise über ihre Kindheit: Der Vater wandelt sich vom Stiftszum Schlosskastellan, und die doch etwas ungewöhnliche Alterskonstellation der Eltern wird mit verklärtem Licht – die „Ehe war sehr glücklich" – überspielt. Zum winterlichen Alltagsgeschehen, als der Vater in der Ofenecke im „großen alten blauen Backenstuhl" saß und Geschichten vorlas, schreibt sie am 29. Januar 1942 an den *Anhalter Anzeiger*:

„Das Bild war so schön, daß der berühmte Maler Philipp Fleischer in Begeisterung meinen Vater, in dem Stuhl sitzend, lebensgroß malte. Dieses Bild kaufte der russische Zar, und es soll noch heute in Moskau vorhanden sein."

Jener Philipp Fleischer, Jahrgang 1850, stammte aus Breslau und lebte in München. Er malte unter anderem historische Panoramabilder und verdiente noch allerhand Geld als Farbenfabrikant. Seine 1909 in der Münchner Ismaninger Straße 109 erbaute ‚Fleischervilla', das nebenbei, ist heute Sitz des Bundesfinanzhofs, des höchsten deutschen Finanzgerichts.

Von März bis in den Herbst 1885 hält sich Philipp Fleischer in Dessau auf. Und 1887 macht sogar der russische Zar Alexander III. hier mal kurz Station. Vater Beibler aber war schon 1880 gestorben. Im Jahr darauf heiratet Klara, noch keine 17 Lenze alt, den 28-jährigen Leipziger Fabrikanten Richard Plöhn und verzieht im Juni 1881 in die Messestadt. Ihre Dessauer Heimat hat sie nur noch zweimal besucht; im Oktober 1899 und irgendwann in den 1920ern oder 1930ern.

Bei den Jahreszahlen passt also nichts zusammen: Fleischerporträtiererei, Zarenankauf und das Vaterbild in einer Moskauer Kunstsammlung darf man wohl nur in Klaras Fantasie suchen.

Im Jahre 1889 verkauft Richard Plöhn seinen Anteil an der Leipziger Firma ‚Ploehn & Hopf – Ätherische Öle en gros‘ und gründet in Radebeul die ‚Sächsische Verbandsstofffabrik R. Plöhn‘. Die Familie – Klaras Mutter Wilhelmine Beibler ist bis zu ihrem Tode im Jahre 1909 immer dabei – übersiedelt in die Lößnitz-Stadt; hier kaufen sie bald darauf die Villa Gellertstraße 5. Irgendwann 1890 oder 1891 lernen sich die Ehepaare May und Plöhn kennen und ziemlich rasch entsteht eine herzliche Freundschaft.

„Wir beiden Familien lebten zusammen, als ob es nur eine einzige sei. Wir sagten du und du. Wir nannten uns Bruder und Schwester. Andere Leute wußten es gar nicht anders, als daß die beiden Frauen wirkliche Schwestern seien. Wir theilten Freud und Leid und waren stets darauf bedacht, einander die gegenseitigen Pflichten zu erleichtern“, schildert Karl May.

Besonders intensiv entwickelt sich die Männerfreundschaft; Richard Plöhn wird zum engsten Vertrauten Karl Mays, von ihm als „außerordentlich feinfühlig..., stolz und ein Gentleman durch und durch, ... ein wissenschaftlich hoch gebildeter, scharfblickender und kühl abwägender Kopf“ charakterisiert. Die Gattin Klara hält er am Anfang „für ein Gänschen, nicht ganz so groß wie meine eigene Gans, doch geistig unbedeutend...“ Eine Meinung, die sich später total ändert.

Die Freundschaft May-Plöhn beginnt noch vor der Old Shatterhand-Legende; zu den Gründen der innigen Beziehung könnte man nur spekulieren. Und wir wissen auch nicht, ob Richard oder Klara Plöhn jemals an die abenteuerliche Fiktion geglaubt haben. Sie dürften aber ziemlich bald über den wahren Sachverhalt informiert gewesen sein, denn Richard Plöhn hat sich später sehr bemüht, die zerbröckelnde Legende zu retten.

In das Leben der beiden Paare werden mitunter weitere Bekannte einbezogen, so irgendwann 1895, als Mays Schulfreund

Wilhelmine Beibler, Richard Plöhn und Klara Plöhn.

aus Ernstthaler Zeiten Dr. med. Ferdinand Carl Ludwig Pfefferkorn mit Gattin aus Massachusetts über den Großen Teich herüberkommt; der füllige amerikanische Doc liefert das Vorbild für den Dicken Jemmy. Zu seinem Titel soll er möglicherweise auf etwas ominösem Wege gekommen sein.

Pfefferkorn ist überzeugter Spiritist und glaubt, seine ärztlichen Erfolge wie auch seinen Wohlstand dem Verkehr mit den Geistern Verstorbener danken zu müssen, dadurch will er viele gute Ratschläge erhalten haben. Auf akademischem Niveau kann er sich über die parapsychologischen Phänomene ausbreiten und auch Mays Interesse beleben. In dessen Bibliothek sammeln sich nach und nach rund 75 einschlägige Werke an.

Die Kirchen lehnten den Spiritismus ab, eine Beschäftigung damit durfte nicht bekannt werden. May hat sich später davon auch vehement distanziert, es seien nur rein wissenschaftliche Interessen gewesen. Wie immer aber er auch innerlich dazu gestanden haben mag, einen so fantasiegeladenen Schriftsteller müssen Geheimlehren jeder Art ganz einfach interessiert, wenn nicht fasziniert haben. Ganz selbstverständlich nimmt er an den spiritistischen Sitzungen teil, zu denen die Pfefferkorns die Ehepaare May und Plöhn bitten. Auch der Hausarzt beider Familien, Dr. Curt Mickel, ist beim Tischerücken mitunter dabei. 1910 erinnert er sich, fünfmal im Plöhnschen Domizil, nie aber bei den Mays an Seancen teilgenommen zu haben.

Auch nach Abreise der Amerikaner hätten Emma, Klara und Mutter Beibler solche Sitzungen durchgeführt. Er wäre nie mehr dabei gewesen, erklärte Karl May. Ihm sei aber gesagt worden, die Geister hätten am liebsten über ihn und seine vielen Fehler gesprochen und darüber, wie er sich zu bessern hätte. Sogar der ‚Alte Dessauer‘ sei erschienen, habe mächtig gepoltert und den Tisch durchs Zimmer geworfen.

Vermutlich war das alles nur ein großer Ulk: Miez und Mausel, wie er Emma und Klara liebevoll nennt, wetteifern in ihrem Bemühen um Karls ‚Besserung‘ – um Mäßigung beim Genuss von Kaffee und Zigarren. Und vielleicht auch gegen allzu tolles Renommieren als Old Shatterhand.

320

Emma (links) und Klara – Miez und Mausel.

Villa „Shatterhand"

Die Verbindung zwischen den beiden Ehepaaren wird noch enger – menschlich wie räumlich –, als Karl May Ende 1895 von der Baufirma Gebr. Ziller eine 1893/94 errichtete Villa für 37.300 Mark kauft. Das Anwesen in der Kirchstraße 5 (heute Karl-May-Straße) liegt keine 400 Meter von der Villa Plöhn entfernt. Der Kaufvertrag trägt das Datum 17. November 1895.

Zum Einzug liegen unterschiedliche Angaben vor – noch 1895 oder erst im Januar 1896. Aber bereits am 23. Dezember 1895 erhält das Hamburger Ehepaar Carl und Lisbeth Felber Post – „...Kauf einer neuen Villa! Gestern Umzug und neue Einrichtung!..." – mit der Absenderangabe: „Oberlößnitz, Dresden Villa ‚Shatterhand'". Die goldenen Lettern mit dem Namen waren umgehend an der Fassade angebracht worden.

Im Erdgeschoss befinden sich nach der Straßenseite zu Salon und Wohnzimmer mit einer vorgelagerten Veranda in Holzkonstruktion und an der Gartenseite das Esszimmer mit einer zweiten Veranda sowie Küche, darüber Bibliothek und Arbeitszimmer, Schlafzimmer und ein sogenanntes Cabinett, vermutlich der Raum von Wilhelmine Beibler. Das Dachgeschoss bietet Unterkünfte für Dienstmädchen und Gäste. Im Garten hat Architekt Paul Ziller noch 1896 auf einem ‚künstlichen Gebirge' einen kleinen chinesischen Pavillon errichtet.

Das Arbeitszimmer ist exotisch ausgestattet. Ein ausgestopfter Löwe, der Elchkopf mit Schaufelgeweih und weitere Jagdtrophäen, Winnetous Silberbüchse, Bärentöter und andere Waffen an den Wänden, über dem Schreibtisch eine bunte indianische Decke und hundert andere Dinge ziehen Besucherblicke auf sich.

Im Laufe der Jahre wird die Sammlung immer reichhaltiger. Was in der Villa keinen Platz mehr findet, kommt in seinen ‚Orient'. So bezeichnet May einen Schuppen, der im Garten vis-a-vis steht.

Bereits 1896 hat er 4.400 Quadratmeter Ackerland gegen-

Villa „Shatterhand" anno 1896.

323

In der Bibliothek.

Lutherkirche und Villa „Shatterhand", davor der 1932 gerade eingeweihte Karl-May-Hain (heute Karl-May-Park).

über der Villa gekauft, um eine Bebauung zu verhindern und den Blick freizuhalten. Umgehend beginnt er mit der Kultivierung, pflanzt Obstbäume und Sträucher, denn neben Wanderungen und Spaziergängen gehört Gartenarbeit schon lange zum körperlichen Ausgleich der schreibenden Tätigkeit.

Auf dem Areal von Mays Obstgarten befindet sich heute der Karl-May-Park, der ‚Orient‘ ist längst verschwunden, der chinesische Pavillon hinter der Villa wurde 1974 wegen Baufälligkeit abgebrochen.

1896 ist das sechzehnte Ehejahr von Karl und Emma und vermutlich das sorgenfreieste; einstige finanzielle Nöte sind gewichen. Allein im Verlag von Friedrich Ernst Fehsenfeld liegen in der Reihe der *Gesammelten Reiseromane* beziehungsweise *-erzählungen* 20 Titel mit einer Auflagenhöhe von fast 260.000 Exemplaren vor; je 5.000 Bände bringen ein Honorar von 2.000 Mark.

Bei der Einrichtung der Villa brauchte nicht gespart zu werden. Mit Stolz wird das neue Besitztum nun vielen Besuchern gezeigt.

Abenteuer in Norwegen?

Zu den ersten Gästen gehörte der Linzer Jurastudent, Verehrer und Amateurfotograf Alois Schießer. Seit 1893 stand er mit dem „hochverehrten Herrn Doctor“ im Briefwechsel und war zu den Osterferien 1896 zu Besuch in das neue Domizil gebeten worden.

Wochen danach reist er ein zweites Mal an, May will ihn finanziell beim Studium unterstützen, Schießer soll dafür die Bibliothek ordnen, vor allem jedoch seinen Fotoapparat mitbringen: „ohne Photographie kein Doktorhut!“

Wie lange Schießer in der Villa „Shatterhand“ wohnt, ist uns nicht bekannt. Aus Urfahr bei Linz kommt auch der Berufsfotograf Adolf Nunwarz nach Radebeul.

326

May in seinem Arbeitszimmer vor der Jahrhundertwende.

327

101 Fotos werden insgesamt aufgenommen – jene Kostümfotos mit Dr. Karl May im Wilden Westen oder Orient oder auch privat, ebenso Bilder von Bibliothek und Arbeitszimmer.

Ein paar Mal steht oder sitzt auch Emma vor der Kamera – verkleidet als Mann mit Anzug, Hut und Monokel. Oder im Kostüm als Old Shatterhand mit Henrystutzen.

„Die Frau Pollmer in männlicher Kleidung" bezeichnet Karl May reichliche zehn Jahre später in der *Studie* als „Perversität", in der sie sich „außerordentlich behaglich fühlt". Schlimmer noch: „Die Meisten, welche gefragt wurden, was sie von diesem Menschen hielten, riethen auf das Verbrecheralbum; ein Hochstabler ersten Ranges."

Das klingt mächtig überzogen. May-Kenner bezeichneten die ‚männlichen' Emma-Bilder schlicht als „Maskerade" oder „Mummenschanz"; sahen das einfach als Ulk und Tollerei. Andererseits wurde entgegengehalten, dass Emma im Anzug keinesfalls harmlos sei. Das müsse man genauso bewerten wie Mays Kostümfotos: „...in beiden Fällen wurde das Wagnis eines öffentlich kenntlich gemachten Identitätswechsels unternommen..."

Selbst unter diesem Blickwinkel endet Emmas Öffentlichkeit am Zaun um die Villa „Shatterhand". Für Karl May jedoch strahlt die Auswirkung weiter. Zu den Herstellern und Vertreibern ‚seiner' Fotos gehören neben der Firma Fidelis Steurer in Linz und Verleger Fehsenfeld auch der Dresdner Ingenieurstudent Max Welte. Für diesen Zweck gründet er eigens einen ‚Photographie-Verlag', den er von der Wohnung Ammon-Straße 82 aus betreibt.

Der junge Mann, gerade 20 Jahre alt, schwärmt für Karl May und seine Bücher und wird im Januar 1897 in die Villa „Shatterhand" eingeladen. Das wiederholt sich in den folgenden Jahren viele Male; May hat sichtlich Gefallen an dem Studenten gefunden, auf einer Karte tituliert er ihn scherzhaft als seinen „lieben Herrn Haupt-, Ober- und Leibphotograph". Manchmal bringt Welte noch zwei Kommilitonen mit,

328

Der chinesische Pavillon im Garten der Villa „Shatterhand".

Emma als Mann   *und als Old Shatterhand.*

Alois Schießer.

Johannes März und Walter Weber. May genießt die Verehrung durch das ‚Trio', wie die jungen Leute bezeichnet werden; später entsteht bei ihm allerdings der Verdacht einer Liaison zwischen Welte und der 21 Jahre älteren Emma.

Und dann kommt es 1897 zur ersten Begegnung mit einer jungen Leserin, die Karl May für kürzere Zeit menschlich so nahe steht wie kaum jemand sonst. Sie heißt Marie Hannes und wurde 1881 als Tochter eines Arztes geboren; die Familie wohnte ab 1890 in Wernigerode im Harz. Nach einem Sturz in der Kindheit blieb eine Wirbelsäulenverkrümmung zurück, sie war lebenslang gehbehindert.

Als Fünfzehnjährige liest sie bei einem Kuraufenthalt auf der Nordseeinsel Borkum zum ersten Mal ein Karl-May-Buch, worauf sie am 8. August 1896 einen begeisterten Leserbrief nach Radebeul schreibt:

„Teurer, prachtvoller Old Shatterhand! ... Auf jeden Fall muß ich Ihnen mal schreiben, ich kann's so nicht mehr aushalten..." Karl May reagiert umgehend. Gegen 3.000 Briefe habe er zu beantworten, sie wolle er aber nicht monatelang warten lassen. Alles sei wahr, was er von Winnetou berichte. Eine Locke von ihm „ist unter den vielen Trophäen, welche ich mitgebracht habe, mein teuerstes Heiligtum..." Erst zwei Haare davon habe er verschenkt – an „eine deutsche Fürstin und eine österreichische Prinzessin... Doch, weil Sie so lieb bitten können, so bitte ich, mir Ihre Photographie zu senden, wofür ich Ihnen ein Haar von meinem herrlichen Winnetou schicken werde..."

Das ist der Anfang einer intensiven Korrespondenz und einer tragischen Liebesgeschichte. Hans-Dieter Steinmetz und Dieter Sudhoff haben in der Dokumentation *Leben im Schatten des Lichts* (Bamberg – Radebeul 1997) die Beziehungen zwischen Marie Hannes und Karl May dargestellt: Es ist ein Stoff, aus dem Romane gemacht sind – Romane, wie sie nur das Leben schreibt.

Der Briefwechsel lässt auf beiden Seiten den Wunsch nach einer persönlichen Begegnung aufkommen. Als Karl und

Marie Hannes.

Emma im Mai 1897 zu einer längeren Rundreise aufbrechen, fahren sie zuerst über Leipzig nach Wernigerode.

1902 hat Marie Hannes ihre Erinnerungen an den Besuch vom 13. bis 15. Mai 1897 im Bericht *Allerlei von Karl May* festgehalten:

Sie „schwebte in einem ungetrübten Entzückenshimmel", als der herbeigesehnte Tag anbrach. Dann sah sie „einen nicht viel über mittelgroßen, aber breit und kräftig gebauten Mann mit ... merkwürdig kleinen Händen und Füßen... ‚Und doch ist es Old Shatterhand‘, dachte ich."

Stundenlang erzählte er, „wie ich niemals jemanden erzählen gehört hatte ... bald waren wir mit ihm in den Felsenbergen Nordamerikas, bald an den Gestaden der blauen Adria ... oder im romantischen Norwegen. Zuweilen wagten wir kaum zu atmen und Thränen verdunkelten unsere Augen – wir standen am Sterbelager Winnetous."

Und wie er Frau Emma kennengelernt habe?

Er sei von einer Weltreise zurückgekehrt – „verwundet und schwer leidend". Weil vom Speer eines Zulus noch ein abgebrochener Widerhaken im Rücken steckte, habe er in „einer deutschen Residenzstadt" wegen einer Operation einen Spezialisten konsultieren wollen: „Als er an dessen Hausthür klingelte, öffnete ihm eine junge Dame – seine zukünftige Frau – – – "

Auch im kleinsten Kreis hält Karl May seine Old Shatterhand-Legende aufrecht, genießt die Bewunderung durch eine Sechzehnjährige, lässt den Mythos sogar noch wachsen und gedeihen: Im *Weg zum Glück* werfen die Helden tatsächlich mal Blicke auf die schöne blaue Adria, aber die Abenteuer in Norwegen und der persönliche Kampf mit dem Zulu sind Wernigeröder Neuheiten.

Zum Besuch in der bunten Stadt am Harz ist es noch der „Onkel Karl", in einem Brief vom Januar 1898 „mein geliebtester Onkel Karl": „Ich hab Dich so lieb !!!!!!!! ganz ganz doll !!!!!!!! Sicher !!! ... Wenn ich nur fliegen könnte! ...wenn ich Dich nur einmal hier bei mir sitzen haben könnte und

334

Deine liebe Hand könnte ich wieder halten und in Dein mir so sehr sehr sehr überliebes Gesicht sehen, nur einmal! ..." Die Sehnsucht füllt über zehn Seiten. Meist sind es lange Briefe, seltener mal eine kurze Karte: „...Ich sitze an derselben Stelle, wo ich vor einem Jahr mit Dir am glücklichsten Tag meines Lebens war. Was ich fühle, kannst Du Dir denken. Dein treuer Liebling."

Von den Briefen Karl Mays an Marie – „mein Liebling" – ist nur wenig erhalten geblieben. Wir wissen auch nicht, wann der 41 Jahre ältere Mann merkt, dass die Schwärmerei in Liebe umgeschlagen ist. Als sich 1900 der Gesundheitszustand Maries verschlechterte und mehrmonatige Krankenhausaufenthalte folgen, versucht sie, ihre Gefühle in einen poetischen Rahmen zu kleiden:

> „Ich hab es nie vorher gewußt,
> Daß man so lieben kann;
> Ich hab dich erst sehn gemußt,
> Du schlimmer, schlimmer Mann."

Und so weiter. 18 Gedichte entstehen. May reagiert mit etwas lektorierender Kritik, in einem Brief findet er auch mal recht schroffe Worte: „Diese Deine ,sogenannte' Liebe ist krankhaft..."

Stellung der Knöchel

Von Wernigerode aus sind Karl und Emma May am 15. Mai 1897 nach Hamburg weitergefahren. Sie wollen das Ehepaar Carl und Lisbeth Felber besuchen, mit dem sie seit Ende 1894 Briefe wechseln. Die Felbers betreiben am Steindamm im Stadtteil St. Georg ein Café.

Frau Lisbeth hatte sich als enthusiastische Leserin zu erkennen gegeben und sogar das Anschleichen auf Finger- und

335

Zehenspitzen erprobt. Vergeblich freilich, was aber die Verehrung für ihr Idol vermutlich ebenso weiter verstärkt hat wie das Foto vom Januar 1895: „Wenn Sie genau hinsehen, bemerken Sie unter der Kinnlade die Spur von dem Messerstiche, den ich von Winnetou erhielt...“

Als Karl May nun das Café am Steindamm betritt, sind die Gastgeber etwas enttäuscht. Sie hatten ihn sich „größer, imponierender vorgestellt...“

Dann fällt ihr Blick auf seine Hände, „die nur wenig größer als Frauenhände waren“.

„Herr Doktor“, wird gefragt, „wie machen Sie es nur, mit ihren feinen Händen Ihre Gegner niederzuschmettern, daß sie besinnungslos am Boden liegen?“

„Ja, wissen Sie“, antwortet er, „es kommt dabei nicht so sehr auf die Größe der geballten Faust, als vielmehr auf die Stellung der Fingerknöchel an. Man muß dann nur die richtige Stelle treffen!“

Die Hamburger Tage – insgesamt vierzehn – sind ausgefüllt mit Kutschfahren durch die Stadt, Ausflügen nach Friedrichsruh, dem Sitz von Altreichskanzler Otto von Bismarck, und nach Helgoland sowie Rundgängen auf der großen Gartenbauausstellung, die den eigentlichen Anstoß der Reise der Mays geliefert hat. Zum Besuch einer ‚Araber-Völkerschau‘ in Hagenbecks Tierpark kann Karl May allerdings nicht bewegt werden – zumindest nicht in Gegenwart der Felbers:

„Nun müssen Sie mit den Leuten sprechen, Herr Doktor, vielleicht sind sogar Leute darunter, die von Kara Ben Nemsi gehört haben“, war gedrängt worden. Auf solches Sprachabenteuer aber will er sich unter Zeugen nicht einlassen.

Die Weiterreise führt über Kassel, Mainz und Wiesbaden und einige Städte im Rheinland nach Deidesheim am Pfälzerwald. Familienbesuche und Auftritte vor Lesern hat es gegeben, und jetzt steht wieder eine Familienvisite auf dem Programm. Reichliche zwei Wochen wird sie währen.

Zum Weihnachtsfest 1894 hat der Deidesheimer Weinberg-

336

besitzer und Kommerzienrat Emil Seyler dem in seiner Familie sehr umschwärmten Schriftsteller ein paar Flaschen vom Besten übersandt, worauf sich ein sehr herzlicher Briefwechsel entwickelt. Nun weilt das Ehepaar May im überaus gastfreundlichen Haus. Recht innig gestaltet sich das Verhältnis zwischen den „fünf Orgelpfeifen", den Seyler-Töchtern, und dem „lieben guten Onkel Karl", der so schöne Geschichten zu erzählen weiß. Erlebnisse im glücklichen Seylerschen Kinderparadies werden für den kinderlosen Schriftsteller ihren besonderen Reiz gehabt haben.

Ein deutliches Bild, wie May eben selbst im vertrauten Rahmen die Legende pflegt, offenbaren ganz besonders seine Briefe an die Seylers, sei es vor oder nach dem Besuch. Der „hochverehrte Herr Commerzienrath" wird schon bald als „mein herzlieber Winnetou" angesprochen, die „getreue Emma" schreibt an die „geliebte Agnes". Von ungeheuerer Arbeitslast ist die Rede, von Krankenvisiten durch Fürsten und Prinzessinnen, von tausenden Briefen und Manuskriptsendungen nach Kairo „sogar in arabischer und türkischer Sprache", auch von Reiseplänen „zu Hadschi Halef, dann nach Persien, Indien, China, Amerika..." Die vorliegenden Briefe von „Karlundemma" lassen vermuten, daß es aus Deidesheim nicht minder herzlich tönt und man dort dem Fabulanten glaubt, auch entsprechende Bewunderung zollt.

Über Stuttgart und Stationen am Bodensee, in Österreich, Bayern und Böhmen geht es Mitte Juli zurück nach Radebeul.

Auch in der Heimatstadt ist die Zahl der Bewunderer gewachsen. Der Ortsrichter der benachbarten Lößnitzgemeinde Serkowitz, Heinrich Vogel, lädt Karl und Emma zu Ausfahrten mit seinem Einspänner durch die Lößnitz, nach Meißen, Moritzburg oder Pillnitz ein und bekommt so manches ‚Reiseabenteuer' exklusiv geboten. Am Stammtisch kann er dann berichten.

Nur ein paar Minuten von der Villa „Shatterhand" entfernt, in der Bahnhofstraße (heute Hauptstraße), hat 1887 Albin

Spillner ein Zigarrengeschäft eröffnet. Der Mann lebte von 1869 bis 1877 in den USA, für May sicherlich ein interessanter Gesprächspartner. Nebenbei ist er noch Kassierer im Gewerbeverein, dem der Schriftsteller ab und zu eine Spende zukommen lässt. Zuweilen nimmt Spillner an den Geselligkeiten in der Villa „Shatterhand" teil.

Enge persönliche Beziehungen entwickeln sich zur Familie von Friedrich Eduard Bilz. Der mit May gleichaltrige Mann stammt aus Arnsdorf bei Penig – knappe 20 Kilometer von Ernstthal entfernt –, erlernte den Weberberuf und zog sich bei der Arbeit in einer dumpfen Meeraner Weberstube erste Anzeichen eines Lungen- und Magenleidens zu. Er beginnt mit autodidaktischen Studien und Selbsterproben von Naturheilmethoden.

Ab 1882 veröffentlicht er zahlreiche Schriften zur Naturheilkunde, am bekanntesten wird *Das Neue Naturheilverfahren*, das mit diesem Titel ab der 20. Auflage im Jahre 1884 erscheint. Das Buch ist dick wie die Bibel und kostet anfangs nur 75 Pfennig. Weitere Titel befassen sich auch mit politischen, sozialen und spiritistischen Fragen.

1890 übersiedelt Bilz nach Radebeul und eröffnet eine zunächst kleine Naturheilanstalt. Umfangreiche Erweiterungsbauten folgen. Das große Bilz-Sanatorium (‚Schloß Lößnitz‘) an der heutigen Eduard-Bilz-Straße zählt ab 1895 zu den imposantesten Bauten in der Oberlößnitz.

Im Herbst 1896 leidet Emma an Influenza und weilt anschließend zu einer Kur in diesem Haus. Spätestens bei dieser Gelegenheit werden sich Bilz und May kennengelernt haben. Mehrere Bilder aus späterer Zeit zeigen beide Familien bei gemeinsamen Festivitäten. Die Verbindungen darf man sicherlich als freundschaftlich bezeichnen. 1897 kommt es noch zu einer besonderen Konstellation.

„Er ist jetzt einer der angesehensten Naturärzte des Ostens und – – – ein Leser meiner Reiseerzählungen", schreibt May in jenem Jahr. „Er wird sich freuen, wenn er sich auch in diesem Bande findet..."

Skatrunde in der Villa „Shatterhand": Emma May, Klara Plöhn, Alois Schießer, Karl May und Richard Plöhn.

Weil besagter Heilkundiger wegen seiner Armut nicht in Deutschland hatte Medizin studieren können, erlernte er zuerst das Barbierhandwerk und legte später in den USA ein Examen ab. Er arbeitete als Kellner und suchte nach einer Möglichkeit, bei den Indianern in Geheimnisse der Naturheilkunde einzudringen. Old Shatterhand und Winnetou erfüllen seine Bitte und nehmen ihn mit auf den Ritt in den Wilden Westen.

Dieser Mann heißt nicht Eduard Bilz, sondern Hermann Rost. Er ist auch keine reale Person, sondern Figur im Roman „Weihnacht!", der am 20. Dezember 1897 gerade noch rechtzeitig zum Fest in den deutschen Buchhandel kommt. Eduard Bilz aber hat für den Begleiter Old Shatterhand das Vorbild geliefert.

Die Handlung beginnt in der Heimat. Der siebzehnjährige Ich-Erzähler wandert mit Schulfreund Carpio durchs winterlich-weihnachtliche Erzgebirge. Jahre später trifft er als Old Shatterhand in Amerika eine Familie wieder, die er einst mit ein paar Groschen unterstützte. Nun beginnen abenteuerliche Ereignisse, die vom Missouri bis hinauf in die Felsenhöhen von Wyoming führen.

„Weihnacht!" ist ein ausgewogen komponierter Roman, dessen Handlung zwingend zum Höhepunkt führt – keine Aneinanderreihung einzelner Episoden wie in manchen anderen Werken. In rund zwei Monaten hat May die über 620 Kleinoktavseiten direkt für die Buchausgabe geschrieben. Ein Rekord: Kein anderes Werk vergleichbaren Umfangs und ähnlicher Qualität ist in so kurzer Zeit entstanden.

Einen Teil des Romans verfasst Karl May zwischen dem 26. Oktober und 5./6. November 1897 im Hotel von Ernst Herzig im böhmischen Birnai (heute Brná). Für ein paar Tage hat er sich aus dem Trubel seiner Radebeuler Villa „Shatterhand" zurückgezogen.

Das Hotel Herzig heißt seit Jahrzehnten und noch heute Hotel ‚Srdičko' (‚Herzchen'). Ganz in der Nähe beginnt die ‚Karla Maye', die Karl-May-Straße, die schon lange an den

Friedrich Eduard Bilz.

Arbeitsaufenthalt des Fabulierers in dem kleinen Ort fünf Kilometer südlich von Aussig (an der Route nach Leitmeritz) erinnert. Vor Jahren gab es im Hotel ‚Herzchen‘ sogar ein ‚Muzeum Karla Maye‘: 1966 ist ein Raum im Erdgeschoss als Karl-May-Stube gestaltet worden. Durch die abseitige Lage kamen leider nur wenige Besucher und nach ein paar Monaten das Aus.

„Weihnacht!“ ist für viele – auch für mich – das schönste Karl May-Buch. Das Jahr 1897 bringt den Lesern aber noch weitere erfreuliche Dinge. Unter anderem beginnt im *Deutschen Hausschatz* der erste Teil von *Im Reiche des silbernen Löwen* (heute GW 26, *Der Löwe der Blutrache*), und Fehsenfeld vervollständigt mit den Bänden 2 und 3 die Ausgabe von *Satan und Ischariot* (heute GW 21 und 22, *Krüger Bei* und *Satan und Ischariot*).

Der Zeitschriftenabdruck hierzu war 1894 bis 1896 gelaufen; *Hausschatz*-Redakteur Heinrich Keiter hatte das Manuskript eigenmächtig um rund 440 Seiten gekürzt. Zwischen Zeitschrift und Schriftsteller war es zu schwerer Verstimmung gekommen, 1898 folgt der anscheinend endgültige Bruch (endgültig freilich nur bis 1907); der *Silberlöwe* findet im *Hausschatz* kein Ende mehr.

Die Gründe für das Zerwürfnis sind nicht restlos bekannt. Der Verlag erklärt ein paar Jahre später, dass ihn die Kenntnis von Mays Autorenschaft an den Münchmeyer-Romanen, um die dann wegen vermeintlicher ‚Unsittlichkeiten‘ so heftig gestritten wurde, zur Trennung veranlasst hätte. Diese Fragen spielen aber 1898 in der Öffentlichkeit noch keine Rolle. Vielleicht ist May ganz einfach des ständigen Drucks von Zeitschriftenterminen überdrüssig, denn er lässt wissen, dass er von sich aus die Mitarbeit eingestellt habe.

Er bekommt die gestrichenen Manuskriptseiten zurück. 1927 gestaltete der Karl-May-Verlag daraus einen Teil des Bandes GW 47, *Professor Vitzliputzli*. Weil es sich aber hier um einen der recht seltenen Fälle handelt, dass ein handschriftliches Manuskript erhalten blieb, wurde die unbear-

342

Bilz'sche Naturheilanstalt in der Oberlößnitz.

beitete Erstfassung 1997 in den Werkstattband GW 79, *Old Shatterhand in der Heimat*, aufgenommen.

Weshalb der *Hausschatz*-Redakteur Keiter so massiv in Mays Texte eingegriffen hat, ist ebenfalls nicht überliefert. Bekannt ist nur, dass er zu dem Erfolgsautor in einem etwas distanzierten Verhältnis stand. Vielleicht spielte auch ein wenig Neid mit: Ihm selbst wie auch seiner Gattin Therese war beim eigenen literarischen Bemühen die große Fortune versagt geblieben.

Der Redakteursrotstift hatte im Wildwestreiseroman, der in einem Bogen auch durch den Orient führt, das große und vielfach humorvoll gewürzte Kapitel *In der Heimath* gestrichen – und damit ein paar Ingredienzen, die dann zur Old Shatterhand-Legende gehörten: Szenen, die vom Universitätsstudium künden und von der Zuneigung, die ihm ein Professor bis zu seinem Tode entgegenbringt, beachtliche sprachwissenschaftliche Fähigkeiten, Anrede als Herr Doktor und Bewunderung als Komponist.

Aber auch in den verbliebenen Kapiteln lebt die Legende. Als beispielsweise Old Shatterhand mit Winnetou in San Francisco durch Woodwards Garden spaziert, hört er sogar dort hinter sich „die mehr als heimatlichen Worte":

„Sapperlot! Is das nich der Dres'ner Doktor...?"

Wo liegen nun eigentlich die Gründe, die Karl May zu dem bizarren Treiben in Worten und Taten bewegten?

Motive

Freudlos war die Kindheit, leidvoll die Jugend, geplatzt sind alle Berufsträume. Zuflucht und seelische Heilung sucht er zunächst in seinen Märchenwelten. „So sind in hunderten und aberhunderten von kalten und liebeleeren, qualvollen Nächten alle die Bücher entstanden, in denen ich von nichts als nur von Liebe rede und nichts als nur Liebe lehre." Ihm

344

selbst aber bleiben die Bürgerhäuser und Paläste, in denen ein Teil seines Publikums lebt, verschlossen. Alle Leser, und ganz besonders jene Notabeln, das wünscht er in den mühseligen Jahren mit wachsender Sehnsucht, sollen nicht mehr nur seinen Helden Old Shatterhand bewundern, sondern auch ihn, den Schöpfer. Beide sollen gleichermaßen und ungeteilt Zuneigung auf sich ziehen.

Das in mehr als fünfzig Lebensjahren unerfüllt gebliebene Verlangen nach Zuneigung, Freundschaft und Liebe wie nach Anerkennung durch die Gesellschaft treibt May jetzt aus der Isolation und inneren Verschlossenheit zu einer überspannten Zurschaustellung. Also erscheint der Autor, als man ihn endlich zu sehen verlangt, als Doktor May und Old Shatterhand (und Kara Ben Nemsi) in einer Person.

Länger währende, enge Freundschaften bewegen sich im gutbürgerlichen Rahmen. Fabrikanten, Kommerzienräte, Kaffeehausbesitzer bestimmen den gesellschaftlichen Rang dieses Kreises. Hier findet er außer Bewunderung vor allem menschliche Zuwendung, hier kann er sich ausbreiten, seine triste Vergangenheit ausschmücken. Hier verdeckt freundschaftliches Empfinden mögliche aufkeimende Zweifel. Das Verhältnis zu den Plöhns muss von solcher Interpretation ausgeklammert bleiben.

Die Wechselbäder zwischen kleinstem Freundeskreis und launigen Gästepartys, zu denen in die Villa „Shatterhand" geladen wird, und den Sympathiewogen der großen Lesergemeinde sind das Lebenselixier der Legende. Leserbriefe werden die Initialzündung geliefert haben. May fühlt sich endlich anerkannt, gesellschaftlich integriert, der unsichtbare Makel der Vorstrafen belastet immer weniger das Gewissen.

Die Jahre schwerer Demütigungen haben ein Renommierbedürfnis angestaut, das sich schließlich zu einer unersättlichen Geltungssucht steigert: Der Gejagte von einst sucht nicht nur Kompensation als berühmtester Jäger im Wilden Westen oder unübertrefflicher Held im Orient, dieser Old Shatterhand (oder Kara Ben Nemsi) erscheint nunmehr sogar als vergleichsweise bescheidener Held gegenüber seinem Schöpfer. Denn noch längst sei nicht alles erzählt, beispielsweise nichts von den Kenntnissen in mehr als 1.200 Sprachen und Dialekten!

Wenn „Dr. Karl May, genannt Old Shatterhand" Briefe versendet, durch die Lande reist, empfangen wird oder selbst Gäste begrüßt, ist Frau Emma immer dabei. Die Anerkennung befriedigt jetzt auch ihre Ansprüche, der Geldsegen aus Freiburg ermöglicht ein sorgenfreies Leben. Pauline Münchmeyer scheint aus dem Blickfeld verschwunden.

Das Verhältnis der Ehegatten hat sich deutlich verbessert, und mit dem oft beklagten Desinteresse seiner Frau am schriftstellerischen Schaffen dürfte sich Karl May abgefunden haben. Was er bei ihr an geistiger Aufgeschlossenheit vermisst, findet er bei Richard Plöhn. Nur gelegentlich klingen noch Misstöne an, etwa wenn der arrivierte Autor nach Emmas Meinung allzu großzügig mit den Finanzen umgeht, beispielsweise Goldstücke als Trinkgelder verteilt. Ansonsten aber spielt Frau Emma mit, stellt sich ganz auf die Situation ein und sorgt damit für Ausgeglichenheit auch in der Privatsphäre – ein weiteres belebendes Moment für die Legendenbildung.

Zur Erklärung wurden später als Motive auch „kolossale Selbstreklame" oder „Notwehr" genannt, um die dunklen Punkte der Vergangenheit zu verdecken. Der schnelle Erfolg der Fehsenfeld-Edition machte solche überzogene Werbung von Anbeginn entbehrlich. Und dem nüchternen Kalkül, sich eine passende Biografie zurechtzuschneidern, hätte die ebenso kühle Überlegung folgen müssen, damit nur kurzzeitig Wirkungen erzielen zu können. Zum Verbergen der Vorstrafen war, bei sachlicher Überlegung, das vorherige unauffällige Leben viel angemessener; empfohlen hätte sich vielleicht noch ein Wohnsitzwechsel ins Ausland – was Jahre später, dann allerdings aus anderem Anlass, tatsächlich erwogen wird. Die irrationalen Behauptungen hingegen mussten das Interesse auf Mays Vergangenheit lenken und unweigerlich zu Enthüllungen führen. Erstaunlich erscheint noch die Tatsache, dass in der zurückliegenden Zeit niemand aus Hohenstein oder Ernstthal versuchte, die Vorstrafen in der Öffentlichkeit bekannt zu machen.

Verbleibt die Frage, ob May möglicherweise selbst an seine Fabeln geglaubt hat. Eine keinesfalls abwegige Erkundung, sucht man etwa nach Auskünften bei anderen Schriftstellern. Eine treffliche Selbstdarstellung liefert uns Goethe in *Dichtung und Wahrheit* aus seinen jungen Jahren. Die Freunde, schreibt er, „konnte ich sehr glücklich machen, wenn ich ihnen Märchen erzählte, und besonders liebten sie, wenn ich in eigener Person sprach, und hatten eine große Freude ... und dabei gar kein Arges, wie ich Zeit und Raum zu solchen Abenteuern finden können, da sie doch ziemlich wußten, wie ich beschäftigt war und wo ich aus- und einging... Sie mußten sich daher mehr selbst betrügen, als ich sie zum besten haben konnte. Und wenn ich nicht nach und nach, meinem Naturell gemäß, diese Luftgestalten und Windbeuteleien zu kunstgemäßen Darstellungen hätte verarbeiten lernen, so wären solche aufschneiderischen Anfänge gewiß nicht ohne schlimme Folgen für mich geblieben."

Das erinnert an den jungen May und die „schlimmen Folgen", die wir kennen. Verallgemeinernd für jedes Lebensalter setzt Goethe fort: „Betrachtet man diesen Trieb genau, so möchte man in ihm diejenige Anmaßung erkennen, womit der Dichter selbst das Unwahrscheinlichste gebieterisch ausspricht und von einem jeden fordert, er solle dasjenige für wirklich erkennen, was ihm, dem Erfinder, auf irgendeine Weise als wahr erscheinen konnte."

Weitere namhafte Dichter wie Gottfried Keller oder Friedrich Hebbel liefern ähnliche Aussagen. Aus dem tragischen Leben des Heinrich von Kleist ist bekannt, dass er oft Wirkliches und in Schwermut Geträumtes nicht mehr unterscheiden konnte und sich schließlich durch steigernde Depressionen zum Selbstmord treiben ließ.

Karl May selbst erklärt 1910 zu seinem gescheiterten Ausreißversuch nach Spanien, den er als Vierzehnjähriger unternahm: „Die überreiche Phantasie, mit der mich die Natur begabte, machte die Möglichkeit dieser Verwechslung zur Wirklichkeit." Er verweist auf die ihm „angeborene Naivität, die ich selbst heute noch in hohem Grade besitze".

Es ist überliefert, dass er während der Arbeit laut mit den Gestalten seiner Fantasie sprach, mit ihnen lachte und bei tragischen Wendungen, Winnetous Tod beispielsweise, tränengeschüttelt unterbrechen musste. Vorgänge, die wir von Gerstäcker und anderen Kollegen kennen.

Zweifelsohne verschmelzen bei May Realität und Fantasie miteinander und lassen sich dann zeitweise nicht mehr voneinander trennen. Ein in der Literatur auch in dieser extremen Form nicht unbekanntes Phänomen, das die Voraussetzung für manche großen schriftstellerischen Erfolge liefert.

May findet aber immer wieder auf den Boden der Tatsachen zurück. Verfolgt man etwa seinen Briefwechsel mit dem Verleger Fehsenfeld, so gibt er sich ganz als realistischer Geschäftsmann. Anders als bei der Arbeit für Münchmeyer kümmert er sich jetzt um alle Belange, die mit dem Absatz der Bücher zusammenhängen. Er verfasst Werbetexte, macht Vorschläge zur Preisgestaltung und selbst zur Unkostensenkung. „...vielleicht können Sie Etwas, wenn auch nur wenig, am Papiere sparen", schlägt er vor.

Für die Jahre der Legenden-Hochstimmung können wir annehmen, dass die dichterische Traum-Tatsachen-Transposition im Schaffen keine überragende Rolle mehr spielt. Zumindest deutet ein gewisses Nachlassen der schriftstellerischen Kreativität ab 1894 darauf hin.

Damit sind keine Abstriche am fleißigen Fabulieren gemeint. Immerhin entstehen in den betreffenden Jahren ja unter anderem der dreibändige *Old Surehand*, *Der schwarze Mustang*, die Bücher *„Weihnacht!"* und *Am Jenseits*, der größte Teil der Marienkalender-Geschichten und die beiden ersten Teile von *Im Reiche des silbernen Löwen*.

Dennoch mehren sich Anzeichen einer Erschöpfung; die Legende hat einen guten Teil seiner Fantasie gebunden.

348

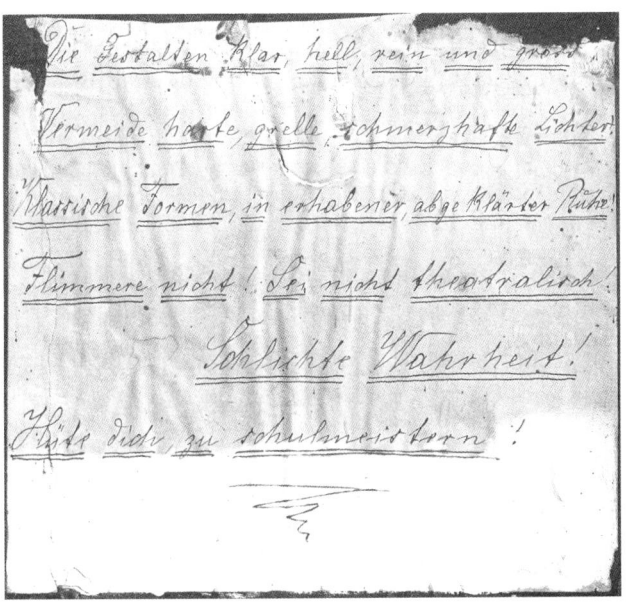

Zettel am Fenster neben Karl Mays Schreibtisch.

In diesen Jahren kann May keine neuen exotischen Räume mehr erschließen. Vorbei ist es mit den Ausflügen nach Südamerika oder Afrika, nach China oder in die Südsee, die bis 1893 erprobt wurden. Jetzt geht es nur noch durch Nordamerika und den Orient. Bekannte Gestalten kehren wieder und agieren auf den alten Schauplätzen. Kommen neue Figuren hinzu, Old Wabble beispielsweise oder der Schulfreund Carpio, dann sind sie von Tragik umgeben. Die Handlungen bewegen sich nun ausnahmslos in längst bekannten Mustern. Die einstige Farbigkeit verblasst allmählich.

Was den Werken jener Zeit an sprühendem Trubel fehlt, findet sich scheinbar in Mays persönlichem Leben. Wie nie zuvor reist er umher, sein Dasein ist rast- und ruhelos geworden. Man könnte vermuten, er habe mit der Old Shatterhand-Legende einen Geist heraufbeschworen, dem er nun zu entfliehen sucht.

DER WEG INS MORGENLAND

May und Mark Twain in Wien

Das Jahr 1898 stellt alles in den Schatten, was es bisher an Reisehektik gegeben hat. Am 17. Januar fahren Karl und Emma für eine Woche nach Berlin und logieren, wie auch bei späteren Aufenthalten, vermutlich im Central-Hotel, weiland das größte Gästehaus in Deutschland. Einen Monat darauf vermeldet das *Prager Tagblatt*, dass „Dr. Carl May, der bekannte Weltreisende und Schriftsteller, Tausenden von Lesern unter dem Namen Old Shatterhand und Kara ben Nemsi bekannt...", in der Moldaustadt eingetroffen ist. Mit dem Verleger Josef Richard Vilimek verhandelt er über die Weiterführung der tschechischen Buchausgaben, die seit 1890 erscheinen, insgesamt werden 26 Titel ediert.

Weiter geht die Reise, gemeinsam mit Frau Emma, nach Wien; durch eine Erkrankung Karls weitet sich der Aufenthalt auf vier Wochen aus. Aber auch an den gesunden Tagen sind beide unzufrieden – vorgeblich zumindest.

„Uns geht es hier in Wien sehr traurig", schreibt Emma am 1. März 1898 an Freundin Agnes Seyler auf dem Weingut in Deidesheim, „wir sind keine Minute Herrn unserer Zeit. Die ganze hohe und höchste Aristokratie ist begeistert u. will Old Shatterhand sehen. Ich will Dir nur kurz mittheilen, bei welchen hohen Herrschaften wir bis jetzt haben speisen müssen. Fürst Windisch-Graetz, Fürst Radziwill, Fürstin Hohenlohe, Graf Janković, Gräfin Strachwitz, Feldmarschall Baron von Scholley, u bei Ihrer k.k. Hoheit der Erzherzogin Maria Theresie.

Wir sind mit einigen Erwartungen nach Wien gekommen, aber auf so einen Erfolg waren wir nicht gefaßt. Das Hôtel ist von früh bis Abends belagert; die Meisten müssen sich begnügen, meinen Mann in den Wagen steigen zu sehen. Es ist oft rührend... Es ist so schön, aber auch ungeheuer beschwerlich, ein berühmter Mann zu sein..."

Was Emma hier ausbreitet, sind keine Erfindungen: Wiener Zeitungen berichten Ähnliches. So von einem Vortrag bei der Leo-Gesellschaft oder von einem Faschingsabend im katholischen Handelskasino. Fürsten, Grafen und Barone gehören zu den Tischgesellschaften; sie spenden Beifall und bringen Hochrufe aus.

„Selbstverständlich ließen es die Versammelten nicht an Ovationen für den Helden des Wilden Westens fehlen", steht beispielsweise am 26. Februar 1898 in der *Reichspost*.

Den Höhepunkt der Wiener Tage und wohl des ganzen bisherigen Lebens hatte der 22. Februar, Faschingsdienstag, für Karl May gebracht: Audienz im Österreichischen Kaiserhaus. Zwar nicht Franz Joseph I. selbst hatte bitten lassen, immerhin aber Erzherzogin Maria Therese. (Im Brief an Agnes Seyler hatte Emma manche Namen ein wenig falsch geschrieben.)

„Kaiserliche Hoheit, soll ich als Cowboy oder als Schriftsteller die Unterhaltung führen?", habe Karl beim Betreten des Salons gefragt. Dem Wunsch der Erzherzogin entsprechend sei die Plauderei in dem ihr geläufigeren literarischen Rahmen erfolgt.

Viele Male wurde bestätigt, wie charmant, interessant und packend May parlieren konnte. So dürfen wir schon vermuten, dass auch hier ein paar recht angenehme Stunden abgelaufen sind.

An Freund Emil Seyler schreibt Karl May nach dem Empfang unter anderem: „In Wien war ich der Liebling der hohen und höchsten Aristokratie... Mark Twain, welcher seit Monaten daran gearbeitet hatte, eine Rolle zu spielen, war ganz vergessen. Ich aber kam zu Hofe, ohne es gewünscht und den geringsten Schritt dazu gethan zu haben."

Der Zufall fügte es, dass May und Mark Twain tatsächlich zu gleicher Zeit in Wien weilten. Es gibt freilich keinen Hinweis auf eine Begegnung. Und Mays Anmerkung über seinen berühmten amerikanischen Kollegen – „war ganz vergessen" – geht sicher ein Stück an der Realität vorbei.

Mark Twain.

Mark Twain-Biografin Jerry Allen berichtet über jene Zeit von September 1897 bis Mai 1899, in der der Amerikaner in der Donaustadt lebte:

„In Österreich kannte man Mark Twains Bücher, und sein Ruhm war dort ebenso groß wie in Amerika. Die Zeitungen veröffentlichten Bilder des ‚größten Humoristen der ganzen zivilisierten Welt‘, bis sein Gesicht überall bekannt war. Jedes Auftreten, jede Bemerkung des bedeutendsten Gastes der Stadt Wien, der ‚von morgens bis abends befeiert und begessen wurde‘, wurde gemeldet. Diplomaten, Künstler, Schriftsteller, Philosophen, Wissenschaftler besuchten ihn. Einladungen holten ihn in ein anregendes gesellschaftliches Leben, bei dem geistsprühende Gespräche an der Tagesordnung waren. Politisch war die Zeit unruhig, und Mark Twain stürzte sich mit knisternden Artikeln, in denen er aus seinem Herzen keine Mördergrube machte, in den Kampf – mit scharfen Verurteilungen voller Humor und Weisheit."

Mark Twain bewegte sich in Wien in anderen Kreisen als Karl May und wollte vermutlich nicht zu Hofe kommen. In der Satire *Ein Yankee aus Connecticut an König Artus' Hof* hatte er es schon 1889 klipp und klar formuliert:

„...jede Art von Monarchie, wie gemäßigt auch immer, jede Art von Aristokratie, sosehr ihre Vorrechte auch beschnitten sein mögen, ist rechtlich eine Beleidigung; wer aber unter einem solchen System geboren und erzogen worden ist, der kommt wahrscheinlich von selbst nie darauf. ... Man könnte sich der Menschheit schämen, wenn man bedenkt, was für ein Kroppzeug stets ohne einen Schatten des Rechts oder der Vernunft auf ihren Thronen gesessen hat und was für Leute von siebenter Qualität immer die Rolle ihrer Aristokratie gespielt haben..."

Verschiedene Umstände, so der plötzliche Tod der Lieblingstochter Susy und das Fiasko mit dem historischen Roman um Jeanne d'Arc, den er als sein bedeutendstes Werk betrachtete, schließlich während der Wiener Monate noch die Nachricht vom Ableben seines Bruders Orion ließen

354

Mark Twain innerlich verbittern: In den neunziger Jahren wurden seine Satiren noch schärfer und immer aggressiver. Er war nicht der Mann für einen Kotau vor irgendeiner Hoheit.

Seine Beurteilung für jemanden, der „unter einem solchen System geboren und erzogen worden ist", trifft schon irgendwie auf Karl May zu, auch wenn er ihn wohl nicht gekannt hat.

Für eine Begegnung hätte sich der 22. Februar 1898 angeboten – für Karl May ein ereignisreicher Tag mit vollem Programm: Außer der Audienz bei der Erzherzogin nahm er noch an einem Ausflug teil und hielt einen Vortrag. „Und an diesem Abend hätte er", recherchierte Franz Cornaro, „wenn er Zeit gehabt hätte, auch eine Versammlung der Österr. Gesellschaft der Friedensfreunde unter Vorsitz der Baronin Bertha von Suttner besuchen können, an der Mark Twain als Vertreter der Friedensfreunde in den USA teilnahm. Eine Gelegenheit, die Bekanntschaft Mark Twains zu machen, hätte Karl May damals gewiß auch sonst leicht finden können, doch lag es ihm vermutlich fern, dies zu wünschen."

Bertha von Suttner sah Karl May vermutlich zum ersten Mal, als er im Oktober 1905 einen ihrer Vorträge in Dresden besuchte.

Karl und Emma legen bei der Weiterfahrt nach München in Linz, der Stadt der Fotografen, eine Übernachtung ein. In der bayrischen Metropole werden sie vom ‚May-Club-München' in Anspruch genommen, am 26. März 1898 öffnen sich die Tore des Wittelsbacher Palais, „wo ich in einer langen, langen Audienz alle Glieder des Bayerischen Königshauses um mich versammelt sah und mit ihnen wie ein alter, lieber Bekannter verkehren durfte. Ich habe mir aber verbeten, dies in die Zeitungen zu setzen, denn ich liebe das nicht. Vielleicht erstatte ich Euch einmal mündlich Bericht darüber." So wird es dem „lieben Winnetou" Seyler mitgeteilt.

Dass er sich Presseberichte „verbeten" habe, klingt schon einigermaßen absurd. Nichts wäre ihm wohl willkommener gewesen, klingt in seinen Zeilen doch das Glücksgefühl an, das ihn zweifelsohne beherrscht hat.

Die dreizehnjährige bayrische Prinzessin Wiltrud hatte 1897 durch einen Hofbediensteten einen Brief mit Fragen an Karl May schreiben lassen. Offensichtlich machten die Antworten Eindruck – „1) Ich bin wirklich Old Shatterhand... 3) Ich war 21 mal in Amerika und werde nächstens zum 22ten Male hinübergehen, um mir noch einige Grizzlies zu schießen und die Apatschen zu besuchen...“

Eine neue lange Liste mit Fragen trifft in Radebeul ein, wobei zunächst nicht zu ersehen ist, wer da unter anderem wissen will, wer „der jetzige Häuptling der Apachen“ ist.

„Oberster ich noch, siehe ,Winnetou‘ Band I. Dann hat jeder Stamm unter mir seinen besonderen Häuptling“, antwortet May im Februar 1898 und lässt wissen, dass er „anfangs März nach München, Hotel Treffler“ komme und bereit sei, „ausführlicher zu antworten“.

So einem Mann, oberster Apachen-Häuptling, wohnhaft in Radebeul bei Dresden, will man Auge in Auge gegenüberstehen. Also erfolgt eine Einladung.

Das Wittelsbacher Palais war Wohnsitz des späteren Königs Ludwig III., Sohn des Prinz-Regenten Luitpold und Vater von Prinzessin Wiltrud. Möglicherweise hat Karl May noch immer nicht gewusst, wem er die Audienz zu verdanken hat. Denn zwischen ihm und der Prinzessin entwickelt sich erst ab 1902 ein Briefwechsel. Hin und wieder gibt es da auch mal Pausen. Später hält Klara May noch den Kontakt aufrecht. Prinzessin Wiltrud, die durch Heirat zur Herzogin aufgestiegen war, bleibt bis zu ihrem Tod im Jahr 1975 Karl-May-Leserin.

Über Regensburg führt Ende März der Weg zurück nach Radebeul. Einen Monat darauf kommt er ein weiteres Mal zu Hofe.

356

Goldstücke in Gartow

Am 30. April 1898 adressiert Karl May eine Ansichtskarte nach Deidesheim. „Vom Geburtsfeste des Herzogs von Dessau" kommen seine Grüße. „In diesem Schlosse", erläutert er zum Bild auf der Karte, „wohnt ein sehr lieber Gönner von mir".

Gemeint ist Herzog Friedrich I. von Anhalt-Dessau, der am 29. April 1831 geboren wurde und von 1871 bis 1904 regierte. Ob Karl May tatsächlich an der herzoglichen Geburtstagstafel dinierte oder lediglich ein bisschen renommierte und nur in Gedanken am Hofe weilte, wissen wir nicht. Auf Karten an Klara Plöhn und Mutter Beibler schreibt er nichts von der Jubelfeier. Und Verleger Fehsenfeld bekommt am 19. Mai zu erfahren: „Da ich einmal nach Dessau mußte (der Herzog und die Herzogin sind begeisterte Leser), so benutzte ich das, um gleich weiterzufahren und wegen meines nächst erscheinenden Theaterstückes in Gartow, Lüchow, Lenzen Studien zu machen."

Diese Reise auf den Spuren des ‚Alten Dessauers‘ macht Karl May allein. Am 1. Mai fährt er per Bahn von Dessau über Salzwedel nach Lüchow und von da mit Kutsche nach Gartow. Dort quartiert er sich bis zum 7. Mai im Hotel Krug ein. Heute empfängt das Haus keine Logiergäste mehr. Über der Tür aber erinnert eine geschnitzte Tafel: „Hier weilte Karl May April/Mai 1898".

In der Gegend um Gartow hält sich May 1898 zum ersten Mal auf. Aber schon rund zwei Jahrzehnte vorher hatte er hier für vier Dessauer-Humoresken Schauplätze ausgewählt (*Die drei Feldmarschalls*, *Fürst und Leiermann*, *Ein Fürst-Marschall als Bäcker* und *Der Amsenhändler*, heute in GW 42, *Der alte Dessauer*; *Der Amsenhändler* jetzt mit dem Titel *Der Pflaumendieb*).

Ein Blick auf die historische Landkarte macht verständlich, weshalb das abenteuerliche Geschehen gerade hier abläuft: Das Grenzgebiet an der Unterelbe, wo sich zwei Zipfel der Königreiche Preußen und Hannover ineinander schoben, war als Hintergrund für das Treiben der Werber auf fremdem Territorium besonders geeignet.

Jetzt unternimmt Karl May zahlreiche Kutschfahrten in die Umgebung, besucht die schon beschriebenen Orte und muss manches ein wenig korrigieren. So wird er beispielsweise in Lenzen vergeblich nach einem Gasthof ‚Zum Mecklenburger' – Stätte des Finales von *Ein Fürst-Marschall als Bäcker* – Ausschau gehalten haben: In der preußischen Westprignitz, so versichern Kenner der Heimatgeschichte, wäre es undenkbar gewesen, jemals ein Lokal mit Bezug auf das benachbarte Mecklenburg zu benennen. Kein Einheimischer wäre dort eingekehrt.

In Gartow, Lenzen und anderenorts macht May, wie er an Fehsenfeld schreibt, seine „Studien... Dabei zeichnete ich Wege, den Lauf der Elbe, und wurde, wie schon erwähnt, als franz. Spion arretiert. ... Darüber allgemeine Entrüstung in den Blättern."

Recherchen in der Lokalpresse jener Tage erbrachten keine Belege zur Verhaftung eines vermeintlichen Spions und nachfolgenden Entrüstung. Durch den Gartower Lehrer und Kantor Friedrich Hinnrichs, der damals Mays Bekanntschaft machte, und weitere Zeitzeugen ist aber tatsächlich ein kurzer Hausarrest aus anderem Anlass überliefert.

Im weiland noch hinterwäldlerischen Gartow erregt Karl May beträchtliches Aufsehen. Am abendlichen Stammtisch fabuliert er von lebensgefährlichen Löwenjagden und einer Wunderwaffe, die jeder Besucher fallen lässt, weil sie ihm zu schwer ist. Rasch spricht es sich herum, dass er einem Mädchen 100 Mark schenkte und einen Stallknecht für die Auskunft nach dem ‚Pinkulatorium' mit einem 20-Mark-Goldstück belohnte. Das weckt die Aufmerksamkeit der Polizei; am frühen Morgen stehen zwei Wachtmeister vor seinem Bett. Sie schauen Papiere und Scheckbuch an und stellen zahllose Fragen und verfügen, dass er das Hotel nicht mehr verlassen darf.

358

Stunden später trifft aus Radebeul die telegrafische Antwort auf die Polizeidepesche ein: „Karl May hier wohnhaft übt sehr gern Wohltätigkeit."

Das genügt den Ordnungshütern, der Schriftsteller ist wieder frei; das genügt aber, wie es scheint, auch ihm, denn er bricht seine Zelte in Gartow ab – und legt das Thema ‚Alter Dessauer' endgültig zu den Akten.

Vermutlich weckten obrigkeitliche Observation und amtliche Arrestierung so böse Erinnerung an vergangene Zeiten, dass ihm alles verleidet war. Zur Rückkehr zum ‚Alten Dessauer' und zum Plan mit der Posse wird er auch nicht mehr inspiriert, als später die ‚alte Dessauerin' Klara sein Leben entscheidend beeinflusst.

Karl May legt noch eine Ruhepause in Salzwedel ein, am 8. Mai 1898 ist er wieder in Radebeul.

Grüße aus Grünthal

Wie eh und je in dieser Zeit wird auch per Post mächtig weiter bramarbasiert. Emil Seyler erfährt per 18. Mai, dass es vorgestern „einen höchst interessanten Besuch" gab, „nämlich die der Grafen von Radetzky, welche begeisterte Leser von mir sind – – Enkel des Feldmarschalls Radetzky"; es waren die Urenkel Egon, Joseph und Theodor. Tags darauf schreibt er an Verleger Fehsenfeld, dass auch die Prinzessin Windisch-Graetz da gewesen sei. Lehrer Friedrich Hinnrichs in Gartow erhält per Brief ein paar Blumen, „welche mir mein lieber, hochverehrter Freund, der Patriarch von Jerusalem, gesandt hat".

Auch ganz normale Kartengrüße gehen auf die Reise – von der Bastei, aus Meißen, aus Radebeul, von Schloss Weesenstein. Meist ist Karl mit Emma unterwegs. Im August machen beide zusammen mit Klara und Richard Plöhn und mit dem Hausarzt Dr. Mickel eine dreitägige „Spritztour nach der österreichischen Grenze". Sie weilen auf der böhmischen Seite und vom 17. zum 18. August im Hotel ‚Schwefelbad Grünthal', das später zu Olbernhau gehört. 1989 konnte noch das alte Gästebuch mit den Einträgen von 1898 aufgespürt werden. Nach scheren Hochwasserschäden wurde das Anwesen 2005 abgebrochen.

Wie so häufig hat Karl May auch hier ein paar launige Verse gereimt und ins Melderegister geschrieben:

„In Grünthal gibts ein liebes Haus;
Geht man da öfters ein und aus
Und lernt die braven Leute kennen,
die sich mit Namen Klinger nennen,
So geht man wohl von diesem Ort
Mit großem Widerstreben fort
Und sagt: ‚Hier läßt sichs glücklich sein;
Ich kehre baldigst wieder ein!'"

Bei den Eintragungen steht unter anderem „Dr. May / Karl / Literat / Radebeul, Dresden" und „Plöhn / Richard / Rentner / Radebeul".

Richard Plöhn hat kurz vorher seinen 45. Geburtstag gefeiert, der angegebene Status „Rentner" – nach derzeitigem Erkenntnisstand an jenem Augusttag erstmals verwendet – signalisiert eine Zäsur in seinem Leben. Während im Hause May zu jener Zeit „unser Glück auf der Höhe" stand, wie sich Emma später erinnert, „selig goldene Zeiten" herrschten, hatten sich bei den Freunden dunkle Schatten ausgebreitet.

Richard Plöhn war an einem schweren Nierenleiden (Morbus Brightii) erkrankt, wurde zeitweise bettlägrig, musste von Klara gepflegt werden und sich dann entschließen, die Fabrik zu verkaufen.

Ein paar Wolken zeigen sich freilich auch über der Villa „Shatterhand", werden jedoch nicht als bedrohlich betrachtet.

Anfang August 1898 war von Carl Muth unter dem Pseu-

360

donym Veremundus die Schrift *Steht die Katholische Belletristik auf der Höhe der Zeit?* erschienen. Der angesehene Kritiker will eine vermeintliche „litterarische Inferiorität" (Minderwertigkeit) der Katholiken überwinden. Dem *Deutschen Hausschatz* kreidet er mit ein paar wenigen Zeilen „das zweifelhafte Verdienst" an, den Abenteuerroman „unter der Firma **Karl May** in weiten Kreisen eingebürgert zu haben". Er schreibt – reichlich überzogen – von „eingeflochtenen religiösen Phrasen" und von der „ganzen litterarischen Bedeutungslosigkeit..." Man brauche nur mit Romanen von Sealsfield oder Erzählungen von Bret Harte zu vergleichen, um das zu erkennen.

Karl May hat die Veremundus-Broschüre aufmerksam gelesen, die ihn betreffenden Stellen kommentarlos zur Kenntnis genommen, zu anderen Passagen Randbemerkungen wie „sehr gut! Merken!" angebracht.

Ein paar Wochen nach dieser Lektüre beginnt er mit der Arbeit am Jubiläumsband XXV der Fehsenfeld-Ausgabe; möglicherweise hat sich die Kritik von Carl Muth hierbei niedergeschlagen. Denn der Roman *Am Jenseits* markiert den Übergang von den Reiseromanen zum symbolischen Alterswerk: Die Abenteuerhandlung wird nebensächlich und dient nur zur Verbildlichung geistig-seelischer Betrachtungen über Leben und Tod. Der Schriftsteller bemüht sich um Qualität, klopft an die Tore der sogenannten Hochliteratur an.

Zeitweise zieht er sich aus den Radebeuler Turbulenzen zurück. Zuerst geht es ins erzgebirgische Mulda, und zumindest in der zweiten Septemberhälfte 1898 weilt er mit Emma in Kirchheim unter Teck südöstlich von Stuttgart. Der Besuch gilt dem befreundeten Fabrikantenehepaar Max und Emma Weise, die einst nur wenige Tage vor Karl und Emma in Hohenstein geheiratet hatten. Obwohl Mays Mutter eine geborene Weise war, bestanden keine verwandtschaftlichen Beziehungen, ermittelte der May-Forscher Martin Lowsky.

In Mulda und in der ‚Villa Weise' an den Ausläufern der Schwäbischen Alb entstehen die ersten Abschnitte des Romans, der im Frühjahr 1899 in den Buchhandel kommt. Verleger Fehsenfeld wird am 2. Oktober 1898 über den Fortgang des Schreibens informiert: „Sobald ich mit der Arbeit fertig bin, geht es nach Arabien zu Halef etc. etc. etc. vielleicht an Freiburg vorüber. Ich freue mich königlich, daß ich meine Haddedihn wiedersehe! ..."

Aber nicht nur hier scheint ihm die Fantasie durchgegangen zu sein.

Doktortitelanfragen

Am 8. Oktober 1898 wendet sich May an die Redaktion des Radebeuler Adressbuches: Beim Eintrag im Jahrgang 1898 fehle auf Seite 358 sein Doktortitel: Das habe „schon zu Verwechslungen und Unzuträglichkeiten geführt..."

Weil keine amtlichen Unterlagen vorliegen, wird in Dresden nachgefragt: Die Königliche Polizei-Direktion prüft den Vorgang. In der Antwort vom 14. Oktober 1898 an den Amtshauptmann stehen böse Worte: „Ein sogen. Schriftsteller Dr. May habe dadurch die Aufmerksamkeit auf sich gezogen", weil er sich in Dresden ständig Mitgliedern des Mecklenburger Fürstenhauses genähert habe. Er entpuppt sich „b e i n ä h e r e r P r ü f u n g a l s e i n v o r b e s t r a f t e r S c h w i n d l e r u n d H o c h s t a p l e r", auch bei seiner schriftstellerischen Tätigkeit. In den überseeischen Reiseschilderungen gebe er sich den Anschein, „als ob er über Selbsterlebtes und Selbstgesehenes berichtet, während er in Wahrheit dem Vernehmen nach über die deutsche und österreichische Grenze nicht weit hinausgekommen sein dürfte". Dann folgt noch ein Satz zur eigentlichen Doktortitelanfrage. Auf das alles habe man aufmerksam machen müssen, „weil May unter der Flagge eines Dr. philosophiae segelt, jedenfalls ohne zur Führung dieses Titels berechtigt zu sein".

Karl May bewegt sich auf gefährlichem Glatteis. Mit seiner Beschwerde zum Adressbuch hat er das Schicksal geradezu

362

Emma und Karl um 1895.

herausgefordert. Aber noch sind ihm die Nornen wohl gesonnen, dringt nichts aus Amtsstubentüren hinaus.

Der Radebeuler Gemeindevorstand recherchiert selbst noch ein bisschen, stellt fest, dass an der Villa „Shatterhand" ein Namensschild mit Doktortitel prangt und Visitenkarten „Dr. Karl May, genannt Old Shatterhand..." überreicht werden. Am 10. November 1898 erfolgt eine Vorladung auf die Amtshauptmannschaft Dresden-Neustadt.

Er habe den Titel im französischen Rouen verliehen bekommen, erklärt May, und in China „eine dem Doktortitel gleiche oder noch höher stehende Würde erworben".

Der vernehmende Assessor Heusch hat auf seinem Schreibtisch auch den Strafregisterauszug liegen und fragt beiläufig nach dem Vorleben. In der „Sturm- und Drangperiode" habe es etwas gegeben, räumt May ein, aber das sei längst vergessen.

Behördlicherseits wird die Titelführung untersagt, ein Strafverfahren jedoch nicht eingeleitet. Eine günstige Fügung, die aber auch nicht sonderlich ernst genommen wird. So steht im Adressbuch 1899 im „Einwohnerverzeichnis" zwar nur „May, Carl...", im „Häuserverzeichnis" hingegen gibt es den Vorsatz „Dr. phil." – vermutlich wieder auf Mays Bitte hin. Ab 1900 sind die Einträge allerdings durchweg korrekt.

In der Publikationspraxis ändert sich vorerst fast nichts, manches erscheint mit, anderes ohne „Dr.". Auch die meiste Korrespondenz bleibt wie bisher den akademischen Weihen unterworfen. Über das Jahr 1898 hinaus aber wird dem Dr. Karl May für seine Selbsternennung noch einiger Ärger ins Haus stehen. Hans-Dieter Steinmetz hat die unendlichen Details der langen Geschichte akribisch erforscht und im Heft 13 der *Karl-May-Haus Information* dokumentiert.

In jenen Oktobertagen 1898, da in Dresden und Radebeul in Sachen des Dr. phil. nachgeforscht wurde, weilt Karl May in Prag, um nach nur acht Monaten neuerlich mit dem Verleger Josef Richard Vilimek zu verhandeln: Ein Streit wird gütlich beigelegt.

Der sechsundfünfzigjährige Schriftsteller wohnt im ‚Hôtel

364

de Saxe'. Hier trifft er zum ersten Mal mit Egon Erwin Kisch zusammen, der sich später als ‚Rasender Reporter' einen Namen macht und dem „Ideal meiner Knabenzeit", wie er May bezeichnet, zeitlebens verbunden bleibt.

Für den weiland dreizehnjährigen Schüler einer deutschen Staatsrealschule ist es selbstverständlich, den Hotelportier zu überlisten und an der Spitze von „kurzhosigen Greenhorns" zu überlaufen. In seinem ersten Reportage-Buch *Aus Prager Gassen und Nächten*, das 1911 erscheint, erinnert sich Kisch an den Vorgang im Herbst 1898:

„Sie alle kamen, den kühnen Präriehelden zu sehen, den sie früher oder später übertrumpfen wollten. Zitternd empfingen wir die Botschaft, wir mögen zum Herrn Doktor ins Zimmer kommen. Er machte uns geheimnisvolle Andeutungen über ein entsetzliches Ende, das Hadschi Halef Omar genommen habe, über eine Goldgrube, die er vor kurzem im Llano Estacado entdeckte, deren Ausbeutung aber gefahrdrohend sei. Etcetera. Mir, als dem Sprecher der Schüler, hat er zum Andenken ‚Old Surehand', Band III, geschenkt..."

Von Kisch erfahren wir in diesem Zusammenhang auch von der damaligen Wirkung der Karl-May-Bücher auf die Jugend:

„In den Cordilleren, am Rio de la Plata, im Lande des Mahdi, im wilden Kurdistan, auf der Strecke von Bagdad nach Stambul, im Reiche des silbernen Löwen kannten wir uns unvergleichlich besser aus als in den inzwischen verblichenen, im damaligen Reichsrat vertretenen Königreichen und Ländern...

Kein Wunder, denn wir hatten während der Schulstunden einen der Fehsenfeldschen Bände unter der Bank aufgeschlagen, die Zehn-Uhr-Pause wurde für die Fortsetzung der Lektüre geopfert, und der Weg von der Schule nach Hause wurde im Schnellschritt zurückgelegt, weil man daheim in dem Buche weiter lesen konnte. Allerdings mußte man dieses mit den Deckeln von Putzkers Historischem Handatlas maskieren, um bei den Eltern den Glauben zu erwecken, man sei über ein Lehrbuch gebeugt."

Und „oben auf dem Belvedereplateau" gab es dazu das „Praktikum". Die Schüler teilten sich ein in Scouts, Comanchen und Apachen, hielten ihren Kriegsrat ab und rauchten das Calumet, mit Gras gestopft. „Jeder trug seinen Prärienamen, – ,Old Shatterhand' durfte freilich keiner heißen, das hätte der Ehre zuviel und die Herrschaft über uns gewährt..."

Krise in Kairo

In den letzten Wochen des Jahres werden Kartengrüße aus Hamburg und wiederum Grünthal versandt, im Januar 1899 weilt Karl May in Berlin, zwischendurch wird die Deutsche Reichspost in Radebeul beschäftigt. „In einigen Tagen", schreibt er am 9. Januar, „gehe ich nach Arabien zu meinem lieben Hadschi Halef Omar." Kurz darauf erfährt ein anderer Leser von weitergespannten Reiseplänen: „...dann nach Amerika zu meinen Apatschen."

Freund Emil Seyler bekommt es noch einmal ganz dick aufgetragen: Er sei wiederum „an den Königl. Hof nach München zu Besprechungen berufen" worden, habe aber absagen müssen, weil er in „eiligster, fürchterlichster Anstrengung" den Band *Am Jenseits* gefertigt habe, „um das Schiff, auf welchem ich meine große Reise antrete, rechtzeitig zu erreichen... Wann oder vielmehr ob ich überhaupt wiederkomme, das weiß ich freilich nicht, da ich nicht so reise wie Andere, die jeden Schritt und Tritt so sorgfältig vorausberechnen..."

Solche Reisetöne klangen bereits vorher an. Jetzt aber zeigen sich die Geister der Old Shatterhand-Legende – oder Kara Ben Nemsi-Legende – so grell heraufbeschworen, dass Flucht vor ihnen schon als ratsam erscheint. Auch soll ein lang gehegter Wunsch in Erfüllung gehen und dazu noch der Legende einen Anstrich von Echtheit verleihen.

Vielleicht ziehen schon Ahnungen vom unausbleiblichen Zusammenbruch auf. Am 13. März 1899 fragt er bei Fehsen-

366

feld an, ob der Verleger die Korrekturen zum Band *Am Jenseits* gelesen habe:

„Dann werden Sie gemerkt haben, daß Karl May jetzt beginnt, mit seinen eigentlichen Absichten herauszurücken. Es handelt sich um eine wohlvorbereitete, großartige Bewegung auf religiös-ethisch-sozialem Gebiete." Mit den bisherigen Werken habe er sich nur „eine möglichst große Zahl von Lesern als Arbeitsfeld" schaffen wollen. Zunächst jedoch fahre er jetzt – wie das schon etliche andere mitgeteilt bekamen – nach Arabien zu seinem Hadschi Halef Omar und „dann durch Persien und Indien nach China, Japan und Amerika zu meinen Apatschen..."

Für die Reiseschatulle stehen rund 50.000 Mark zur Verfügung. Am 24. März 1899 holt Karl May bei der Königlich Sächsischen Amtshauptmannschaft in Dresden-Neustadt seinen Reisepass – gültig bis 23. März 1904 – ab, am 26. März bricht der nunmehr Siebenundfünfzigjährige zu seiner ersten Weltreise auf.

Die nun folgenden Ereignisse sind im Band GW 82, *In fernen Zonen*, ausführlich dokumentiert.

Die Reise beginnt mit Zwischenstationen in Frankfurt am Main und bei seinem Freiburger Verleger. Am 4. April 1899 verabschiedet er sich in Genua von Ehefrau Emma und den beiden Plöhns, die ihn bis in die norditalienische Hafenstadt begleitet haben, und geht an Bord des Reichspostdampfers ‚Preußen'.

Fünf Tage darauf betritt Karl May in Port Said zum ersten Mal außereuropäischen Boden, am 14. April bezieht er für anderthalb Monate Logis im Kairoer Hotel ‚Bavaria'. Kleinere Ausflüge, zum Teil mit der Eisenbahn, führen in die nähere Umgebung der ägyptischen Hauptstadt. Pyramiden werden besichtigt, aber nicht bestiegen, der erste Ritt auf einem Kamel dauert genau zwei Stunden und fünfundvierzig Minuten. Dann treiben ihn Hitze und der heiße trockene Wind in die Geborgenheit des Hotels und an einen Tisch mit Schreibutensilien zurück.

Dem kommerziellen Schreibzwang erstmals entronnen, greift er jetzt aus anderen Gründen zur Feder.

Eine Pilgerreise in das Morgenland, schreibt May am 20. April auf das Titelblatt einer Manuskriptmappe. Was sich hier unter dem unmittelbaren ‚Zauber des Orients‘ literarisch niederschlägt, erinnert überhaupt nicht mehr an die vieltausendseitig geschilderte bunte Welt. Es sind religiöse, zumeist elegische, weltabgewandte Gedichte.

„Ich bin so müd, so herbstesschwer / und möchte am liebsten scheiden gehen…" heißt es in Versen, die ein paar Wochen später entstehen. „Habe hierbei bitterlich, zum Herzbrechen geweint", vermerkt er als private Notiz auf der Rückseite des Blattes.

Karl May ist sichtlich erschüttert, dass der orientalische Alltag so gar nicht den breit ausgemalten Vorstellungen entspricht, alles erscheint noch gigantischer, vielfältiger. Sein Kara Ben Nemsi stellt sich schon in den ersten Kairoer Wochen als Anachronismus heraus. Eine besonders schmerzliche Erkenntnis, wenn er auf die Legendenstrickerei der letzten Jahre zurückschaut.

Die Konfrontation der Traumwelt mit der Wirklichkeit führt unausweichlich zum Konflikt. Der Klärungsprozess aber kann sich nicht in Stunden oder Tagen vollziehen.

Am 17. Mai, May ist jetzt einen Monat in Kairo, schreibt er an Emma: „Grad weil das Leben des Orients so inhaltslos, so oberflächlich, schmutzig und lärmvoll ist" – das ist keine Kritik an der neuen Umwelt, die er gleichzeitig als „unbeschreiblich schön" preist; das ist vielmehr eine verschlüsselte Reflexion aufs eigene Leben – „wirkt es auf die besser veranlagten Menschen vertiefend, bereichernd, reinigend, beruhigend und befestigend. Man wendet sich unbefriedigt und bedauernd ab und geht nach innen. Das ist die Wirkung auf mich…" Womit der begonnene Wandel, der Prozess der Besinnung, deutlich bekundet wird.

Monatelang schwelt die seelische Krise, wehrt sich May gegen die Katastrophe. Seine Traumwelt, das Fundament der

Karte
von der
Orient-
reise.

369

bisherigen schriftstellerischen Existenz, bricht mehr und mehr auseinander. Tagebucheintragungen und Stapel von Ansichtskarten belegen das innere Hin- und Hergerissensein. Viel Post geht nach Radebeul an Emma und an die Plöhns und an Frau Wilhelmine Beibler, die Mutter von Klara Plöhn.

Ganze Kartenstöße werden an Bekannte und Zeitungsredaktionen abgesandt, hundert Stück sind es allein am 6. November 1899. Allzu oft bricht dabei wieder die alte Renommiersucht durch. So bekommt Fehsenfeld zu erfahren, dass neben ihm auf dem Diwan Ben Nil – eine bekannte Figur aus dem *Mahdi*-Zyklus – sitze und die Karte mit unterschreiben werde; am unteren Rand ist dann ein arabisches Signum beigefügt. Die *Pfälzer Zeitung* erhält per 6. Juni 1899 einen langen Brief. May entschuldigt sich wegen des schlechten Papiers. Besseres habe er nicht in seiner Satteltasche. Aber ehe er in den Sudan verschwinde, wolle er doch noch schreiben. Die Engländer würden zwar eine offizielle Reise nicht dulden – „darum reite ich als Kara Ben Nemsi meine alten Karawanenwege. Dann will ich über Mekka nach Arabien zu meinem Hadschi Halef und mit ihm durch Persien nach Indien..."

Die wahren Empfindungen verschlüsselt May in lyrischen Elegien. Seine Unruhe wächst, als die Post von seiner Frau unerwartet lange ausbleibt. „Heut, meine liebe Emma, sind es 52 Tage, also 7½ Wochen, seit Du mir das letzte Mal geschrieben hast. Und das war so wenig!", steht beispielsweise auf der Karte vom 23. August 1899. „In dieser Beziehung bin ich wirklich so arm, so bitter arm, wie fast kein anderer Mensch!!!"

Ein Grund für solche Pausen mag darin liegen, dass Emma May zu jener Zeit von einem beginnenden schweren Unterleibsleiden geplagt wird. Aus gesundheitlichen Gründen jedenfalls hatte sie bereits auf eine Teilnahme an der ganzen Reise verzichtet. Die näheren Umstände wurden erst durch den ärztlichen Befund nach ihrem Tode bekannt.

An der weiteren Route Mays fällt vor allem auf, dass er nach dem offensichtlichen Schock in Kairo nicht nur um die

Sejd Hassan, Mays arabischer Begleiter auf der Orientreise.

Weidegründe der Haddedihn am Tigris einen weiten Bogen schlägt, sondern nahezu allen Schauplätzen der Romane ausweicht. Karl May hält sich an Baedeker-Spuren.

Noch in der ägyptischen Hauptstadt hat er mit einem Araber einen Dienstvertrag abgeschlossen. Der junge Mann heißt Sejd Hassan – Vorbild für den Sejjid Omar im Werk *Et in terra pax* (*Und Friede auf Erden*) – und begleitet ihn vom 23. Mai 1899 bis zum 17. Juni 1900.

Im Vertrag verpflichtet sich Sejd Hassan, dem „Herrn Dr. Karl May ... vor allen Dingen Gehorsam, Treue und Ehrlichkeit zu erweisen und sich der Ausführung keines Befehls zu weigern... Er erhält dafür eine Gage von 5 Mark, sage fünf Mark, pro Tag, wovon er alle Ausgaben für sein Leben, also für Wohnung, Ernährung, Kleidung, Wäsche u.s.w. zu bestreiten hat. Alle Beförderungskosten hingegen trägt H. Dr. May... Sejd erhält von Herrn Dr. Karl May einen Vorschuß von zwei englischen Pfund...“

Leider konnten wir nichts zur sprachlichen Verständigung beider ermitteln. Vermutlich radebrechten sie Englisch miteinander, denn die These, May habe das Arabische perfekt beherrscht, gehört ins Reich der Fabel.

Von Kairo aus geht es zunächst nilaufwärts bis nach Assuan und zurück nach Port Said. Als er am 26. Juni 1899 in Beirut ankommt, muss er wegen der ausgebrochenen Pest drei Wochen in Quarantäne bleiben. Haifa, Nazareth, Jerusalem und Jaffa heißen die weiteren Stationen, Aden ist das nächste Ziel.

Auf der Reise zeigen sich Krisensymptome in verschiedener Form. May hofft wohl, allein durch das Ablegen alter Gewohnheiten als neuer Mensch zu erstehen. Jedenfalls fasst er den Plan, Vegetarier zu werden und stellt auch urplötzlich das Rauchen ein. Der 26. August, noch in Jaffa, ist für ihn der bisher „schrecklichste Tag“, wie er im Reisetagebuch festhält. Im Hotel hört er „5 Rufe Mausels“ – womit Klara Plöhn gemeint ist – und verlangt darauf ein anderes Zimmer.

Auf der Fahrt durchs Rote Meer vollzieht sich seiner Mei-

372

nung nach endgültig die Verwandlung. Das offenbart er in einem Brief unter dem 16. September an die Plöhns. Mit seltener Klarheit spricht er darin von seinem Verlangen nach menschlicher Zuneigung: „Es haben mich viele auf dem Schiff liebgewonnen, obgleich ich jetzt das gerade Gegenteil vom früheren Karl bin. Der ist mit großer Ceremonie von mir in das rothe Meer versenkt worden; mit Schiffssteinkohlen, die ihn auf den Grund gezogen haben."

Für ewig, wie er zu diesem Zeitpunkt sicherlich glaubt, verharrt der „frühere Karl" aber nicht auf dem Meeresboden. Einen Monat später taucht er in Colombo wieder auf. Das *Prager Tagblatt* und die Dortmunder *Tremonia* erhalten aus Ceylon (heute Sri Lanka) Postkarten-Serien mit der alten Legendenversion. Er sei hinter Menschenjägern her gewesen, die Zwangsarbeiter für Südafrika jagen wollten, und dabei habe er „ein reiches, ausgedehntes Goldfeld" entdeckt: „...vielleicht ein orientalisches Klondyke. Zwölf Reitstunden lang kann der Kenner das goldhaltige Gestein zu Tage treten sehen..., aber dieser Fund läßt mich sehr kalt; ich brauche ihn nicht, denn ich habe mehr als genug, um nicht darben zu müssen... Ich kann dieses Geheimnis mit ins Grab nehmen, ohne daß es mich eine Spur von Überwindung kostet..." Denn „geordnete, fleißige Arbeit" sei viel nützlicher als „das Graben und Kämpfen um den goldenen Klumpen..."

Beide Zeitungen veröffentlichen den „Reisebrief in Ansichtskarten" (*Tremonia* am 8.11., *Prager Tagblatt* am 10.11.1899).

In Colombo sitzt Karl May ganze Tage im Hotelzimmer und schreibt. Er befindet sich in einem bedenklichen psychischen Zustand. Er schlafe im Freien, teilt er einem Bekannten mit, denn er fühle sich „so jünglingsfrisch und wohl, als ob" er „erst 25 Jahre zählte". In gleichzeitig entstehenden Gedichten ist vom Sterben und von abzulegender Rechenschaft die Rede. An Fehsenfeld berichtet er auch von der angeblichen Entdeckung reicher Goldfelder; nur ein paar Zeilen später folgt die drängende Bitte um einen Kredit von 6.000 Mark. „Gehe von hier nach Sumatra, Indien, Persien, Arabien – Haddedihn. Den westlichen Zugang nach Arabien versperrt mir leider die Pest. Muß dann nach Egypten zurück, eines neuen, inhaltsschweren Bandes wegen in die lybische Wüste."

Auf Ceylon unternimmt May noch eine Bahnfahrt nach Point de Galle, vielleicht auch ein paar kurze Ausflüge über den Stadtrand von Colombo hinaus.

Tagebuchnotizen, Briefe und Gedichte vermitteln den Eindruck, dass die schon sieben Monate währende Krise einem Höhepunkt zustrebt.

Am 10. November 1899 trifft Karl May in Padang auf Sumatra ein, und an einem der folgenden Tage erleidet er einen schweren Nervenzusammenbruch. Sein Begleiter Sejd Hassan berichtet, er habe sich wie ein Irrsinniger benommen, alle Nahrung in den Abort geworfen, tagelang gehungert.

Nach einer Woche findet May allmählich wieder zu sich. Er depeschiert nach Radebeul, Emma und die Plöhns sollen „sofort nach Port Said in Egypten kommen". Er werde gleichfalls umgehend aufbrechen, „um sie nach hier zu holen und ihnen dieses Paradies zu zeigen". Bereits von Colombo aus hatte er einen ähnlichen Wunsch geäußert.

Dass May den Ort persönlicher Katastrophe als „Paradies" bezeichnet, lässt vermuten, dass er sein seelisches Gleichgewicht noch nicht wiedergefunden hat. Und tatsächlich folgt Ende Juni 1900 in Istanbul der zweite Zusammenbruch. Emma sowie Richard und Klara Plöhn sind Zeugen der bestürzenden Vorgänge und befürchten ernsthaft, „ihn einer Irrenanstalt zuführen zu müssen. Nach 8 Tagen ... flaute der Zustand ab, er nahm wieder Nahrung zu sich, kam aber mit keinem Wort auf die entsetzliche, eben durchstandene Zeit zurück..."

Nach dem Telegramm aus Sumatra traf man sich erst kurz vor Weihnachten 1899. Durch ein schweres Nierenleiden von Richard Plöhn verzögerte sich der Beginn der gemeinsamen Reise noch bis Mitte März 1900. Beide Ehepaare verbringen drei Monate im italienischen Küstenort Arenzano und be-

374

Als Tourist in Heluan, April 1900.

suchen dann unter anderem Kairo und die Pyramiden von Gizeh, Jerusalem, Beirut, Baalbek, Damaskus, Istanbul und Athen. Am 31. Juli 1900 treffen sie wieder in Radebeul ein.

Auf dieser zweiten Etappe der Reise schwindet Mays Renommiergehabe, der Strom der Ansichtskarten sprudelt immer spärlicher und versiegt schließlich ganz, er findet – vielleicht zum ersten Mal im Leben – zu seinem wahren Ich.

Der Zusammenbruch in Istanbul treibt den inneren Wandel weiter voran, die Old Shatterhand-Legende stirbt. May wird sich fortan nicht mehr in der bedingungslosen Art der letzten Jahre mit seinen literarischen Helden und ihren Taten identifizieren. Es folgen wohl noch weitere ichbezogene Reiseerzählungen. Verschwunden ist jedoch die letzte unbekümmerte Frische des Fabulierens. Und neben dem Schreibtisch im Arbeitszimmer steht auch nicht mehr der ausgestopfte lebensgroße Löwe. Der Schriftsteller schenkte ihn der Radebeuler Pestalozzischule.

May denkt an einen völligen Neubeginn. „Zu Ihrer Orientierung kurz folgendes", schreibt er an seinen Verleger Fehsenfeld: „Alle meine bisherigen Bände sind nur Einleitung, nur Vorbereitung. Was ich eigentlich will, weiß außer mir kein Mensch... Ich trete erst jetzt an meine eigentliche Aufgabe."

Dass „kein Mensch" etwas von dem neuen Vorhaben wisse, trifft so absolut nicht zu; einiges lässt May schon auf der Reise anklingen. Freund Plöhn kann dabei leider nicht den gewünschten geistvoll sprühenden Gesprächspartner abgeben, denn häufig quälen ihn schlimme Schmerzen.

Auch Emma ist von ihrem Leiden gezeichnet, klagt über Mattigkeit, ist reizbar, nörgelt wegen zu hoher Ausgaben, auf Fahrten zu interessanten historischen Stätten nickt sie ein. Dem Ehemann erscheint das unbegreiflich, weil er die Ursachen nicht kennt. Und auf seine lyrisch-elegischen Verseschmiedereien oder die neuen hochfliegenden Pläne vernimmt er überhaupt keine Resonanz – „sie sah ... nur Dattelpalmen, nur Pferde und Esel und Menschen und weiter nichts".

Auch bei den Pyramiden gab es keine Abenteuer.

Bleibt Emma abweisend, so zeigt die fast acht Jahre jüngere Klara Plöhn nimmermüdes Interesse. „Ich begann, zu erkennen", hält May fest, „daß sie doch vielleicht nicht das ‚Gänschen' sei, für das ich sie bisher gehalten hatte." Er entdeckt in ihr „künstlerische Anschauungen" und „einen sehr guten, offenen Blick für Alles, was sich Köstliches ihr bot".

May drängen sich tagtäglich solche Vergleiche auf – die mürrische, müde Emma hier, die begeisterungsfähige Klara da. Diese Erkenntnis muss zu einer Zeit, da er innerlich zum Neubeginn entschlossen ist, unweigerlich Folgen für die persönliche Beziehung zu den zwei Frauen haben.

Das alles bahnt sich unmerklich an. Zwischen den Ehegatten entsteht, wie schon so oft vorher, eine gereizte Stimmung, aber noch denkt keiner der vier Orientreisenden an weiterreichende Folgen. Denn als die Mays und die Plöhns in Athen die Akropolis besuchen und den 1835/36 rekonstruierten Nike-Tempel besichtigen, macht Klara spontan den Vorschlag, in Radebeul für beide Familien ein gemeinsames Grabmal nach antikem Vorbild errichten zu lassen. Der Vorschlag findet Zustimmung und bezeugt, dass beide Paare noch an eine einträchtige Zukunft glaubten.

Das Grabmal

Schon bald nach der Rückkehr in die Heimat verschlechtert sich unerwartet schnell der Zustand von Richard Plöhn. Karl May verbringt viele Stunden am Krankenlager seines Freundes, der am 14. Februar 1901 von seinen Leiden erlöst wird. Die Bestattung erfolgt zunächst in einer herkömmlichen Grabstelle.

Im Auftrag und auf Kosten von Klara Plöhn baut der Oberlößnitzer Architekt Paul Friedrich Ziller auf dem Friedhof an der Serkowitzer Straße die verkleinerte Nachbildung des Nike-Tempels mit den vier ionischen Säulen. Das Figuren-Halb-

Die Old Shatterhand-Legende zerbricht, Zeichnung von Carl-Heinz Dömken.

relief im Hintergrund gestaltet der Bildhauer Selmar Werner. Er arbeitet auch den Vers ein, den May seinem toten Freund widmet:

„Sei uns gegrüßt! Wir, deine Erdentaten,
Erwarteten dich hier am Himmelstor.
Du bist die Ernte deiner eignen Saaten
Und steigst mit uns nun zu dir selbst empor."

1903 wird Richard Plöhn in die Gruft umgebettet.

Karl May äußert bereits zu diesem Zeitpunkt und auch später, als durch die Ehe mit Klara Plöhn das Grabmal in seinen Besitz übergegangen ist, den Wunsch nach einer schlichten einsamen letzten Ruhestätte im Garten seiner Villa „Shatterhand". Er beruft sich auf seine Herkunft, und zudem ist ihm nach der Orientreise jede pompöse Geste zuwider.

Als er am 30. März 1912 stirbt, verweigern die Behörden ein Begräbnis auf privatem Grund. Deshalb wird er vier Tage darauf doch in der Gruft beigesetzt.

Verleumder von May unterstellen ihm später im Zusammenhang mit dem Grabmal Größenwahn: Er habe einen Tempel für sich bauen und schon zu Lebzeiten einen selbstverherrlichenden Vers anbringen lassen.

Diese vielfach wiederholte Behauptung lässt sich teilweise durch Unkenntnis entschuldigen. Spätestens jedoch seit Erscheinen des *Karl-May-Jahrbuchs 1921* sind wesentliche Fakten bekannt. In jüngerer Zeit ermittelte Hans-Dieter Steinmetz weitere Details und Zusammenhänge, unter anderem zu einem tragischen Vorgang von 1942. Zum 100. Geburtstag Karl Mays sollte auch am Grabmal eine Ehrung stattfinden. Die nationalsozialistischen Behörden untersagten das Vorhaben, als bekannt wurde, dass der am selben Ort ruhende Richard Plöhn ‚Halbjude' gewesen war.

Am 16. Februar 1942 sei es dann zu einer ‚Aussprache' gekommen, wo sich die nunmehrige Klara May bereit erklärte,

Nike-Tempel
der Athener
Akropolis,
Vorbild für
das Grabmal.

381

ihren ersten Ehemann „sofort" umbetten zu lassen. Sie werde bei der Kirchenverwaltung umgehend einen entsprechenden Antrag stellen.

So steht es jedenfalls in einem Protokoll des NSDAP-Ortsgruppenleiters Oswald Forner und des Radebeuler Studienrats Dr. Erich Meyer.

„Die nationalsozialistischen Grundsätze zwingen mich", heißt es im nachfolgenden Behördenbriefwechsel. Und wie es bei dem Gespräch zugegangen sein mag, kann sich jeder vorstellen, der über Praktiken sogenannter ‚Aussprachen' in diktatorischen Regimen informiert ist.

Einen mehr oder minder sanften Anschub dürfte auch Angela Hammitzsch gegeben haben – eine Halbschwester Adolf Hitlers, die mit ihrem Mann, dem Architekten Professor Martin Hammitzsch (unter anderem bekannt als Erbauer der Dresdner Tabak-Moschee ‚Yenidze') in Radebeul wohnte und mit Klara May befreundet war.

Wegen der Kriegslage gab es für Umbettungen keine Genehmigungen. Am 28. April 1942 erfolgte dann doch die Exhumierung von Richard Plöhn und auch von Klaras Mutter Wilhelmine Beibler, die 1909 in dem Grabmal ihre Ruhestätte gefunden hatte.

Die sterblichen Überreste beider wurden im Krematorium Dresden-Tolkewitz eingeäschert und im Urnenhain beigesetzt. Die Feiern zum 100. Geburtstag Karl Mays am Grabmal aber fanden nicht statt.

Klara May blieb über das Geschehene tiefunglücklich bis an ihr Ende am 31. Dezember 1944. Richard Plöhn und ihrer Mutter bewahrte sie ein bleibendes Gedenken. „Irrtümer und Enttäuschungen brachte mir das Leben reichlich", schrieb sie kurz vor ihrem Tode, „Gott sei uns gnädig."

382

Letzte Ruhestätte in Radebeul.

NEUBEGINN

Gewittergrollen

Was eigentlich längst überfällig war, steht am 3. Juni 1899 offiziell in der *Frankfurter Zeitung*: Man glaube nicht, dass Karl May die geschilderten Abenteuer tatsächlich erlebt habe, und man halte „die ganze Karl-May-Literatur für keine erfreuliche Kulturerscheinung".

Den Anstoß dazu gab eine Meldung im *Bayerischen Curier* vom 31. Mai 1899, dass Mays Werke aus mehreren Mittelschulbibliotheken ausgeschlossen wurden „ob seiner gefährlichen Phantasien für die Jugend".

An anderer Stelle war schon zu Jahresbeginn ein böses Rauschen durch den Blätterwald geschlichen. Die *Aschaffenburger Zeitung* berichtete über die Umtriebe einer jugendlichen Bande, die durch Ladendiebstähle und Einbrüche für Unruhe sorgte. Am 18. Januar wählte das Blatt dafür die Überschrift „Die Jünger Karl May's", obwohl sich keiner der Verhafteten als May-Leser zu erkennen gegeben hatte; bei den Ermittlungen spielte die Lektüre von Karl-May-Büchern überhaupt keine Rolle. Der *Beobachter am Main*, das katholische Konkurrenzblatt der liberalen *Aschaffenburger Zeitung*, bewertete deshalb das Ganze auch nur als eine „erstaunliche Entdeckung", die lediglich das Ziel verfolge, Katholiken zu verunglimpfen. Denn May lasse ja „zuweilen durchblicken", Katholik zu sein.

Karl May wurde später noch in manche politische und tendenziöse Auseinandersetzung und auch in Vorwürfe geistiger Urheberschaften verwickelt. Jetzt aber hatte der Frankfurter Feuilletonredakteur Fedor Mamroth nur die Notiz aus dem *Bayerischen Curier* aufgegriffen und kommentiert, und damit wäre die Angelegenheit für ihn vielleicht erledigt gewesen. Mit Leserbriefen melden sich aber nun Freunde des Schriftstellers zu Wort und reagieren mit täppischem Ernst. So schreibt Friedrich Ernst Fehsenfeld, dass May „zu dem ihm befreundeten Stamme der Haddedihn-Araber" unterwegs sei, und Richard Plöhn – für die Zeit von Mays Abwesenheit mit der Wahrnehmung der Interessen beauftragt – teilt mit, dass die „Erzählungen durchaus keine Phantasiegebilde sind", die Zeitung solle eine „Berichtigung" bringen.

Mamroth lässt diese Zuschriften abdrucken und antwortet selbst. In mehreren Artikeln setzt er sich mit Mays Fantasie auseinander und schlussfolgert: Weil er die Abenteuer als eigene Erlebnisse darstelle, seien „seine Erzählungen unmoralisch..."

Egon Erwin Kisch bezeichnet später den „allwissenden und unfehlbaren Fedor Mamroth" ironisch als „Obersten Richter in Frankfurt". Um seine durchaus berechtigten Zweifel an der Echtheit der Mayschen Abenteuer zu unterstreichen, greift der Journalist allerdings auch zur Verleumdung. Karl May, so lässt Mamroth am 1. Juli 1899 durchblicken, sei gar nicht im Orient, sondern weile in Bad Tölz-Krankenheil. Das oberbayrische Jodbad wurde damals vor allem von Geschlechtskranken besucht. Emma May und das Ehepaar Plöhn überprüfen die Behauptung, May sei dort als Kurgast eingetragen – und finden den Namen tatsächlich in der Kurliste. Eine Fälschung von fremder Hand! Ein dummer Scherz? Oder schon Anzeichen einer Kampagne gegen May?

Mamroths Motive, wie auch seine Frau im Nachhinein bestätigt, sind vom Neid diktiert. Er hatte sich recht erfolglos mit Bühnenstücken und Erzählungen versucht und schaffte nie den ersehnten Sprung vom Journalisten zum Schriftsteller. Darin sah er sein „seelisches Verhängnis", das ihn gegen Erfolgreichere zu Felde ziehen ließ.

Andere Gründe drücken dem Chefredakteur der katholischen *Kölnischen Volkszeitung*, Hermann Cardauns, die Feder in die Hand, als er am 5. Juli 1899 in seinem Blatt Mamroths Attacken gegen May aufgreift, obwohl er noch sieben Jahre vorher die „Reise-Romane ... im Regensburger Deutschen Hausschatz ... mit wirklichem Vergnügen verfolgt" hatte. Mays „Reiseheld" vollbringe „allerdings etwas unglaubliche

Thaten", vermerkte er damals, „steht aber thurmhoch über den Skalp-, Büffel- und sonstigen Jägern, für welche sich unsere Jugend oft mehr als wünschenswerth begeistert. Lebhafteste Phantasie und gefällige Darstellung vereinigt sich hier mit einer vielseitigen Bildung..."

Cardauns gehört zu jener Literaturbewegung, die die katholische Belletristik in anspruchsvolle Höhen führen wollte; Karl Muth alias Veremundus hatte das 1898 dargelegt. Karl May war als Lesermagnet während des Kulturkampfes im *Hausschatz* willkommen, schien für das neue Ziel aber nicht mehr geeignet.

Für Cardauns kam noch eine andere Sache hinzu. Seit 1885 hatte der französische Schriftsteller Leo Taxil alias Gabriel Jogand-Pagès die katholische Öffentlichkeit genarrt. Er stellte sich als bekehrter Freimaurer vor und berichtete allerlei Schauergeschichten über okkulte und obszöne Gebräuche – für die katholische Kirche willkommene Unterstützung in der Auseinandersetzung mit den verhassten Logen. Anno 1887 wurde er sogar vom Papst empfangen.

Die dreisten Schwindeleien Taxils erregten aber auch Verdacht. Cardauns und die *Kölnische Volkszeitung* hatten 1896/97 beträchtlichen Anteil an der Entlarvung des Hochstaplers.

Karl Muth bezeichnet 1898 in der Veremundus-Broschüre die Abenteuer Karl Mays als „reiselitterarische Taxiliaden", und Cardauns glaubt nun, in May einen zweiten Taxil sehen zu müssen. Seine vergnügliche Meinung zu den Reiseromanen von 1892 wandelt sich, und rasch steht ein böses Urteil über May unverrückbar fest. Er „möge darauf verzichten", gibt er als „guten Rat" in seinem ersten Artikel, „Jules Verne und den Apostel Paulus in einer Person darzustellen".

Im August 1899 erfährt May in Jerusalem durch die nachgesandten Zeitungen von den Angriffen. „Sie lassen mich vollständig kalt", schreibt er an Fehsenfeld. „Lächerliche Bemühungen ohnmächtiger Geister. Weiter nichts!" Dennoch verfasst er eine lange Erwiderung, in der er heraushebt, dass

386

man hinter seinen Werken einen höheren Sinn sehen müsse und er für Leser schreibe, „welche sich nach innerem Frieden sehnen". Zur Frage, ob er alles erlebt habe, äußert er sich unklar und verweist auf eine „Biographie, welche genau zur rechten Zeit bei Fehsenfeld erscheinen wird".

Ende August waren die Angriffe auf May auch in seiner Geburtsstadt bekannt geworden – auf einem kleinen Umweg. Die *Jugendschriften-Warte*, die unter der Ägide des ‚Deutschen Lehrervereins' und der Redaktion von Heinrich Wolgast gegen ‚Schmutz und Schund' agierte, hatte den Mamroth-Artikel vom 3. Juni aufgenommen und an andere Zeitungen weitergeleitet, auch an den *Hohenstein-Ernstthaler Anzeiger*, der den Beitrag am 27. August druckte und mit redaktionellem Übelwollen ergänzte: Weil „Herr Karl May bei den hiesigen Einwohnern noch in guter Erinnerung ist, so glauben auch wir, den selben veröffentlichen zu müssen. Der Name Karl May bildet manchmal das Stammtisch-Gespräch; nach dem Lesen dieses Artikels wird es wiederum einige heitere Episoden zu hören geben."

Mays Schwester Christine Wilhelmine Schöne will bei der Redaktion eine Karte vorzeigen, die sie soeben von ihrem Bruder aus Ägypten erhalten hat. Sie wird harsch zurückgewiesen: Das sei vielleicht eine Karte „von der letzten Kaiserreise".

Die Verteidigung Mays steht insgesamt auf schwachen Füßen. Ende September 1899 erscheint die dreiteilige Replik unter dem Namenszug von Richard Plöhn in der Dortmunder *Tremonia*, einer katholischen Tageszeitung. Kurz darauf erfolgt ein Nachdruck im *Bayerischen Curier*.

Ob Angriff oder Verteidigung, souveräne Worte vom „herrlichen sächsischen Lügenbold", vom „genialen Spinner", vom „hinreißenden Aufschneider und unübertroffenen Bildermacher", wie sie über ein halbes Jahrhundert später Hermann Kant in der *Aula* formuliert, findet zu jener Zeit niemand. Wenn May 1910 in der Selbstbiografie *Mein Leben und Streben* schreibt, es sei „doch gewiß anzunehmen" gewesen, „daß kein vernünftiger Mann auf die Idee kommen werde, daß ein einziger Mensch das Alles erlebt haben könne", so erfolgt diese klare Aussage zu spät. Verhängnisvolle Entwicklungen haben ihn zu diesem Zeitpunkt schon an den Rand des Abgrunds gedrängt.

Eine nicht minder deutliche Formulierung – es sei „nur die Blindheit derer gewesen, die einen solchen Wahnsinn für möglich hielten" – stand auch 1903 im 4. Band des Romans *Im Reiche des silbernen Löwen* (heute GW 29, *Das versteinerte Gebet*). Eine Wirkung blieb aus, zumal dieses Werk vorerst nicht die gewünschte große Leserresonanz fand. Jene Passage hatte sogar Adolf Droop übersehen, als er 1909 seine literaturkritische Analyse vornahm: „Das in den Reiseerzählungen Berichtete geht im Wesentlichen auf tatsächliche Erlebnisse Mays zurück."

Noch vor Abfahrt in den Orient hatte May erfahren, dass Pauline Münchmeyer den Verlag an den Buchhändler Adalbert Fischer verkauft habe. In einem Brief warnte er den neuen Inhaber vor dem Druck der fünf Lieferungsromane. Und bereits Ende 1898 hatte er von der Witwe Münchmeyer Rechnungslegung über die Auflagenhöhen verlangt.

In Kairo erhält May die Antwort Fischers, dass er den Verlag nur wegen dieser Romane erworben habe. May droht daraufhin eine Schadensersatzklage an: 1.000 Mark pro Bogen bei einem Weiterdruck und 500.000 Mark für einen eventuellen Bruch des Pseudonyms. Das Geheimnis der Autorenschaft war allerdings bereits im Sommer 1883 gelüftet worden.

May hält die Sache damit für erledigt. Fischer indessen bereitet trotz der Drohungen eifrig die Neuausgabe vor, und in einem persönlichen Gespräch nach Mays Rückkehr lässt er durchblicken, dass er von der Prozessandrohung wenig hält, weil er von den Vorstrafen Mays weiß. Nach 1900 beginnt er mit einer illustrierten Lieferungsedition des Romans *Die Liebe des Ulanen von Karl May*. Dieses Werk war bekanntlich schon 1883/85 unter dem vollen Autorennamen erschienen. 1901 startet er dann die fünfteilige Serie *Karl May's illustrierte*

Werke, in der bis 1906 alle fünf Romane zuerst in Heft- und dann in Buchausgabe erscheinen.

Spät rächt sich, dass May seinerzeit mit Münchmeyer keinen schriftlichen Vertrag geschlossen hatte. Deshalb zögerte er bis zum 10. Dezember 1901, ehe er beim Landgericht Dresden Klage wegen unbefugten Nachdrucks einreicht. Damit löst er eine Prozesslawine aus, die bis über den Tod des Schriftstellers hinaus andauert. Die Aufzählung der Einzelheiten dieses Streits würde Bände füllen.

Verschiedene Zeitungen greifen Anfang des Jahres 1901 die vermeintlichen Sensationen oder Skandale auf. Die Faschingsnummer der *Münchner Neuesten Nachrichten* bringt am 17. Februar die bissige Parodie *Die blaue Schlange / Indianer-Roman von Karl May (Schluß)*. Im *Börsenblatt für den deutschen Buchhandel* und im *Allgemeinen Wahlzettel für den deutschen Buch- und Musikalienhandel* kommt es im März zur Auseinandersetzung zwischen Adalbert Fischer und Karl May.

Durch Fischers Werbung für die groß angelegte Serie wird weithin bekannt, dass May – Autor der moralisch so unantastbaren Geschichten im katholischen *Hausschatz* und Dichter der soeben erschienenen Sammlung *Himmelsgedanken* – auch recht irdische Kolportageromane „der ungeheuerlichsten Art" verfasst habe.

Weitere Blätter nehmen sich den ‚Fall' vor. Die Wiener *Reichspost* befasst sich vom 3. April bis 18. Mai viermal mit dem Thema: Die „schmutzigen" Romane seien „noch schmutziger illustriert", findet das Journal.

Einen „pikant-erotischen Bilderschmuck", der ja nun wirklich nicht auf May zurückgeht, beanstandet auch der Benediktinerpater Ansgar Pöllmann. Am 1. Juni 1901 trägt er in den *Historisch-politischen Blättern für das katholische Deutschland* seinen ersten, vorerst leisen Angriff auf May vor. Er wird sich zum wohl vehementesten Gegner aus dem katholischen Lager entwickeln, bleibt aber bei seinem Debüt noch ziemlich milde:

Pöllmann meint, bei May „eine recht kräftige Dosis erotischer Sinnlichkeit" zu sehen, die „von einer gewissen Lüsternheit nicht freizusprechen ist". Er erkennt dessen Begabung an und schreibt, dass May „so viel Gelegenheit gehabt" hätte, „das oder jenes seiner Stücke aus der persönlichen Triebfeder heraus in eine höhere Sphäre, zum klarwirkenden, vom Herzen zum Herzen sprechenden, voll ergreifenden Kunstwerk zu erheben". Aber May habe die „billige Ausrede" vorgeschoben, er könne das nicht ändern, weil „sich das Leben und die Wirklichkeit nicht nach schriftstellerischen Regeln richten und ... sich nicht den Gang der Ereignisse vorschreiben lassen'" – „Schade um den Mann!"

Viel schärfer geht Cardauns in einigen Pressebeiträgen und in vier Vorträgen in Dortmund, Elberfeld, Koblenz und Köln Ende 1901 / Anfang 1902 mit Mays ‚Taxiliaden' ins Gericht.

Es bestehe die „dringende Gefahr", behauptet Cardauns in einem Beitrag für die *Historisch-politischen Blätter* vom April 1902, dass die Jugend, die bisher für die Reiseerzählungen schwärmte, „durch schmutzige Colportage-Romane vergiftet wird".

Das Waldröschen beispielsweise sei etwas ganz Schlimmes. „Von den endlosen Kuß- und sonstigen Liebesscenen" wolle er gar nicht reden. „Ein bevorzugtes Thema bilden tiefe und tiefste Negligées, durchsichtige Kleider, Nuditäten, üppige Formen, lüsterne Bilder aller Art, furchtbare Rohheiten, Verführung, Sittlichkeitsverbrechen, Ehebruch, gemeine Wüstlings- und Dirnen-Erlebnisse, eine unendliche Bordellgeschichte – oft bis zur Unerträglichkeit ausgemalt..." Ähnliches hatte er in den vier anderen Lieferungsromanen entdeckt – „Lüsternheit, Schamlosigkeiten ... dutzendweise".

Da stellt sich die Frage, welche Bücher Cardauns wohl vor den Augen gehabt hat. Denn jene Mayschen Romane erscheinen eher zahm denn frivol, die Anwürfe muten uns unbegreiflich an. Einigermaßen zu verstehen ist das vielleicht nur mit Blicken durch eine Zerrbrille der doppelbödigen Moral damaliger Zeit: Zum einen durfte die Prostitution – unter Beach-

390

Lf. 39 (Serie II.) Preis 30 Pf — 40 Heller — 40 Cts
Jede Lieferung umfaßt 80—96 Seiten.

Karl May's
Illustrierte Werke

Das
Waldröschen
oder
Die Verfolgung
rund um die Erde

Druck und Verlag von
H. G. Münchmeyer, Dresden-Niedersedlitz.

Adalbert Fischer ediert die Münchmeyer-Romane zwischen 1901 und 1906 neu, zuerst in Heft-, dann in Buchausgaben.

391

Prospekt.

Als II. Serie von „Karl May's illustrierte Werke" erscheint:

Das Waldröschen

oder

Die Verfolgung rund um die Erde.

Enthüllungsroman über die Geheimnisse der menschlichen Gesellschaft mit seinen 4 Abteilungen:

- Die Tochter des Granden.
- Der Schatz der Mixtekas.
- Matavase, der Fürst des Felsens.
- Erkämpftes Glück.

Wie der Titel besagt, führt Karl May auch hier den Leser ‚rund um die Erde', aber wie es bei seiner reichen Erfahrung, seiner unerschöpflichen Phantasie und Gestaltungsgabe **nicht anders zu erwarten ist**, entrollt und schildert er in diesem Reiseroman vor den Augen des Lesers ganz andere Bilder und Gestalten!

„Das Waldröschen" kann mit Recht Karl May's Meisterwerk genannt werden, denn dafür spricht schlagend der enorme Absatz, den die Volksausgabe dieses Werkes bisher gefunden hat.

Circa 500,000 Exemplare wurden von diesem Reiseroman in allen Sprachen und Erdteilen verkauft! Ein solcher Erfolg spricht mehr als Worte zu sagen vermögen!

Charaktere wie der deutsche Arzt Sternau und seine Freunde Kapitän Helmers, die Indianerhäuptlinge Bärenherz und Büffelstirn, sowie der originelle Trapper Geierschnabel vermag eben nur Karl May zu schildern! Dasselbe gilt von der edlen und heroischen Contezza Rosa, dem lieblichen Waldröschen und der kühnen Indianerbraut Karja.

Textlich ist diese neuillustrierte Ausgabe vollständig und gewissenhaft durchgesehen, und was den künstlerischen Schmuck derselben anbelangt, so wird Unterzeichnete **alles aufbieten, die I. Serie noch wesentlich zu übertreffen**, sodaß

Karl May's Waldröschen

im neuen Gewande zu seinen ungezählten Freunden in allen Kreisen ungezählte neue finden wird.

Die Verlagsbuchhandlung H. G. Münchmeyer.

Werbung für die Ausgabe von 1902/03, die gegen Mays Willen erscheint.

392

tung der von städtischen Polizeibehörden erlassenen ‚Prostitutionsregulative' – ungehindert betrieben werden, auch konnte man das Bordellverbot in vielen Städten durch bordellähnliche Einrichtungen – beispielsweise die Nutzung ganzer Straßenzüge nur für das Gunstgewerbe – elegant umgehen, zum anderen vermutete man in Literatur und Kunst eine der Ursachen des Sittenverfalls. So wurden sogar Zolas Werke vor dem Reichstag eines „schlimmen, sittenverderbenden Einflusses" bezichtigt, Dramen von Ibsen, Schnitzler und Hauptmann mit ähnlicher Begründung verboten und etliche Bilder Liebermanns als Produkte eines „Malers des Schmutzes" verunglimpft.

„Anrüchige Stellen", falls in den Romanen vorhanden, rechtfertigt sich May, seien nachträglich eingefügt worden. Solche Bearbeitungen gab es tatsächlich, aber in welchem Umfang, das ließ sich nicht mehr ermitteln. Die Manuskripte galten als unauffindbar.

May verteidigt sich unter anderem mit der Schrift *Karl May als Erzieher...*, die anonym – „von einem dankbaren May-Leser" – Anfang 1902 bei Fehsenfeld in einer Auflage von 100.000 Exemplaren zum Preis von nur 10 Pfennig erscheint. Geschliffene Polemik wechselt mit Selbstbeweihräucherung; im Anhang sind 178 lobende Leserbriefe abgedruckt. Die Broschüre stachelt nun wiederum die Gegner an, und Auseinandersetzungen mit Cardauns' *Kölnischer Volkszeitung* sowie dem Verlag Bachem als Herausgeber – hier war 1885 ein Buch Mays verlegt worden – führen zu gerichtlichen Schritten gegen Fehsenfeld, die mit einem Vergleich enden.

Obwohl May mit diesem Ausgang nicht einverstanden ist, stimmt er im Februar 1903 selbst einem anderen Vergleich zu, durch den seine Auseinandersetzung mit Fischer ein vorläufiges Ende findet. May erklärt, dass der Unternehmer beim Kauf des Verlages angenommen habe, „alle Rechte an meinen bei dieser Firma erschienenen Werken miterworben zu haben", worauf Fischer zubilligt: Wenn in den Schriften „etwas Unsittliches enthalten sein sollte, stammt das nicht aus der

Feder des Herrn Karl May, sondern ist von dritter Seite früher hineingetragen worden...“

Darüber hinaus überlässt May dem Verleger die Werke „zur freien Verfügung ohne alle Einschränkungen mit allen Urheber- und sonstigen Rechten“ und verlangt lediglich, dass bei weiteren Auflagen die zweifelhaften Passagen zu tilgen sind. Damit sei die Sache ausgestanden, nimmt er an, und handelt mit Fischer sogar noch die Herausgabe eines Bandes *Erzgebirgische Dorfgeschichten* (Reprint im Karl-May-Verlag 1996) aus. Vier ältere Sachen werden aufgenommen und zwei Erzählungen, die May eigens dafür schreibt: *Sonnenscheinchen* und *Das Geldmännle* (heute in GW 43, *Aus dunklem Tann*, beziehungsweise GW 44, *Der Waldschwarze*). Sein Name wird dabei nicht mit der Münchmeyer-Firma in Verbindung gebracht. Das Buch erscheint in dem von Fischer neu gegründeten ‚Belletristischen Verlag Dresden-Niedersedlitz‘. Dieser Titel ist die einzige von May autorisierte Ausgabe im Unternehmen Münchmeyer-Fischer. Die aus dem Vermerk „Band I“ herauslesbare Ankündigung weiterer Titel wird nicht eingehalten.

Mit dem Vergleich hat sich May, wie bald sichtbar wird, auf einen für ihn ungünstigen Sachverhalt eingelassen. Fischer denkt beim Weiterdrucken beispielsweise überhaupt nicht daran, irgendwelche Stellen zu streichen. Bei der Zustimmung Mays wird der Wunsch mitgespielt haben, für den seit März 1902 anhängigen Prozess gegen Pauline Münchmeyer größeren Spielraum zu erlangen. In dieser Auseinandersetzung, die über Jahre durch etliche Instanzen läuft, geht es hauptsächlich um den Nachweis der verkauften Romanexemplare, als der Verlag noch im Besitz Münchmeyers war. Auch Fischers Drohung, die Vorstrafen zu offenbaren, wird ihre Wirkung nicht verfehlt haben.

Trotz des Druckes der Presseangriffe und Prozesse entstehen 1902/03 die Teile III und IV des Romans *Im Reiche des silbernen Löwen* (heute GW 28, *Im Reiche des silbernen Löwen*, und GW 29, *Das versteinerte Gebet*). Hier reagiert May

394

in verschlüsselter Form auf die realen Vorgänge. Beispielsweise zeichnet er in der Figur des Ahriman Mirza den Redakteur Mamroth nach, den er an einer Stelle so karikiert: „Ich bin der oberste derer, durch welche man mit dem Schah-in-Schah verkehrt." Ähnlich treffend äußerte sich später Kisch. Cardauns findet sich in dem Ghulam el Multasim (der Henker) wieder. Auch eine Schakara (Klara) kommt ins Bild, während es im ersten Teil (1897) noch eine Emmeh gegeben hatte, die der Ich-Erzähler „von ganzem Herzen" liebte.

Jetzt erkennt er, dass Schakara „etwas unendlich Großes, Schönes, Klares in sich trug". Denn in diese Zeit fällt das Ende der von so vielen Krisen geschüttelten Ehe.

Ende einer Ehe

Auf der Orientreise hoffte Karl May noch auf eine Rettung seiner Ehe – auf „eine seelische resp. moralische Gesundung und Erhebung meiner Frau". Nach der Rückkehr hinterlegt er beim Amtsgericht Dresden ein Testament und setzt Emma als Universalerbin ein. Auch gemeinsame Vorhaben werden geplant: Kurz vor Weihnachten 1900 fahren beide nach Berlin, logieren im Central-Hotel und besuchen Marie Hannes, die sechs lange Monate in der Universitätsklinik zubringen muss. Schon Anfang Januar 1901 folgt eine zweite Visite.

Als im Februar Richard Plöhn stirbt, will Emma tröstend helfen und holt für die ersten zwei Wochen Freundin Klara in die Villa „Shatterhand". Auch danach, als Klara wieder in der Gellertstraße wohnt, weilt sie täglich im Hause May.

Von Anfang September bis Anfang Oktober 1901 fährt Karl mit den beiden Frauen nach Einsiedeln in die Schweiz und schließlich auf die Rigi bei Luzern. Im Rigi-Kulm-Hotel belegen „Dr. Karl May mit Frau u. Schwester – Dresden" drei getrennte Zimmer. Hier arbeitet er unter anderem an der Broschüre *Karl May als Erzieher* und am Roman *Et in terra pax*.

Klara ist vom Verlust des Gatten schwer getroffen. Als sie Anfang 1902 ein Tagebuch anlegt, eröffnet sie es mit den Worten: „Das erste neue Jahr, ohne mein Liebstes. – Der einzige mich beseelende Wunsch ist Erlösung von der Erde, täglich bitte ich Gott darum."

Auch die finanzielle Zukunft zeichnet sich düster und ungewiss ab. Statt großer Barschaften und Kontenbestände, wie man vermuten könnte, hat sie Grundstücke geerbt. „Unglückshäuser", wie sie ins Tagebuch schreibt. „Meine Häuser bringen mich noch um den Verstand. Was hat mir mein guter Mann für ein Kreuz auferlegt ... Furchtbares Erbtheil." So die Notiz am 26. November 1902. Zu jener Zeit aber hat sich schon einiges geklärt.

Karl und Emma waren übereingekommen, Klara als Sekretärin arbeiten zu lassen. Für ein Monatsgehalt von 250 Mark – und unter dem Namen Emma May – soll sie Leserbriefe beantworten.

Karl und Klara kommen sich hierbei immer näher, während sich im gleichen Tempo die Beziehungen zu Emma verschlechtern. In Klaras Tagebuch häufen sich klagende und böse Worte über diese „herzlose, oberflächliche Frau. ... In ihr lebt keine edle Regung... Ich glaube, Emma legts darauf an Karl umzubringen..." Und so weiter.

Das Tagebuch, so scheint es, wird nicht mehr nur als intimer Monolog geführt. Offensichtlich ist es auch für Karls Lektüre bestimmt. Denn die Schreiberin präsentiert sich als literaturkundig, musikverständig und theaterbegeistert. Inhalte werden wiedergegeben, Emotionen offenbart, kritische Wertungen vorgelegt. „Ihre Eintragungen muten allerdings so an", bemerkt Fritz Maschke, „als ob sie hierbei Theaterprogramme und Zeitungskritiken abgeschrieben habe." Und zwischen den Rezensionen immer wieder und sich steigernde Hasstiraden gegen die einstmals beste Freundin. Später aber auch menschlich erschütternde Belege zum tragischen Schicksal Karl Mays.

Mitte Juli 1902 treten der Schriftsteller und die beiden

Klara Plöhn (links), Wilhelmine Beibler und Emma May. Aufnahme von 1899.

Frauen eine Reise an, die nach Berlin, Hamburg, Leipzig und dann über München nach Südtirol führt, der Erholung dienen soll, aber das Ende des Ehedramas einleitet. Die dazu überlieferten Aussagen sind sehr widersprüchlich.

Karl befürchtet, von der „Bestie" vergiftet zu werden, und in Berlin habe sie ihm bloß Aschingers Bierhalle erlauben wollen, wo „es nur Speisen gab, die mich vollends hingerichtet hätten". Klara jedoch hätte gewacht, „wie eine Tochter über ihren Vater, der ermordet werden soll". In Berlin und Leipzig „hat es die Plöhn verstanden", so hingegen Emma, „mich immer wegzuschicken, um Einkäufe zu machen, nur, damit sie mit meinem Mann allein bleiben konnte". Und dann will sie gehört haben, wie er „mit einem lauten ‚Hurrah!' zu Frau Plöhn in das Bett gesprungen sei". Den Vorwurf des Ehebruchs aber findet Karl „so fürchterlich schlecht, ... so unbeschreiblich gemein", denn er habe „schon nicht mehr laut reden ... sondern nur noch halb hörbar hauchen" können.

In Leipzig quartieren sich die drei am 18. August 1902 im vornehmen Hotel Hauffe ein, wie überall auf dieser Fahrt in drei Zimmern. Und wieder kommt es zu unschönen, ja, hässlichen Szenen. „In Leipzig begann die Plöhn", so Emma, „auf den Bruch zwischen mir und meinem Manne hinzuarbeiten."

In der *Studie* berichtet Karl May hingegen, Klara habe noch eigens ihre Mutter nach Leipzig bestellt, um eine Versöhnung zwischen ihm und Emma herbeizuführen:

„Die Mutter kam. Sie wohnte bei uns im Hotel. Sie sprach in herzlicher, aufrichtiger, ehrlicher Liebe auf das unglückselige Frauenzimmer ein. Sie versuchte, unsere Hände ineinander zu legen – – – vergeblich! Und als auch Frau Plöhn das Wort ergriff, um sie zur Abbitte zu bewegen, rief sie zornig aus: ‚Ich mag ihn nicht! Nimm doch Du ihn, wenn er Dir so gefällt! Ich werfe ihn Dir hin. Gieb ihm einen Kuß, und hebe ihn auf!' Dann ging sie hin und kaufte sich noch einige luxuriöse Blousen! Die Mutter von Frau Plöhn reiste unverrichteter Sachen heim. Sie wollte ihre Tochter mitneh-

Hotel Hauffe in Leipzig: Hier fällt im August 1902 die Entscheidung zur Trennung.

399

men; diese aber sah, daß es mit meiner Gesundheit nicht besser, sondern schlimmer wurde. ... Uebrigens war sie ja meine Sekretärin. Die Correspondenzen, Manuscripte, Correcturen usw. wurden mir wöchentlich zwei-, dreimal nachgeschickt, und bei meiner jetzigen Schwäche war es ganz ausgeschlossen, daß ich das selber erledigen konnte. Sie fuhr also mit uns weiter, und zwar zunächst nach München."

In Klaras Nachlass wird später ein undatierter Zettel gefunden, auf dem unter anderem steht: „Mir hat sie immer leid getan, sie konnte sich nicht mehr ändern und ihr Mann hatte nichts mehr für sie übrig, konnte er nicht haben. So wuchs der Zwiespalt, den ich im ganzen Umfang nach dem Tode meines ersten Mannes kennen lernte. Hier erst sah ich ein, daß es keine Brücke zwischen diesen zwei Menschen gab und daß Karl May dem Ende entgegen ging, erfolgte nicht die Trennung."

Claus Roxin schreibt zu den Gründen dieser Trennung, dass man wird „annehmen müssen, daß Emma für May nach dem persönlichen und literarischen Neubeginn, den die Orient-Reise für ihn bedeutete, immer mehr zur Verkörperung seiner Vergangenheit und alles dessen wurde, von dem er loskommen wollte. Er nannte sie ‚eine für die geistige Menschheit Verlorene ...‚ die wie die Kanonenkugel des Bagnosträflings an meinen Füßen hing und mich bei jedem Versuch, emporzusteigen, immer wieder auf das Gemeine niederzog.‘ Es ist wahrscheinlich richtig, daß die Fortdauer der Ehe ihn existentiell gefährdet hätte. Darin dürfte der Grund liegen, daß er die Trennung und Scheidung mit einer ihm sonst fremden Rücksichtslosigkeit durchsetzte."

Von München aus reist May mit den beiden Frauen über Bozen ins Grand Hotel Penegal auf der Mendel. Wie Emma später aussagte, sei sie hier spiritistisch erpresst worden – von Klara durch einen Zettel mit dem Befehl der Geister: „Wenn Du jetzt nicht unseren Willen tust und das unterschreibst, was Dir Karl vorlegt, dann wehe! wehe! wehe! Du mußt bis zum 10. Oktober auf der Mendel bleiben."

400

Am Morgen des 29. August 1902 habe sie dieses Blatt und dazu eine von Karl formulierte Erklärung erhalten: „Ich Endesunterzeichnete erkläre hiermit, daß ich wegen gegenseitiger, unüberwindlicher Abneigung ein weiteres Zusammenleben mit meinem bisherigen Ehemanne, dem Schriftsteller Herrn Karl May in Radebeul, für vollständig unmöglich halte und ihm daher meine unwiderrufliche Zustimmung zur Scheidung unserer Ehe gegeben habe..."

Emma unterschreibt. Vierundzwanzig Stunden später reisen Karl und Klara ab, am 10. September wird beim Landgericht Dresden die Ehescheidungsklage eingereicht, ein neues Testament erklärt Klara zur Universalerbin, per 3. Oktober ergeht eine einstweilige Verfügung auf Getrenntleben und am 8. Oktober treten Karl und Klara eine Erholungsreise an. Bis zum 15. Dezember bleiben sie am Gardasee.

Der am 14. Januar 1903 abgeschlossene Ehescheidungsprozess findet in Emmas Abwesenheit statt. Sie ist vom teuren Hotel auf der Mendel in eine billigere Pension in Bozen gezogen und kommt erst Anfang März zurück.

Vor Gericht bezeugt Klara Plöhn unter Eid, dass Emma gegenüber ihrem Mann Schimpfworte gebraucht sowie Briefe und einen Verlagsvertrag unterschlagen, aber auch, dass ihre einstige Freundin an Richard Plöhn 36.000 Mark zum Aufbewahren und gut verzinslichen Anlagen und an Mutter Beibler weitere 5.500 Mark übergeben habe. Von diesen „Gelddiebstählen" habe sie, Klara, den Kläger „erst im Herbst 1902" informiert.

Weshalb nicht schon früher, bleibt ebenso unerwähnt wie das Testament über 40.000 Mark, das sie unmittelbar nach Richard Plöhns Tode zu Gunsten von Emma hinterlegt hatte – dies offensichtlich als Garantie für die Schuld, denn zurückzahlen konnte die nur mit den „Unglückshäusern" Bedachte ja kaum etwas.

Die Sache mit den Gelddiebstählen wird auch im Urteil fixiert, ebenso das Verstecken wichtiger an den Gatten gerichteter Korrespondenzen; zudem habe Emma den Ehemann

„jahrelang in der gehässigsten Weise behandelt und beschimpft".

Karl May hat diese Vorwürfe in der *Studie* ausführlich dargelegt. Gabriele Wolff kommt in ihren umfangreichen *Ermittlungen in Sachen Frau Pollmer* im *Jahrbuch der Karl-May-Gesellschaft 2001* zum Ergebnis, dass die meisten Tatsachen ja zutreffend seien – so „Emmas dämonische ... Sexualität; ihre hypnotisch-suggestive Anziehungskraft unter dem Deckmantel der kindlichen Fügsamkeit; ... ein spiritistisches Umfeld, das Gift ihres Klatsches, die geistige Anspruchslosigkeit, ihr Desinteresse an den literarischen Zielen ihres Mannes; Unterschlagung von Geld...", auch ihre lesbischen und autoerotischen Neigungen und anderes mehr. Karl May habe das nur ausgehalten, meint die Autorin, durch Flucht in kreatives Schaffen und in seine Old Shatterhand-Legende.

Jahre nach der Scheidung – nicht sofort – weist Emma die gerichtsnotorischen Beschuldigungen als „ganz entschieden unwahr" zurück. Ihre unterschriebene Erklärung habe wahrscheinlich nicht ausgereicht, so dass Karl „mit der Plöhn zusammen die Scheidungsgründe hervorgesucht" hat.

Zur Herkunft der beträchtlichen Beträge erfahren wir von ihr, dass sie kein festes Wirtschaftsgeld, aber ab und an größere Summen, auch mal 4.000, mal 6.000 Mark bekommen, die davon abgezweigten Ersparnisse aber nicht Richard, sondern Klara Plöhn „zur Aufbewahrung" übergeben habe.

Alles in allem abermals recht undurchsichtig, wobei jene Erklärungen nach sechs Jahren – und dann noch bei Vernehmungen, in die die geschiedene Ehefrau ohne eigenes Zutun und wider Willen verwickelt wurde – vielleicht sogar eher zu Gunsten Emmas sprechen: Denn schon 1903 hatten ihr Freunde zur Anfechtung des Scheidungsurteils geraten. Das aber wies sie von sich, und als eine Freundin durch Anzeige gegen Karl und Klara „wegen betrügerischer Handlungen zur Ermöglichung der Ehescheidung" die Angelegenheit ins Rollen bringen wollte, bewirkte sie durch Zeugnisverweigerung die Einstellung des Verfahrens. Alles habe sie vermieden, was

Karl in Schwierigkeiten bringen konnte, erläuterte ihr damaliger Anwalt. Sie bat sogar darum, als Köchin in der Villa „Shatterhand" bleiben zu dürfen; Gabriele Wolff erklärt diesen Wunsch mit den besonderen Beziehungen zwischen Emma und Klara. Das aber wurde aus wohl begreifbaren Gründen abgelehnt, die zugesicherte Jahresrente sogar mit der Auflage verbunden, dass Emma mindestens 100 Kilometer von Radebeul entfernt wohnen und wieder ihren alten Familiennamen Pollmer führen müsse.

Ins Exil?

Zum Charakter Karl Mays gehört ein gewisser Konservatismus: Die Beendigung der 22-jährigen Ehe ist ihm sicherlich nicht leicht gefallen. Unter anderem auch, weil vor der Öffentlichkeit ein überliefertes Bild zerbrechen musste. Das sollte wenigstens ohne Schmutzwäschewaschen abgehen. Nicht zuletzt deshalb setzte er durch, dass Emma beim Prozess abwesend war.

Unbehagen breitete sich aus, wenn er an die Zeit danach dachte. Was könnte man in Radebeul flüstern? Über Emma? Über Klara? Über ihn? Und zwischendurch immer wieder das Gewittergrollen, das seit Sommer 1899 nicht mehr verstummt ist. Was wäre zu tun?

Nach den Recherchen von Ludwig Patsch hat Karl May im Herbst 1902 erwogen, sich ins Ausland zurückzuziehen, wenigstens für ein paar Jahre ins Exil zu gehen. Das teilt der Schriftsteller in einem Brief vom 8. Oktober 1902 – unmittelbar nach Antritt der Erholungsreise mit Klara – dem Gemeindevorstand Robert Werner in Radebeul mit: Emma habe er „fortgeschafft, um nach dem verschwundenen Geld zu suchen". Jetzt bewache die Witwe Beibler das Haus, und wenn sie Hilfe brauche, möge ihr der Gemeindevorstand doch bitte beistehen. Denn alles werde nach seinem Tode einmal „milden Zwecken" zugute kommen.

„Das Verhalten meiner Frau hat es mir unmöglich gemacht", heißt es weiter, „länger in Radebeul zu wohnen, wenigstens für die nächsten Jahre... Ich selbst aber sehe mich leider gezwungen, mich hiermit bei Ihnen, Herr Vorstand, für das Ausland abzumelden. Wo ich dort wohnen oder bleiben werde, das weiß ich noch nicht, höchstwahrscheinlich in Deutschland nicht!"

Von der Abmeldung erfährt auch die Presse. Am 25. Oktober 1902 berichtet die *Kötzschenbrodaer Zeitung*: „Der bekannte R e i s e s c h r i f t s t e l l e r C a r l M a y, der mehrere Jahre in Niederlößnitz wohnte und dessen Schriften über die ganze Erde verbreitet sind und dem Autor ein Vermögen eingebracht haben, hat seine Besitzung in Serkowitz verkauft. Wie verlautet, beabsichtigt Carl May, trotz seiner 60 Jahre, nach Amerika überzusiedeln."

> — Der bekannte Reiseschriftsteller Carl May, der mehrere Jahre in Niederlößnitz wohnte und dessen Schriften über die ganze Erde verbreitet sind und dem Autor ein Vermögen eingebracht haben, hat seine Besitzung in Serkowitz verkauft. Wie verlautet, beabsichtigt Carl May, trotz seiner 60 Jahre, nach Amerika überzusiedeln.

Diese Mitteilung, die so ähnlich auch in anderen Blättern auftauchte und worin sich das Ausland zu Amerika konkretisiert hatte, galt bisher als Zeitungsente, noch zumal der Hinweis auf einen Grundstücksverkauf abwegig war. Einen Wink lieferte aber auch das *Radebeuler Adreßbuch* von 1903. Im *Verzeichnis der Grundstücke mit ihren Bewohnern* heißt es zum Eigentümer des Anwesens Kirch-Straße 5: „May, Carl F., Schriftsteller (Ausland)". Und im *Alphabetischen Verzeichnis der selbständigen Einwohner* erscheint der Name Karl May jedoch gar nicht mehr! Aber als dieses *Adreßbuch* gedruckt wurde, hatte die Entwicklung schon einen anderen Verlauf genommen.

404

Nach fünf Wochen in Riva am Gardasee – damals österreichisch, heute italienisch – sah die Welt wieder freundlicher aus. „Beginne jetzt den Schluß des ‚Löwen'. Trete in größter Frische und voller Lust an ihn heran", schreibt Karl May am 15. November 1902 in einem Brief. Bis Mitte Dezember entsteht in Riva der Anfangsteil des vierten Bandes des Romans *Im Reiche des silbernen Löwen*.

Im dritten Band war Kara Ben Nemsi an Typhus erkrankt und schon „Am Tode" – so ein Kapitel-Titel – vorbeigekommen, die Rekonvaleszenz aber zieht sich bis zum Ende des vierten Bandes hin. In dem Teil, den Karl May in Riva schreibt, löst er sich von den Figuren Old Shatterhand und Kara Ben Nemsi mit all ihren Fäden zur Vergangenheit:

„Du bist Old Shatterhand?", lässt er den Ustad fragen.

„Ich war es", antwortet der Ich-Erzähler.

‚,Du bist Kara Ben Nemsi Effendi?'

‚Ich war es', erwiderte ich abermals.

‚Bist es nicht mehr? Beides nicht mehr?' ...

‚Beides nicht mehr!' nickte ich."

Dann schenkt er dem Ustad seine zwei Gewehre – „die Embleme meiner bisherigen Thätigkeit".

Aus Riva lesen wir von neuen Intentionen – „Ich ging in diesem Augenblick in ein anderes Leben über, und dieses andere wird ein höheres, schöneres, edleres, unendlich wertvolleres sein... Von heute an werde ich im ‚Hohen Haus' schreiben – – – ganz anders als bisher" – und von einem Genesenden. Gedanken an Exil im Ausland passen da nicht recht dazu, noch zumal die Scheidung nach seinen Vorstellungen verlaufen ist. Am 21. Februar 1903 schreibt er aus Berlin an den Radebeuler Gemeindevorstand und rückt verhohlen von seinem Vorhaben ab: „Ich beabsichtige eine mehrjährige Reise um die Erde, doch hat sich herausgestellt, dass vorher noch höchst wichtige geschäftliche Angelegenheiten zu ordnen sind. Die Tour ist also noch nicht angetreten." Er bitte darum, ihn „vorerst noch als Einwohner zu betrachten".

Von solchem Weltreisevorhaben oder Exilplan ist nie wieder

etwas zu lesen. Auf die Radebeuler Aufkündigung und die knappen zehn Rivawochen kommt er aber – etwas übersteigert – 1905 in der Prozessschrift *Ein Schundverlag* (in GW 83, *Am Marterpfahl*) noch einmal zurück: „Um Ruhe und Sammlung" für die beiden letzten *Silberlöwen*-Bände „zu bekommen, meldete ich mich wieder für ein volles Jahr von der Heimat ab und ging nach dem fernen Süden."

Per 4. März 1903 war das Scheidungsurteil rechtskräftig geworden. Am 30. März schließen der 61-jährige Karl May und die 39-jährige Klara geborene Beibler, verwitwet gewesene Plöhn, standesamtlich den Bund der Ehe. „Morgen früh 10 Uhr gehen wir still zur Kirche", lesen wir in Klaras Tagebuch. „Der Trauung soll nur Mutter beiwohnen. Still und ernst, ohne Feier. Das furchtbare Leid, welches hinter uns liegt, verträgt noch keine Berührung durch Freunde.

Mein ganzes Leben soll fortan meinem unendlich verehrten Manne geweiht sein. Ich will versuchen, seiner würdig zu werden. Will mich zu seiner Höhe aufzuringen versuchen."

In den nun folgenden neun Jahren einer glücklichen Ehe, aus der keinerlei belastende Disharmonien überliefert sind – Herzle wird zur gegenseitigen Anrede, für Klara May ist diese Zeit der „Höhepunkt meines Lebens" – zeigt sie sich als einfühlsame Gattin und „kämpferische Mitstreiterin" – so Claus Roxin – wider alle Angriffe, derer sich Karl May erwehren muss.

Karl Mays Tochter?

Zum Ehedrama Karl und Emma bleibt noch ein Sachverhalt nachzutragen, für den es kein verbindliches Zeugnis, wohl aber etliche Indizien gibt.

Die Ehe blieb kinderlos. Mögliche Ursache könne eine Fehlgeburt gewesen sein, wurde spekuliert. Andere Mutmaßungen kreisen um eine voreheliche Niederkunft, was freilich

406

nichts am Tatbestand ändert, dass zur Rosenhochzeit kein Kinderlachen im Hause May ertönt.

Wir wissen aber von Karl Mays großer Liebe zu Kindern. So nimmt es nicht wunder, wenn er im Herbst 1891 seine neunjährige Nichte Clara – mit dem Kosenamen Lottel gerufen – zu sich nimmt und vielleicht sogar an eine Adoption denkt.

Clara kam aus der Familie seiner Schwester Karoline Wilhelmine Selbmann, die einen Mann mit vier Kindern geheiratet hatte und selbst noch fünf Kinder zur Welt brachte.

Nach anfänglich großer Herzlichkeit kommt es zwischen Emma und dem Mädchen schon bald zu Reibereien. In einem heimlichen Brief an die Eltern in Hohenstein-Ernstthal beklagt sich Lottel über die böse Tante, was Mutter Karoline veranlasst, im August 1892 ihre Tochter nach Hause zu holen. Beim Abschied auf dem Bahnhof Kötzschenbroda hat Karl May Tränen in den Augen und sagt leise: „Weißt du Emma, wir haben ein Kindchen gehabt, die kommt nicht wieder."

Als er ein reichliches Jahr später, am 17. September 1893, seinem Verleger Fehsenfeld einen Brief schreibt, taucht ein geheimnisvolles Indiz auf: Mit der Arbeit komme er nicht voran, teilt er mit, seine Frau sei hochgradig nervös und zu den Gründen zähle „ein familiärer, über den ich nicht schreiben kann". Im Herbst darauf weilt das Verlegerehepaar zu Besuch bei Mays in Oberlößnitz. Frau Paula Fehsenfeld bringt später ihre Erinnerungen, die auch jenen „familiären Grund" ersichtlich machen, zu Papier.

Von Emma May habe sie erfahren, „daß Karl May einmal davon gesprochen hätte, ein Kind anzunehmen, da sie kinderlos seien. Mit weiblicher Schlauheit ... quetschte sie schließlich aus ihm das Geständnis heraus, daß das fragliche Kind s e i n Kind sei und die Mutter ein früheres Dienstmädchen. ‚So, diese dreckige Person? Deren Kind will ich nicht', sagte Frau Emma."

Zu dieser Aussage gibt es zwei Versionen. May beschäftigte tatsächlich Dienstmädchen; in den Jahren 1888/90 Silvestra Puschmann und vorher Alma Eulitz. Sollte Alma Eulitz die

Mutter des Kindes sein, müsste sie noch vor der Entbindung die Stadt verlassen haben, denn die einschlägigen Taufregister liefern keinen Hinweis zu einer Geburt.

Eine vage Spur hat sie durch ein 1888 gegen May angestrengtes Zivilverfahren wegen nicht gezahltem Lohn hinterlassen. Leider wurde die Akte im Staatsarchiv Dresden 1953 makuliert. Nur in der Bestandsübersicht des Findbuches ist noch ein Vermerk vorhanden.

Durch eine andere Rechtsangelegenheit, in die May im Zuge der schon angesprochenen Prozesslawine verwickelt wird, kommt der Sachverhalt aber recht deutlich zur Sprache. Louise Achilles, eine von Emma Mays „Klatschbasen", erwähnt im November 1909 in einer langen eidesstattlichen Erklärung folgenden Umstand: „Außerdem ist mir bekannt, daß in den Jahren 1889 und 1890 May mit einem seiner Dienstmädchen ein Kind hatte und auch Alimente bezahlte."

Karl May hat diese Frau, die in der Front seiner schlimmsten Feinde steht, dennoch nicht wegen falscher Versicherung an Eides Statt belangt. Ein weiteres Indiz erhärtet die These von einem unehelichen Kind. Einige Male nämlich bittet er Fehsenfeld um diskrete Honorarzahlungen. So auch Anfang 1894: Er unterstütze arme Verwandte, was seine Frau nicht wolle. Und außerdem: „Ein Mann hat ja überhaupt oft Ausgaben, für welche die Frau kein Verständnis hat, wie oft z. B. kaufe ich mir teure Bücher..."

Wenn er Alimente-Gelder brauchte, konnte er nicht deutlicher werden. Denn im selben Brief sieht er sich aus anderem finanziellen Grund zu klagenden Vorwürfen veranlasst: „Sie aber sind nicht verschwiegen gewesen."

Umfangreiche Recherchen in der ganzen Angelegenheit unternahm Hans-Dieter Steinmetz, dem wir das akribische Aufspüren der zweiten Version verdanken. Ihr kommt höherer Wahrscheinlichkeitswert zu, da die neuen Indizien mit dem bisher Gesagten korrespondieren und nur die unpräzise Jahreszahl korrigiert werden muss. Der zu beweisende Tatbestand: Mays Ehekrise vom September 1893 wurde durch das

Eingeständnis eines vorehelichen Kindes, geboren 26. März 1876, ausgelöst.

Wenn wir Mays Werk, in dem sich so vieles aus seinem Leben niederschlug, nach Spuren durchsuchen, ergeben sich einige Hinweise. Bereits im *Waldröschen*-Heft 11, das Ende 1882 entstand, wird ein kleines Mädchen mit dem Namen Helene liebevoll vorgestellt. Später kehren solche Episoden wieder, im Orient-Balkan-Zyklus beispielsweise mit der Tochter der sympathisch gezeichneten Nebatja oder im dritten Band von *Old Surehand* (heute GW 15, *Old Surehand II*) – es sind „Mädchen von acht Jahren". Und noch 1909/10 in *Winnetou IV* (heute GW 33, *Winnetous Erben*), schildert May das ergreifende Wiedersehen eines Mannes mit seiner Tochter nach jahrelanger Trennung.

Den deutlichsten Hinweis liefert jedoch die in der Heimat spielende Liebesepisode mit einer Martha Vogel, die May in der Ich-Form gerade zu jener Zeit besagter Ehekrise schreibt. Sie gehörte zum Manuskript für den *Hausschatz*, aus dem später das dreibändige Werk *Satan und Ischariot* entstand.

Welches reale Geschehen kann hier verschlüsselt worden sein? Nachweisbar hatte der junge Karl May etwa ab 1874 Verbindungen zu einer Hohensteiner Strumpfwirkerfamilie Vogel, deren älteste Tochter Marie Thekla hieß. Sie gebar am 26. März 1876 das Kind Helene Ottilie, das aus mancherlei Gründen als Tochter Karl Mays gelten könnte.

Die Dienstmädchen-Version steht nicht im Widerspruch dazu, denn auch die Martha „ist schon im Dienst gewesen und hat gutes Lob davongetragen", schreibt May. Selbst Gedanken an eine Adoption der 1893 bereits siebzehnjährigen Helene wären nicht von der Hand zu weisen; das junge Mädchen musste sich als Repassiererin – als Textilarbeiterin, die Laufmaschen aufnimmt – durchschlagen.

Falls das alles zutrifft, bleibt offen, weshalb May und Marie Thekla Vogel nicht zusammengeblieben sind. Vielleicht erfuhren das Mädchen und ihre Eltern, die erst 1873 nach Hohenstein kamen, ziemlich spät von den Vorstrafen des Liebhabers und waren dann gegen eine feste Bindung, eventuell wurde auch aus demselben Grunde auf der Geburtsurkunde der Vater nicht angegeben.

Einige Monate später beginnt die Liaison mit Emma Pollmer. Im Oktober desselben Jahres heiratet die ledige Mutter den Strumpfwirker Friedrich Hermann Albani. Erst fünf Jahre nach der Hochzeit lässt dieser seinen Familiennamen standesamtlich auf die kleine Helene übertragen, woraus wohl klar hervorgeht, dass er nicht der Vater des Kindes ist.

Im Orient-Balkan-Zyklus lässt May einen Martin Albani auftreten und dann im Meer ertrinken: „Er war ein leichtlebiger, unvorsichtiger Mensch...“!

Ab Ostern 1882 besuchte die nunmehrige Helene Albani die Hohensteiner Bürgerschule, und bis zum Umzug nach Dresden im April 1883 hatte May das Kind fortgesetzt im Blickfeld – er wohnte im Nachbarhaus! War das tatsächlich seine Tochter, kann man die Gefühle nachempfinden. „Helene“, lässt er im *Waldröschen* seinen Helden Sternau ausrufen, „komm herbei!“ Und ab und an taucht sie dann wieder auf: „...ein kleines Mädchen von ungefähr acht Jahren...“

Helene Vogel/Albani heiratet 1898 den Weber Karl Friedrich Voigt. Beide ziehen nach Schellerhau und kaufen 1913 den ‚Unteren Gasthof‘ (heute das schmucke Gasthaus ‚Heimatstuben‘). Nach dem Tod des Ehemannes schon 1917 betreibt Helene die Wirtschaft fortan allein. Die mit Spaß und Spott nicht gerade zimperlichen Erzgebirgler verpassen ihr den Spitznamen ‚Dreckiger Löffel‘. Helene verwitwete Voigt stirbt am 30. November 1952.

Als ich mich Jahrzehnte später unter älteren Bewohnern des Erzgebirgsdorfes mal etwas umhörte, wollten manche dereinst von der Mayschen Abstammung der Wirtin gehört haben. Auch in der Gaststätte kreisten solche Gerüchte. Von ihren fünf Kindern lebte die am 12. August 1915 geborene Helene Erika Voigt, verwitwete Strohhofer, im Kreis Konstanz. Sie war der Überzeugung, dass sie mit ziemlicher Wahrscheinlichkeit eine Enkelin von Karl May ist, wollte jedoch nicht in der Öffentlichkeit bekannt werden. Ende 1986 ist sie gestorben.

410

Karl Mays mutmaßliche Tochter Helene etwa 1950.

Reichliche zwei Jahrzehnte vor ihrem Tod, am 23. Februar 1932, schreibt Helene einen Brief an ihre mutmaßliche Stiefmutter, an die „Sehr geehrte gnädige Frau Klara May". Sie habe „imer schon so sehr viel von Ihren Herrn Gemahl seinen Büchern gehört und gelesen" und jetzt sei sie „in großer Verlegenheit" und weil sie wisse, „daß Sie gn. Frau Klara Mai Steinreich geworden sind, hatte ich eine große Bitte an Ihnen zu richten". Ihr sei die Hypothek auf den Gasthof gekündigt worden und da wolle sie „mal anfragen ob es möglich ist, mir auf 1ste Hypothek 14000 Tausend zu leihen, zu fürchten ist gar nichts..."

„Also meine liebe gute gn. Frau Klara Mai, fernerhin will ich Ihnen gleichzeitig mitteilen, dass wir weitläufige Verwandte sind, bin aus Hohenstein-Ernstthal..."

Zur Art der Verwandtschaft wird nichts gesagt. Helene erwähnt einen „Onkel mit Namen Krügel", der ja wohl nicht das verwandtschaftliche Bindeglied liefert, und schreibt, dass ihr „Seliger Vater" – mit Namen Albani –, „Großvater und Onkeln imer Ihren seligen Mann beauftragt haben, und bezahlt für die Schreibereien, mein Stamm hat doch viel Gold im Ausland und da Ihr Seliger Mann, Herr Karl Mai schon vor 50 Jahren besser mit der Feder fort konnte, haben Ihnen mein Vater" – Albani – „und Verwandte das Geheimnis anvertraut, aber daß Geheimnis von den schrecklichen vielen Geld ist bis dado noch nichts gelöst".

Nun habe sie „eine herzliche Bitte an die gnädige Frau Klara Mai, vielleicht ist es Ihr möglich mal in die Geheimfächer des Seligen Herrn Karl Mai nachzuprüfen, ob die Akten von Reihe der Jahre noch aufzufinden sind, da Ich jetzt selbst auf die Sache zurückkommen muß".

Ob Helene nur an alte Albaniakten oder noch an andere Dokumente in Geheimfächern dachte, wissen wir natürlich nicht. Sie sei „eine einfache aufrichtige Frau" beteuert sie, „und bitte nochmals herzlich darum, wenn irgend möglich mir aus der Not zu helfen" – sie habe sich „reel müssen allein durchschlagen", sei auch schon seit 14 Jahren Witwe. Und

412

„wenn es die gnädige Frau verlangt", dass sie nach Radebeul kommen solle, „würde Ich mir erlauben daß zu tun".

Klara antwortet zunächst nicht. Als ein zweiter Brief aus Schellerhau kommt, teilt sie auf einer Postkarte mit, dass sie die Angelegenheit nicht verstehe, worauf Helene am 11. Mai 1932 behauptet, Karl May habe einst „die ersten Streifzüge mit meinen nähensten Angehörigen ausgeübt ... nun wird Frau Klara Mai den ganzen Inhalt meines Schreiben verstehen lernen". Die „gnädige Frau" solle wissen, „daß Ich nicht aus falschen Gründen gekommen bin".

Das alles stellt sich ziemlich verwirrend dar: Ging es der Helene Vogel / Albani / Voigt nur um ein Darlehen? Oder um Anerkennung als „Verwandte"? Und was veranlasste Karl May zur literarischen Schöpfung des Martin Albani?

Nachdenklich stimmt auch die Tatsache, dass in dem 1923 unter Klara Mays Mitwirkung aufgenommenen und 1931 veröffentlichten Verzeichnis von *Karl Mays Bücherei* nur ein einziger einschlägiger Titel notiert ist: „Der Säugling – Seine Ernährung in gesunden und kranken Tagen. Hamburg 1888." In Mays handschriftlichem Katalog von 1903 und 1905 standen noch zusätzlich zwei juristische Titel. Ludwig Patsch hielt dazu fest: „Obendrein entdeckte ich unmittelbar daneben in der Bibliothek, aber nicht im Verzeichnis aufgenommen: ‚Das Recht des unehelichen Kindes...' von Dr. W. Brandis, Berlin 1900, und ‚Das Recht des unehelichen Kindes und die Ansprüche der Kindesmutter' von H. Pils, Leipzig 1900, also gleich zwei Schriften, die sich mit dem irgendwie für KM aktuell gewordenen Thema befassen." Darüber hinaus berichtete 1965 der Schriftsteller Arno Schmidt von einem Brief Mays, „in dem ein ganzer Satz Säuglingsliteratur bestellt wird".

Ludwig Patsch war von der Existenz eines unehelichen Kindes überzeugt. Am 1. Januar 1953 schreibt er seinem Freund Rudolf Beissel:

„Dr. Schmid, der mir einst diese Tatsache in einem traulichen Stündchen ohne weiteres bestätigte, hatte nach Frau Klara Mays Tod (31.12.44) plötzlich sämtliche Erinnerun-

Joseph Kürschner.

gen verloren, und auch die anderen Leutchen, die mir dzt. gleichmütig das in Rede stehende uneheliche Kind zugaben, taten überaus erstaunt, als ich mich – eben etliche Jahre später – danach erkundigte. Offenbar hing oder hängt irgendeine Erbschaftsangelegenheit daran, daß man jetzo so eisern bestrebt ist, hierüber den Mund zu halten."

Jene Erbschaftsvermutungen erscheinen hier freilich etwas ominös. Denn Gedankenspiele um Nachlassansprüche liefern doch eher Argumente gegen die These von einem außerehelichen Kind: Warum sollte jemand, der etwas erben kann, wäre zu fragen, über viele Jahrzehnte schweigen? Oder dann durch das Mundhalten anderer zum weiteren Stummbleiben veranlasst werden?

Zwischen den beiden Varianten, die Patsch von Schmid gehört haben will, wie eben auch zwischen besagtem „traulichen Stündchen" und dem Abfassen des Briefes liegen „etliche Jahre"! Offenbar eine genügend überlange Zeit, um Erinnerungen zu verschieben. Vielleicht hatte sich die Unterhaltung anno dazumal einfach um eine denkbare Hypothese gedreht. Denn Euchar Albrecht Schmid – davon können wir ausgehen – wusste tatsächlich nichts von einem Kind.

Fritz Maschke hatte 1979 in den *Mitteilungen der Karl-May-Gesellschaft* die Hypothese vom Kind zunächst verteidigt und dann korrigiert. Er berichtete unter anderem von Zuschriften ehemaliger Mitarbeiter des Karl-May-Verlages. Niemand habe „jemals auch nur andeutungsweise von einem Kind Karl Mays etwas gehört..."

Karl May und sein Kind – dieses Thema klingt sensationell, geheimnisvoll, ungewohnt. Seit Jahrzehnten wird es nun diskutiert, mit Eifer werden Vermutungen gesammelt und geordnet: Jede Hypothesenglaubensrichtung lässt sich beweisen oder widerlegen. Je nach Absicht.

Um mit Karl May zu fragen: „Ist das nicht interessant?" (*Winnetou IV*, letzter Satz)

China

Wie bereits 1887 beim Abbruch der Arbeit für Münchmeyer, spielt auch jetzt in der Phase des Neubeginns ein Brief von Joseph Kürschner eine Rolle. Er fragt im März oder April 1901 an, ob May „zu einem großen Sammelwerk über China einen erzählenden Beitrag liefern könne". Mit China im Allgemeinen und jenem „Sammelwerk" im Speziellen hat es nun seine besondere Bewandtnis.

Im November 1897 war die ‚Ostasiatische Kreuzerdivision' vor den Gestaden des fernöstlichen Kaiserreiches aufgetaucht und hatte das Gebiet um Kiautschou besetzt. Das politisch schwache China verpflichtete sich, den Distrikt für 99 Jahre an Deutschland zu verpachten.

Räumlich blieb der Zugewinn zum Kolonialbesitz bescheiden – 25 kleine Inseln und eine Festlandfläche von reichlich 500 Quadratkilometern und etwas mehr als dieselbe Fläche nochmals auf dem Wasser –, aber damit war der Zugang zu dem großen chinesischen Markt geöffnet. Hinzu kam eine 50 km breite Zone, die den Einfluss auf die Provinz Schantung mit ihren Kohle- und Erzlagern sicherte. Andere europäische Staaten, Japan und die USA sorgten auf ähnliche Weise für ihre Interessen.

Im Lande herrscht breite Unzufriedenheit mit der kaiserlichen Mandschu-Regierung und mit den Landbesitzern. Anfang 1899 formiert sich der Geheimbund der Ihotwan. Übersetzt heißt das ‚Faustkämpfer für Rechtlichkeit und Eintracht', verkürzt entstand daraus der Begriff ‚Boxer'. Als im Jahr darauf Unruhen ausbrechen und zum Aufstand eskalieren, gelingt es der Regierung, fremdenfeindliche Stimmungen auszunutzen und die Volksbewegung gegen die Ausländer zu lenken. Internationale Verwicklungen sind die natürliche Folge.

Am 20. Juni 1900 fällt der deutsche Gesandte Clemens Freiherr von Ketteler einem Attentat zum Opfer. Es folgen die ‚55 Tage von Peking': Aufständische Boxer belagern das Diplomatenviertel und fordern den Abzug der ausländischen

‚Schutzdetachements‘, die ab Ende Mai gelandet waren. Neun europäische Staaten, Japan und die USA beschließen eine gemeinsame Strafexpedition; das Oberkommando wird dem deutschen Feldmarschall Alfred Graf von Waldersee übertragen.

Wilhelm II. hofft, „daß es vergönnt sein möge, den Chinesen in großer Feldschlacht eine vernichtende Niederlage beizubringen“. Wie er sich das im Einzelnen vorstellt, gibt er in seiner berüchtigten ‚Hunnenrede‘ kund; im ‚Kaiserlichen Scheidegruß an das Expeditionskorps‘ am 27. Juni 1900 in Bremerhaven fallen markige Worte:

„Kommt Ihr vor den Feind, so wird er geschlagen, Pardon wird nicht gegeben; Gefangene nicht gemacht. Wer Euch in die Hände fällt, sei in Eurer Hand. Wie vor tausend Jahren die Hunnen unter ihrem König Etzel sich einen Namen gemacht, die sie noch jetzt in der Überlieferung gewaltig erscheinen läßt, so möge der Name Deutschland in China in einer solchen Weise bekannt werden, daß niemals wieder ein Chinese es wagt, etwa einen Deutschen auch nur scheel anzusehen.“

Als die deutschen Verbände in China eintreffen, ist die Schlacht in Peking längst geschlagen, der Aufstand beendet. Dennoch bleiben die Truppen noch ein ganzes Jahr im Land. Es kommt noch zu einzelnen Scharmützeln.

Im nachhinein wird das zu „gewaltigen Siegen“ umgebogen. „Der Asiat hat nur Achtung vor der rücksichtslosen Macht“, meldet Waldersee bei der Rückkehr. „Diese Achtung haben wir uns in vollstem Maße erworben, und sie wird voraussichtlich reiche Früchte tragen.“

„Das Auge hat nicht gezuckt und die Hand nicht gezittert“, lobt der Kaiser zur Begrüßung, „und so wurden die Siege errungen!“

Weil aber nun nicht allein kernige Reden das Geschehen ins Gewand „gewaltiger Siege“ einhüllen können, soll den „Ruhmestaten deutscher Kriegskunst“ ein Monument besonderer Art errichtet werden – mit dem von Joseph Kürschner betreuten großen Sammelband *China. Ein Denkmal den Strei-*

417

tern und der Weltpolitik. Zahlreiche Mitarbeiter schreiben in wenigen Wochen anderthalbtausend Spalten zusammen. Es sind schlimme Texte darunter.

„Fünfe links und fünfe rechts / Zerrt er an den Zöpfen /
In der Hitze des Gefechts, / Um sie dann zu köpfen. /
Oder sollt geneigt er sein, / Mal Pardon zu geben? /
Er Pardon? Fällt ihm nicht ein! / Allen geht's ans Leben."
So lässt beispielsweise Johannes Trojan seinen „Füsilier Schulze" das Kaiserwort vollziehen.

Das Werk besteht aus drei Teilen. Nach den Abschnitten über *Land und Leute* und *Die Wirren 1900/1901* folgt *Erzählendes u. A. aus und von China*: Unterhaltsame Beiträge sollen „weiteste Kreise" ansprechen. Deshalb wendet sich Kürschner an May. Von ihm erhofft er einen spannenden Roman über Flusspiraten oder Tempelräuber. Vielleicht denkt er dabei auch an die Jugendzählung *Der blau-rote Methusalem* von 1892 (heute GW 40) oder an einzelne Episoden im Band GW 11, *Am Stillen Ocean*, von 1893. Karl May sagt zu – und vollbringt dann einen genialen Streich.

Da das Werk vor der gebundenen Ausgabe zuerst in Lieferungen erscheint, übersendet May das Manuskript ratenweise, und gleich bei der ersten Folge sind Kürschner und sein Stab zumindest verwundert. Sie finden den Beginn „etwas sehr gesucht" und wollen den Titel *Et in terra pax* in *Kairo* abändern, was May entschieden ablehnt. Dann werden die Gesichter von Mal zu Mal länger. May wird gebeten, „packender" und „leichter verständlich" zu erzählen und die Religionsangelegenheiten „nicht in der gleichen philosophischen Weise weiter behandeln zu wollen". Kürzungen werden angedroht, in der Redaktion spricht man von einem „höchst merkwürdigen und fatalen Fall". May bleibt jedoch standhaft und setzt seine Konzeption durch. Er verlangt Korrekturfahnen und Belegstücke und reagiert selbst auf Druckfehler mit Empörung. „Es ist mit May ein wahres Kreuz!", schreibt der Verleger an Kürschner.

418

Der alte Rutschke an seine Kameraden in China.

Mel.: „König Wilhelm saß ganz heiter" etc.

Nun frisch auf, ihr deutschen Jungen. Waffenruf ist hell erklungen
Durch den ganzen deutschen Gau. Lustig schmettert die Trompete,
Ladet an des Heeres Côte euch auf blutgetränkte Au.

Dorten in dem Reich der Mitte, übt nach wilder Heiden Sitte,
Wütet Mord und Plünderung. Grässlich werden sie erschlagen,
Die den Namen „Christen" tragen, und es fehlt Behinderung.

Ja sie meinen „weit vom Schusse ist der Deutsche und der Russe,
Jede andere Nation", und mit ihren Boxerbanden
Treten sie Kultur zu Schanden, teuflisch grinsen sie uns hohn.

Alle Wetter! Das beliebt sich, aufzuspielen wie dort Siebzig
Uns der Herr Napolium. Feste ran! wie wir im Husche,
Schmeißt sie raus aus ihrem Busche, keiner krauche da herum.

Lehrt sie darum mores, leidlich, drillet sie gut deutsch und weidlich
Für den Hohn und für den Spott. Lasset sie die Rücken beugen
Und auch ehrfurchtsvoll bezeugen Achtung unserm Christengott.

Steuert diesem Heidenkoller, denn es ruft mit unserm Zoller
„Rache!" jeder deutsche Mann. Auf darum zu frischen Thaten!
Drauf auf diese Asiaten! Zeiget, was der Deutsche kann.

Gotthelf Hoffmann-Rutschke.

Seite aus dem „China"-Band.
May: „Mit dieser Art von Gong habe ich nichts zu tun!"

419

Die gebundene Ausgabe erscheint am 1. November 1901 im Verlag von Hermann Zieger in Leipzig. Genau drei Wochen später macht May bei der Rückkehr von einer Reise Station in der Messestadt und besucht den Verleger. Von dieser Begegnung berichtet Zieger am 21. November in einem aufschlussreichen Brief an Kürschner:

„Als ich gestern Abend nach Hause kam fand ich zu meiner nicht geringen Verwunderung eine Visitenkarte von Dr. May vor + hörte von meinen Angehörigen, dass May zweimal in der Wohnung vorgesprochen habe. Heute Vormittag besuchte er mich nun im Geschäft + Sie können sich gewiss denken, mit welch eigentümlichen Gefühlen ich unsern Freund empfing. Er war äusserst liebenswürdig + ich glaube es ihm gern, wenn er seiner Freude dahin Ausdruck verlieh, mich noch vor seiner Heimkehr nach Radebeul angetroffen zu haben, denn er ist seit Monaten unterwegs + gestern von Weimar nach hier gekommen. Das ihm vorige Woche ges. Exemplar hat er noch nicht gesehen + er war deshalb aufs höchste überrascht als ich ihm das Werk vorlegte, denn er glaubte, es sei überhaupt noch nicht vollständig erschienen + Ihre sowie meine Drängeleien seien gewissermassen nur vom Stapel gelassen, um für Weihnachten rechtzeitig herauszukommen. Er hat sich sofort ein zweites Expl. gekauft, um es im Hotel mit seiner Frau durchzusehen + davon heute Abend mit mir Weiteres hierüber zu besprechen. Gegen ¼ 8 Uhr wollen wir uns in Aeckerleins Weinkeller treffen + ich bin wirklich sehr gespannt, wie sich May + seine Gattin nunmehr über das Buch aussprechen werden. Heute Vormittag sind wir wie alte Freunde geschieden + ich hoffe es wird mir vergönnt sein, auch heute Abend als Verlegerfreund von ihm Abschied zu nehmen. Da wir uns die Aussprache unsere(r) gemeinsamen Anschauungen für heute Abend vorbehalten haben, so kann ich Ihnen vorerst nur dieses Wenige melden; alles Weitere also morgen."

Zum weiteren Verlauf ist leider nichts überliefert. Kürschner hatte sich gegenüber den Lesern noch zu einer besonderen

420

Et in terra pax.

Reise-Erzählung von Karl May.

Erstes Kapitel:

Am Thore des Orients.

Kairo bei Abend.

Ich bin Sejjid Omar!"

Wie stolz das klang, und wie beweiskräftig die Gebärde war, mit welcher er diese Worte zu begleiten pflegte! „Ich bin Sejjid Omar," das sollte sagen: „Ich, Herr Omar, bin ein studierter, schriftkundiger Abkömmling des Propheten, welcher der Liebling Allahs ist. Mein Name wurde mit allen meinen persönlichen Vorzügen in die heilige Stammrolle zu Mekka eingetragen; darum habe ich das Recht, ein grünes Oberkleid und einen grünen Turban zu tragen. Wenn ich sterbe, wird die Kuppel meines Grabmals grün angestrichen und mir die Thür des obersten der Himmel gleich geöffnet sein. Respekt also vor mir!"

Was aber war dieser Sejjid Omar? Ein Eselsjunge! Er hatte seinen „Stand" an der Esbekije in Kairo, dem Hotel Kontinental, in welchem ich wohnte, gegenüber. Ein schön und kräftig gebauter, junger Mann von wenig über zwanzig Jahren, war er mir durch seinen steten Ernst und die angeborene Würde seiner Bewegungen aufgefallen. Ich beobachtete ihn gern von meinem Balkon aus, und wenn ich unten auf dem prächtigen Vorplatze des Hotels meinen Kaffee trank, konnte ich ihn sprechen hören. Sein

Gesicht zeigte zwar auch den Zug von Verschlagenheit, der allen Eseltreibern eigen ist, aber er war nicht aufdringlich und lag seinem Geschäfte in einer Weise ob, als werde jeden, der sich seines Esels bediente, eine ganz besondere Gunst erwiesen. Er gab sich so wenig wie möglich mit Berufsgenossen ab, und wenn sie für diese Zurückhaltung mit spöttischen Redensarten zu ärgern versuchten, bekamen sie nichts als ein verächtliches „Ich bin Sejjid Omar" zu hören. Wollte ein Fremder mit ihm feilschen, oder wurde ihm irgend etwas gesagt oder zugemutet, was er für gegen seine Ehre hielt, so wendete er sich mit einem geringschätzenden „Ich bin Sejjid Omar" ab und war dann für den Betreffenden nicht mehr zu sprechen.

Die Folge war, daß ich ihm ein ganz besonderes Interesse schenkte, obgleich sich mir keine Gelegenheit bot, ihm dies in Beziehung auf sein Geschäft zu beweisen. Aber Blicke ziehen einander bekanntlich an. Ich bemerkte, daß auch er sehr oft zu mir herüber sah. Es schien unruhig zu werden, wenn ich nach dem Mittag- und dem Abendessen mich nicht sofort auf der Terrasse sehen ließ, und so oft ich beim Ausgehen an ihm vorüber kam, trat er, obgleich ich ihn gar nicht zu beachten schien, einen Schritt zurück und legte, still grüßend, die Hände auf die Brust.

In dem erwähnten Hotel giebt es zu Seiten des Speisesaales zwischen den Säulen kleinere Tische für Gäste, welche es nicht lieben, an der Tafel enggepfercht zu sitzen. Ich hatte mir einen dieser Tische für mich allein reservieren lassen. Der links davon war nicht besetzt; an dem zu meiner rechten Hand gab es seit gestern zwei Fremde, welche

1

Mays Beitrag für den „China"-Band.

421

Erklärung verpflichtet gefühlt: „Karl Mays Reiseerzählung, die erst während des Erscheinens der einzelnen Lieferungen des Buches vollendet wurde, hat einen etwas anderen Inhalt und Hintergrund erhalten, als ich geplant und erwartet hatte", schreibt er in einem Vorspann. „Die warmherzige Vertretung des Friedensgedankens, die sich der vielgelesene Verfasser angelegen sein ließ", fügt er hinzu, „wird aber gewiß bei Vielen Anklang finden."

1904 wird der Roman unter dem Titel *Und Friede auf Erden!*, der durch das Ausrufezeichen zur Forderung wird, in die Fehsenfeld-Serie als Band 30 aufgenommen. Hier schildert May, dass während der Arbeit an den einstigen Fortsetzungen „ein Schrei des Entsetzens zu mir drang, der über mich, das literarische enfant terrible, ausgestoßen wurde. Ich hatte etwas geradezu Haarsträubendes geleistet, allerdings ganz ahnungslos: Das Werk war nämlich der ‚patriotischen' Verherrlichung des ‚Sieges' über China gewidmet, und während ganz Europa unter dem Donner der begeisterten Hipp, Hipp, Hurra und Vivat erzitterte, hatte ich mein armes, kleines, dünnes Stimmchen erhoben und voller Angst gebettelt: ‚Gebt Liebe nur, gebt Liebe nur allein!' ... Ich hatte mich und das ganze Buch blamiert und wurde bedeutet, einzulenken. Ich tat dies aber nicht, sondern ich schloß ab, und zwar sofort, mit vollstem Rechte. Mit dieser Art von Gong habe ich nichts zu tun!"

Seine Darstellung, er habe über den wahren Charakter des China-Buches vorher nichts gewusst und nur deshalb seine Zusage gegeben, trifft auf Grund der vorliegenden Dokumente nicht zu. Er wusste schon recht gut Bescheid und hat ganz gezielt ein Trojanisches Pferd platziert.

Ebenfalls stimmt es nicht so ganz, dass er die Arbeit vorzeitig abgeschlossen habe: Er lieferte genau im vereinbarten Umfang. Allerdings mit Verzögerungen, um ein bisschen Druck zum Durchsetzen seiner Wünsche ausüben zu können. Wenn die Fassung von 1904 um ein ganzes Viertel länger ist als der Text von 1901, so wegen mancher neuer Vorstellungen.

Die symbolisch angelegte *Reiseerzählung* führt von Kairo nach China. Menschen verschiedener Nationen, Religionen und Rassen begegnen einander und versammeln sich zum Treffen der „Shen". „Es ist die Menschlichkeitsverbrüderung", so stellt May diesen visionären Weltbund vor, „der große Bund Derer, die sich verpflichtet haben, nie anders als stets nur human zu handeln"; es ist „die Gesamtheit von allen, allen Menschen, die auf Erden endlich einmal Frieden haben wollen".

Die „Shen" gab es in der Fassung von 1901 noch nicht. Eine dort vorgestellte geheime Bruderschaft des „Pu" spielt noch nicht jene wichtige Rolle. Alles, was auf das große Treffen am Schluss hinausläuft, und das Ereignis natürlich selbst, ist neu hinzugekommen.

Aber ob 1904 oder 1901 – es sind schon bemerkenswerte Worte, die Karl May mit Blick auf die Ereignisse in China findet. „Was haben wir den anderen Völkern zu leid getan?", lässt er einen Chinesen fragen. „Trachten wir nach den Schätzen ihrer Bergwerke, nach den Früchten ihrer Felder, nach den Erträgnissen ihrer Industrie? Nein! ... Sie legen mit ihren Kanonen unsere Türme, Mauern und Häuser in Trümmer ... sie muten uns sträfliche Befangenheit zu, ihrer Versicherung zu glauben, daß sie es mit der Erfindung ihrer ‚Interessensphären' und ‚offenen Tür' nur auf unser Heil abgesehen haben ... ‚Sendboten des Christentums' ... Das sind Fiktionen, mit denen ein Kenner der Verhältnisse nicht irre zu machen ist!"

Mit *Et in terra pax* setzt sich May nicht zum ersten Mal für Frieden und Humanität ein: Er möchte „gern an eine Zeit glauben, in welcher das Schwert zur Sichel wird und die Weissagung der himmlischen Heerschaaren: ‚Friede auf Erden' in Erfüllung geht". Leider habe die „Religion der Liebe, das Christentum, ... trotz ihres neunzehnhundertjährigen Bestehens der Welt noch den ersehnten Frieden nicht gebracht... Nur eine Macht giebt es, welche, über allen Parteien stehend, nach Milderung und Versöhnung strebt, sich allen religiösen und politischen Zerwürfnissen von Tag zu Tage immer mehr überlegen zeigt und den Menschenfreund veranlaßt, den Gedanken eines Völker-, eines Erdenfriedens festzuhalten: die Humanität."

So steht es schon 1876 in den *Geographischen Predigten* (im Teil *8. Haus und Hof.*).

Im Sinne dieses Credos löst May in den Abenteuererzählungen viele Konflikte unblutig, letztendlich immer friedlich.

Im November 1907 erfolgt eine Rückkehr in den *Deutschen Hausschatz*. Bis September 1909 läuft hier das beachtliche allegorische Spätwerk *Der 'Mir von Dschinnistan*; 1909 folgt bei Fehsenfeld die zweibändige Buchausgabe unter dem Titel *Ardistan und Dschinnistan* (heute GW 31 und 32, *Ardistan* beziehungsweise *Der Mir von Dschinnistan*).

Karl May bezeichnete dieses Werk als seine „Friedenssymphonie". Durch Marah Durimeh lässt er pazifistische Leitgedanken mit praktischem Handeln verbinden: „Hat der Krieg eine eiserne Hand, so habe der Friede eine stählerne Faust!", sagt die Sultanin von Sitara. „Nur die Macht imponiert, die wirkliche Macht. Will der Friede imponieren, so suche er nach Macht, so sammle er Macht, so schaffe er sich Macht. Du siehst, daß der Friede niemals wirklich Friede sein kann. Er ist es nur so lange, als er die Macht besitzt, es zu sein. Er hat stets auf Vorposten zu stehen. Sobald er sich beschleichen und überfallen läßt, tritt der Feind an seine Stelle. Alle Rüstung der Erde und alle Rüstung ihrer Völker war bisher auf den Krieg gerichtet. Als ob es unmöglich wäre, in eben derselben und noch nachdrücklicherer Weise auf den Frieden zu rüsten! ... Krieg oder Friede. Wer von beiden die größere Macht besitzt, der wird herrschen... Worte tun es überhaupt nicht, sondern Taten müssen geschehen. Ihr habt Kriegswissenschaften, theoretische und praktische. Und ihr habt Friedenswissenschaften, theoretische, aber keine praktischen. Wie man den Krieg führt, daß weiß jedermann; wie man den Frieden führt, daß weiß kein Mensch..."

Mit diesen Gedanken, die 1907 gleich am Anfang des Romans stehen, sind wir den Ereignissen im Leben Karl Mays ein ganzes Stück vorausgeeilt.

424

SEELENNÖTE

Letzter Renommierrest

Wer die Idee hatte, Karl oder Klara, wissen wir nicht. Die verwitwete Frau Plöhn jedenfalls ergreift die Initiative. Im Spätherbst 1902 schreibt sie, wie Karl schon zehn Jahre zuvor, an das Berliner ‚Informationsinstitut für wissenschaftliche Zwecke' des Titelhändlers Grünfeld. Noch vor der Hochzeit will sie die Sache ins Reine bringen, um, wie sie später erklärt, „den Gegnern…, die seine Doktorwürde in Abrede stellten, entgegentreten zu können…"

Der Herr Direktor Dr. Herrmann Grünfeld ist in den zurückliegenden Jahren im Gewirr akademischer und kongregativer Würden herumgeklettert und aus russischen in italienische Gefilde gelangt. „Correspond. Mitglied der Königl. italienischen Accadmia Araldico-Genealogica" steht jetzt im Briefkopf. Und anderes mehr. Und er ist auch Geschäftspartner der ‚Universitas Germana-Americana', einer mysteriösen Doktormühle in Chicago.

Ein paar Wochen später trifft in Radebeul eine ‚Promotionsurkunde' ein: Rektor und Senat der ‚Deutsch-Amerikanischen Universität' „verleihen dem hochberühmten und sehr gelehrten Manne CAROLO MAY nach der Veröffentlichung der Abhandlung… ‚Im Reiche des silbernen Löwen' und nach Prüfung seiner Gelehrsamkeit und Begabung nach dem Rechte das Privileg der Würde eines Doktors der Philosophie ehrenhalber." Das alles wird in lateinischer Sprache und fast im A1-Format kundgetan, ausgefertigt in „Chicago, am 9. Dezember 1902". Ob das ‚Diplom' tatsächlich aus Amerika kam, ist höchst zweifelhaft. Warum auch sollte der Titelhöker Grünfeld den Umweg über Amerika gehen und die Urkundenattrappe nicht einfach in Berlin produzieren lassen?

Zwischenzeitlich hatte Klara wegen der ausstehenden Urkunde noch einmal gedrängelt, worauf Grünfeld ein peinliches Angebot unterbreitete.

„Hochgeehrte gnädige Frau!", liest sie im Antwortbrief vom 12. Januar 1903. „Um die Absendung des Diploms an den jungen Herrn Doktor nicht zu verzögern", bitte man um Unterzeichnung des beigefügten „Gelöbnisses". Der Herr Direktor könne am 20. Januar auch selbst nach Radebeul kommen, eine würdevolle Feier veranstalten und „den jungen Herrn Doktor" promovieren.

Darauf will sich der 61-jährige Aspirant natürlich nicht einlassen.

Rätselhaft bleibt, weshalb Karl May nach den Warnschüssen von 1898, den Läuterungen auf der Morgenland-Fahrt und dem Vorhaben zum Neubeginn überhaupt noch das Doktorspiel zumindest mitspielte.

Als Karl und Klara am 14. März 1903 beim Standesamt Radebeul das Aufgebot bestellen, erwähnt er jedenfalls den Doktortitel. Nein, eine Genehmigung für das ausländische Diplom habe er noch nicht beantragt, lässt er wissen, er werde das aber umgehend nachholen.

Noch am selben Tag richtet er an das Hohe Königliche Ministerium des Kultus zu Dresden ein langes „ergebenes Bittgesuch" – man möge ihm die „Führung dieses Titels gütigst genehmigen" und, weil „der Standesbeamte und also auch das kirchliche Aufgebot auf die Hohe Entscheidung wartet, dieser Erlaubnis eine mich zu größtem Dank verpflichtende Beschleunigung erteilen!"

Im Antrag wird noch „die deutsche Universität zu Chicago, um welche es sich hier handelt", besonders hervorgehoben, weil sie „dem von den Hochschulen des deutschen Mutterlandes gegebenen Vorbilde in jeder Weise und eifrig nachzustreben" sich bemühe.

Es half nichts. Nur vier Tage später teilt das Ministerium mit, „dass es nach den hinsichtlich ausländischer Doktortitel festgehaltenen Grundsätze zu seinem Bedauern außer Stande ist, die nachgesuchte Genehmigung zu erteilen. Die Gesuchsbeilagen folgen zurück."

Für May ist das noch immer kein Grund, den Doktorwunsch an den Nagel zu hängen, auch diesen Rest des Renommierens fallen zu lassen. Offensichtlich ist er über den Charakter der ‚Universitas Germana-Americana' im fernen Chicago doch nicht so recht informiert, denn Wilhelmine Beibler, nunmehr seine Schwiegermutter, sendet am 15. Mai 1903 eine ganz offensichtlich von ihm verfasste fingierte Anfrage an den Kaiserlichen Generalkonsul in der Stadt am Michigan-See. Ihrem Sohn, schreibt die alte Dame, sei von der Deutsch-Amerikanischen Universität angeboten worden, „zunächst Doktor honoris causa und sodann Professor zu werden". Bevor man nun nach Amerika übersiedle, sei ihr aber „das Bedenken gekommen, dass es sich hier vielleicht gar nicht um eine vollgültige Hochschule, sondern nur um leere unbrauchbare Titel handelt, welche hier in Deutschland minderwertig sind". Es folgt eine Liste mit Namen, die unter den verliehenen Diplomen stehen; sie bitte um „gütige Auskunft".

Die Antwort aus Chicago am 5. Juni offenbart, was eigentlich zu erwarten war: Eine „German-American University" sei wohl 1897 von dem Barbier John Malok angemeldet, aber „von den zuständigen Staatsbehörden als reputable nie anerkannt worden". Hiesige Zeitungen hätten sie „öffentlich als Schwindel gebrandmarkt." Nun scheine „der Diplomschacher unter der Hand weiter betrieben zu werden... Ich stelle Ihnen anheim, mir eins von den gedachten Diplomen zur Einsicht gefälligst zugehen zu lassen."

Von diesem Angebot machte man verständlicherweise keinen Gebrauch. Damit war die Angelegenheit aber auch jetzt nicht beendet. Etliche Monate später gibt es nochmaligen Ärger.

Heikle Missionen

Karl Mays ‚neue Familie‘ – Klara und Mutter Beibler – war in das Geschehen eingebunden; auf die ihm am nächsten stehenden Menschen konnte er als engste Vertraute setzen. Ehefrau Klara bemüht sich fortan immer wieder um das Gefühl häuslicher Geborgenheit. Bei schwierigen Ereignissen steht sie an seiner Seite, etliche Male ist sie auch allein in heikler Mission unterwegs. So auch schon im Januar 1903 – noch vor der Heirat: Klara Plöhn fährt solo nach Wernigerode.

Marie Hannes hatte seit 1896 lebhaftesten Anteil an allen Ereignissen um den hochverehrten und heimlich geliebten Onkel Karl genommen und mit bangem Herzen die 1899 angelaufene Pressefehde verfolgt. Sie möchte ihm gern helfen. Den im Herbst 1902 geschriebenen, über 100 Seiten langen Text *Allerlei von Karl May* will sie als Verteidigungsschrift veröffentlichen: Es ist die Geschichte des Kennenlernens, der Begegnung und des im vertrauten Kreis gehörten wundersamen Heldenlebenepos mit eingeflochtenen Briefen („Mein Liebling...“) und Gedichten – alles ganz lieb gemeint, aber Karl May schwant, als er davon hört, welche Gefahr ihm hier erwachsen kann. Er warnt und droht und entsendet, um jedes Risiko auszuschließen, Klara in den Harz. Sie kann Marie Hannes überreden, ihr das Manuskript und auch die aus Radebeul erhaltenen Briefe auszuhändigen.

Karl May liest alles und teilt mit, dass die Handschrift „soeben auch in das Feuer geflogen ist, und zwar mit sämmtlichen dabeiliegenden Briefen!“

Das sei „ihr moralisches Todesurteil“, erwidert die fassungslose Marie Hannes: „Die Faustschläge Old Shatterhands haben getroffen...“

Karl May, dem man wohl eher ein sanftmütiges Naturell nachsagen möchte, konnte auch zutiefst verletzend handeln. Eine enge Verbindung – „Du sollst mein Kind sein – ich habe Dich lieb, als wärest Du es in Wahrheit“, hatte er einst gesagt – war abrupt unterbrochen worden – bis zum 23. Juli 1906:

428

Blick von Mays Obstgarten auf die Villa „Shatterhand".

429

Marie hatte schließlich allen Mut aufgebracht und gefragt, ob sie mit einer Freundin zu einem Besuch in die Villa „Shatterhand" kommen dürfe. Nach der Zusage betrat sie zum ersten Mal das Radebeuler Anwesen. Danach lief die Korrespondenz wieder an.

Das im Zorn kundgetane Autodafé hat zum Glück nicht stattgefunden: In Mays Nachlass fanden sich *Allerlei von Karl May* und diverse Briefe.

Zu Klaras subtilen Aktionen zählen Ende Oktober 1903 und Anfang 1904 Fahrten nach Weimar, Emmas nunmehrigem Wohnort, um mit ihr und vor dem Amtsgericht die vertraglichen Modalitäten der Rente zu regeln. Zwischen diesen beiden Reisen muss sie Karl pflegen, der nach einem Termin in der Münchmeyer-Sache gesundheitlich zusammengebrochen ist. Klara setzt sich aufopferungsvoll ein.

Schon im Februar 1903 war sie dabei, als Karl May mit dem Münchmeyer-Nachfolger Adalbert Fischer einen Vergleich in Sachen des Neudruckes der einstigen Lieferungsromane aushandelte. Um zweifelhafte Zeugenaussagen aus den mit Pauline Münchmeyer seit März 1902 laufenden gerichtlichen Auseinandersetzungen zu klären, verhandelte sie im Frühjahr 1904 mit dem Münchmeyer-Schwiegersohn Dr. Schiller in Döbeln – wird dort aus dem Haus gewiesen – und mit Beteiligten in Aussig und Zwickau. An Karls Seite reist sie im Oktober zum Prozess gegen einen Verleumder im österreichischen Leoben.

Der Benediktinerpater Willibrord Beßler hatte in der katholischen Jugendzeitschrift *Stern der Jugend* die bekannten Anwürfe wiederholt – die Abenteuer habe May nicht erlebt, sondern erfunden, auch seien ihm „unsittliche Schriften" nachgewiesen worden – und durch eigene Erfindungen ergänzt: „Auf diese gegen ihn öffentlich erhobenen Angriffe hin zeigten sich bei ihm Irrsinnserscheinungen ... und wurde er daraufhin tatsächlich in eine Irrenanstalt verbracht."

May stellt Strafanträge. Gegen Herausgeber und Verleger wird gesondert verhandelt, beide widerrufen die diskriminierenden Worte. Auch Beßler erklärt, dass er die „Notiz über

Krankheitserscheinungen ... bedauere und ... in aller Form zurücknehme."

Aus Mays Selbstbiografie erfahren wir noch, dass im Zusammenhang mit dem Gerichtsverfahren in Leoben der sich von Beßler „beigelegte" Titel eines Professors auf das Amt des „Lehrers an der Privat-Gymnasial-Lehranstalt der Abtei Seckau" geschrumpft ist.

Mays Ärger mit dem Benediktinerpater – das mal nebenher – hat in keiner Weise auf den Benediktinerorden ausgestrahlt. Im Gegenteil: 1905 schenkt er der Kirche des ehemaligen Benediktinerstiftes in Ossiach, Kärnten, zwei Buntglasfenster.

Für Österreich hat er ohnehin ein eigenes Faible, das er in Leoben – Reiseziel aus bösem Anlass – noch auf besonders liebenswürdige Art zeigt. In der obersteiermärkischen Bergstadt trägt er sich ins Gästebuch des Hotels Gärner mit einem dreistrophigen Lobgedicht ein:

> „Sei mir gegrüßt, Du liebes Österreich!
> Du ragst so hoch und bist so tief gegründet
> Schon graut der Morgen und nun kommt wohl gleich
> Die Sonne, welche Dir den Tag verkündet.
> Es schauen Dir der Erde Völker zu,
> Ob Du wohl wirst aus diesen Tiefen steigen,
> Und hast Du es getan, so öffnest Du
> Das Eisenthor, um Dich als Held zu zeigen."

Es folgen Elogen auf die Steiermark – „Sei mir gegrüßt, Du liebes Steirerland!" – und auf Leoben:

> „Sei mir gegrüßt! Du liebe alte Stadt!
> Noch lebt der Straus, auch trägt er noch die Eisen.
> Wer Dich geseh'n und Dich verstanden hat,
> Der geht nicht weiter ohne Dich zu preisen.
> Ich schließe dankbar Dich ins Herze ein,
> Daß Du mich hier so freundlich aufgenommen,
> Und wenn Du mir versprichst, mir gut zu sein,
> So werd' ich gern und fröhlich wiederkommen!"

431

Dass man einen Ort, dessen Besuchstermin letztendlich durch eine Gerichtsbehörde festgelegt ist, so überschwänglich feiert, mutet schon etwas außergewöhnlich an.

Sascha Schneider

Nur wenige Tage vor der Abreise nach Leoben war der Fehsenfeld-Band XXX, *Und Friede auf Erden!* (auch heute GW 30) erschienen. Es hatte zuvor die übliche Lieferungsausgabe (in zehn Teilen) gegeben, aber nun, am 19. September 1904 oder ganz kurz danach, kommen die gebundenen grünen Exemplare in die Buchhandlungen. Ob des ungewöhnlichen Titelbildes sorgen sie zumindest für Aufsehen, aber wohl auch für Verwunderung: Nichts deutet auf irgendwelche Reiseabenteuer hin. Stattdessen beherrscht ein männlicher Engel die Szene. Er umschwebt den Erdball, seine rechte Hand ist in gleißendes Licht getaucht. In der linken unteren Bildecke ist der Name des Künstlers zu lesen: Sascha Schneider.

Das ist Rudolph Karl Alexander Schneider – über mehrere Jahre hinweg einer der engsten Freunde Karl Mays. Diese Beziehung hat Hansotto Hatzig schon vor längerer Zeit in dem grundlegenden Werk *Karl May und Sascha Schneider / Dokumente einer Freundschaft* (Bamberg 1967) untersucht. Einige Beiträge jüngeren Datums stammen von Hans-Gerd Röder, so das Büchlein *Sascha Schneider – ein Maler für Karl May* (Bamberg 1995). 1999 edierte der Karl-May-Verlag die 1996 in Regensburg vorgelegte Dissertation von Annelotte Range *Zwischen Max Klinger und Karl May. Studien zum zeichnerischen Werk von Sascha Schneider (1870 – 1927).* 2009 folgte als GW 93 *Karl May: Briefwechsel mit Sascha Schneider.*

Alexander ,Sascha' Schneider wurde am 21. September 1870 als Sohn eines deutschen Vaters und einer russischen Mutter dänischer Herkunft in St. Petersburg geboren. Nach dem Tode des Vaters kam er 1884 nach Dresden. Anne Lan-

432

genhaun, eine Schwester seiner Mutter und einst eine gefeierte Schauspielerin an den Hoftheatern in St. Petersburg und Dresden, sorgte für seine weitere Ausbildung. Sie ermöglichte ihm das Studium an der Dresdner Kunstakademie (1889/93).

Schneider hielt sich wiederholt in Italien auf, arbeitete von 1900 bis 1904 freischaffend in Meißen, wirkte bis 1908 als Professor an der Kunstschule Weimar, weilte anschließend wieder im Ausland und lebte von 1914 bis zum Tode am 17. August 1927 fast immer in Dresden. Ein Nachruf der *Berliner Börsenzeitung* bezeichnete ihn als „einen der größten deutschen Maler".

Bekannt wurde Schneider damals unter anderem durch Auftragsarbeiten für das Deutsche Buchgewerbehaus in Leipzig (1898/1901), das Hoftheater (heute Nationaltheater) in Weimar und die Universität Jena (1908).

Die erste Begegnung Karl Mays mit dem Maler, wenn auch nicht persönlich, erfolgt am 5. März 1902. Zusammen mit Emma und Klara besucht er die Kunstausstellung von Emil Richter in Dresden und sieht Schneiders zehnteiliges, zwölf Meter breites und vier Meter hohes monumentales Tafelgemälde *Um die Wahrheit*.

„Ein gewaltiger Geist", notiert Klara im Tagebuch, und Karl ist so nachhaltig beeindruckt, dass sich das Kunstwerk auf seine Arbeit am Roman *Im Reiche des silbernen Löwen* auswirkt, unter anderem im symbolischen Zusammensturz eines riesigen Baues, dessen Etagen Sinnbilder für alle Religionen waren, die im jahrtausendelangen Kampf noch keine Wahrheit brachten.

Mays Wunsch nach Bekanntschaft mit dem Künstler erfüllt sich, durch die Aufregungen um die Ehescheidung verzögert, erst ein reichliches Jahr später. Gemeinsam mit der nunmehrigen Ehefrau Klara macht er im Juni 1903 eine erste Visite in Meißen.

„Ein gut aussehender Herr kam zu mir ins Atelier", berichtete der Maler, „und stellte sich vor: Karl May. Ich hatte

433

nichts bis dahin von ihm gehört und sah ihn fragend an, worauf er ‚Old Shatterhand‘ hinzufügte. Ich bat um Erläuterung, worauf er das mit einem Schlage Niederschmettern seiner Gegner beschrieb. Daraufhin ergriff ich meinen Gewichtheber von 1 Zentner Gewicht und sagte ihm: Damit übe ich täglich!“

Nach dieser Begegnung entwickelte sich ein reger schriftlicher und mündlicher Gedankenaustausch. Bis zur Übersiedlung nach Weimar ist der Maler häufig Gast in Radebeul. In der Villa „Shatterhand“ finden unter anderem sein Gemälde *Der Chodem* und die Büste *Karl May als Sphinx* ihren Platz.

„Hochverehrter Meister“ und „Liebster Freund“, „Teurer Shatterhand“ und „Verehrtester Herr Doktor“ und noch anders, aber ähnlich schwärmerisch klingen die Anreden. Beide zollen einander Bewunderung für ihr Schaffen. Sascha Schneider ergeht sich nicht, wie so viele andere Verehrer, in leeren elogischen Floskeln: Er argumentiert detailreich und spart auch kritische Bemerkungen nicht aus. Durch den engen Kontakt mit dem Künstler sieht sich May in seinem Bemühen bestätigt, anspruchsvolle Werke zu gestalten, selbst in künstlerische Sphären vorzudringen.

Bei einem weiteren Atelierbesuch in Meißen steht eine Idee im Raum: „Der liebe Schneider will Karls Bücher mit anderen Titelbildern versehen, damit man Karl endlich verstehen lerne und der alberne Name ‚Jugendschriftsteller‘ schwinde“, schreibt Klara am 8. März 1904 ins Tagebuch.

Karl May verfällt in Euphorie. Der Name Sascha Schneider, so am 20. März 1904 an Fehsenfeld, „bedeutet für uns ein überlegenes Lächeln gegen jede Feindseligkeit und Concurrenz“. Auch die grüne Farbe der Bände soll man ändern – in ein „dunkleres Blau oder noch besser ... Violett.“ Und das Vorsatzpapier nicht mehr gemustert, sondern einfarbig. „Wir stehen vor einer neuen Aera...“

Zehn Tage darauf verkündet May, dass er Sascha Schneider veranlassen wolle, nur noch für die Bücher zu arbeiten. Bis Weihnachten sollen alle 30 bisherigen Bände im neuen Ge-

434

Mit Künstlerfreund Sascha Schneider.

wand zu haben sein: „Die Sortimenter werden mit Freuden zugreifen, und in ganz Deutschland und Oesterreich werden ihre Ladenfenster wochenlang im Bilderschmuck von Sascha Schneider prangen. Das giebt eine Reclame, wie man sie sich anständiger gar nicht denken kann."

Verleger Fehsenfeld behält den nüchternen Blick des Geschäftsmannes. Das bewährte Grün durch Violett ersetzen? Und mit transzendenten, metaphysischen, allegorischen Darstellungen Kunden zum Kauf handfester Abenteuerbücher veranlassen? Da ist er skeptisch, lässt sich nicht darauf ein. Zumindest nicht total.

Zwar erscheint *Und Friede auf Erden!* in der Schneiderschen Aufmachung. Auch für den 1909 folgenden Roman *Ardistan und Dschinnistan* wird eine Zeichnung des Meißner Malers – *Marah Durimeh* – verwendet. Mit den speziell geschaffenen insgesamt 25 Titelbildern stattet Fehsenfeld zwischen 1904 und 1910 aber nur kleine Teilauflagen aus, belässt diese ‚Sascha-Schneider-Ausgabe' auch teilweise im grünen Einband. Daneben gibt es Bände in Blau, Grau und dunklem Weinrot.

Karl May kann 1905 noch die Edition des Bilderzyklus in einer Mappe durchsetzen, ist aber über die gesamte Entwicklung mit den allegorischen Bildern schwer enttäuscht. Aus der „Fluth der Schmähungen" habe Sascha Schneider ihm wieder emporhelfen wollen, lässt er Fehsenfeld wissen, aber nun müsse er sich ganz allein auf sich verlassen. Er beklagt den mit 25 Mark tatsächlich recht stolzen Verkaufspreis für die Mappe und verwirft den Gedanken an den Vertrieb in Lieferungen. Schneider und er seien „nicht als buchhändlerische Versuchskarnickel zu betrachten... Die Mappe ist eine That, und Thaten zerreißt man nicht!"

Er verzichte darauf, „von dieser Mappe etwas für mich zu erwarten", sei nun „ellbogenfrei", werde schwimmen und zurückkehren. „Und, lieber Freund, bis ich da oben ankomme, wohin ich will, brauchen Sie sich nicht um mich zu sorgen. Wenn ich mein Ziel erreiche, werden Sie es hören, ohne dass ich es Ihnen melde", klingt es grollend und drohend.

436

„Winnetou I" in der ‚Sascha-Schneider-Ausgabe' von 1905.

Den ganz großen Erfolg hatte er sich für das Weihnachtsfest 1904 erhofft: Buchhandlungsauslagen mit May-Büchern im Schneider-Schmuck. Als dann zu den Festtagen tatsächlich manche May-Schaufenster gestaltet werden, ist das alles andere als eine erfreuliche Werbung.

‚Völkische‘ Töne

Das Lesseps-Denkmal in Suez stehe „nicht in brandenden Wogen, sondern in ziemlich gesicherter Stellung“. Auch seien manche der verwendeten malaiischen Worte etwas unpräzise. An diesen und ähnlichen Belanglosigkeiten hakelt sich die Rezensentin des *Dresdner Anzeigers* hoch, um dann zu resümieren: „Aus allen diesen Gründen ist es zu unserem Bedauern nicht möglich, in seinen Friedensruf einzustimmen.“

Auf diese böse Kritik zum Buch *Und Friede auf Erden!* reagiert May mit einem ganzseitigen offenen Brief „An den Dresdner Anzeiger“, der im November 1904 im Anzeigenteil mehrerer Zeitungen erscheint. Worauf eine Replik und nochmals eine Maysche Gegenreplik folgen und sich dann der Leiter des Feuilletons und Hauptredakteur für Kunst und Wissenschaft am *Dresdner Anzeiger*, Prof. Dr. Paul Schumann, in zwei langen Beiträgen zum Thema auslässt. Er schreibt allerlei Unsinn, bezeichnet beispielsweise seine Rezensentin Marie Silling als „anerkannte Schriftstellerin“, die es auch „in so ernster und tiefgründiger Weise“ verstehe, „die bei uns eingehenden Jugendschriften“ zu prüfen. In diese Kategorie hatte der Professor das betreffende Werk Mays „nach gemeinsamen Beratungen“ tatsächlich eingestuft! Aber er deutet auch etwas von „Nachforschungen“ an über „gewisse Jahre und Monate…, die Karl May in Deutschland in größter Zurückgezogenheit verbracht hat“.

„Weiter bezeichnet sich May in Kürschners Literaturkalen-

438

Salon (,Sascha-Schneider-Zimmer') in der Villa „Shatterhand" mit dem Gemälde „Der Chodem".

der seit mindestens 18 Jahren bis heute ununterbrochen als Doktor der Philosophie. Dazu hat Karl May kein Recht, denn er hat nie eine Universität besucht und nie ein Doktorexamen bestanden...", schreibt Schumann noch.

Das hat mit Rezension oder Buchkritik nichts zu tun, trifft May aber an einer empfindlichen Stelle. Statt die Sache nun irgendwie endgültig zu beenden, reagiert er mit Ausflüchten: Aus dem Ausland und „ohne mein persönliches Betreiben" sei das Diplom gekommen und „überall, nur innerhalb Deutschlands nicht", sei es gültig.

Das ist natürlich Wasser auf eine böswillige Mäkelmühle, und Schumann badet im Spott: „Er hat diesen Titel ‚Ehren halber' erhalten, von wem – ob vielleicht von seinen Freunden, den Haddedihn-Arabern, oder von der Universität der Chomanchen in Nordamerika –, das erfahren wir leider nicht."

Paul Schumann hat einen einflussreichen Freund. Er heißt Cornelius Gurlitt, darf sich Geheimer Hofrat titulieren und ist in den Jahren 1904/05 Rektor der Technischen Hochschule Dresden. Und Seine Magnifizenz wiederum haben einen Cousin mit dem Namen Oskar Gerlach, seines Zeichens Rechtsanwalt, zu dessen Mandantschaft Pauline Münchmeyer gehört.

„Von achtenswerther Seite hat man sich an mich gewendet", teilt der Rector magnificus dem Kultusministerium mit, um zu erfahren, ob „die May'sche Darstellung ... auf Wahrheit beruhte", er also um eine Erlaubnis zur Titelführung nachgesucht habe. Gurlitt bekommt daraufhin den im März 1903 an May gegebenen Bescheid „zugefertigt".

Er macht von diesen Informationen keinen öffentlichen Gebrauch, lässt sie aber zu Mays Gegnern weitersickern.

Im *Kürschner* ist der Doktortitel ab Ausgabe 1905 nicht mehr verzeichnet. Vermutlich hat Karl May die Streichung selbst veranlasst. Aber das kam nun offensichtlich zu spät, denn bis zu seinem Tode machen ihm immer mal wieder Anwürfe in dieser Richtung zu schaffen.

Im zweiten *Dresdner Anzeiger*-Schmähartikel (27. Novem-

440

ber 1904) schlägt Schumann eine neue Tonart an: Das Buch *Und Friede auf Erden!* enthalte „Phantastereien", und die anderen Werke müsse man ebenfalls „bekämpfen", denn sie wären „Gift für das Volk" und die „Volksgesundheit": „Darum fort mit ihnen aus jedem deutschen Hause!" Für dieses Ziel stehe er in einer Front mit Cardauns, dem *Kunstwart* und anderen – „gibt es doch Gott sei Dank auch noch Gebiete, wo das Deutschtum und die allgemeine Kultur sie zu gemeinsamem Vorgehen gegen einen gemeinsamen Gegner zusammenführt. Eine solche gemeinsame Sache ist die Verwerfung Karl Mays und seiner Schriften."

Die markigen Worte von „Volksgesundheit" oder „Deutschtum" lassen ahnen, woher der Wind weht. Der Hinweis auf den *Kunstwart* und damit auf Ferdinand Avenarius – den „Praeceptor Germaniae" –, der in seiner Zeitschrift (ab 1887) und im *Dürerbund* (ab 1903) einer „Germanenkultur" das Wort redet, passt genau in das Bild.

„Das sinnlose Ausländern, das Hineinessen, was man nicht verdauen kann", solle man „bekämpfen wie den Teufel", fordert dieser Mann. Denn es gelte, das „Deutschtum zu kräftigen" und dazu „als allererstes: die Volksgesundheit zu kräftigen ... nicht etwa nur der Kriegstauglichkeit wegen, sondern wegen der Tüchtigung des Volkes, der ‚Rasse'..."

Nur wer „völkisch und national" denke und handle, könne „die Gesamtheit bereichern".

„Was ist deutsch? Und was germanisch überhaupt...?", fragt er. Zu den „Deutschen Vorzügen" nennt er zuallererst „die Mannentreue, dieses Mitgehen ... über das eigene Gewissen weg. Dann die Freude am Kampf, nicht seines Zieles wegen, sondern einfach, weil's eben Kampf ist..."

„Zur Judenfrage" meint Avenarius, dass das „Judentum" in der Kultur einiges angeregt, als „Sauerteig" gewirkt habe: „Aber mehr Sauerteig als Brotteig, das geht nicht", denn „vor dem Fremden muss das uns Heimische, das uns Volksgemäße, das in unseren Taten Ursprüngliche stark gehalten werden..."

441

Solche Sprache mutet schon recht präfaschistisch an, die Erläuterungen zur „Mannentreue" unter Verzicht auf das Gewissen lassen an die SS-Parole von Ehre und Treue denken.

Was Avenarius nicht in den Begriff „völkisch und national" einpassen kann, wird verhöhnt und verdammt. So ist Heinrich Heine für ihn „nirgends ein Schöpfer weittragender Gedanken", in seiner Lyrik sieht er „die minderwertigen Gaben alle vergoldet", und Karl May gilt ihm als „eine Art von Volksgehirnerweichung".

Mit seiner Hetze gegen May, die 1902 beginnt und über dessen Tod hinausreicht, verfolgt der Möchtegern-Literaturpapst auch eigene ehrgeizige Ziele. Die große Lesergemeinde des Schriftstellers musste ihm wohl als lästiges Hindernis gegen die Ausbreitung seines völkischen Gedankengutes gelten. „Uns geht vor allem die Wirkung dieses Mannes an", bekennt er 1912 in einem abfälligen Nekrolog.

Georg Heym, einer der bedeutendsten Lyriker des Frühexpressionismus, geißelt die Kampagne im *Kunstwart* mit sarkastischen Worten: „Ein Mann, namens Avenarius, von Beruf Wart der Kunst, nimmt es sich heraus, in seinem Käseblatt für literarische Geheimratstöchter den Dichter Karl May anzugreifen, und ihn als einen Schundliteraten seinem Leserkreis zu denunzieren. Karl May, dessen großartige Phantasie natürlich von diesem wöchentlichen Mist-Fabrikanten niemals begriffen werden kann."

Zum Kreis um Avenarius und *Kunstwart* gehörten auch Rektor Gurlitt, Paul Schumann und Fräulein Marie Silling, die Rezensentin, die als „aktive Dürerbündlerin" galt. Schumann arbeitete als Hauptredakteur bis zu seiner Pensionierung 1923 am *Dresdner Anzeiger*. Seinen eigenen Worten nach führte er „gnadenlos und fanatisch den Kampf gegen Karl May". Das aber war noch nicht der schlimmste Feind, der gleichfalls 1904 die Bühne betritt.

In die Auseinandersetzungen wird zeitweise ein Mann verwickelt, den Karl May schon bei der ersten Zusammenkunft mit dem neuen Gegner vorsorglich hinzubittet: Max Dittrich

442

– neben Richard Plöhn und Sascha Schneider der dritte engere Freund Karl Mays – nach den Worten von Hatzig „vielleicht der gutmütigste, hilfloseste, unglücklichste".

Kein Darlehen für Lebius

Die Lebensbahnen der beiden Männer hatten sich unbemerkt bereits 1866/67 auf Schloss Osterstein gekreuzt. Maximilian ‚Max' Dittrich, um zwei Jahre jünger als May, musste wegen Invalidität eine geplante Militärlaufbahn abbrechen und geriet als kaufmännischer Angestellter wegen Betrug und Unterschlagung mit dem Gesetz in Konflikt. Anderthalb Jahre Arbeitshausstrafe waren die Folge. Danach versuchte er sich als Mathematiklehrer in Dresden und als Hauslehrer in Russland und ab 1870 als Redakteur bei zahlreichen deutschen Zeitungen.

In jenen siebziger Jahren, erinnerte sich Dittrich, habe er May im ‚Münchner Hof' in der Kreuzstraße, einem Treffpunkt der ‚Dresdner Schriftstellerwelt', kennengelernt und einen gemütlichen Abend mit ihm verbracht. Erst Ende der achtziger Jahre seien sie sich wieder über den Weg gelaufen, als er für Münchmeyer das Werk *Der deutsch-französische Krieg 1870 und 1871* schrieb. Mit etlichen ähnlichen Arbeiten machte sich Dittrich einen Namen als Militärschriftsteller.

Zu einer engeren Verbindung kommt es 1902, als Karl May seinen Kollegen nach einer Operation für ein paar Wochen als Rekonvaleszenten in die Villa „Shatterhand" aufnimmt.

Dittrich hatte in seinem privaten Leben wenig Glück: Die erste Frau war gestorben, die zweite ließ sich scheiden.

Ob es reine Dankbarkeit war oder eine Bitte Mays oder eine instruierte Arbeit, bleibt ungeklärt: Dittrich schreibt eine über 120 Seiten starke Broschüre *Karl May und seine Schriften. Eine literarisch-psychologische Studie für Mayfreunde und Mayfeinde*. Es ist eine freundschaftliche und sehr wohlwollende Arbeit, manche Elogen lesen sich ziemlich überhöht: „So ging Mays Lebensweg höher und höher, von Jahr zu Jahr, und immer mehr Schüler und Jünger lauschten den goldenen Worten und Lehren in seinen zahlreichen Schriften."

Mit Max Dittrich hat Karl May einen Freund zur Seite – bis zum August 1907: Wegen eines sich verschlimmernden Nervenleidens musste der Weggefährte in die Bezirksanstalt Saalhausen bei Freital eingewiesen werden.

Über den Mann, mit dem sie jetzt zusammenstoßen werden, steht am 29. Januar 1904 im *Vorwärts*: „Aus der sozialdemokratischen Partei ausgetreten ist der seit einigen Jahren in Dresden wohnende Schriftsteller Lebius. Er hat seinen Austritt schriftlich ohne Angaben von Gründen … angezeigt."

Statt Schriftsteller müsste allerdings treffender Journalist und Redakteur stehen. Jahrelang hat er für den *Vorwärts* und andere SPD-Zeitungen gearbeitet und nach seinem Gesinnungswandel in Dresden die Wochenzeitung *Sachsenstimme* übernommen – ein „Revolverblatt allerniedrigsten Ranges", wie May das Journal bezeichnet.

Karl May hat sich dieses Blatt gründlich angesehen, denn ihm liegen einige Briefe von diesem Lebius vor. Mit überschwänglichen Worten bittet der Redakteur um Beiträge oder wenigstens ein Interview. Er sei ein großer Kenner und Bewunderer seiner Werke und er wolle etwas bringen, wofür „sich die deutsche May-Gemeinde interessiert". Seine Zeitung finde „großen Anklang".

Der „will nur Geld", ahnt May und hat schwere Bedenken. Er berät sich mit Max Dittrich und entschließt sich dann doch, Lebius zu empfangen – in Gegenwart seines Freundes, „um nöthigenfalls an ihm einen Schutz und Zeugen zu haben".

Im Gespräch rühmt sich der Redakteur der *Sachsenstimme* seiner Erfolge „als Parteimann, als Journalist…" und wird dabei, so May „geradezu ordinär in seiner Ausdrucksweise, wenn er von Denen sprach, denen er seine Existenz zu verdanken hatte. Das stieß ab!"

Dann erzählt Lebius von Annoncen israelitischer Kaufleute,

444

Rudolf Lebius.

mit denen die Druckkosten der *Sachsenstimme* gedeckt würden. „Für diese seine Wohltäter hatte er nur den Ausdruck ‚Juden‘!", hält May fest, der schon diesen Terminus als Diskriminierung empfindet. „Das musste mich unbedingt verhindern, auch nur einen einzigen Pfennig für diesen undankbaren Menschen zu riskieren."

Denn Lebius lässt durchblicken, dass er dringend Geld braucht. Er werde nur denen dienen, die ihn bezahlen: „Wer am meisten zahlt, der hat uns!"

May, ansonsten mehr als großzügig, zeigt sich abweisend, auch als Lebius in den folgenden Wochen schriftlich zunächst um ein „auf drei Jahre laufendes 5%iges Darlehen", dann konkret um drei- bis sechstausend Mark und schließlich sogar um zehntausend Mark bettelt. Als Gegenleistungen werden lobende Artikel über May in der *Sachsenstimme* angeboten.

Erfolglos bleibt auch sein Bemühen, den von Max Dittrich gerade verfassten Titel *Karl May und seine Schriften* verlegen zu können. Das Ansinnen an Dittrich, er solle May „bearbeiten, dass er mir Geld gibt" – „Ich gebe Ihnen für die Vermittlung ein Prozent" –, bringt ebenfalls nichts ein. Und May lässt sich auch nicht durch eine anonyme Drohkarte, einer späteren Expertise zufolge von Lebius selbst fabriziert, einschüchtern. Er habe gehört, teilt der Absender mit, dass „ein gewisser Herr Lebius ... einen Artikel gegen sie schreibt..."

Der erscheint auch am 11. September 1904 in der *Sachsenstimme* unter der dreifachen Überschrift: „Mehr Licht über Karl May. / 160.000 Mark Schriftstellereinkommen. / Ein berühmter Dresdner Kolportageschriftsteller."

Über weite Passagen geht es darin allein um Geldsummen. Von 160.000 Mark Jahreseinkommen habe May selbst erzählt und für fünfzig- bis sechzigtausend Mark lasse er sich derzeit zwei Marmorbüsten anfertigen. Fehsenfeld sei durch Mays Werke mehrfacher Millionär geworden und lebe nun auf einem Jagdschloss im Schwarzwald. Und anderes mehr. „70 Unsauberkeiten" rechnet May zusammen, darunter „42 mehr oder weniger boshafte oder infame Unwahrheiten" und er lässt

446

sich durch die zwischen den Zeilen bekundete „Hochachtung" und „Bewunderung" natürlich auch nachträglich nicht zur Kasse bitten. So schreibt Lebius vier weitere Schmähartikel. In einem Beitrag unter dem 18.12.1904 erwähnt er zwei Vorstrafen. Ein plauderhafter Dresdner Justizbeamter hat ihm dazu etwas angedeutet. Tags darauf erstattet May Anzeige wegen Erpressung, worauf sich Lebius am Weihnachtstag 1904 mit Plakataushängen in Dresdner Buchhandlungen rächt: „Die Vorstrafen Karl Mays".

Das alles ist noch sehr unpräzise, auf jeden Fall aber eine ganz andere Schaufenstergestaltung als jene Bilder, die May noch ein paar Wochen früher vorschwebten. „Diese Weihnachten sind die furchtbarsten Tage meines Lebens", hält Klara im Tagebuch fest: „Diese Qualen sind übermenschlich. Mein Gott, erlöse uns!"

Das Strafverfahren gegen Lebius wegen Erpressung wird im März 1905 eingestellt mit der sonderbaren Begründung, dass der „Sachverständige für Schriftvergleichung" den Lebius als Urheber der anonymen Postkarte zwar „überzeugend" identifiziert habe – „immerhin aber muss betont werden, dass wohl auf keinem Gebiet Sachverständigen-Gutachten so oft und mit so durchschlagendem Erfolg angefochten worden sind, wie auf dem der Schriftenvergleichung". Auch müsse man „die Karte und die nachfolgenden Artikel als Rache..., nicht aber als Zwangsmittel zu dem Zweck, das Geld doch noch zu erhalten", werten.

Zusammen mit Max Dittrich, der in der *Sachsenstimme* ebenfalls beleidigt wurde, reicht May nun Privatklage wegen Verleumdung ein. Ihm selbst ist von Lebius noch der „Einbruch in einen Uhrenladen" angedichtet worden. Zum Termin am 3. Oktober 1905 vor dem Dresdner Landgericht lässt sich einer von Mays Anwälten, Ernst Klotz, zur Behauptung hinreißen, alle Aussagen über die Vorstrafen seien „eine elende Verleumdung". Der Vorsitzende verfügt daraufhin, dass aus den alten, in Dresden eingelagerten Strafakten verlesen wird. Als Rudolf Bernstein, auch ein Anwalt Mays, sieht, dass

447

Lebius eifrig mitstenografiert, stürzt er zum Richtertisch und klappt die Akte zu. Die Klage wird zurückgezogen.

Lebius wusste bis zu diesem Zeitpunkt nichts Konkretes über die Vorstrafen, erfährt aber jetzt, dass sogar noch Akten vorhanden sind. Diesen Fakt wird er noch weidlich nutzen. In der Kontroverse mit Dittrich musste er zwar eine Niederlage einstecken und alle Unterstellungen als unwahr zurücknehmen, von neuen Schritten gegen May lässt er sich dadurch aber nicht abbringen.

Wegen ausbleibender Inserenten ist die *Sachsenstimme* vom Zeitungsmarkt verschwunden. Lebius hinterlässt in Dresden einen Berg von Schulden und zieht nach Berlin. Das Finanzdesaster beflügelt seine Rachegedanken gegen Karl May.

Der zweite Karl May

In den gerichtlichen Auseinandersetzungen mit Pauline Münchmeyer über die Rechnungslegung der verkauften Lieferungsromane und zur Entschädigungszahlung für Auflagenüberschreitung hatte Karl May am 26. September 1904 vor dem Landgericht und am 2. Mai 1906 vor dem Oberlandesgericht Dresden gewonnen. Die Beklagte legte Revision ein, sodass noch ein Termin vor dem Reichsgericht anstand.

Alles zog sich unendlich lange hin. Zwischen Einreichung der Klage am 12. März 1902 und dem Urteil in erster Instanz waren immerhin zweieinhalb Jahre vergangen.

Aus prozesstaktischen Gründen ließ Karl May 1905 das Fragment *Ein Schundverlag* (heute in GW 83, *Am Marterpfahl*) drucken. Der Text befasst sich mit den Geschäftspraktiken im Kolportage-Verlag Münchmeyer und liefert zudem eine Fülle an autobiografischem Material.

Mit der Firma Münchmeyer und dem Nachfolgeunternehmen unter Adalbert Fischer steht noch ein anderer – weiland sehr bekannter – Autor in Verbindung, der kaum minder leid-

448

volle Erfahrungen sammeln musste und dennoch nicht zum Bundesgenossen Mays werden konnte: Robert Kraft. In späterer Werbung wird er häufig als „zweiter Karl May" bezeichnet.

Beide hinterließen ein Werk von ähnlich großem Riesenumfang und mit vergleichbarem Gepräge; in ihren Lebenswegen gibt es Parallelen und Kreuzungen.

Robert Kraft ist 27 Jahre jünger als May und wird am 3. Oktober 1869 in Leipzig geboren. Die Mutter verlässt die Familie, zum Kindermädchen findet der Junge keine Bindung, als Zehnjähriger unternimmt er einen Selbstmordversuch.

Er habe sich immer „unsagbar unglücklich" gefühlt, schreibt er in seiner kurzen Selbstbiografie. Die schwächliche Gestalt und ein Sprachfehler – er stottert – bereiten ihm zusätzlichen Kummer. Als er die berühmte Leipziger Thomasschule besucht, bricht er zweimal aus dem vorgegebenen Rahmen aus. 1885 ist er für volle vier Wochen verschwunden, er will sein „Glück hinter den unbekannten Bergen" suchen. Wie wir das von Karl May kennen, baut sich auch der junge Robert Kraft eine Fantasiewelt voller bunter Träume auf. Eine Schlosserlehre und zwei Jahre Studium an den Technischen Staatslehranstalten in Chemnitz bringen ihm keine Befriedigung. Träume vom Seeräuberleben spuken durch seinen Kopf.

„Ich habe alles durchgemacht, was ich später als Volksschriftsteller brauchte: den fürchterlichsten Schiffbruch, wie ein Jugendschriftsteller sich ihn gar nicht aus den Fingern saugen kann; ... habe in Amerika gemauert und in Australien gezimmert; ich bin von Kalkutta nach Bombay zu Fuß gelaufen und habe in Südafrika die achtspännige Post gefahren; habe an der nordamerikanischen Küste gepascht und bin im sudanesischen Feldzuge gewesen; habe wegen Mordverdachtes in einer unterirdischen Kerkerzelle gesessen..." Das und noch viel mehr habe er in sieben Jahren erlebt, flunkert Robert Kraft in seiner Selbstbiografie.

Die Wirklichkeit indes sah nüchterner aus und nach einem Jahr war schon alles vorbei. Im Nordatlantik ist er als Schiffs-

449

junge auf einem Segler wohl tatsächlich in einen Sturm mit brechenden Masten und Rettung in letzter Minute geraten und sicherlich gibt es noch ein paar abenteuerliche Erlebnisse, die aber längst nicht so spektakulär sind, auch nicht auf einer kurzen Robinsonade als freier Jäger in der Libyschen Wüste.

Sein Leben war unstet. Häufige Wohnungswechsel führen ihn wieder nach Leipzig und Markkleeberg, nach Monte Carlo, Dresden, Berlin, Bad Schandau und Hamburg. Das schriftstellerische Debüt startet er in London mit kleinen Erzählungen und dem ersten großen Roman.

Er heißt *Die Vestalinnen oder eine Reise um die Erde. Abenteuer zu Wasser und zu Lande* und erscheint 1895 in 103 Heften mit 4.120 Seiten im Dresdner Münchmeyer-Verlag.

Karl May hatte 1887 die Kolportage hinter sich gelassen. 1896 erzählt er im *Deutschen Hausschatz* von den *Freuden und Leiden eines Vielgelesenen* (heute in GW 79, *Old Shatterhand in der Heimat*) und von einer sonderbaren, vielleicht fiktiven Begegnung:

Ein „kleiner, dünner, aber sehniger Kerl mit einem stark ausgeprägten, pfiffigen Vogelgesicht" klettert auf einer Leiter an seinem Haus zum Balkon hoch. „Er scheint ein Westmann oder etwas Ähnliches zu sein" und spricht „in geläufigem aber fremdbetontem Deutsch".

„,Ich heiße Kraft', lacht er", und er solle einen Brief von Sir David Lindsay überbringen.

„,Das ist ein außerordentlich freudiges Ereignis für mich! ... So kommen Sie herein! Haben Sie Hunger, Durst?' – ‚Hunger wie ein Löwe und Durst wir ein Kamel!' – ‚So eile, Emma, und sorge für den Mann! Er wird natürlich bei uns wohnen, solange es ihm gefällt.' – ‚...so bleibe ich da, bis mir Wurzeln aus den Füßen wachsen.'"

Kein Wort fällt zur Zeitdauer des Besuches oder zu schriftstellerischen Ambitionen des Gastes – abgesehen von ein paar „lauten Ahs und Ohs" beim Betreten des Studierzimmers –, aber es scheint schon unser Robert Kraft gemeint zu

Robert Kraft.

sein, zumal sein Aussehen ziemlich zutreffend beschrieben wird, und ein paar Monate zuvor war er wieder nach Deutschland zurückgekehrt.

Hier arbeitet er am zweiten großen Roman für den Münchmeyer-Verlag (*Das Mädchen aus der Fremde*, 1895/96). Man wünscht ein Werk in der Art des *Nena Sahib* von Sir John Retcliffe und ermuntert den Autor, sich das Vorbild nur recht genau anzuschauen. In unerfahrener und unbekümmerter Art des Anfängers schreibt Kraft dann auch gleich ganze Passagen ab.

Er scheint aber auch zu erkennen, mit welcher Firma er sich da eingelassen hat; er will sich von dem Kolportage-Verlag trennen. Seine Versuche gelingen aber nur für kürzere Zeiten und mit kleineren Arbeiten. Als Adalbert Fischer *Das Mädchen aus der Fremde* in zweiter Auflage unter dem Titel *Um die indische Kaiserkrone* edieren will, weigert sich Kraft zuerst und bezeichnet in einem Brief vom 13. Juli 1904 das Werk als den „gröbsten Schundroman, auf Befehl der Firma H. G. Münchmeyer zusammengestohlen..."

„Ich möchte arm sein, nur eben so viel haben, um mich und meine Familie gerade ernähren zu können, aber das sicher. Dann würde ich allen diesen Schund an die Wand werfen, dichten und schreiben und unablässig feilen...", hatte er bereits am 3. August 1901 an Fischer geschrieben.

Sein Wunsch geht nicht in Erfüllung. Nahezu alle großen, vieltausendseitigen Romane erscheinen bei Münchmeyer beziehungsweise seinen Nachfolgern, so *Vier Frauen und nur ein Mann* (2.398 Seiten, 1896/98), *Detektiv Nobody's Erlebnisse und Reiseabenteuer* (7.061 S., 1904/06), *Wir Seezigeuner* (3.342 S., 1907), *Die Augen der Sphinx* (3.053 S., 1909/10) sowie *Der Graf von Saint Germain* (2.727 S., 1909/10) und andere Titel. *Atalanta – Die Geheimnisse des Sklavensees* (3.839 S., 1911), *Das Gauklerschiff – Die Irrfahrten der Argonauten* (3.840 S., 1912) und *Das zweite Gesicht oder Die Verfolgung rund um die Erde* (2.943 S., 1913) folgen im Dresdner Roman-Verlag, einem Unternehmen ähnlicher Couleur. Diese Auf-

452

zählung umfasst noch längst nicht das gesamte Werk von Robert Kraft.

Die Seitenzahlen überschreiten jedes Maß menschlichen Schaffens, sie lassen erschrecken. Und die Dimensionen werden sogar noch gewaltiger, wenn man berücksichtigt, dass manches in der Schublade blieb, weil es keinen Verleger fand, und anderes, ihm Missfallendes, von ihm selbst vernichtet wurde. Aber trotz der Vielschreiberei sind etliche auch literarisch ansprechende Werke entstanden, etwa die *Seezigeuner*.

Robert Kraft arbeitete 16 bis 18 Stunden am Tag und ruinierte seine Gesundheit. Noch keine 47 Jahre alt, ist er am 10. Mai 1916 gestorben – ein Opfer der gnadenlosen Kolportagemühle.

Der Weg Karl Mays aus dem Münchmeyerschen Dunstkreis zum renommierten Reiseschriftsteller wird auf Kraft ganz sicher als nachahmenswertes Vorbild gewirkt haben. Beide kannten sich, über Einzelheiten wissen wir jedoch kaum etwas. Überliefert sind lediglich noch eine Begegnung im Verlagsgebäude in Dresden-Niedersedlitz bei Fischer im Jahre 1904 und ein anschließender Besuch der Mays bei den Krafts in Klein-Zschachwitz.

Im Verlag von Friedrich Ernst Fehsenfeld erschienen 1903 Krafts Erzählung *Ein moderner Lederstrumpf* – vielleicht von Karl May lanciert, möglicherweise hat er aber auch weitere Editionen verhindert: Es bleibt bei diesem einen Titel. Denn das gemeinsame Auftreten von May und Kraft bei Fehsenfeld hätte May im öffentlichen Bewusstsein wohl auch wieder mehr in die Nähe des „Schundverlages" gerückt. Und in den Auseinandersetzungen mit Fischer kann May im Leidensgenossen Kraft – auch er hatte ein- und zweideutige Texteingriffe am eigenen Werk zur Genüge erlebt – keinen Bundesgenossen gewinnen.

Dessen Abhängigkeit von Fischer ist zu groß; zeitweise hängt er sogar an der Illusion, mit diesem Verleger von der Kolportage abrücken zu können. Eine anspruchsvolle Heftchenserie aber – *Schnelldampfer Mikrokosmos – Realistische Bord-*

novellen – wird 1904 nach sieben Nummern abgebrochen. 1905 scheitert ein ähnliches Projekt. „Ich war der Verzweiflung nahe", schreibt Kraft an Fischer. „Und dann raffte ich mich auf... Mein Entschluss stand fest: Von jetzt an schreibst Du nur noch Kolportage !!!"

Diese Entscheidung gerät ins Wanken, als er ab 1910 mit Euchar Albrecht Schmid in Verbindung steht. Der spätere Karl-May-Verleger schätzt den Ideenreichtum und die Fantasie Krafts. Mit dem Roman *Untersee-Teufel* und dem Pseudonym Knut Larsen will der Schriftsteller ins normale Literaturleben wechseln, um künftig „für einen erstklassigen Verlag abenteuerliche Erfinderromane" zu schreiben. Der frühe Tod vereitelt das Vorhaben; lediglich die *Untersee-Teufel* erscheinen posthum 1918.

Der „zweite Karl May" wurde auch als „deutscher Jules Verne" bezeichnet; ein großer Teil seiner Werke gehört zu dem Genre, für das später die Bezeichnung Sciencefiction aufkommt.

Seine Helden sind nicht vom Format eines Old Shatterhand oder Winnetou, sie regen die Leser nicht im gleichen Maße zur Identifizierung an. Nobody etwa, der aus dem Nirgendwo auftauchende Niemand, kommt als Detektiv zu hohen adligen und akademischen Würden, zu Reichtum und zu unbegrenzten Vollmachten. Auf allen Erdteilen löst er verzwickteste Fälle. Er verfolgt Täter tief unter arktischem Eis oder in rasender Bootsfahrt unter der Sahara. Es geht turbulent und hanebüchen unbekümmert zu, die Fantasie scheint keine Grenzen zu kennen. Zu den Lesern aber bleibt immer eine kleine Distanz.

Der Karl-May-Verlag hat zweimal (1963/68 und 1996/97) einige der besten Werke von Robert Kraft neu aufgelegt.

Wäre es – vielleicht 1904 – zum Bündnis zwischen dem ersten und dem zweiten Karl May gekommen, hätte das möglicherweise die Tragik beider Lebenswege etwas gemildert. So aber blieb im Ringen mit der Kolportage, sei es im Schatten der Vergangenheit oder im Mahlstrom der Gegenwart, jeder auf sich allein gestellt.

454

Arabische Fantasia

Es soll mit einem Schachspiel beginnen. Scheik Abu Kital, der „Vater des Kampfes", fordert die Menschheitsseele Marah Durimeh, Verbündete der Edelmenschen vom Stamme der Kiram, heraus. Mit lebenden Figuren will er reiten lassen, durch Intrigen und Beleidigungen zu Kampfhandlungen provozieren, am Ende das Abendland und Christentum besiegen und die Weltherrschaft erringen.

Marah Durimeh aber und Ben Tesalah, der Scheik der Todeskarawane und Sohn des Friedens, wollen den Frieden. Am Turm zu Babel kommt es zum Zweikampf. Ben Tesalah besiegt Abu Kital, der dann erkennt, dass er dem eigenen, totgeglaubten Sohn unterlegen ist. Der Gewaltmensch kommt durch Einsicht zur Umkehr und ist nun bereit, hinauf nach Märdistan zu gehen und die Schuld zu sühnen, um als neuer Edelmensch die Herrschaft des Friedens in seinem Stammesgebiet zu errichten.

Das als „Arabische Fantasia in zwei Akten" bezeichnete Opus (jeder umfasst 1.000 Blankverse) heißt *Babel und Bibel*, wird 1906 abgeschlossen und erscheint noch im selben Jahr im Verlag Fehsenfeld (heute in GW 49, *Lichte Höhen*) in gerade mal 1.200 Exemplaren: Es ist Mays einziges vollständiges und abgeschlossenes Drama.

Auf kein anderes Werk hat er je so viel Mühe verwendet. Er studierte archäologisch-historische Literatur und Bücher zum Babel-und-Bibel-Streit.

Im Jahre 1902 war diese Auseinandersetzung um die Bedeutung des Alten Testaments für den christlichen Glauben durch Vorträge und Schriften des Assyrologen Friedrich Delitzsch ausgelöst worden. Orientalisten, Theologen und Religionswissenschaftler stritten um die These, manche biblischen Texte seien lediglich Kopien der Quellen zum babylonischen Schöpfungsmythos, etwa des Gilgamesch-Epos: Der Theologe Hermann Wohlgschaft befasst sich in seiner Karl-May-Biografie und in anderen Arbeiten ausführlich mit dem Einfluss dieses Streites und dem von Friedrich Delitzsch auf Mays *Babel und Bibel*.

Der Gelehrte hatte am 12. Januar 1903 in Berlin in Gegenwart von Kaiser Wilhelm II. die Theorie vorgestellt und am 31. Januar in Dresden seine Darlegungen wiederholt; die Mays saßen unter den Zuhörern. „Der Vortrag war uns besonders interessant dadurch, dass er wie ein Referat aus Karls Büchern klang", steht in Klaras Tagebuch. „Wie oft bringt Karl die blumige Redeweise des Orients. ... Karl will sich Delitzschs Werke kaufen und selbst diese alten Sprachen studieren. Er wittert da Schätze. Was der gute Mann alles erforschen möchte, um die Menschheit glücklich zu machen. Die Menschheitsseele zu finden..."

Karl May befasst sich fortan mit der Babel-und-Bibel-Thematik. 1905 ist eine Erstfassung des Dramas (Teile davon in GW 81, *Abdahn Effendi*) fertig gestellt und wird wieder verworfen. Als 1906 das endgültige Werk vorliegt, scheint der Babel-und-Bibel-Streit für ihn nebensächlich und der Anspruch an das Drama recht hochgestochen geworden zu sein, geht es ihm doch um nicht mehr und nicht weniger als die Versöhnung von Religion und Wissenschaft. Er will „Wissenschaft und Glauben in harmonische Berührung ... bringen". Mit *Babel und Bibel* beginne „eine Reihe von Dramen, die zeigen sollen, in welcher Weise die Kunst zwischen Religion und Wissenschaft zu vermitteln hat." Die Psychologie soll erneuert und von der „schauderhafteste(n) ... Selbsttäuschung des menschlichen Geschlechts" befreit werden.

May sieht sich auch als Reformator des Theaters: Mit seinen Dramen will er „die Unwiderstehlichkeit des wahren Gottvertrauens, die Forderungen der edlen Menschlichkeit und die Möglichkeit eines vernunftgemäßen Völkerfriedens zur lebenden Gestaltung bringen. Und im Hinblick auf die höchste Wichtigkeit des gegenwärtigen Augenblicks ... die friedliche Versöhnung des Morgenlandes mit dem Abendlande und damit die Lösung dieser brennendsten Frage unserer Zeit..."

Ehepaare May und Fehsenfeld, um 1905.

Das klingt schon gleichsam prophetisch, diese „brennendste Frage" ist heute noch immer ungelöst. Jene Ansprüche formulierte May am 1. Oktober 1906 in einem Schreiben, das vermutlich für die *Münchener Neusten Nachrichten* gedacht war.

In einem Brief vom 29. November 1906 an die Prinzessin Wiltrud von Bayern nimmt er sich „auf dieses mein ‚Babel und Bibel' ... den Muth, Ew. Königlichen Hoheit ein Geheimniß anzuvertrauen, von welchem jetzt noch Niemand wissen darf. Ich wünsche nämlich herzlich, dass dieses Stück zuerst in München gegeben werde. Alle bisherigen Kritiken und Zuschriften stimmen darin überein, dass diese Erstaufführung eine sogenannte ‚dramatische That', also ein Erfolg sein werde, den ich meinem München am allerliebsten gönne. Darum verschweige ich diese fachmännischen Zuschriften und Gutachten noch und biete das Stück noch nirgends an, weise auch alle anderen Offerten zurück..."

Solche Offerten aber waren von nirgendwo gekommen, auch nicht aus München. Von der Darbietung durch die Abschlussklassen der Graf-Heinrich-Realschule in Hachenburg (Rheinland-Pfalz) am 21. Juni 2005 abgesehen blieb Karl Mays *Babel und Bibel* bis heute unaufgeführt. Mit keinem anderen Werk hatte er derart große Hoffnungen verknüpft und dann so bittere Enttäuschung erlebt.

Nach dem Gedichtband *Himmelsgedanken* von 1900 (GW 49, *Lichte Höhen*) erträumte er sich von diesem Drama die höheren Weihen als Dichter, die Öffnung des Tores zum Olymp der Poeten. Aber alles kommt ganz anders.

Für Verleger Fehsenfeld ist „Alles viel zu hoch...", und „d e r Theaterdirektor aber, der dieses Stück aufführen werde, müsse erst noch geboren werden".

Künstlerfreund Sascha Schneider hat *Babel und Bibel* „zwei mal gelesen" und steht „geradezu hilflos da. Die Menge Symbole verwirren mich", schreibt er, „die arabischen Namen desgleichen... Und warum so viele Weiber... Mein lieber Old Shatterhand, satteln Sie aufs neue und bleiben Sie der Alte!"

458

In Karl Mays „Orient" 1906: Vor Karl May sitzend Klara May und Rechtsanwalt Bernstein. Vor dem Fenster stehend Frau Bernstein, sitzend Hans Grund. Neben ihm stehend Frau Grund.

Nun meinte zwar Hansotto Hatzig, dass „das Stück unter den Händen von Max Reinhardt ... einen achtungsvollen Erfolg" hätte haben können, auch „wäre Fritz Kortner der geeignete Regisseur" gewesen, „um das Stück überzeugend auf die Bühne zu bringen", versucht hat es jedoch keiner.

„Ich habe ein einziges Mal etwas Künstlerisches schreiben wollen, mein ‚Babel und Bibel'", resigniert May in seiner Selbstbiografie. „Was war die Folge? Es ist als ‚elendes Machwerk' bezeichnet und derart mit Spott und Hohn überschüttet worden, als ob es von einem Harlekin oder Affen verfasst worden sei. Da weicht man zurück und wartet auf seine Zeit."

Pöllmann beispielsweise gehörte zu den bissigen Spöttern: „Die sogenannte ‚arabische Fantasia' ... reizt Seite um Seite zum Lachen."

Sein ‚Drama' wird für May selbst zum Drama. Sascha Schneiders Reaktion wirkt als große Enttäuschung: Das freundschaftliche Verhältnis kühlt sich ab.

Mit Fehsenfeld waren die Beziehungen seit *Und Friede auf Erden!* und den Sascha-Schneider-Titelbildern ohnehin etwas gestört; mit *Babel und Bibel* rückt May ein weiteres Stück von den verlagsgeschäftsträchtigen Abenteuererzählungen ab. Der frustrierte Verleger kündigt am 31. März 1907 per 1. April 1909 den Verlagsvertrag.

„Ihre Kündigung ist hiermit angenommen", antwortete May. Nur wenig später einigen sich beide wieder.

Natürlich gibt es zu *Babel und Bibel* auch positive Pressestimmen, unter anderem in der Hohenstein-Ernstthaler Lokalpresse. Karl Mays bisherige Bände seien nur „Vorübungen für seine eigentlichen Werke", heißt es beispielsweise am 9. Dezember 1906 im *Anzeiger*, und *Babel und Bibel* wäre nun eine „Stufe" zum „Werk seines Lebens, das er krönen will... Möge Karl May der große Wurf gelingen!" So ähnlich stand es am 6. September 1906 schon im *Hildesheimer Kurier*.

Die Initiative zum Nachdruck war von dem Lehrer und May-Verehrer Willy Winter ausgegangen, der seit April 1906 in Hohenstein-Ernstthal wirkte, mit den Mays in Radebeul

Verbindung aufnahm und bis 1908 in den beiden Lokalzeitungen der Geburtsstadt eine Reihe schöner Artikel über seinen Lieblingsschriftsteller publizierte. 1909 wechselte Winter an die Bürgerschule in Borna bei Leipzig, 1916 ist er in den Kämpfen des Ersten Weltkriegs gefallen.

Die Beziehungen Willy Winters zu Karl May, die mit *Babel und Bibel* ihren Anfang nahmen, sind in der Dokumentation von Hans-Dieter Steinmetz *Karl May in der Hohenstein-Ernstthaler Lokalpresse 1899-1912* (2001) dargestellt.

MARTYRIUM

Netzwerk

Das Reichsgericht zu Leipzig weist am 9. Januar 1907 den Revisionsantrag von Pauline Münchmeyer gegen das vorangegangene Urteil des Dresdner Oberlandesgerichts zurück; sie wird zur Rechnungslegung verpflichtet. Ein Sieg für Karl May in letzter Instanz, aber er hat nur scheinbar gewonnen. Weil nach wie vor alle schriftlichen Beweise zu den einstigen Vereinbarungen fehlen, muss der Schriftsteller nach geltendem Zivilprozessrecht den sogenannten Parteieneid leisten; erst dann wird das Urteil wirksam. Deshalb beschwört er am 11. Februar 1907 vor dem Landgericht Dresden mit einer langen Formel den uns schon bekannten Sachverhalt zu den mündlichen Absprachen.

Pauline Münchmeyer wird bei den Prozessen von dem Anwalt Oskar Gerlach vertreten. Durch verwandtschaftliche beziehungsweise freundschaftliche Bande ist er dem Kreis von Avenarius/Schumann verpflichtet, und Lebius versorgt er mit Material zu Mays Jugendstrafen, worüber man ja im Hause Münchmeyer von Anfang an genau Bescheid wusste. Ihn plagen keinerlei Bedenken; am 15. April 1907 erstattet er, obwohl kein solcher Tatbestand vorliegt, wegen „Meineides bzw. Verleitung zum Meineide" Strafanzeige gegen „May und Genossen".

Die „Genossen" sind vier Zeugen aus den vorangegangenen Prozessen, darunter Mays Freund Max Dittrich, der einst auch für Münchmeyer schrieb, und die geschiedene Ehefrau Emma. Das Verfahren wird zwar Anfang 1909 wieder eingestellt, bringt für May aber Aufregungen, die schon bedrohliche Ausmaße annehmen. Obwohl das Schlimmste noch bevorsteht, ist er bereits im Frühjahr 1907 gesundheitlich schwer angeschlagen. Vom 22. Mai bis 2. Juli fährt er mit Klara zur Kur ins schlesische Bad Salzbrunn. Unterkunft nehmen sie bei „den lieben Damen Barchewitz ... in Villa Belvedere."

So notiert es Klara im Tagebuch.

Da sie zum eher seltenen Namen der Pensionsbetreiberinnen keine weiteren Bemerkungen macht, können wir wohl annehmen, dass der Gleichklang mit einer Elisabeth Barchewitz reiner Zufall ist.

Lisbeth, wie sie gerufen wurde, hatte 1904 als Vierzehnjährige ihr Idol in der Villa „Shatterhand" besucht und gehörte fortan zum kleinen Kreis der schwärmerischen, tätigen Verehrerinnen. Im Februar 1906 brachte der *Hildesheimer Kurier* ihren dreispaltigen Bericht *Mein Lieblingsschriftsteller*.

Der Onkel Maximilian von Witzleben, bei dem sie aufwuchs, war der Verleger des Blattes. Er unterstützte May auch mit eigenen Beiträgen. Beispielsweise mit der wohl ersten ausführlichen Rezension zu *Babel und Bibel*, die dann im Dezember 1906 auf Betreiben von Willy Winter im *Hohenstein-Ernstthaler Anzeiger* nachgedruckt wurde.

So schließt sich mancher kleine Kreis, der nun wieder von Hildesheim zu den namensgleichen Barchewitz-Schwestern in Salzbrunn führt. Karl May will den Kuraufenthalt zu literarischen Arbeiten nutzen, fühlt sich aber zu schwach, kann jedoch zusammen mit Klara fast jeden Tag eine Theateraufführung besuchen – „um zu gesunden, gesunden an Leib und Seele", wie er im kleinen feuilletonistischen Text *Theater* in der *Salzbrunner Zeitung* vom 15. Juni 1907 vermerkt. Auf dem Programm des Herzoglichen Kurtheaters Salzbrunn standen vorwiegend Stücke der heiteren Muse: Für ein paar Stunden wird er von den drückenden Sorgen abgelenkt.

Auf der Rückreise werden mit einem gemieteten Wagen an mehreren Tagen noch etliche Orte im Riesengebirge besucht. Karl May erkältet sich, und wenn die Kur einen Erfolg hatte, ist es bei der Ankunft in Radebeul am 8. Juli damit wohl wieder vorbei; er muss das Bett hüten.

Nur ein paar Tage später, am 12. Juli 1907, beginnt die Voruntersuchung zur Meineidsanzeige des Münchmeyer-Anwalts Gerlach. Mit einem Dreh hat der Advokat erreicht, dass der ‚Fall‘, von dem er die Aufrollung des in allen Instanzen verlorenen Prozesses erhofft, seinem ehemaligen Schulfreund Staatsanwalt Seyfert übergeben wird, und der wiederum beauftragt den Dritten im Freundschaftsbund, Untersuchungsrichter Kurt Larrass, mit der Abwicklung.

Es bleibt zunächst bei der Ruhe vor dem Sturm. Die persönlichen Zusammenhänge kennt May nicht, eine Verurteilung hat er auch nicht zu fürchten, wohl aber eine Zerstörung des gerade wieder langsam wachsenden Ansehens. Und das bereitet ihm Seelenpein genug.

Zwischendurch versucht er, andere Gefahrenherde zu löschen. Anfang September treffen sich die Ehepaare May und Lebius in Berlin. Die erwünschte Aussöhnung aber bleibt aus. Auch ein acht Wochen späteres Gespräch zwischen Klara May und Martha Lebius bringt keinen Erfolg.

Eine Wende zum Guten gibt es jedoch in der Sache mit Adalbert Fischer. Der Verleger ist im April 1907 plötzlich verstorben. Ein noch anhängiger Rechtsstreit – Karl May hatte den Vergleich von 1903 angefochten – wird am 8. Oktober 1907 vor dem Dresdner Landgericht durch einen neuen Vergleich beendet. Fischers Schwiegersohn und Nachfolger, Arthur Schubert, unterzeichnet noch die Erklärung, „dass die im Verlage der Firma H. G. Münchmeyer erschienenen Romane des Schriftstellers Karl May im Laufe der Zeit durch Einschiebungen und Änderungen von dritter Hand eine derartige Veränderung erlitten haben, dass sie in ihrer jetzigen Form nicht mehr als von Herrn Karl May verfasst gelten können."

Bei einem anderen Gerichtstermin wurden solche Bearbeitungen auf fünf Prozent beziffert – eine nicht beweisbare Zahl, die überdies für die an den Haaren herbeigezogene moralische Bewertung ohne Belang ist.

An einen Leser hatte Karl May 1906 geschrieben: „Diese Münchmeyerschen Romane sind Fälschungen, vor denen ich ernstlich warne, ... sind unsittlich, sind Gift."

Der Münchmeyer-Nachfolgeverlag vertreibt die betreffenden Romane fortan ohne Autorennamen.

Karl und Klara May im Kreise der Kurgäste 1907 in Bad Salzbrunn.

Kein Mensch weiß heute, wie die Mayschen Originalmanuskripte einst ausgesehen haben, welche Passagen irgendwann hinzugefügt und was vielleicht eliminiert wurde. Vermutungen und Behauptungen kann man an- bzw. aufstellen, beweisen jedoch nichts. Als ganz sicher gilt nur, dass alle durch die ‚Münchmeyerei‘ gelaufenen Texte keine originalen May-Texte mehr sind.

Nun kommen gelegentlich noch jetzt Anwürfe hoch, die aus den Lieferungsromanen hervorgegangenen Teile der *Gesammelten Werke* seien ‚Bearbeitungen‘ – ja was denn sonst? – oder, schlimmer noch, sogar ‚Fälschungen‘!

Der von May 1906 verwendete injuriöse Terminus hat sich als langlebig erwiesen, könnte man sagen oder, mit Bezug auf die Landgerichtserklärung von 1907, auch festhalten, dass die Verbalinjurie der ‚May-Fälschungen‘ von sich aus ins Leere läuft: Denn es waren ja keine originalen May-Texte, die da redigiert wurden. Herausgekommen sind aber auf jeden Fall Bücher, die in der Lesergunst vordere Plätze belegen.

Mit dem 8. Oktober 1907 war für May die ‚Fischerei‘ ausgestanden. Durch die Villa „Shatterhand“ zieht leichte Hoffnung auf ein gutes Ende auch in der Meineids-Angelegenheit.

„Nun wollen wir wieder mit Ruhe an unsere Arbeiten gehen…“, vermerkt Klara May im Tagebuch. „Von der Staatsanwaltsanzeige gegen Karl haben wir nichts mehr gehört. Was mag Gerlach für eine Absicht verfolgt haben, Karl überhaupt zum Staatsanwalt zu schleppen. Er und das Weib [= Pauline Münchmeyer] müssen doch wissen, dass hier von einem Meineid keine Rede sein kann. Da steckt eine andere Teufelei dahinter. Aber was?“

Die Antwort erfolgt am 9. November. Am Morgen des tristen Herbsttages rasselt die Türglocke in der Villa „Shatterhand“. Wir waren „noch nicht einmal angezogen“, hält Klara im Tagebuch fest, „als wir einen Besuch bekamen, wie wir ihn noch nicht erlebt hatten. Ich hatte mir noch nicht einmal das Haar gemacht.“

466

Untersuchungsrichter Larrass, Staatsanwalt Seyfert und vier ‚Criminalgendarmen' begehren Einlass: Haussuchung. Acht Stunden lang wird die Villa vom Keller bis zum Boden durchwühlt, sogar in der Asche in den Öfen herumgestochert. Briefe, Manuskripte, Verträge mit Fehsenfeld, alles, was vielleicht einen ‚Beweis' zum Meineid erbringen könnte, wird sichergestellt. Auch das ‚Doktordiplom' aus Amerika. „Die sofortige Anfertigung eines Verzeichnisses der in Gewahrsam genommenen Gegenstände war bei deren großer Anzahl unausführbar", heißt es im Bericht, der zu den Akten kommt.

Der Tag hat für May verheerende Folgen. Von einem unmittelbaren Nervenzusammenbruch kann er sich allmählich erholen. Stundenlange Verhöre an mehreren Tagen bringen weitere Qualen mit sich. Die Jugenderlebnisse werden wieder aufgewühlt und außerdem will der Vernehmer genau wissen, wie das mit dem Doktortitel zugegangen ist.

Fortan lebt er unter ständigen Angstzuständen, obwohl es keinerlei ‚Beweise' gibt; Anfang Januar 1909 wird er ja dann auch „mangels Beweises außer Verfolgung gesetzt".

Etwas gemildert wird die seelische Belastung durch einen Mann, mit dem May schon seit einiger Zeit in Verbindung steht und der am 16. November 1907, genau eine Woche nach der Haussuchung, erstmals in die Villa „Shatterhand" kommt: Dr. Paul Näcke, Chef der Landeskrankenanstalt Hubertusburg bei Oschatz. Zwischen ihm und May entwickelt sich ein vertrautes Verhältnis. „Ich habe hier in Dresden einen Freund", lesen wir in *Winnetou IV*, „der ein viel in Anspruch genommener Arzt und Psychiater ist. Besonders auf dem letzteren Gebiete hat er ganz bedeutende Erfolge errungen. Er wird da als Autorität bezeichnet..."

Aber auch diese Beziehung kann die weitere tragische Entwicklung nicht wenden oder beenden, und Karl May wird auch kaum vollständig durchschaut haben, dass sich ein regelrechtes Netz um ihn zusammenzieht – geknüpft vom Freundeskreis Avenarius/Schumann/Staatsanwalt/Untersuchungsrichter mit dem Münchmeyer-Anwalt Gerlach als

Handlanger, welcher wiederum als Kontaktperson zum Hauptakteur Lebius fungiert, der weiterhin eifrig ‚Material‘ sammelt. Zu seinen Zuträgern gehört unter anderem Kurt Emil Weiße – 1904 noch Schüler, dann Journalist –, ein Klassenkamerad des Sohnes von Rektor Cornelius Gurlitt, der Kraft seines Amtes mit Schumanns Auftrag in Mays Doktortitelsache herumkramte und überdies seinem Cousin Oskar Gerlach gern einen Gefallen tat. Eingehängt in diesen Filz ist auch Cardauns. Er liefert Informationen an Lebius und empört sich im August 1907 ein weiteres Mal öffentlich über „die fünf wüsten Romane“. Ansgar Pöllmann bescheinigt er, „auf dem richtigen Wege“ zu sein. Jener Benediktinerpater ist auch ein Bekannter von Lebius und wird bald einen recht gehässigen Kampf gegen May aufnehmen.

Ihn ficht noch immer an, dass der Schriftsteller durch seine Arbeiten für den *Deutschen Hausschatz* und verschiedene Marienkalender in katholischen Kreisen zeitweilig zu Ansehen gekommen war. Er gebärdet sich als Gralshüter einer lupenreinen katholischen Literatur und versteigt sich zu Tiraden, die May nur als „öffentlichen Radau mit Düngergabeln“ charakterisieren kann. Die Bösartigkeit der Pöllmannschen Angriffe kulminiert später im Satz „...uns jammert des deutschen Volkes, das dieser literarische Freibeuter verdirbt, und darum drehen wir den Strick, um diesen Händler aus dem Tempel der deutschen Kunst hinauszupeitschen“. Im „Vernichtungsfeldzug“, wie Lebius den gleichsam konzertierten Kampf gegen May bezeichnet, vertritt Pöllmann, der sich von Lebius öffentlich distanziert und dennoch mit ihm Hand in Hand arbeitet, die Interessen einer eifernden katholischen Minderheit.

Während der Benediktinerpater vor allem Mays menschliche Integrität zu untergraben sucht, hat sein Glaubensbruder Paul Rentschka nur die ideologisch-dogmatische Seite im Visier. Und für ihn fixieren auch nicht die Kolportageromane, sondern *Et in terra pax* bzw. *Und Friede auf Erden!* die Ausgangslage.

468

Der Kaplan liefert seine Beiträge zur May-Hetze von der Kanzel der Dresdner Hofkirche herab und im Berliner Zentrumsblatt *Germania*.

May habe zeigen wollen, so Rentschka, „wie alle Nationen der Erde friedlich mit einander verkehren könnten... Das Zaubermittel, alle in Frieden zu einen, soll die Liebe sein, und zwar in etwa die Liebe, wie sie das Christentum lehrt, wie sie aber andererseits ja schon auch jedes Menschenherz, auch das jedes Heiden kennt und gibt."

Das aber sei die „falsche(n) Art", denn auf „irgendwelche dogmatischen Wahrheiten kommt es ihm gar nicht an, er wirkt nicht durch den Verstand, sondern durch Rechthandeln und Liebe auf das Herz der Mitmenschen..." Aber „Liebe nur allein" wäre zu wenig. Was „May sonst noch alles an Phantastereien hat, das muss man selbst lesen... Das ganze Buch steckt voll der Irrtümer..."

Das waren schon böse Worte. Karl May reagiert dennoch sehr besonnen: Er schreibt sechs Briefe an Rentschka und trifft sich mit ihm schließlich persönlich. Nach der Unterredung hat der Kaplan nie wieder ein Wort gegen May gerichtet.

Rentschka erwies sich somit als ein nur zeitweiliger, letztendlich moderater Gegner.

Als übelsten Widersacher sah May den Anwalt Gerlach.

Er sprach einmal von der Einkreisung durch Pauline Münchmeyer und ihren Konsulenten, durch Pöllmann und andere – aber der „Ueberragendste" sei „dieser Münchmeyersche Advokat, der alles und alle dirigiert...", womit May nun die weitaus größere Gefährlichkeit von Lebius unterschätzt. Die Auseinandersetzungen in der Sache Münchmeyer, die für die ganze Prozesslawine so viel Zündstoff lieferten, haben ihn eben besonders hart getroffen.

Als die ‚Criminalgendarmen' in der Villa „Shatterhand" am schlimmen 9. November 1907 noch das Unterste zuoberst kehren, bereitet sich von Berlin aus neues Ungemach vor. Kurz vorher, im Oktober, hatte Rudolf Lebius per Zeitungsannonce einen „gewandten Schriftsteller" gesucht, „der in der Lage ist, kleinere Erzählungen nach gegebenen Stoffen spannend und unterhaltend zu bearbeiten". Der knapp zwanzigjährige Friedrich Wilhelm Kahl meldet sich und übernimmt auch den Auftrag, „nach gegebenen Stoffen" eine kleine Broschüre (18 Seiten) über May zu schreiben.

Es dauert nicht lange, bis der junge Mann die Absichten durchschaut und sich von dem Vorhaben distanziert. Aber Lebius braucht ein Pamphlet unter fremdem Namen, um May vor einer neuen Prozessrunde „kaputt zu machen". Er legt deshalb selbst letzte Hand an und lässt die Schmähschrift unter dem Titel *Karl May, ein Verderber der deutschen Jugend*, mit dem Namen Kahls drucken, kann aber das damit verfolgte Ziel nicht erreichen. Denn Kahl geht an die Öffentlichkeit und deckt den Vorgang auf. Er stellt sich auf Mays Seite und bleibt ihm bis zum Tode verbunden.

Welche Ereignisse waren dem Zeitungsinserat vorangegangen?

Das sozialdemokratische Zentralorgan *Vorwärts* hatte am 26. Juli 1907 festgestellt, dass man Lebius nicht als „Ehrenmann" charakterisieren könne, worauf dieser Beleidigungsklage gegen den Redakteur Carl Wermuth einreichte. Der wiederum wandte sich seinerseits an den Radebeuler Schriftsteller, der ja über den „Ehrenmann Lebius" bestens Auskunft geben kann.

Karl May zögert zunächst mit der Antwort, vermutlich, weil er nicht in einen weiteren Prozess hineingezogen werden möchte, bereitet sich dann aber schriftlich sehr intensiv auf eine Zeugenaussage vor: Unter der Überschrift *Lebius, der „Ehrenmann"* verfasst er mehrere, immer wieder überarbeitete und ergänzte Manuskripte.

Zum ersten Termin, ohne Mays Anwesenheit, legt der Verteidiger des sozialdemokratischen Redakteurs bereits Material über den Erpressungsversuch von Lebius aus dem Jahr 1904 gegen den, wie der *Vorwärts* im Prozessbericht schreibt, „bekannten, für namhafte liberale Blätter tätigen Reiseschriftsteller Karl May" vor. Dieser Rechtsanwalt, Dr. Kurt

470

Rosenfeld – später auch Verteidiger von Rosa Luxemburg –, zeigt großes taktisches Geschick. Lebius muss ihn ebenso fürchten wie eine Zeugenaussage Karl Mays. Und da sein Versuch scheitert, mit der *Verderber*-Broschüre diese für ihn bedrohliche Gefahr abzuwenden, zieht er kurz vor der entscheidenden Runde in der Berufungsverhandlung seine Klage gegen den *Vorwärts* zurück. Zu Mays Zeugenaussage ist es somit nicht mehr gekommen.

Die sozialdemokratische Presse stellt sich aber fortan schützend vor den Schriftsteller und sein Werk, haben beide doch einen gemeinsamen Gegner.

Zu den Motiven des Lebius kommt jetzt noch das Rachebedürfnis wegen der erfolglosen Klage. Die SPD-Zeitung bemerkt dazu: „Als Karl May, vom ‚Vorwärts‘ dazu aufgefordert, sich bereit erklärte, in dem von Lebius gegen den ‚Vorwärts‘ angestrengten Prozess als Zeuge aufzutreten, begann Lebius ... einen wüsten Vernichtungsfeldzug gegen Karl May."

Eine weitere Diffamierung erhofft sich Lebius von der fortan häufig verwendeten Bezeichnung „Genosse Karl May". Das alles erweckt sogar polizeiliches Interesse. Die ‚Abteilung IV (Politische Polizei)‘ legt Ende 1909 eine „Akte betr. Schriftsteller Karl May" an. Unter der Nummer 17717 wird das Dossier bis 1913 geführt – eigenartigerweise bei der Behörde in Hamburg. Am Ende sind aber nur 74 Zeitungsberichte enthalten. Gerhard Klußmeier hat 1979 das Konvolut im Staatsarchiv der Hansestadt entdeckt.

Jene ‚Abteilung IV‘ in Hamburg führt von 1904 bis 1917 unter der Nummer 12609 auch eine „Akte betr. Schriftsteller Rudolf Lebius". Es handelt sich, wie im Falle Mays, um eine Sammlung von Zeitungsartikeln – von Berichten über die Aktivitäten des Journalisten gegen May, gegen die Sozialdemokratie und für sein neues politisches Umfeld. Die Auseinandersetzungen um Karl May erhalten hier noch einen zusätzlichen politischen Anstrich.

Aus der Akte und anderen Unterlagen geht hervor, dass Lebius für die unternehmerfreundlichen Gelben Werkvereine arbeitet, eine Zeit lang als ihr Vorsitzender und als Herausgeber des Blattes *Der Bund / Organ für die gemeinsamen Interessen der Arbeiter und Arbeitgeber*. Er macht sich agitatorisch und publizistisch nützlich für den Deutschen Flottenverein, die Deutsche Kolonialgesellschaft und den Reichsverband gegen die Sozialdemokratie. In Berlin kann er 1910 mit dem Spreeverlag sogar ein eigenes Unternehmen gründen, das vorrangig antisemitische Schriften und 1910 eine Schmähschrift gegen Karl May herausgibt.

Ob für oder gegen Kolonialismus, für Flottenrüstung oder für Frieden – Lebius und May stehen bei solchen Fragen auf entgegengesetzten Positionen. Die Intensität des „Vernichtungsfeldzuges" hat Vermutungen ausgelöst, Lebius könnte im Auftrag oder mit Unterstützung einer Organisation agieren. Denn obwohl beispielsweise der Kolonialroman groß in Mode gekommen war, hat Karl May keines seiner Werke in den kaiserlichen Kolonien angesiedelt, das ‚koloniale Gedankengut‘ mit seinem Beitrag im China-Band von 1901 sogar direkt angegriffen.

Für ein Komplott gibt es freilich keine Beweise. Einmal jedoch ist Lebius eine verfängliche Äußerung entschlüpft, als er am 18. Dezember 1911 bei einem weiteren Prozess einen Vergleichsvorschlag des Landgerichtsdirektors zurückweist: „Seine Organisation verlange, dass er k e i n e n Vergleich schließe", steht im Prozessbericht. Ein belangloser Versprecher? Oder doch ein unbeherrschtes Eingeständnis?

Im „Vernichtungsfeldzug" gegen May stand Lebius der Anwalt Paul Bredereck zur Seite, der Jahre später, wenn auch nur kurzzeitig, bekannt wurde: 1920 gehörte er als Minister und Pressechef zu den Hauptakteuren des Kapp-Putsches.

Auch Lebius wollte sich noch in der ganz großen Politik versuchen: Mitte 1914 – nicht erst 1918, wie mitunter angegeben – gründet er die Nationaldemokratische Partei (NDP): Gegen „Vormachtstellung des Großkapitals", gegen Juden im Staatsdienst, gegen alles „Undeutsche" im öffentlichen Leben und andere einschlägig bekannte Antis stehen im Programm.

Karl und Klara May 1907 in Bad Salzbrunn.

Im Machtgerangel der zahllosen Kleckergruppen im rechten Parteienspektrum kann sich die NDP nicht durchsetzen. Bei der Reichstagswahl im Juni 1920 erhält sie deutschlandweit nur knapp 4.000 Stimmen.

Nach der Auflösung 1923 bleibt auch die neue Deutsche Republikanische Demokratische Partei erfolglos. In der NS-Zeit muss Lebius anderthalb Jahre im Gefängnis und Konzentrationslager zubringen.

Egon Erwin Kisch prägte mit Blick auf die einstigen politischen Ambitionen von Lebius einen Begriff und beurteilte die Nachwirkung:

„Von den Kampagnen dieses Vorhitler hatte nur eine einzige Publikumserfolg, und das war die, die er gegen den Jugendschriftsteller Karl May führte, weil ihm dieser zu religiöschristlich und zu wenig national schien, also ein Verderber der deutschen Jugend sei…"

Ohne die Feldzüge gegen Karl May wären nicht nur Lebius, sondern auch Avenarius, Cardauns, Mamroth oder Pöllmann und noch andere längst vergessen.

Den Weg vom Guru zum Nobody hätte ohne seine Rundumschläge gegen May und Kollegen wohl auch Heinrich Wolgast beschritten. Er hatte sich zum Sprachrohr eines Teiles der Lehrerschaft aufgeschwungen: In seiner Schrift *Das Elend unserer Jugendliteratur* (Erstauflage 1896) polemisiert er gegen eine lebensfremde, vordergründig moralisierende Jugendlektüre und ab der 3. Auflage von 1905 wird ihm plötzlich auch May suspekt. Das allerdings verwundert nicht, wenn man eine seiner Grundthesen anschaut, dass nämlich „eine künstlerische Bearbeitung die stofflichen Reize zügeln" solle. „Indianergeschichten" sind für ihn deshalb ein „bedenklicher Stoff", und er schlussfolgert: „Cooper ist nicht gefährlich, wohl aber die Legion seiner Nachfolger." Was Cooper jedoch selbst biete, sei „in Völkerkunde ein Nichts"! Profundere Kenner haben das ganz anders beurteilt.

Bei May ist ihm die Handlung zu turbulent; es wäre jedoch zu ertragen, wenn „all diese unglaublichen Dinge mit

474

Von Leiden gezeichnet: Auf der Überfahrt nach Amerika 1908.

der Schalksmiene eines Münchhausen ... vorgetragen" würden. Pauschal wird festgestellt, auch andere Autoren einbeziehend, „dass keine Lektüre dem Einfluß der Dichtkunst hemmender entgegenarbeitet"; von der Wirkung auf den Intellekt wolle er gar nicht reden.

Die Realität sieht indes ein wenig anders aus, haben doch viele namhafte deutschsprachige Schriftsteller in der Jugend mit Begeisterung Karl May gelesen. Es gibt darüber hinaus nicht wenige Hinweise, dass gerade May zu den Begleitern der ersten tastenden Schritte in die Literatur gehörte.

Nach Amerika

Die ständige Pressehetze und die vielen Prozesse beginnen Mays Konstitution zu untergraben. Er hat aus gesundheitlichen Gründen schon einem Gerichtstermin fernbleiben müssen. Erste Anzeichen von Lebensmüdigkeit werden sichtbar.

Am 8. März 1908 schreibt er ein letztes Testament: Seinen Besitz und die Rechte an den Werken erbt seine Frau Klara – abgesehen von einer kleinen Rente, die er seinen beiden Schwestern aussetzt – und nach ihrem Tode soll alles einer mildtätigen Stiftung zufallen.

Schon seit vielen Jahren denkt May an eine Amerika-Reise und an Studien zu einem Roman *Das Testament des Apatschen*. Die Prozesse haben das immer wieder verhindert. Als zum Sommerende 1908 ersichtlich wird, dass es in der Meineidssache zu keiner Anklage kommt, ergreift er die sicherlich letzte Chance seines Lebens, jenen Kontinent zu betreten, der über Jahrzehnte hinweg seine Fantasie beschäftigt hatte.

Der Aufbruch erfolgt ohne große Vorbereitung. Es soll ohnehin nur ein kurzer Ausflug aus dem bedrückenden Alltag werden – knappe zwei Monate gegenüber den 16 Monaten der Orienttour.

Am 15. September 1908 fährt der ‚Große Kurfürst' des

476

Mit Passagieren auf dem „Großen Kurfürst".

Norddeutschen Lloyd in die Lower New York Bay ein. Es geht hoch in die Upper Bay, Karl und Klara sehen backbords die Statue of Liberty, dann legt der Doppelschrauben-Postdampfer am Pier in Hoboken, New Jersey, am Westufer des Hudson an: Der sechsundsechzigjährige Karl May setzt zum ersten Mal seinen Fuß auf amerikanischen Boden.

„Am Pier wurden wir von lieben Freunden mit Blumen begrüßt und sollten gleich in Beschlag genommen werden. Davon war aber mein guter Mann kein Freund. Energisch machte er sich frei...", hält Klara May später im Bericht *Amerikareise 1908* fest.

Unter den „lieben Freunden" befindet sich auch, eigenem Bekunden zufolge, der Artist Ernst Tobis – Künstlername: Patty Frank –, der legendäre Mitbegründer des 1928 eröffneten Karl-May-Museums in Radebeul und langjährige Hüter der „Villa Bärenfett". Er führte *Ein Leben im Banne Karl May's*, in dem kleinen Bändchen überliefert er:

„Der ‚Große Kurfürst' mit Passagieren aus Bremen legt an. Dichte Menschenmassen am Pier. Patty gebraucht die Ellenbogen ... Patty reckt den Hals. Dort ist doch – ja, unverkennbar, ganz wie auf den Bildern, die er von ihm gesehen hat – dort ist doch Karl May!

Karl May in eigener Person! Patty will sich gerade zu ihm durchdrängen – im selben Augenblick klatscht ihm eine Hand auf die Schulter.

‚Hallo, alter Junge!'

Patty fährt herum. Die Kollegen, die er erwartet hat. Ausgerechnet jetzt, ... zum Kuckuck! ... Endlich kann er sich losmachen. Er blickt nach rechts, nach links. Hölle und Teufel – wo ist Karl May geblieben? Verschwunden. Aussichtslos, ihn in diesem Menschgewühl zu finden...

Die erste und einzige Gelegenheit ist verpaßt. Ironie des Schicksals! Der Mann, dessen ganzer Lebensweg ohne Karl May undenkbar wäre, kann nie mit seinem Vorbild selbst sprechen; hundert Meter vor seiner Nase geht Karl May vorüber..."

478

Patty Frank und der Autor im Jahre 1959.

Erfahren habe er von der Ankunft durch eine Meldung in der *New York Times*: „Der bekannte deutsche Schriftsteller Karl May auf dem Wege nach New York".

Eine Durchsicht etlicher Ausgaben vor dem Eintreffen erbrachte keinen Fund in dieser Sache. Aber vielleicht hat das auch in einer der kleineren Zeitungen, möglicherweise in einem Einwandererjournal, gestanden. Denkbar ist außerdem, dass Klara einige Blätter von der Reise informiert hat.

Mit der Fähre setzen die Mays nach Manhatten über, quartieren sich im Continental Hotel am Broadway ein und bleiben vier Tage in Big Apple. Sie besichtigen Museen und andere Sehenwürdigkeiten zwischen Brooklyn, Broadway und Bronx. Dieter Sudhoff hat im Band GW 82, *In fernen Zonen*, die ganze Amerikareise ausführlich beschrieben.

Hudsonaufwärts fahren Karl und Klara May mit dem Dampfer ‚New York' nach Albany und dann mit einer Pferdekutsche in die Bershire Hills, wo einst Longfellow lebte. Durch bunte Herbstwälder geht es nach Mount Lebanon. Hier treffen sie alte Bekannte aus Radebeul, die sich der Sekte der Shakers angeschlossen haben.

Der Zug bringt Karl und Klara nach Buffalo. Per Sightseeing lernen sie die Stadt kennen, auf dem Forest Lawn Cemetery weilen sie am Grab des Seneca-Häuptlings Sa-go-ye-wat-ha (‚He keeps them awake' = ‚Er hält sie wach'), bekannter jedoch als Red Jacket.

Etwa ab 24. September bis 4. Oktober wohnen sie im noblen Clifton Hotel im kanadischen Teil der Stadt Niagara Falls.

Für Klara sind die Wasserfälle das „größte Naturwunder der Erde". „Das Land muss ein Tempel Gottes gewesen sein", notiert Karl auf einem Zettel, „als es noch nicht von d e r Kultur berührt war, die wir ihm brachten." Er beklagt den Missbrauch durch die Anlage riesiger Elektrizitätswerke.

Ein Ausflug führt in die nahe gelegene Reservation der Tuscaroras. Knapp vierhundert dieser einst stolzen Irokesen leben in bescheidenen Holzhäusern.

Sightseeing in Buffalo. Karl und Klara (ganz vorn) auf Touristenkurs in Amerika.

Hier knipst Klara das wohl einzige Bild Karl Mays zusammen mit einem Indianer – mit einem bärtigen Mann in zerschlissener Arbeitskleidung und mit Hosenträgern, der so gar nicht wie ein Indianer aussieht und doch der Häuptling sein soll – neueren Recherchen zufolge Samuel A. Thompson, „einer der gewählten Führer der Tuscaroroa".

Er und May und zwei kleine Mädchen stehen neben einem Rindenzelt, das wohl Gedanken an Tipis der Prärieindianer aufkommen lässt, aber doch nichts anderes ist als eine Lagerstätte für Feldfrüchte. 1997 habe eine alteingesessene Indianerin auf dem Foto „in dem älteren Mädchen ihre Großmutter" Minnie Thompson erkannt – mit Schwester Rebecca und Vater Samuel.

„May bei den Tuscarora-Indianern" steht in Klaras Handschrift unter dem Foto, um zu verkünden: Er war tatsächlich bei den ‚Rothäuten'!

Indianische Realität und einstige Winnetou-Traumwelt klaffen weit auseinander. Karl May verlässt voller Resignation die Tuscaroras und wird nie wieder eine Indianer-Reservation besuchen.

Aber etwas auf Dauer ist dennoch verblieben. An den Verkaufsständen der Tuscaroras und auf anderen indianischen Touristenbasaren kauft vor allem Klara zahlreiche Utensilien wie Friedenspfeifen, Federhauben oder Kleidungsstücke, die später zum Fundus des Radebeuler Karl-May-Museum gehören.

Wie einst aus dem Orient gehen auch jetzt wieder Berge von Ansichtskarten in die Heimat. Eine der ersten – noch aus New York – ist an Euchar Albrecht Schmid in Erlangen adressiert.

Auf der Karte an das befreundete Ehepaar Marie und Hans Grund in Dresden-Blasewitz ist zu lesen: „Hatten wir nicht schon lange vor unserer Reise auch zu Euch gesprochen? Mein guter Mann wollte schon längst wieder nach Amerika um seine Studien fortzusetzen?" Klara hat jetzt das Bramarbasieren – „...wieder nach Amerika..." – übernommen, und meist sind

Vermutlich einziges Bild Mays mit einem Indianer. Aufnahme von Klara May in der Tuscarora-Reservation.

es eigene, von ihr geschossene Aufnahmen, die sie gleich vor Ort in hoher Zahl abziehen lässt und entsprechend beschriftet. Karl May schaut auf den Fotos häufig recht betroffen drein, und der Betrachter ist kaum minder betreten, sei es beim einzigen Bild mit dem so untypisch wirkenden Indianer oder bei einer Aufnahme im Boot auf dem Sandstrand weitab vom Wasser.

May hat mit Renommisterei längst nichts mehr im Sinn, und nach den Erfahrungen der Orientreise ist er darauf vorbereitet, dass die nordamerikanische Realität mit seinen Traumwelten nichts gemein hat. Prärien und einstige ‚Gran Apacheria‘ stehen deshalb – auch mit Rücksicht auf die Gesundheit – gar nicht erst auf dem Programm. Das Ehepaar bleibt in den bequemen Hotels des Nordostens.

Klara freilich hätte das gern anders gehabt. Nach dem Tode des Schriftstellers verbreitet sie fantastische Märchen, will die Old Shatterhand-Legende fröhliche Urständ feiern lassen. Über die sieben oder acht Tage an den Niagarafällen behauptet sie beispielsweise: „Er hatte sich entschlossen, mich im Clifton-House zurückzulassen und für einige Wochen allein weiterzureisen. Wohin? Zu den Apatschen! Und wohin sonst? Mit Kummer bekenne ich, dass ich es nicht mehr genau weiß. Wohl hat er mir von dieser Weiterreise mehrfach geschrieben...“ – jedoch solche Karten oder Briefe hat nie jemand gesehen. Aber ein wenig ‚Erinnerung‘ spielte sie vor – Karl May sei wahrscheinlich im Yellowstone-Park herumgeklettert: „Ich kann es nicht beweisen, aber ich habe das bestimmte Gefühl...“

Noch hemmungsloser braut Klara May Münchhausiaden über die Rückreise nach Europa zusammen: Was ihr Gatte früher einmal als persönlichen Wagemut während eines Taifuns geschildert habe, „war keine Aufschneiderei, ich habe es selbst mit ihm erlebt. Es war auf dem Dampfer ‚Kronprinzessin Cecilie‘, als wir einen Seegang hatten, der die Wellen bis zu vier Stock Höhe trieb. Die eisernen Luken mußten geschlossen werden, und alle Fahrgäste zogen sich beschei-

Karl und Klara an den Niagarafällen.

den und kleinlaut unter Deck zurück. Nicht so Karl May. Je toller der Seegang wurde, desto lieber war es ihm, und als das Wüten der Naturgewalten gar zu arg wurde, ließ er sich und seinen Stuhl anbinden und blieb dennoch an Deck; die durchnäßten Kleider störten ihn nicht. Dieselbe Ausdauer und Widerstandskraft zeigte er in der Wüste..." Entzündete Augen und ausgetrocknete Schleimhäute bei allen, die „wie tot" zusammenbrachen: Nur Karl May „allein sorgte noch für uns, als ob die furchtbare Anstrengung – stundenlang im Sattel – keinen Einfluß auf ihn hätte..."

Der Rückkehr aus Amerika waren aber keine Abenteuer in der Wüste mehr gefolgt, wie Klara May in ihrer Darstellung andeutet. Von den Niagarafällen fahren die Mays in einem Pullmanwagen des Nachtexpress nach Lawrence in Massachusetts; am 5. Oktober treffen sie im Haus von Ferdinand Pfefferkorn ein. Zuletzt hatten sie sich 1895 gesehen, als der alte Freund aus Ernstthaler Knabenschulzeiten in Oberlößnitz weilte und bei spiritistischen Séancen mächtig die Tische wackelten.

Jetzt ist auch einiges von solchen Geisterstunden überliefert, viel mehr jedoch von einem sehr realen, wenn auch noch ungewöhnlichen Phänomen: Pfefferkorn besitzt ein neues Automobil. Karl und Klara lernen jetzt das Leben aus einer ganz neuen Perspektive kennen. In wahrer Windeseile fahren die beiden Ehepaare durch das nordöstliche Massachusetts und auch ins angrenzende New Hampshire.

Die Besuchsziele haben klangvolle Namen – Canobie Lake und Indian Ridge, Devils Pulpit und Den Rock, ein indianischer Nugget hill. In Salisbury Beach stehen die vier am Atlantik, am Badestrand von Newburyport entsteht das Bild im Boot. Zum besonderen Höhepunkt für Karl May wird die Visite in Andover: Er weilt im Wohnhaus und dann am Grab von Harriet Beecher-Stowe, der Autorin von *Onkel Toms Hütte*.

Wie außergewöhnlich anno 1908 ein Automobil – und das dann erst recht in Deutschland – war, wird durch Lebius auf

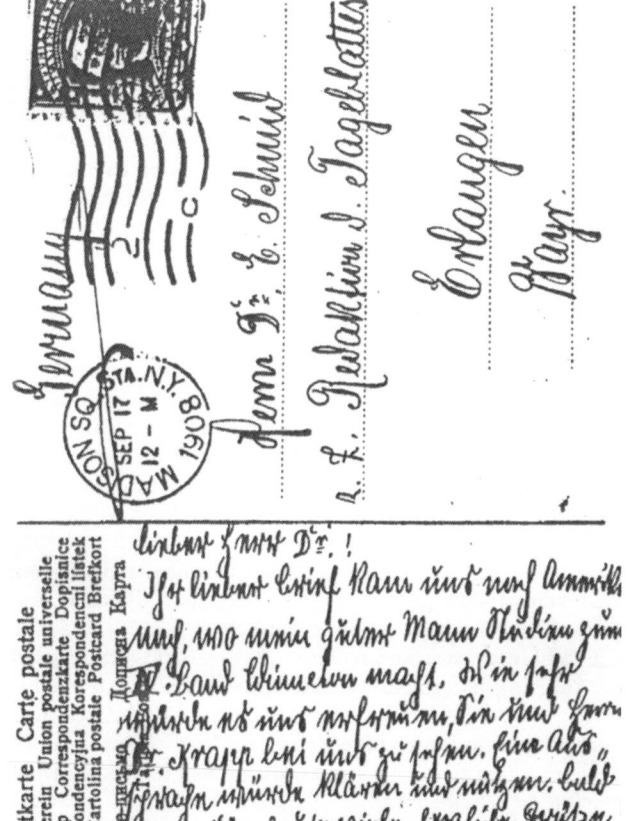

Karte von Klara May an Euchar Albrecht Schmid vom 17.9.1908.

487

besondere Weise belegt: Zu seinem Repertoire an Verleumdungen gehörte auch die Darstellung Mays als eines exorbitant reichen Mannes. Und was zeichnet einen solchen Krösus aus? Natürlich der Besitz eines Automobils! May war wohl zu einigem Wohlstand gelangt, hatte es aber nie zu einem Auto gebracht und wehrte sich gegen solche Unterstellungen. Sogar in einem Schriftsatz an das Königliche Landgericht in Berlin. Dass er „ein Automobil besitzen" und „teuren Launen huldigen" soll, ordnet er in die „Kette von Übertreibungen, Verdrehungen, Fälschungen und Erfindungen" unter den Nummern 276 und 277 ein (siehe auch GW 83, *Am Marterpfahl*).

Diese Feststellung traf er 1911. Aber auch auf der Amerikareise erfährt er von neuen Angriffen des Lebius, diesmal im Zusammenhang mit der Kahl-Broschüre. Am 16. Oktober telegrafiert er deshalb an das Königliche Kammergericht in Berlin und an seinen Anwalt Walter Bahn, der übrigens knappe zwei Jahre zuvor den Hauptmann von Köpenick verteidigt hatte. Wiederum Aufregungen für Karl May, die ein Ereignis be-einträchtigen, das eigentlich ein Höhepunkt werden sollte.

In Lawrence leben viele deutsche Einwanderer, es gibt zwei deutsche Zeitungen. Für den 18. Oktober, einen Sonntag, ist ein Vortrag angesetzt. In der überfüllten Turnhalle spricht Karl May zum Thema „Drei Menschheitsfragen: Wer sind wir? Woher kommen wir? Wohin gehen wir?"

Fünf Gesangsvereine haben sich zu einem Massenchor vereint, singen vor dem Vortrag und zwischendurch in einer Pause. Am Schluss gibt es tosenden Beifall. Die deutsch- und auch die englischsprachige Presse der Stadt bringen große Berichte. Erhebende Erlebnisse, die er aber leider nicht ungetrübt genießen kann.

In bisherigen Darstellungen ist von einem noch wochenlangen Aufenthalt der Mays in Lawrence zu lesen und von der Rückkehr nach Radebeul via England Anfang Dezember 1908. Das aber geschah einen ganzen Monat früher. Über die literaturdetektivischen Ermittlungen zu diesem Geschehen wurde erstmals im Band GW 82, *In fernen Zonen*, berichtet.

488

Neue Erlebnis-
welt: Mit dem
Automobil
zum Nugget
Hill.

Die Gründe für den wohl doch recht unvermittelten Aufbruch zur Rückreise heißen Lebius und Kahl-Broschüre und auch Rudolf Bernstein. Das ist Mays Dresdner Anwalt, mit dem es Honorarprobleme gibt; nur wenige Wochen später führt das sogar zum Zerwürfnis.

Auch hat sich Karl May in Amerika verletzt – ein Stoß an die Brust zieht einen Abszess nach sich, der im Dezember sogar operiert werden muss. Und zum körperlichen kommt sicherlich noch psychisches Unbehagen: Das neuenglische Lawrence unterscheidet sich nur wenig von Radebeul, im Haus Pfefferkorn verläuft das Leben kaum anders als in der Villa „Shatterhand". Nirgendwo steigen die einst wunderbaren Winnetou-Visionen empor.

Am 24. Oktober verabschieden sich die Mays von den Pfefferkorns, der Schnellpostdampfer ‚Kronprinzessin Cecilie' bringt sie über den Atlantik nach Plymouth und nach kurzem Zwischenstopp nach Bremerhaven.

Am 3. oder 4. November sind sie wieder in Radebeul.

Leser und Freunde aber sollen glauben, er treibe in Amerika weiterhin umfangreiche Vorstudien für den neuen *Winnetou*-Roman. Solche Illusion lässt sich am besten durch Ansichtskarten von der exotischen Reise aufrechterhalten, und seien es auch nur noch rasche, kurze Grüße von der Heimfahrt. Man kündet die Rückkehr aus Amerika an und ist dann vielleicht schon wieder zu Hause, noch bevor die Postkarte den Empfänger erreicht.

Also lässt Klara, wie zuvor schon in Amerika, von eigenhändigen Aufnahmen Ansichtskarten anfertigen, jetzt aber von dem Radebeuler Fotografen Alfred Richter, der in der Bahnhofstraße 25 wohnt, nur ein paar Minuten von der Villa „Shatterhand" entfernt.

Mit einem Packen solcher Karten im Gepäck fahren Karl und Klara am 28. November 1908 oder an einem der Folgetage nach London. Ab 1. Dezember gehen die Kartengrüße auf die Reise: Karl May vor dem Sa-go-ye-wat-ha-Denkmal in Buffalo, May bei den Tuscarora-Indianern, am Nugget hill, Den Rock...

Mit den Pfefferkorns auf dem Sandstrand. Abenteuer gab es in Amerika nicht.

491

„Herzlichen Gruß aus Old England", übermittelt Klara, „auf der Heimreise von Amerika". „Es liegen herrliche Tage hinter uns...", schreibt sie auf eine andere Karte. „Nun kann's wieder in's kalte Heimathland gehen."

Diese Karten aber zeigen alle ein verräterisches Merkmal: ein winziges „S" in der Mitte des unteren Randes – das Firmenzeichen von Foto-Richter aus Radebeul, das schon auf früheren Auftragsarbeiten zu sehen war.

Dieses kleine „S" war es, das die Literaturdetektive entdeckten und das den Hinweis auf die Mogelei mit der Reisedauer lieferte. Hinzu kamen noch zwei Belege aus Radebeul mit Datum vom November 1908 und eine Rechnung mit dem Vermerk Karl Mays „bezahlt am Sonnabend d. 28/11. 8.": Bisher waren einfach Schreibfehler angenommen worden. Aber an den fraglichen Tagen waren die Mays eben tatsächlich zu Hause.

Am 5. Dezember 1908 sind Karl und Klara May noch in London und vielleicht schon am 6. Dezember erfolgt die endgültige ‚Rückkehr aus Amerika'.

Wenn es in den allerletzten Wochen noch ein wenig Ruhe und Erholung gegeben hat, ist es damit umgehend vorbei: Am 5., 6. und 8. Dezember läuft in der *Germania* der dreiteilige Artikel des Kaplans Paul Rentschka. Eine neue Attacke von Lebius wird nicht lange auf sich warten lassen. Schwere Zeiten stehen noch bevor.

Mehr als bewunderungswürdig ist es, dass Karl May immer wieder die Kraft und seelische Energie zum meisterlichen Schreiben findet. Vom September 1909 bis April 1910 arbeitet er an *Winnetou IV*. Es sollte der Abschluss von *Winnetou* und, wie May einleitend schreibt, „zu gleicher Zeit auch der vierte Band von ‚Old Surehand' und ‚Satan und Ischariot'" werden; es wurde ebenfalls der 33. und letzte Band der *Gesammelten Reiseerzählungen* im Verlag von Friedrich Ernst Fehsenfeld und sein letzter Roman überhaupt.

So ist das Werk auch eine Bilanz seines Alters. Friede und Versöhnung, selbst mit einst schlimmen Feinden, sind die be-

492

Karl und Klara mit dem Rechtsanwaltsehepaar Bernstein.

herrschenden Gedanken, von Westernheroismus und abenteuerlicher Romantik ist nichts verblieben: „Mein Bärentöter hängt daheim. Mein Henrystutzen und meine Revolver stecken im Koffer. Sie haben sich überlebt."

Viele Eindrücke der Amerikareise sind in das Werk eingeflossen und – so nebenbei und mehr am Rande – noch ein anderes Erlebnis. Vom 26. September bis 3. Oktober 1909 wird in Berlin der Flugplatz Johannisthal mit einer „Internationalen Flugwoche" und einem „Konkurrenz-Fliegen der ersten Aviatiker der Welt" eröffnet. Louis Bleriot, der erste Ärmelkanal-Überflieger, und der Flugpionier Latham sind dabei und an mindestens einem Tag auch Karl und Klara May. Sie sind tief beeindruckt. „Mit Lathan und anderen Fliegern gesprochen", notiert Klara mit kleinem Namensverschreiber im Tagebuch.

Als Karl May nun an *Winnetou IV* weiter fabuliert, betritt plötzlich ein Flieger die Szene: ein Blutsverwandter Winnetous, er heißt Junger Adler und startet später mit einem Flugapparat – es ist „keine der bis jetzt bekannten Konstruktionen", sondern ein „vogelähnliches Gebilde mit zwei Leibern", das nach dem Prinzip des Schwingenflugzeuges ohne Propeller funktioniert.

Technische Vorbilder hierzu konnte Karl May in Johannisthal nicht sehen. Er beschreibt ein Fantasieprodukt, eventuell angeregt durch ein Werbeplakat mit Latham als Vogel-Mensch. Vielleicht aber war der fliegende Indianer auch schon längst konzipiert und May reiste nur nach Berlin, um seine Vorstellungen zu erweitern. Auf alle Fälle jedoch, so Dieter Sudhoff, lieferte May mit dem Roman, auch „eine der frühesten literarischen Antworten auf die moderne Aviatik überhaupt".

In jenen von häufiger Bitternis überschatteten Jahren entstehen noch weitere bedeutende Schöpfungen des Spätwerkes. So liegen 1907/08 die allegorischen Reiseerzählungen *Schamah* und *Abdahn Effendi* (beide in GW 81, *Abdahn Effendi*) vor.

Zwischendurch immer wieder Schriftsätze und Streitschriften, Richtigstellungen und Gegendarstellungen. Und dann

494

findet Karl May auch noch Zeit, bei Fehsenfeld edierte Werke etwas zu überarbeiten. Denn der Verleger startet 1907 die Serie *Karl Mays Illustrierte Reiseerzählungen*. Im blauen Ganzleineneinband und Großoktavformat liegen bis 1912 dreißig Bände vor. Jedes Buch ist mit buntem Frontispiz, ganzseitigen Schwarz-Weiß- und häufig noch zusätzlichen Textilillustrationen ausgestattet. Namhafte Künstler konnten als Illustratoren gewonnen werden: Claus Bergen, Willy Moralt, Willy Planck und Peter Schnorr.

Fehlurteil

In Zukunft „Frieden zu halten" heißt es im Vergleich, der im Mai 1909 vor dem Schöffengericht Berlin-Schöneberg den Rechtsstreit mit Lebius beenden soll. Doch der Journalist wird sich nicht an das Versprechen halten. Er hat bereits Kontakt zu Emma Pollmer gesucht, die in Weimar lebt.

Ein reichliches Jahr lang heuchelt er Teilnahme am Schicksal der geschiedenen Frau, die er gern als Verbündete an seiner Seite sehen möchte. Emma liefert ihm auch ein paar Anknüpfungspunkte, unter anderem zu den Umständen der Scheidung, die Lebius weidlich ausschlachtet. Nach aller durchlebten Bitternis muss sie aber dann erkennen, nur als Werkzeug benutzt worden zu sein. Als sie nicht mehr mitspielen will, droht ihr Lebius wegen einer einmalig gewährten Unterstützung von 200 Mark eine Finanzklage an.

Trotzdem rückt sie von ihm ab. Eine von ihr abgegebene öffentliche Erklärung gipfelt in den Worten: „Er ist ein Schuft, der über Leichen geht."

In ihrer Entscheidung wird Emma von ihrer Freundin, der Weimarer Kammersängerin Selma vom Scheidt, bestärkt. Lebius schreibt deshalb am 12. November 1909 einen Drohbrief an die Künstlerin und bezeichnet May als „einen geborenen Verbrecher".

Bevor May von der Verunglimpfung erfährt, gibt es etwas Erfreuliches. Der ‚Katholische kaufmännische Verein Laetitia‘ (= Freude, Fröhlichkeit) hat Karl May zu einem Vortrag nach Augsburg eingeladen. Initiative und Vermittlung gehen auf Hans Rost zurück, einen Schriftsteller und Redakteur mit „Maybegeisterung" an der *Augsburger Postzeitung*. In diesem traditionsreichen Blatt – 1686 gegründet – läuft seit Anfang Oktober 1909 (bis April 1910) auch der Vorabdruck von *Winnetou IV*.

Vom 7. bis 9. Dezember 1909 weilen Karl und Klara in der Stadt am Lech. Am Abend des 8. Dezember ist der Schießgrabensaal „Kopf an Kopf" von einer begeisterten Menge gefüllt, sogar das angrenzende Café muss einbezogen werden. „Mit einem Veilchenstrauß in der Hand betrat der ungestüm Erwartete das Podium", so der Zeitungsbericht, „mit tosendem Beifall begrüßt, der kein Ende nehmen wollte".

Sitara, das Land der Menschheitsseele – ein orientalisches Märchen (in GW 81, *Abdahn Effendi*) heißt das Thema, über das Karl May fast zwei Stunden spricht: Der Stern Sitara, ein geistiges Abbild der Erde, bestehe aus dem Niederland Ardistan und dem Hochland Dschinnistan, und das Leben der Menschen – die „Lösung der Menschheitsfrage" – ziele auf das Streben von Ardistan nach Dschinnistan.

Der Männergesangverein Concordia gestaltet einen schönen musikalischen Rahmen, bietet unter anderem Mays *Ave Maria* dar. „Der Jubel wollte kein Ende nehmen... Es waren reiche, schöne Stunden", vermerkt Klara im Tagebuch.

Besondere Freude wird May noch über das Dabeisein von einigen Freunden und Bekannten empfunden haben. So waren die Fehsenfelds aus Freiburg gekommen und aus München der 22-jährige Medizinstudent Willy Einsle mit Mutter und Freundin; der junge Mann führte seit 1902 mit Karl May einen intensiven Briefwechsel, es gab gegenseitige Besuche in München und Radebeul.

Von Augsburg fahren Karl und Klara auf Einladung von Prinzessin Wiltrud nach München, machen dort auch noch

496

eine Visite bei der Familie Einsle und werden am 10. Dezember im Wittelsbacher Palais empfangen. Zum letzten Mal sind Klaras Tagebuchnotizen von Euphorie geprägt:

„Die höchsten Herrschaften möchten um zwei Besuche bitten, einen im großen Kreise und einen gemütlichen, nur in der Familie...

So kam es, daß ich auch die große Audienz am Hofe miterlebte. Es waren 20–25 Prinzen und Prinzessinnen anwesend. Auch Gelehrte etc.

Für mich war es eine eigene Sache. Ich mußte zwischen den ältesten königl. Hoheiten auf dem Sopha Platz nehmen. Mein Mann wurde umringt und wie ein lieber, alter Freund behandelt, er war ja nicht zum ersten Mal da und der jahrelange Briefverkehr hatte sich durch alle Zeiten erhalten.

Herzlich war die Anteilnahme an Allem was er sagte.

Am Abend war es geradezu gemütlich. Nach Tische wurden die Diener entlassen.

Die Hofdame, Frau Baronin v. Wulffen sagte mir, ich könne mir nicht vorstellen, welche Freude schon seit früh 6 Uhr herrsche, daß Karl May käme...“

Die Rückkehr nach Radebeul stürzt Karl May umgehend in den bösen Alltag zurück. Aus Weimar kommt ein Brief. Selma vom Scheidt übersendet das Lebius-Schreiben mit der Infamie vom „geborenen Verbrecher“.

Am 17. Dezember 1909 reicht Karl May beim Schöffengericht Berlin-Charlottenburg Privatklage ein. Hätte er darauf verzichtet – immerhin war die Injurie nicht öffentlich vorgetragen worden –, so wäre ein ähnlicher Schritt, nämlich Strafantrag, zwei Tage später doch unausbleiblich gewesen. In seinem Wochenblatt *Der Bund* veröffentlicht Lebius am 19. Dezember die bislang schlimmsten Verleumdungen gegen den „Genossen Carl May“: Zusammen mit einem Schulfreund namens Louis Krügel habe er einst eine Räuberbande angeführt, Marktfrauen überfallen, gewildert und fast täglich Einbrüche vorgenommen. Bei Gelagen sei „der gestohlene Wein in Strömen“ geflossen. Man habe sogar Militär aufbieten müssen, um die Wochenmärkte zu schützen. May und Krügel wären jedoch immer wieder entkommen und dabei noch durch ihre Prahlerei aufgefallen; in einem Gasthof hätten sie beispielsweise einen Zettel zurückgelassen: „Hier haben May und Krügel gesessen und haben Brot und Wurst gegessen."

„Zum Schluß heben wir noch einmal hervor", heißt es in der Räuberdichtung, „daß die Sozialdemokratie mit den Aussagen dieses von ihr hochgefeierten Zeugen Carl May Jahr und Tag gegen Redakteur Lebius agitiert hat."

Nahezu alle bürgerlichen Blätter greifen die vermeintlichen Sensationen auf. Schlagzeilen wie „Karl May, der Räuberhauptmann" sind zu lesen: Von der Intensität und Wirksamkeit dieser verlogenen ‚Berichterstattung' zeugt die Tatsache, dass noch vor ein paar Jahren in der Umgebung von Hohenstein-Ernstthal einige von Lebius in die Welt gesetzte Schauermärchen als ‚Wahrheiten' kursierten.

„Trauriger Abschluß des schönen Jahres", resümiert Klara Ende 1909 im Tagebuch: „Viel, viel Freude und ebensoviel Leid." Ein besonders wehmutsvoller Tag war der 27. Juni 1909, als Mutter Beibler an Nierenkrebs starb. Sie hatte in der Villa „Shatterhand" zusammen mit den Dienstmädchen die Wirtschaft geführt.

Das neue Jahr 1910 wird ohne Hoffnung begrüßt. „Ein trauriger Anfang", steht im Tagebuch. „Schlaflos verbringen wir die Nächte und quälen einander durch das Verbergen der Seelenqualen. Wie betete ich um Frieden und Kampf ist die Antwort.

Nur wenig besuchten wir das Theater. Der Druck der Prozesse lastet zu schwer auf uns, dazu erlahmt die Spannkraft. Das Leiden ist übermenschlich...

Wir wachsen immer mehr zusammen und fühlen unsere Gedanken ohne sie auszusprechen. Ein herrliches Beisammensein.

Wie schön könnten wir es haben, wenn wir die Prozesse abstreifen könnten – zu schön für Staubgeborene."

498

Bei den Qualen und Prozessen, die Karl May noch durchstehen muss, leistet ihm Klara wie eh und je menschlichen Beistand. Aber auch ihre Liebe, an der es zu keiner Zeit Abstriche gibt, kann den gequälten Mann kaum noch aufrichten.

Wegen der Verleumdung im *Bund* stellt Karl May am 10. Januar 1910 beim Amtsgericht Dresden Strafantrag gegen Lebius, der allerdings nicht mehr zur Hauptverhandlung führt. Denn zunächst muss die beim Charlottenburger Schöffengericht anhängige Sache abgewickelt werden, deren Ende May nur um weniges überleben wird.

Am 12. April 1910 reist der Schriftsteller ohne anwaltlichen Beistand nach Charlottenburg. Er ist felsenfest überzeugt, dass Lebius wegen der Äußerung, May sei ein „geborener Verbrecher", verurteilt wird – und erliegt damit einem verhängnisvollen Irrtum. Der Advokat Bredereck bedient sich im Gerichtssaal aller bisher ausgestreuten Verleumdungen. May ist völlig fassungslos und zu keiner Erwiderung fähig. „Es ist alles nicht wahr!", kann er lediglich zu seiner Verteidigung vorbringen. Wegen „Wahrung berechtigter Interessen" wird Lebius freigesprochen!

Ein glattes Fehlurteil, weil die Frage nach der Wahrheit oder Unwahrheit der Lebiusschen Behauptungen überhaupt nicht gestellt worden war. Klara registriert im Tagebuch mit lakonischer Resignation:

„12. April † † † "

Schlagzeilen bezeichnen Karl May als „Banditen" oder „literarischen Schinderhannes" oder mit noch anderen Böswilligkeiten.

„Mit seltener Unerbittlichkeit ist gestern vor dem Schöffengericht Charlottenburg der bekannte Schriftsteller Karl May moralisch vernichtet worden", schreibt das *Hamburger Fremdenblatt*. Hier wie in anderen Zeitungen werden den Lesern nochmals die Räuberpistolen aufgetischt, nunmehr sogar als gerichtsnotorische, mit dem Nimbus der Glaubwürdigkeit umhüllte Tatsachen. Selbst der *Vorwärts* scheint von der Entwicklung beeindruckt zu sein. Zumindest wartet die

Zeitung noch die Klärung ab, die ein weiterer Prozess bringen kann.

Lebius hatte als „Komplizen des Räuberhauptmanns May" den schon verstorbenen Louis Krügel genannt und als Zeugen dafür dessen Bruder Richard Krügel aus Hohenstein-Ernstthal aufgeboten. Gegen diesen Informanten stellt May nun Strafantrag, reicht außerdem eine Privatklage ein. Am 9. August 1910 wird in der Sache vor dem Schöffengericht in Hohenstein-Ernstthal verhandelt.

Richard Krügel muss eingestehen, dass er von Lebius hinters Licht geführt wurde: Der Journalist sei bei ihm mit dem Vorwand aufgetaucht, Stoff für humoristische Kalendergeschichten zu sammeln. Da habe er ihm einiges erzählt, „dem Lebius einen Bären aufgebunden", was er aber nun nicht aufrecht erhalten könne, nachdem er wisse, was man daraus gemacht und noch hinzugedichtet habe. Mit Bedauern nehme er alles zurück. Worauf auch Karl May seine Klage zurückzieht.

Damit sind die Gräuelgeschichten vom Räuberhauptmann als Lügen entlarvt, für die Presse freilich, die vier Monate vorher mit Schlagzeilen nicht sparte, kein Anlass, dem Schriftsteller volle Gerechtigkeit zu gewähren. Vereinzelte Meldungen auf hinteren Seiten können das Bild kaum korrigieren.

Der *Vorwärts* aber gibt nach dieser Klarstellung seine zeitweilige Zurückhaltung auf und berichtet schon am Tag nach der Verhandlung gegen Krügel in einem langen Beitrag über die gesamten Vorgänge. Dabei werden auch große Teile von fünf Bettel- und Erpresserbriefen des Lebius von 1904 abgedruckt, die May dem Blatt zur Verfügung gestellt hat.

Zwei Tage nach dem skandalösen Charlottenburger Urteil leistet bereits eine andere Zeitung, die deutschsprachige Prager *Bohemia*, May warmherzigen Beistand. Der Autor des Artikels muss zu diesem Zeitpunkt (14. April 1910) noch annehmen, dass an den Räuberpistolen etwas dran ist, erinnert sich aber an die vielen freudvollen May-Lesestunden in seiner Schulzeit. „Niemals hätten wir ihn preisgegeben",

Karl May um 1911.

schreibt er. „Das hätten zehn solcher Gerichtsverhandlungen nicht vermocht." Gezeichnet ist der Beitrag mit „e.e.k." – und das ist niemand anderes als Egon Erwin Kisch.

Der damals fünfundzwanzigjährige Reporter schreibt anschließend nach Radebeul und bittet um ein Interview, das am 9. oder 10. Mai 1910 zu Stande kommt. Bei dieser Gelegenheit begegnen sich Kisch und May nun zum zweiten Mal.

Konnte sich Kisch im Jahre 1898 May noch als „kühnen Präriehelden" vorstellen, so erlebt er ihn nun im Frühjahr 1910 als einen Mann, dessen „Lächeln vom hippokratischen Zug erbarmungslos durchstrichen wird". Zwischen beiden Männern, vom Alter her durch mehr als vier Jahrzehnte getrennt, kommt es zu einem vertrauensvollen Gespräch. May wird gespürt haben, dass ihm ein in Wohlwollen verbundener Mensch gegenübersitzt. Er berichtet von seiner Selbstbiografie, die zu jener Zeit entsteht, und über vieles aus seiner Vergangenheit – „so offen..., wie er es bisher noch nicht getan hat".

Kischs Interview erscheint am 15. Mai 1910 in der *Bohemia*. Mit dieser zweiten Publikation innerhalb von vier Wochen liefert er den damals umfangreichsten wie sachkundigsten Bericht zur Unterstützung Karl Mays. Einige Zeitungen im sächsischen Raum drucken den Beitrag zumindest teilweise nach.

Im späteren Schaffen kommt Egon Erwin Kisch viele Male auf May zurück. 1926 beispielsweise entsteht aus dem Interview und aus Materialien, die der Reporter bereits 1910 erworben hatte, aber unter Verschluss hielt, für den Band *Hetzjagd durch die Zeit* das Kapitel „Im Wigwam Old Shatterhands" – eine umfangreiche Dokumentation zu Tatsachen und Hintergründen der Jugendtaten und der Rufmordkampagne. Zugleich ist es eine erste einfühlsame Studie, die das Schaffen des Radebeuler Fabulierers als Flucht vor den schlimmen Realitäten des Lebens interpretiert, als Versuch, „eine verkrümmte Lebenslinie geradezubiegen". Niemand dürfe es wagen, diese Akten und Fakten „zu einer Herabsetzung Mays zu verwenden".

502

Vize auf der Vogelwiese

Zu „einer Herabsetzung Mays" hat Lebius krudeste Ideen. Zum Beispiel mit der ‚Brennenden Blume'.

Das ist ein Mohawk-Indianer, mit bürgerlichem Namen John Ojijatekha Brant-Sero, der sich in Deutschland aufhält.

Der *Berliner Lokal-Anzeiger* vom 4. Juni 1910 berichtet, dass dies der Stammeshäuptling höchstpersönlich sei und dazu ein Mann von großer Gelehrsamkeit. In Dresden habe er schon einen Vortrag gehalten, und er wolle „den deutschen Gelehrten an der Hand seiner eigenen Forschungen auf mannigfachen Gebieten der amerikanischen Wissenschaft von Nutzen" sein.

Am 27. Juni druckt die *Frankfurter Zeitung* einen „Indianer-Protest gegen Karl May": Herr Brant-Sero empöre sich „gegen die blutrünstige Indianer-Literatur" und gegen „deren hervorragendsten Vertreter ... den berüchtigten Literatur- und Räuberhelden Karl May..."

Die Kritik des Herrn Brant-Sero am vierten Band von *Winnetou* brauche man gar nicht im Einzelnen wiederzugeben, die „Verbreitung solcher Machwerke" sei ein „Ärgernis" und der „Maysche Indianerroman ... ein lächerlicher Witz"; er protestiere gegen die Darstellung der Indianer „als skalpierende blutdürstende Wilde..., gegen diese bösartige Verleumdung..." Jetzt werde in den USA ein großer Indianerkongress zusammenkommen und sich dem Protest anschließen.

Etwa 30 Zeitungen übernehmen die absurde Story, in der nun ausgerechnet Mays friedvollster Indianerroman als blutrünstiges Schulbeispiel verunglimpft wird. Erklärbar ist das nur damit, dass die verantwortlichen Redakteure das Buch einfach nicht gekannt haben: *Winnetou IV* war am 13. Juni 1910 erschienen, mal gerade zwei Wochen vor dem Auftakt der Hetze in der *Frankfurter Zeitung*.

Am breitesten walzt Schumanns Feuilleton im *Dresdner Anzeiger* den „Protest" aus. Brant-Sero schildert zunächst, was sich so alles in den zwei Wochen seit Auslieferung des Buches abgespielt habe. Er selbst beherrsche die deutsche Sprache nicht gut. Aber da sei ein Junge gekommen, der das Buch gelesen und es ihm empfohlen habe. Da wäre er neugierig geworden und hätte auch jemanden zum Übersetzen gefunden. Das habe er dann alles gelesen, und als „zweiter Vizepräsident der Historischen Gesellschaft von Ontario" kenne er „die indianischen Angelegenheiten ziemlich gut" und wisse alles genau: Sein Nationalgefühl sei jedenfalls „auf das tiefste verletzt".

Karl May reagiert mit dem Flugblatt *Herr Rudolf Lebius, sein Syphilisblatt und sein Indianer*. Nicht gegen „blutrünstige Indianerliteratur" laufe die Attacke, schreibt May, „sondern gegen mich allein ... Urheber des Machwerkes ist nicht Brant-Sero, sondern Rudolf Lebius". Und dieser Indianer, von Lebius in einen großen Gelehrten verwandelt, ist „leider weiter nichts als ein herumziehender Schaubuden- resp. Schautruppentänzer..." Karl May hat sich kundig gemacht: „Er bekam nur 50 Mark pro Woche... Aber er trank gern, und zwar aus den größten Gläsern..."

Diese Replik verfehlt ihre Wirkung nicht. Wohl keine 30 Blätter wie in der ersten Runde, aber doch eine ganze Reihe von Zeitungen stellen nun Brant-Sero im richtigen Licht dar. Zum Teil mit recht bissigen Worten. Der *Hohenstein-Ernstthaler Anzeiger* vom 7. August 1910 beispielsweise gibt sich verwundert, weil es eine amerikanische wissenschaftliche Gesellschaft dulde, „daß ihr 2. stellvertretender Vorsitzender für Geld auf deutschen Vogelwiesen herumtanzt". Weil er seine Schulden nicht bezahlen konnte, sei er „in die Arme des Herrn Lebius" geeilt.

Das Gelächter über die ‚Brennende Blume' im Blätterwald hindert Lebius nicht, seinen Indianer als ‚Sachverständigen' für kommende Gerichtsrunden zu benennen.

Die *Stettiner Gerichtszeitung* hat noch etwas detaillierter recherchiert, auch mit Brant-Sero gesprochen und am 2. September 1910 die Ergebnisse publiziert: Ein „überaus sympathischer Mensch" ist dieser Indianer, lesen wir. Er hat Bürstenbinder gelernt und viele Jahre als Helfer auf Farmen gearbeitet, kam als „Schauindianer" nach England, dann nach

504

Lu Fritsch.

Deutschland. In Dresden waren seine Schulden auf etwa 200 Mark angewachsen. Einmal brüstete er sich unbesonnen, „von Herrn Lebius zur Vernichtung und zum literarischen Mord des Schriftstellers Karl May für ungefähr 200 M. monatlich engagiert" worden zu sein.

Vor Gericht ist Brant-Sero gegen May nicht mehr aufgetreten.

Autorin des Artikels in der *Stettiner Gerichtszeitung* ist die 20-jährige Marie-Luise ‚Lu' Fritsch. 1903 hatte sie ihren ersten Brief an Karl May geschrieben, 1907 reist sie zum ersten Mal von Stettin nach Radebeul, etliche weitere Besuche folgen.

Nach Mays Tod heiratet sie den Pädagogen und Publizisten Adolf Droop, der 1909 mit *Karl May. Eine Analyse seiner Reiseerzählungen* eine literarische Untersuchung geliefert hatte. Beide gründeten 1920 das Unternehmen ‚Ustad-Film. Dr. Droop & Co.' und wollten die Reiseerzählungen Mays verfilmen. Drei Stummfilme kommen in die Kinos, aber schon 1921 steht die Firma vor dem Konkurs. Marie-Luise Droop hat bis 1936 noch eine Menge weiterer Drehbücher zu anderen Stoffen geschrieben. Jetzt, 1910, betätigt sie sich zunächst einmal journalistisch. Voran gegangen waren schon einige Gedichte. In der *Stettiner Gerichtszeitung* veröffentlicht sie nun eine Serie von fünf Beiträgen über Mays Auseinandersetzungen mit Lebius und Pöllmann. Gleichermaßen Balsam auf die Seele des gequälten Mannes sind aber auch die Besuche des grazilen, hübschen, lebensfrohen Teenagers und dann der jungen Dame in der Villa „Shatterhand". Mit Merhameh in der gleichnamigen und zugleich allerletzten Erzählung (in GW 81, *Abdahn Effendi*) hat er ihr ein literarisches Denkmal gesetzt.

Im April 1910 hat sie Adolf Droop kennengelernt, im Sommer weilen beide in Radebeul. Als am 25. Juli Marie Hannes hinzukommt, schließen die drei Freundschaft. Lu und Marie sind sich überaus sympathisch: Nur einen Tag nach dem Kennenlernen vollziehen sie die Zeremonie zwischen Winnetou und Old Shatterhand nach und besiegeln ihre ‚Blutsbrüderschaft'.

506

Euchar Albrecht Schmid

Klara May prägte später einmal – im Juli 1912 in einem Brief an Willy Einsle – den Begriff von „Karl Mays Kindern". Zum Kreis dieser jungen May-Verehrer, die in die Villa „Shatterhand" kommen, untereinander in Verbindung stehen und ihrem Idol Unterstützung und Rückhalt geben wollen, gehören neben Willy Einsle auch Ferdinand Hannes, der Bruder von Marie, Elisabeth Barchewitz und Hetty Heide, Gattin des Schriftstellers Hans Karl Heide, Lu Fritsch und noch andere – auch Euchar Albrecht Schmid.

Der Name dieses Mannes wird auf besonders enge und gleichermaßen nachhaltige Weise mit Karl May in Verbindung bleiben.

Im Jahre 1884 in Gemünden am Main geboren, aufgewachsen aber in Bamberg, bleiben ihm seit frühester Kindheit durch außergewöhnliche Kurzsichtigkeit die üblichen wilden Spiele mit den Altersgenossen versagt. Auswege eröffnen sich in der Liebe zur Musik und durch Flucht in die Bücher – in die Welt der Märchen, zu Cooper und Defoe; als Neunjähriger liest er die gerade im *Deutschen Hausschatz* laufende Reiseerzählung *Die Felsenburg.* „Von jetzt an war ich hinter Karl May her", erinnert er sich später, „den übrigens nicht nur mein Vater, sondern auch mein Großvater schätzte und verehrte."

Auch das Neue Gymnasium in Bamberg steht der May-Lektüre aufgeschlossen gegenüber. Es gibt Leseempfehlungen, um „in der Erdkunde mehr zu Hause" zu sein und „bessere Aufsätze" zu schreiben. Ein Lehrer hat die Marotte, seinen Schülern Spitznamen zu verpassen. Euchar, damals in der Quinta noch der Kleinste, wird fortan Hadschi Halef Omar gerufen.

Der Abiturient möchte sich der Medizin zuwenden, der Vater drängt zur Juristerei und setzt sich durch, an den Universitäten München und Erlangen öffnet sich der Kosmos der Gesetze und Paragrafen. Auch während des Studiums bleibt Karl May allgegenwärtig. Euchar Schmid verfolgt die Angriffe auf den Schriftsteller, am 2. November 1906 leistet er seinen ersten Beitrag zur publizistischen Unterstützung – mit einer Rezension zu *Babel und Bibel* in der *Literarischen Beilage* (Rubrik *Bücherschau*) der *Augsburger Postzeitung*.

Dieses Blatt hatte bisher einige recht böse Artikel über Karl May gebracht, 1902 beispielsweise die neu aufgelegten Kolportagewerke als „Abenteuer- und Räuberromane der schlimmsten Sorte" bezeichnet: „Hier wadet Karl May in dem tiefsten Schlamm..." Im Zusammenhang mit dem Roman *Und Friede auf Erden!* verdächtigte sie ihn 1904 „vielleicht unbewußt der Freimaurerei das Wort" zu reden; das galt selbst mit solcher Einschränkung als schlimmer Vorwurf, war doch die Freimaurerei im Blick der katholischen Kirche eine Erscheinung, die mit allen Mitteln bekämpft werden musste.

Mit der positiven *Fantasia*-Besprechung vom 2. November 1906 leitet Euchar Albrecht Schmid die May-Wende der *Augsburger Postzeitung* ein. Fortan gewährt das Journal dem gequälten Autor immer wieder Beistand.

Schon in den *Literarischen Beilagen* zu den Ausgaben vom 27. November und 7. Dezember 1906 behandelt Schmids Bamberger Freund Lorenz Krapp sehr ausführlich und wohlmeinend *Das Problem Karl May*. Weitere Beiträge von ihm folgen; am 28. Juli 1907 kann der spätere Burgschauspieler Amand von Ozoróczy in dem Augsburger Blatt das Debüt seines lebenslangen Engagements für May geben.

Wesentlichen Einfluss auf diese Entwicklung hat der seit 1906 bei der *Postzeitung* tätige Hans Rost, aber wohl auch der May-Verehrer Heinrich Wagner, Chefredakteur der *Donau-Zeitung* in Passau, der 1907 die Schrift *Karl May und seine Werke* veröffentlichte und einen „Rettungsfeldzug ... süddeutscher Blätter" ins Rollen brachte. Was hier an Gutem bewirkt wurde, eingeschlossen die Freude Mays über den Vorabdruck von *Winnetou IV* in der *Augsburger Postzeitung* oder über die Ovationen im Augsburger Schießgrabensaal, reichte aber letztendlich leider nicht für einen Damm gegen die Folgen von Pressehetze und Prozessflut.

508

Für Euchar Albrecht Schmid ist sein erster May-Artikel auch Anlass, selbst nach Radebeul zu schreiben. Karl May antwortet am 17. April 1907 mit einem vier Seiten langen Brief, spricht dabei ein persönliches Treffen an. Daran ist jedoch auf absehbare Zeit nicht zu denken.

Als Euchar Schmid in Erlangen seine Dissertation zu Problemen aus dem Patentwesen eingereicht hat und kurz vor der Prüfung steht, schlägt das Schicksal zu: Durch eine Netzhautablösung erblindet er auf dem rechten Auge. Fünf lange Monate, bis Ende Oktober 1907, leidet er in Erlangen in einer Klinik – hoffnungslos.

Noch im Dezember wird das Rigorosum angesetzt. Der junge Doktor juris arbeitet dann bei einem Versicherungsunternehmen in Stuttgart. Im *Bamberger Volksblatt*, im *Fränkischen Volksblatt* und in anderen Zeitungen „konnte ich öfters eine Lanze für ihn brechen", vermerkt Schmid später zu seinem Einsatz für May.

Im August 1910 ist es endlich soweit. Der 26-jährige Jurist fährt nach Radebeul und weilt fast zwei Wochen bei dem 68-jährigen Schriftsteller – „...gerade damals schrieb er unter bittersten Seelenqualen seine Selbstbiographie, während, wie er sich darin ausdrückte, ‚eine Menge ihm aufgezwungener Prozesse wie drohende Revolver auf ihn gerichtet waren'", berichtet Schmid 1938. „Das unendliche Leid, das den Dichter damals, anderthalb Jahre vor seinem Tod, beugte, habe ich somit in nächster Nähe miterlebt. Ich habe den greisen Mann weinen sehen, als in der Pressefehde sogar das Andenken seines unbescholtenen Vaters angetastet wurde und als man seine ebenfalls längst verstorbene Mutter herabzuwürdigen suchte, weil sie eine – Hebamme war.

Vormittags schrieb der Dichter..., nachmittags und abends besprachen wir uns, und ich bemühte mich, ihm durch Rat und Tat zu helfen. Ich habe ihm empfohlen, frei zu bekennen was zu bekennen war, und denke oft daran, wie er mir eines Tages beide Hände auf die Schulter legte und mit bewegter Stimme sagte: ‚Junger Mann, haben Sie eine Ahnung davon, wie weh es mir altem Manne tut, wenn ich von meinen – Vorstrafen sprechen muss!' ...

Viel habe ich während meines damaligen Radebeuler Aufenthalts beobachtet, und tiefe, wehmütige Erinnerung blieb in mir zurück...“

Nach dem Besuch werden weitere Briefe gewechselt. Schon Anfang September 1910 attackiert Euchar Schmid in der Berliner Wochenzeitung *Die Große Glocke* den Pater Ansgar Pöllmann: Er sei eine „Herostratosnatur“ und trachte „berühmt zu werden durch Verneinen, Zerstören, Vernichten“.

Adolf Droop hatte zuvor durch ein Gespräch in der May nicht allzu wohl gesonnenen Redaktion einen Meinungswandel bewirkt. Das Blatt brachte dann noch weitere Verteidigungsartikel für May. Nochmals mit Pöllmanns Leben und Zielen setzt sich Euchar Schmid am 13. Februar 1911 in einem ganzseitigen Beitrag im *Wiener Montags-Journal* auseinander – kritisch, ironisch, gekonnt mit spitzer Feder: *Euchar seinem lieben Ansgar!* (im Sonderband *Karl May auf sächsischen Pfaden*).

In diesem Artikel entwickelt Schmid auch jene Vorstellungen, die er später beim Gestalten der *Gesammelten Werke* umsetzt; hier erscheinen diese Gedanken zum ersten Mal in gedruckter Form.

Zu den fünf Münchmeyer-Romanen etwa heißt es unter anderem: „Wohl aber vermesse ich mich, die ganzen 25 ‚unsittlichen‘ Bände in kurzer Zeit und gegen geringes Entgelt von allen Schlacken zu säubern, indem ich einfach die schamverletzenden Busen absäbele und an Stelle der ahnungsvollen Gewänder so hochanständige Kattun-Kleider setze, dass auch derjenige, der darauf geaicht ist, nichts mehr ahnen kann!“

Im Kreise von „Karl Mays Kindern“ werden Schmids Artikel mit besonderer Aufgeschlossenheit verfolgt, und natürlich tauschen sie untereinander ihre Gedanken aus. „Von Dr. Schmid bekam ich neulich einen seiner verrückten Briefe – er schlägt für die Pfingstferien ein Rendezvous in Baden-Baden vor... Er schreibt sehr vergnügt, trotzdem er auch allerlei Unangenehmes durchgemacht hat – auch der Pöllmannartikel ist

Euchar Albrecht Schmid.

ihm nicht besonders gut bekommen", vermerkt Marie Hannes im April 1911 in einem Brief an Klara May.

Wie die hier angesprochene Pöllmann-Reaktion ausgefallen war, ist unbekannt. Vom Pfingst-Rendezvous von Marie Hannes und Euchar Schmid aber wissen wir, dass es in Ulm stattfand und in einer Besteigung des Münsters gipfelte.

Als Karl May den *Montags-Journal*-Artikel in der Hand hält, liest er nicht zum erstem Mal von Schmids Vorstellungen zu seinen Werken. Bereits am 10. November 1908, als der Adressat gerade aus Amerika zurückgekehrt war, schreibt der junge Mann nach Radebeul und meint mit Blick auf die Spätwerke, May möge sein „gewaltiges himmelstürmendes Talent" doch auch weiterhin für spannende Abenteuerromane nutzen: „In Reiseromanen sind Sie konkurrenzlos (ich meine: im Können), im psych. Roman nicht. Und die Verquickung der beiden Gattungen halte ich nicht für nötig und nutzbringend."

Ein offenes Wort, das May nicht verübelt, aber auch nicht ernsthaft ins Kalkül zieht. Indes weiß er solches Wohlwollen zu schätzen. Nach den Kolportageroman-Gedanken kommt es beim neuerlichen Wiedersehen zu der denkwürdigen Begebenheit. Ende Juli 1911 treffen Karl und Klara May und Euchar Schmid im Stuttgarter Hotel Marquardt zusammen, hier fällt der viel zitierte Satz: „Sie sollten mein Verleger werden!"

Das ist zunächst ein rein theoretischer Stoßseufzer. Mays Verhältnis zu Fehsenfeld wackelt, doch denkt wohl niemand an unmittelbare Konsequenzen.

Nach Karl Mays Tod erinnert sich Klara an diesen Ausruf, bittet Euchar Schmid nach Radebeul und gibt ihm Einblick in die Unterlagen des Schriftstellers. Jetzt werden auch verlegerische Probleme und Pläne für die *Gesammelten Werke* besprochen. Über einige Gedanken berichtet Euchar Schmid am 16. Juli 1912 im *Radebeuler Tageblatt*; der Beitrag *Karl May's literarischer Nachlaß* wird unter anderem am 21. Juli vom *Hohenstein-Ernstthaler Anzeiger* nachgedruckt. Auf „eine Reihe von Fragmenten" wird verwiesen, „doch läßt sich noch nicht beurteilen, inwieweit sie sich zur Veröffentlichung eignen".

512

Mit der Gründung des Verlages der Karl May-Stiftung (später Karl-May-Verlag) am 1. Juli 1913 beginnt unter dem Geschäftsführer Dr. Euchar Albrecht Schmid die einzigartige Erfolgsgeschichte.

„Sieg! Großer Sieg!"

Die Prozessmühle dreht sich schneller und schneller. In Karl Mays Terminkalender drängen sich die Eintragungen. Zum Beispiel:

8. August 1910 – Klage gegen Pater Pöllmann beim Amtsgericht Dresden wegen Beleidigung. 9. August – Krügel-Prozess in Hohenstein-Ernstthal. 24. September – Lebius hat neuen Strafantrag gestellt. 25. September – Amtsgericht Dresden erklärt sich in Sachen Pöllmann nicht zuständig. – 26. September – Hauptverhandlung gegen Pater Expeditus Schmidt vor dem Amtsgericht Kötzschenbroda. Und so weiter. Neue Klagen werden eingereicht, Zeugen vernommen, Vergleiche geschlossen. Eine Vielzahl von Verfahren, kaum noch überschaubar. Jürgen Seul hat als ein vorläufiges Ergebnis über 100 zivil- und strafrechtliche Verfahren ermittelt, in die Karl May verwickelt war.

Es scheint, dass May nicht immer die besten Anwälte hatte. Bei Beratungen gab es offensichtlich mehr Zuratungen und kaum Abratungen. Ein Verzicht auf einige Klagen hätte vielleicht manches Leid vermieden. Es ist unvorstellbar, wie er das furchtbare Geschehen Tag für Tag ausgehalten hat.

„Seit einem Jahr ist mir der natürliche Schlaf versagt. Will ich einmal einige Stunden ruhen, so muss ich zu künstlichen Mitteln, zu Schlafpulvern greifen, die nur betäuben, nicht aber unschädlich wirken. Auch essen kann ich nicht. Täglich nur einige Bissen, zu denen meine arme, gute Frau mich zwingt. Dafür aber Schmerzen, unaufhörliche, fürchterliche Nervenschmerzen, die des Nachts mich emporzerren und am

Tage mir die Feder hundertmal aus der Hand reißen. Mir ist, als müsse ich ohne Unterlaß brüllen, um Hilfe schreien."

Das schreibt Karl May Anfang November 1910 in seiner Selbstbiografie. Am Monatsende wird die Lebiussche Schrift *Die Zeugen Karl und Klara May. Ein Beitrag zur Kriminalgeschichte unserer Zeit* ausgeliefert, eine Sammlung von Auszügen aus Gerichtsakten, Urteilen, Zeitungsartikeln, Briefen.

Aneinandergereiht hat er das Material vielleicht in der Reihenfolge der Beschaffung. Denn eine Disposition ist nicht erkennbar, wohl aber das Ziel, Öffentlichkeit und Gerichte zu beeinflussen.

Am 13. Dezember 1910 erreicht May eine Einstweilige Verfügung gegen den weiteren Vertrieb der Broschüre. Im Gegenzug kann Lebius nur drei Tage später eine gleiche gerichtliche Anordnung gegen die soeben edierte Selbstbiografie *Mein Leben und Streben* erwirken. Mays Anfechtungsklage Ende Januar 1911 vor dem Berliner Landgericht bleibt ohne Erfolg. Zu seinen Lebzeiten ist der Titel nicht mehr erschienen.

In Sachen Büchern droht 1910 noch eine andere Aktion, von der Karl May aber nichts gewusst hat.

Da existiert seit 1559 ein ‚Index librorum prohibitorum' – verkürzt als ‚Index Romanus' bezeichnet –, der alle Bücher auflistet, die zu lesen den Anhängern der katholischen Kirche verboten ist. Ein anonymer Denunziant will nun 1910 erreichen, dass Mays Werke auf diesen Index gesetzt werden. Er begründet das Ansinnen mit den Gedanken des Schriftstellers zu einer universellen Weltreligion. Seinem Schriftsatz hat er einige Regionalzeitungen mit Schmähartikeln beigefügt, was auf die Herkunft aus dem Rheinland schließen lässt.

Dominikanerpater Thomas Esser hat als Sekretär der Indexkongregation den Vorgang zu bearbeiten und verhindert das Verbot. Die beanstandeten Spätwerke wie etwa *Winnetou IV* stuft er als uninteressant für die Jugend ein: Die Indizierung aber könne das Interesse der Leser erst richtig anfachen.

Eine andere Entscheidung hätte jahrzehntelangen Bestand gehabt – freilich nur im Einflussbereich der katholischen Kir-

514

che. Denn erst das von 1962 bis 1965 tagende Zweite Vatikanische Konzil beschloss, den Index aufzulösen.

Im Jahre 1998 wurden die Archive der vatikanischen Glaubenskongregation für die Wissenschaft geöffnet. Zwei Jahre später entdeckte der Kirchenhistoriker Hubert Wolf bei Forschungsarbeiten rein zufällig – durch einen „Glücksgriff", wie er sagte – die „Geheimakte Karl May". Besonders bemerkenswert auch deshalb, weil hier die Denunziation folgenlos blieb. „Bisher wussten wir nur von den Fällen", so Wolf, „in denen es tatsächlich zu einem Verbot kam."

Pater Esser hat den schlimmen GAU verhindert, die Prozesslawine aber läuft weiter. Ende November 1910 findet in Bozen eine Zeugenvernehmung zur Beleidigungsklage Mays gegen Lebius statt. Für den 20. Dezember sind gleich zwei Gerichtstermine in Hohenstein-Ernstthal anberaumt. Ein Verfahren wird durch außergerichtlichen Vergleich beendet, das andere vertagt. Beim Aufenthalt in seiner Heimatstadt aber hat sich Karl May erkältet. Einer Lungenentzündung, die ihn über die Weihnachtstage ans Bett fesselt, folgt eine mehrwöchige Neuritis.

Egon Erwin Kisch hatte den „hippokratischen Zug" gesehen, über den kein Lächeln mehr hinwegtäuschen kann. Betrachtet man Fotos aus der Zeit nach dem Charlottenburger Urteil vom April 1910, so zeigen sich mit erschreckender Geschwindigkeit die verheerenden Spuren körperlichen Verfalls. Die Erkrankung führt ihn schon an den Rand des Todes.

In Sachen der Klagen May gegen Lebius und Lebius gegen May sind in den ersten Wochen und Monaten des Jahres 1911 viele Zeugenbefragungen angesetzt – in Dresden, Kötzschenbroda, Berlin, Gotha, München, Sigmaringen und anderenorts. Manche Termine werden auf Antrag und dringende Bitte hin vertagt, andere finden ohne Karl May statt, ab März nimmt er einige qualvolle Reisen auf sich.

Weil er den körperlichen und seelischen Strapazen bald nicht mehr gewachsen ist, entschließen sich Karl und Klara, eine von Dr. Curt Mickel längst empfohlene, aber immer wieder verschobene Kur nunmehr anzutreten. Vom 11. Mai bis 17. Juni 1911 fahren sie zusammen mit einem Dienstmädchen und zwei Schoßhündchen ins böhmische Radiumbad St. Joachimsthal. Auf eine neue Therapie mit Radonbädern setzt der Hausarzt große Hoffnungen.

Theatererlebnisse wie 1907 im schlesischen Bad Salzbrunn wurden hier nicht geboten. Aber die „Bäder wirken Wunder" lesen wir in Klaras Tagebuch. „Wir beginnen mit Ausflügen zu Wagen, die Karl sehr liebt."

Sie fahren durch die weiten Erzgebirgswälder, kommen auch auf die sächsische Seite, am 15. Mai stehen sie auf dem Fichtelberg. Auch Oberwiesenthal, Johanngeorgenstadt und Annaberg-Buchholz werden besucht. Einige Male weilen sie in Gottesgab (Boži Dar) – Nachbarort von Joachimsthal und Heimat des berühmtesten Zeitgenossen in dieser Region, des Dichters und Erzgebirgssängers Anton Günther. *Wu de Wälder hamlich rauschen* erklingt seit 1905 auf beiden Seiten der Grenze. Jetzt, 1911, ist das Lied *Vergaß dei Hamit net!* in aller Munde. Viel stärker als heute gehörten damals Sang und Klang zum Leben im Erzgebirge.

Es gibt keinen Hinweis, dass die Mays das gastfreundliche Günther-Haus besucht haben. Übergroße Sorgen ließen sicherlich keine Gedanken an neue Bekanntschaften aufkommen.

Im heutigen Jáchimov (Joachimsthal) erinnert ein sieben Kilometer langer ‚Stezka Karla Maye' (Karl-May-Steig) an den damaligen Aufenthalt des Schriftstellers.

Bis Ende Juli 1911 folgt eine Nachkur auf der Mendel in Südtirol:

„Rückfall. Karl wieder ganz krank. Von neuem Schmerzen und geschwollene Füße", muss Klara am 14. Juli notieren.

Einem Attest des Hausarztes Mickel vom September zufolge „war der gute Erfolg infolge der bald wieder eintretenden Aufregungen durch gerichtliche Termine ... in kurzer Zeit zu Nichte gemacht. Die Schlaflosigkeit, die quälenden Nervenschmerzen, Appetitlosigkeit, und alle anderen Begleiterscheinungen des Leidens brachten den Kranken bald wieder

516

so herunter, neuerdings durch nervöses Asthma, dass er ... wieder bettlägerich wurde." Zum gesundheitlichen Ruin trägt noch das aufreibende Warten auf die angestrengte Berufungsverhandlung nach dem Freispruch von Lebius im April 1910 bei. Nach einer erneuten Verlegung wird der Termin erst für den 18. Dezember 1911 vor dem nunmehr zuständigen Landgericht III in Berlin-Moabit anberaumt.

Karl May bereitet sich gründlich vor. Unter anderem durch die sehr erweiterte Zweitfassung der Prozessschrift *An die 4. Strafkammer des Königl. Landgerichtes III in Berlin* (heute in GW 83, *Am Marterpfahl*), die am 3. Dezember 1911 als Privatdruck vorliegt. Es ist eine Mischung aus Verteidigungsschrift, Klarstellungen zum Lebius-Pamphlet, Schilderungen zur Ehescheidung und von autobiografischen Fakten – die einzige schriftstellerische Arbeit des Jahres 1911 und die allerletzte überhaupt.

In diesem Schriftsatz stehen zur ehemaligen Ehefrau Emma nicht mehr so schlimme Worte wie in der *Studie*, aber immer noch allerhand Unerfreulichkeiten – vielleicht aus taktischen Gründen, denn die reale Entwicklung hatte schon einen anderen Weg genommen. Ein resümierender Schlusssatz lässt das sogar durchblicken: „...sie [= Emma] geht mich nichts mehr an, außer es gelingt ihr, mich zu überzeugen, dass sie doch noch nicht die ganz Verlorene ist..."

Dieses Überzeugen dürfte an einem Septembertag anno 1911 in Radebeul begonnen haben, als Karl und Klara mit Emma zusammentrafen. Hans-Dieter Steinmetz meint, dass „May in den letzten Monaten vor seinem Tod von der negativen Charakterisierung seiner ersten Frau ... Abstand nahm und Emma nicht mehr im Zerrspiegel der vergangenen Prozessjahre sah". Am 18. Dezember 1911 gehört die Ex-Ehefrau zu den Zeugen, die vor dem Landgericht III in Moabit aussagen.

Nach dem Fiasko in Berlin-Charlottenburg fährt Karl May jetzt mit einem Rechtsbeistand, mit dem Dresdner Anwalt Franz Rudolf Netcke, nach Berlin. Dort tritt noch ein weiterer und sehr renommierter Jurist an seine Seite – der Justizrat Erich

Sello. Diese Verbindung hat Maximilian Harden, einer der bedeutendsten politischen Publizisten jener Zeit, vermittelt. Den ‚Vernichtungsfeldzug' charakterisiert er mit den Worten: „Ein Wind niedriger Gesinnung weht durch Deutschland."

An jenem 18. Dezember 1911 tragen Lebius und sein Advokat Bredereck die alten, durch den Hohenstein-Ernstthaler Prozess gegen Richard Krügel widerlegten Verleumdungen ein weiteres Mal vor. Jener strafbare Tatbestand aber steht hier nicht zur Verhandlung. Jetzt geht es nur um den diskriminierenden Ausdruck vom „geborenen Verbrecher". Um May zu diskreditieren, verweist Bredereck sogar auf die Kostümfotos.

„Aber ein Verbrechen wären doch solche phantastischen Dinge bei einem Dichter nicht", erwidert Landgerichtsdirektor Theodor Ehrecke. „Und ich halte Herrn May für einen Dichter."

Das Gericht verurteilt Lebius zu 100 Mark Geldstrafe oder ersatzweise 20 Tagen Gefängnis.

Dieses Strafmaß mag sich ebenso bescheiden ausnehmen wie die Presseberichte, die sich zuvor mit Räuberpistolen überschlagen hatten; den längsten Beitrag bringt noch der *Vorwärts*, der die schändlichen Umtriebe des Lebius resümiert und vom „tragischen Geschick" schreibt, das den Schriftsteller „an seinem Lebensabend" ereilt hat.

Aber das Urteil wirkt fast wie ein Katalysator. „Diesem kleinen Sieg folgen nun die größeren", vermerkt Karl May am Abend des 18. Dezembers auf einer Postkarte an die Felbers nach Hamburg. Am 22. Dezember verurteilt das Landgericht Dresden Pauline Münchmeyer zur Entschädigungszahlung von 60.000 Mark. Durch Berufung wird der Schlusspunkt allerdings erst nach Mays Tod gesetzt. Und das unerwartete Ableben ist auch der Grund für das Ausbleiben der ‚größeren Siege' – für die Verurteilung des Lebius auch wegen der zahlreichen falschen Anschuldigungen. Der ganz große Triumph kann somit für Karl May nicht mehr erwachsen.

Das Leben hält für ihn aber noch einen letzten und erfreulichen Höhepunkt bereit. Der ‚Akademische Verband für Literatur und Musik in Wien' lädt Karl May im Frühjahr

518

1912 zu einem Vortrag ein. Diese erst 1908 gegründete, aber schon sehr angesehene Organisation will kunstinteressierten Studenten ein Podium bieten und setzt sich für neue, außerhalb des etablierten Kunstbetriebs liegende Strömungen ein. Verdienste erwirbt sich der Verband unter anderem durch Popularisieren der Werke von Frank Wedekind, Arnold Schönberg und Alban Berg.

Bei der Einladung an Karl May schwingt menschliches Mitgefühl mit, in erster Linie jedoch ist das ein Politikum: Nach der Verurteilung von Lebius am 18. Dezember 1911 soll die Veranstaltung zu einem moralischen Schutzwall gegen weitere Verfolgungen durch „die bürgerliche Gesellschaft" beitragen. Der junge Schriftsteller und Publizist Robert Müller, literarischer Leiter des Wiener Vereins, bereitet deshalb den Auftritt Mays sorgfältig vor. In der in Innsbruck erscheinenden frühexpressionistischen Literaturzeitschrift *Der Brenner* – nach Karl Kraus die einzige ehrliche Revue in Österreich wie Deutschland – veröffentlicht er am 1. Februar 1912 den Beitrag *Das Drama Karl Mays*.

Dieses Journal fühlt sich hohen Forderungen an Wort und Sprache verpflichtet, einem Anliegen also, das May in der Selbstbiografie geradewegs abgelehnt hatte: „Die Wahrheit ist, dass ich auf meinen Stil nicht im Geringsten achte... Ich verändere nie, und ich feile nie." Durch andere Momente jedoch, legt Robert Müller dar, hat May seinen Platz in der Literatur gefunden. Er habe „mit der ganzen Kunstlosigkeit, die dem Naturgenie eigen ist", begonnen. „Die Fingerfertigkeit, die ihm aus dieser Uebung erwuchs, kam ihm später, als er seine eigentliche Karriere als Erzähler von Reiseromanen begann, zustatten. Gewiefte Erzähler wie Jakob Wassermann ... haben ein gutes Wort für jene primitive und reine Art des Erzählens eingelegt." Müller findet treffliche Worte „von einer tiefen visionären Gemütskraft, einer Sehnsucht nach Reinlichkeit", er verweist auf das „vollblütige Komödiantentum, aus dem heraus May sich mit seinen Phantasiegestalten identifiziert, ... künstlerisch erweckt es Vertrauen... So ein wahrer

Dichter ist May ..., ein richtiger Erzähler und ein stark ethisch empfindsamer Mensch..." Deshalb muss auch alles, was gegen die Werke ins Feld geführt wird, als „nicht echt" wirken: „Denn seltsamerweise gelang es den literarischen Kritikern, May nur mit Hilfe seiner bürgerlichen Inkonvenienzen [Ungehörigkeiten, Unbequemlichkeiten] beruflich kaltzustellen."

Neben der literarischen Einführung organisiert Robert Müller eine Umfrage bei hervorragenden Schriftstellern. Er bittet um Meinungen zur Einladung Mays nach Wien. Heinrich Mann antwortet: „Ich höre, daß Karl May der Öffentlichkeit so lange als guter Jugendschriftsteller galt, bis irgendwelche Missetaten aus seiner Jugend bekannt wurden. Angenommen aber, er hat sie begangen, so beweist mir das nichts gegen ihn – vielleicht sogar manches für ihn. Jetzt vermute ich in ihm erst recht einen Dichter!" Der Dramatiker Hermann Bahr schreibt: „Wer so viel Haß, Neid, Verleumdung, Wut, Liebe, Bewunderung und Streit erregt wie Karl May, verdient es schon um dieser Kraft willen, gehört zu werden." Viele weitere Akklamationen treffen ein. Bertha von Suttner äußert sich offiziell unter anderem mit den Worten: „Was den literarischen Wert der May'schen Arbeiten betrifft, so nimmt ein Autor, der eine ganze Jugendgeneration durch seine spannenden phantasiereichen Erzählungen zu fesseln verstand, jedenfalls einen achtungsgebietenden Rang ein..." Und privat schreibt sie nach Radebeul: „Ich freue mich lebhaft, Sie am 22. d. in Wien sprechen zu hören. Daß Sie mein Gesinnungsgenosse in Friedenssachen und anderen Fragen sind, das weiß ich ja: ‚empor!' ist unser beider Devise... Nicht wahr, wir Geistesarbeiter, die wir die Leiter halten, auf der die Menschheit die ‚E d e l menschheit' emporsteigen soll, müssen einander behilflich sein. Auf Wiedersehen also im Sofiensaal..."

Freund und Hausarzt Dr. Mickel hat von der Reise abgeraten. Karl May war wie im Jahr vorher wiederum an Lungenentzündung erkrankt und noch nicht auskuriert. Karl und Klara fahren am 20. März dennoch in die Donaumetropole.

Bertha von Suttner macht einen Besuch im Hotel. Am Frei-

Bertha von Suttner.

tag, dem 22. März 1912, um 19 Uhr 30, sitzt sie in der ersten Reihe des Wiener Sophiensaales, als Karl May die Estrade betritt. Auf einem der hinteren Stühle soll Adolf Hitler gehockt haben. Von „mindestens 2.000 Zuhörern" schreiben tags darauf einige Zeitungen, während andere „über 3.000 Personen" nennen. Der Saal ist jedenfalls brechend voll, tosender Beifall empfängt den Redner.

Empor ins Reich der Edelmenschen heißt das Thema, das Karl May als Ziel seines Lebens erläutert wie auch als Aufgabe der ganzen Menschheit postuliert. Er schildert seine Herkunft und den mühseligen Weg, auf dem er sich aus den Tiefen seiner Jugend emporgearbeitet hat. Auf die Vorwürfe eingehend, denen er sich in den zurückliegenden Jahren erwehren musste, kritisiert er, ohne den Namen Münchmeyer zu nennen, ein „Kolportageroman- und Schundverlagsgeschäft" in Dresden, das den „ehrlichen Karl May zur schwindlerischen Fratze gestaltete und hinaus in die Zeitungen schickte". Heute aber solle man „den wirklichen, unverfälschten Karl May hören..."

„Drei Wege" nennt May, die zur „Edelmenschlichkeit" führen würden: „Wissenschaft, Kunst, Religion. Wissenschaft bringt Erkenntniß; Kunst bringt Offenbarung; Religion bringt Erlösung." Zum wiederholten Male bekennt er sich als Christ und wirbt – wie schon so oft – für die Fähigkeit zur Toleranz. Besonders von den Mitbürgern jüdischer Herkunft habe die Menschheit viel übernommen: „Nie können wir genug dankbar sein!"

Die Presseberichte heben seine Plädoyers „für die Heiden, für die Juden..." usw. heraus, und das Wiener *Deutsche Volksblatt* findet gerade dies recht verwerflich: „Leider machte May dem Judentum, das sehr stark vertreten war, ein Kompliment..."

Der zweieinhalbstündige Vortrag gipfelt in den Worten, dass er als ein Mensch spreche, „der nichts und nichts erstrebt als nur das eine, große, irdische Ziel: Und Friede auf Erden!" Mit lang anhaltenden Ovationen, die sich noch außerhalb des Saales fortsetzen, wird Karl May gefeiert – es ist ein Abschied für immer.

Eine der letzten Aufnahmen: in Wien am 22.3.1912.

Nach zwei Tagen im Hotel ohne Heizung ist er etwas erkältet, mit leichtem Fieber kehrt er nach Radebeul zurück, noch aufgerüttelt von der begeisterten Aufnahme in Wien. Am Sonnabend, dem 30. März 1912, gegen 20.^{30} Uhr, stirbt Karl May an einem Herzschlag. „Sieg! Großer Sieg! – Rosen – rosenrot!", überlieferte Klara May als seine letzten Worte.

Die Beisetzung erfolgt am 3. April.

Der Nachruf im *Vorwärts* am 2. April 1912 endet mit den Worten:

„Karl May war eben in seiner Art eine Klasse für sich. Ein Erzähler von unerschöpflicher Erfindungsgabe, eine Kombination gewissermaßen von Jules Verne und Conan Doyle. Dabei aber keineswegs ein Nachahmer, sondern ein vollblütiges Original."

Erich Mühsam schreibt in der Aprilausgabe seines Monatsblattes *Kain. Zeitschrift für Menschlichkeit* unter anderem: „Es tut mir leid, dass Karl May diese Zeilen nicht mehr lesen wird. Ich hätte sie auch geschrieben, wenn er nicht in diesen Tagen gestorben wäre... Was alles seine Angreifer gegen May vorbringen, spricht für ihn, und es ist schändliche Undankbarkeit derer, die ihre besten Jugendstunden seinen Mordgeschichten verdanken, dem Manne, der das Prädikat eines Dichters ohne Einschränkung verdient, nachträglich seine Verdienste zu schmälern..."

Eine Zeit lang hat Karl May seinen schlimmsten Feind in Oskar Gerlach gesehen. Der Münchmeyer-Anwalt bekannte später, dass dies alles eine „unliebe Aufgabe" war. Am Karfreitag, dem 5. April 1912, wenige Tage nach Mays Tod, gedenkt er des einstigen Gegners mit einem Gedicht. Es endet mit diesen Versen:

„Stets rein aus P f l i c h t war ich dein Widersach
– Denn krankhaft falsch war all dein Prozessieren –,
Doch schlug mein H e r z dir heimlich hundertfach:
Auf Wiedersehn in himmlischen Revieren!"

Am selben 5. April widmet Bertha von Suttner in der Wiener *Zeit* ihrem Gesinnungsgenossen unter anderem folgende Sätze:

„Die Nachricht von Karl Mays Tode wird alle jene, die hier im Sophiensaal dem allerletzten Vortrag, den er gehalten, beigewohnt haben, ganz besonders erschüttern. ...

Er hatte noch eine große Freude erlebt. Der Jubel, mit dem ihn die dreitausend Zuhörer umtosten, war ja nicht nur der Ausdruck von dem Schriftsteller gewidmetem Beifall gewesen, sondern vielmehr eine Demonstration von persönlicher Verehrung, ein Protest gegen die Bosheits- und Verleumdungskampagne, die gegen ihnen geführt worden und aus der er voll rehabilitiert hervorgegangen war, die ihm aber durch zehn lange Jahre das Leben verbittert hatte.

Wer den schönen alten Mann an jenem 22. März (am 30. März, seinem Hochzeitstag, traf ihn ein Herzschlag) sprechen gehört, durch ganze zwei Stunden, weihevoll, begeisterungsvoll, in die höchsten Regionen des Gedankens strebend – der musste das Gefühl gehabt haben:

In dieser Seele lodert das Feuer der Güte."

Wohl hat Bertha von Suttner dabei auch an jene Worte von einer besseren Welt gedacht, die Karl May 1908/09 im Mir von Dschinnistan formulierte: „Die Erde sehnt sich nach Ruhe, die Menschheit nach Frieden, und die Geschichte will nicht mehr Taten der Gewalt und des Hasses, sondern Taten der Liebe verzeichnen. Sie beginnt sich ihrer bisherigen rohen, blutigen Heldentümer zu schämen. Sie schmiedet neue, goldene und diamantene Reifen, um von nun an nur noch Helden der Wissenschaft und der Kunst, des wahren Glaubens und der edlen Menschlichkeit, der ehrlichen Arbeit und des begeisterten Bürgersinnes zu krönen."

Das sind Visionen, die bis in unsere Tage aktuell geblieben sind – genauso lebendig wie das gesamte Werk des Mannes, der in seinen Träumen Winnetous Blutsbruder war.

ANHANG

Epilog und Dank

So etwa elf oder zwölf Jahre alt werde ich gewesen sein, als mir der erste grüne Band in die Hände fiel. *Der Ölprinz* war es, durch den ich Karl May kennenlernte und der eine Begeisterung auslöste, die bis heute angehalten hat.

Damals lebte ich im Erzgebirge, in der Nähe von Hohenstein-Ernstthal, also in der DDR, die sich zu Karl May ein besonderes Verhältnis zusammengestümpert hatte. Der Schriftsteller war nie offiziell verboten, aber bis Ende 1982 auch nicht erlaubt. Seine Bücher wurden weder gedruckt noch verkauft, von Paketschnüfflern beschlagnahmt, sogar aus Bibliotheken ausgesondert.

Die DDR wollte sich eine eigene Abenteuerliteratur schaffen und fürchtete Mays übergroße Konkurrenz. Seine Helden zogen als grenzenlose Individualisten durch exotische Ferne und fühlten sich an keine Obrigkeit gebunden: Das durften keine Vorbilder für sozialistische Untertanen in der dumpf reglementierten DDR sein.

Diese für May und May-Fans im Osten tragische Entwicklung begann in der noch fernsehlosen Zeit: Karl-May-Bücher konnten so manchen Leser total faszinieren und erfassen, sein Leben auch außerhalb der Lektürestunden durch Tagträume prägen. Solche Fans schienen für den Glauben an die Fiktion vom Sozialismus verloren.

Begründet wurde der Bannstrahl freilich mit anderen und recht wunderlichen ‚Argumenten': Man habe kein Papier, hieß es, und Karl May sei nicht gut genug und außerdem „nationalistisch" und „sentimental", er vermittle „kein marxistisches Geschichtsbild", es gebe „bessere und spannendere Bücher" – beispielsweise über Atomphysik und Fotografie –, er habe sein Wissen „nicht bei Marx und Engels, sondern in bürgerlichen Nachschlagewerken" – etwa „in Baedeker-Bänden" – gefunden, auch sei Old Shatterhand „nicht im Auftrag der Arbeiterklasse geritten". Und so weiter. Schwachsinn in dritter Potenz! Wer es nicht selbst miterlebt hat, glaubt das kaum. Höhepunkt des SED-Nonsens war 1956 die Behauptung, Karl-May-Bücher seien „eine der Ursachen" für den Volksaufstand in Ungarn gewesen!

,Verbotenes' hat stets besondere Reize, und wenn Karl May auch bloß in die Grauzone des Nichterlaubten gerückt worden war, so faszinierte er dennoch doppelt: Die grünen Bände wurden getauscht und gelesen und zerlesen.

Die Wende kam 1982, als über ARD und ZDF immer neue Idole auch durch die Gegenden östlich von Werra und Elbe geisterten, die Mayschen Helden längst nicht mehr einmalig waren. Der sächsische Fabulierer wurde in seiner Heimat rehabilitiert. May-Filme der sechziger Jahre liefen im Fernsehen und in Kinos der DDR. Ein Ostberliner Verlag begann mit der Herausgabe einiger May-Bände; der Einkauf von grünen Bänden aus dem Bamberger Karl-May-Verlag stand aber weiterhin außerhalb jeder Erwägung. Im Gegenteil: Postsendungen und Reisetaschen in Interzonenzügen wurden nach wie vor gefilzt. Für May-Bücher gebe es keinen Freibrief, wurde auf Anfrage von einem Postzollamt beschieden – „...ist eine Vorabentscheidung auch dann nicht möglich, wenn Titel und Autor eines Buches bekannt sind": Das müssten die Genossen Kontrolloffiziere jedes Mal im Einzelfall entscheiden!

„Ob sich Karl May in der DDR endgültig durchgesetzt hat, ist schwer zu sagen. Denn er wird dort auch heute unterschiedlich beurteilt, und abrupte kulturpolitische Schwankungen sind in den sozialistischen Ländern, wie gerade der Fall Karl May zeigt, keine Seltenheit", musste Prof. Dr. Claus Roxin, langjähriger Vorsitzender der Karl-May-Gesellschaft, noch zur Jahresmitte 1989 in einem Zeitungsinterview feststellen.

Um vieles unsicherer lagen die Dinge noch fünf bis sechs Jahre vorher – 1983/84, als ich mit dem Verlag der Nation in Ostberlin eine Karl-May-Biografie vereinbaren konnte. Zu jener Zeit gab es selbst bei den verantwortlichen Herren im

Verlag noch Zweifel, ob die May-Renaissance eine Eintagsfliege bleibt oder doch dauernden Bestand haben würde. Deshalb war vorerst auch nur an ein dünnes Büchlein von ganzen 220 Manuskriptseiten gedacht.

Über das Biografie-Projekt waren eine Reihe meiner Freunde, so Hainer Plaul, Hans-Dieter Steinmetz, Manfred Hecker und Wolfgang Hallmann, von Anfang an informiert, auch Alfred Schneider, der 1969 die Karl-May-Gesellschaft gründete, den ich aber schon lange vorher kannte und der ab 1967 regelmäßig wenigstens einmal im Jahr aus Hamburg zu Besuch nach Leipzig kam. Aus Gründen vereinfachter Formalitäten zumeist zur Messe. Häufig war das mit einem sonntäglichen May-Meeting im kleinen Kreis verbunden.

Alle gemeinsam teilten wir die Befürchtung, dass das DDR-May-Kapitel möglicherweise schon wieder zu Ende ginge, noch bevor es richtig begonnen hatte. Also sollte die geplante Biografie wenigstens einen kleinen Beitrag auch dazu leisten, die Auferstehung des so lange Verfemten möglichst unumkehrbar zu machen. Deshalb wurden manche Akzente so gesetzt – selbstverständlich ohne Tatsachen zu verbiegen –, dass die Genossen vielleicht glauben mochten, Karl May sei schon so etwas wie einer der ihrigen.

Diesem Anliegen untergeordnet waren auch ein paar Passagen mit kritischen Anmerkungen zu Textbearbeitungen. Hier kamen noch zusätzliche Irritationen ins Spiel. So kannte ich zur Textgeschichte der Kolportageromane noch nicht alle Zusammenhänge. Und schließlich die Tatsache, die man in der DDR mit jahrzehntelanger May-Abstinenz und reglementierter Buchproduktion wohl nicht nachvollziehen konnte: Ohne die Bearbeitungen durch den Karl-May-Verlag wäre Karl May heute ein längst vergessener Autor!

Die damalige Biografie sollte *Der Mann, der sich Old Shatterhand nannte* heißen. Das Versehen eines Grafikers machte daraus *Der Mann, der Old Shatterhand war*. Auf einer Änderung habe ich nicht bestanden, weil das eine zusätzliche Verzögerung bedeutet hätte.

528

Das Manuskript war im Januar 1986 abgeliefert worden, das Buch kam fast exakt drei Jahre später in den Buchhandel – in einer für DDR-Verhältnisse sogar eher kurzen Zeitspanne.

In dieser Phase wurde gelesen und gewartet: Mehrere Gutachter und Zensoren mussten ihren Befund kundtun, und wenn dann eine „Druckgenehmigung" – Synonym für Freigabe durch die Zensur – vorlag, wurde weiter ausgeharrt, bis sich eine günstige Konstellation von „Plankennziffern", „Papierkontingent" und „Druck- und Bindekapazität" einstellte.

Winnetous Blutsbruder ist keine neue Auflage des *Mannes, der Old Shatterhand war*, sondern eine neue Karl-May-Biografie. Einige Passagen wurden übernommen, das meiste jedoch neu geschrieben. Denn seit 1986 sind viele Jahre mit vielen neuen Erkenntnissen ins Land gegangen. Das Wissen um neue Details und Zusammenhänge zu Mays Vita ist beträchtlich gewachsen – nicht zuletzt durch die Forschungsergebnisse des Wissenschaftlichen Beirates Karl-May-Haus Hohenstein-Ernstthal, die schon in etlichen biografischen Berichten und Dokumentationen der *Karl-May-Haus Information* vorgestellt wurden. Ein großes Dankeschön geht deshalb an alle Mitglieder des Beirates – an den unermüdlichen Forscher Dr. Hainer Plaul (Lommatzsch) und an Hans-Dieter Steinmetz (Dresden), mit dem ich seit vielen Jahren eng zusammenarbeite und der immer wieder Hinweise zum Manuskript gab, an Andreas Barth (Kuhschnappel), Jenny Florstedt (Leipzig), Wolfgang Hallmann (Hohenstein-Ernstthal), Manfred Hecker (Taura), Gerhard Klußmeier (Rosengarten), André Neubert (Hohenstein-Ernstthal), Jens Pompe (Glauchau) und Hartmut Schmidt (Berlin).

Die Herren Lothar und Bernhard Schmid haben sich weit über den verlegerischen Rahmen hinaus für das Entstehen dieses Buches engagiert und nach meinen Wünschen Dokumente und Bilder aus dem Archiv des Karl-May-Verlages bereitgestellt. Lektor Roderich Haug steuerte viele kluge Gedanken bei, Falk Klinnert besorgte die ansprechende Gestaltung.

Carl-Heinz Dömken malte das schöne Deckelbild und hatte die Idee zum Buchtitel – den unabhängig davon kurz vorher schon mein Sohn Ronald vorgeschlagen hatte. Ein toller Zufall!

Mit Prof. Dr. Claus Roxin konnte ich über Jahrzehnte hinweg zum großen Thema Karl May korrespondieren. Entgegenkommende und freundschaftliche Unterstützung durch Auskünfte, Hinweise und Materialien erfuhr ich durch Frau Annette Karnatz und Frau Brigitte Fiedler vom Stadtarchiv Radebeul sowie die Herren Emil Angel (Esch-Alzette/Luxemburg), Bernd Arlinghaus (Dortmund), Dr. Hans Buchwitz (Taucha), Helmut Erfurth (Dessau), Manfred Gärtner (Dresden), Anton Haider (Pettnau/Österreich), Ralf Harder (Hohenstein-Ernstthal), Hartmut Kühne (Hamburg), Manfred Raub (Wiesbaden), Jürgen Seul (Ahrweiler), Dr. Dieter Sudhoff (Paderborn) und Dr. Johannes Zeilinger (Berlin). Ihnen allen danke ich ganz herzlich. Und dies auch – last not least – den fleißigen Schreiberinnen in Leipzig und Bamberg.

In Dankbarkeit erinnere ich mich an die vielen Gespräche, die ich vor Jahren in Radebeul mit Patty Frank, in Hohenstein-Ernstthal mit Hans Zesewitz und Werner Legère, in Hamburg mit Prof. Dr. Heinz Stolte und in Leipzig mit Alfred Schneider führen konnte.

Zeittafel
(Zu den Prozessen Karl Mays folgt eine gesonderte Übersicht.)

1842 25.2.: Karl May in Ernstthal, Niedergasse 111 (heute Hohenstein-Ernstthal, Karl-May-Straße 54, ‚Karl-May-Haus') geboren.
26.2.: Taufe in der Ernstthaler Kirche St. Trinitatis; nach eigenem Bekunden vier Jahre blind.

1845 April: Umzug in eine Mietwohnung in Ernstthal, Markt 16, später 18 (beide Häuser 1898 abgebrannt; heute H.-E., Neumarkt 16 bzw. 18).

1848 (evtl. schon 1847): Besuch der Rektoratsschule in Ernstthal bis 1856.

1856 16.3.: Konfirmation.
Besuch des Lehrerseminars in Waldenburg, dort erste literarische Versuche.

1860 28.1.: Entlassung aus dem Seminar wegen des Vorfalls mit den Kerzen.
4.6.: Fortsetzung des Studiums am Lehrerseminar in Plauen.

1861 September: Abschlussprüfung in Plauen.
Oktober: Hilfslehrer an der Armenschule in Glauchau, ab Monatsende Fabrikschullehrer in Altchemnitz.
Weihnachten: Verhaftung wegen ‚Uhrendiebstahls'.

1862 Verurteilung zu sechs Wochen Gefängnis wegen „widerrechtlicher Benutzung fremder Sachen".
8.9. bis 20.10.: Strafverbüßung in Chemnitz.
6.12.: Musterung, für militäruntauglich befunden.

1863 Kümmerliche Einnahmen durch Privatstunden und Auftritte in „musikalisch-declamatorischen Abendunterhaltungen". Mitglied im Ernstthaler Sängerkreis ‚Lyra', der auch Kompositionen Mays aufführt. Nach der Streichung aus der Liste der Schulamtskandidaten (20. Juni) wachsende Verzweiflung.

1864 Weitere Auftritte in öffentlichen Veranstaltungen.

Juli: Erste hochstaplerische Aktion in Penig.
Dezember: Ähnliche Schwindelei in Chemnitz.

1865 März: Pelzcoup in Leipzig.
26.3.: Verhaftung.
8.6.: Verurteilung durch das Bezirksgericht Leipzig zu vier Jahren und einem Monat Arbeitshaus.
14.6.: Strafantritt auf Schloss Osterstein in Zwickau.

1868 2.11.: Vorzeitige Entlassung.
Seine im *Repertorium* fixierten schriftstellerischen Pläne lassen sich nicht verwirklichen.

1869 März: Beginn neuer Hochstapeleien und kleinerer Diebstähle in der Umgebung von Ernstthal. Zeitweise Aufenthalt in der ‚Karl-May-Höhle‘.
2.7.: Verhaftung in Hohenstein.
26.7.: Bei einem Lokaltermin Flucht bei Kuhschnappel.

1870 4.1.: Festnahme in Algersdorf (Böhmen).
13.4.: Verurteilung durch das Bezirksgericht Mittweida zu vier Jahren Zuchthaus.
3.5.: Strafantritt in Waldheim, Arbeit als Zigarrendreher.

1872 September: Mit drei kleinen Gedichten in einem Kalender erscheinen die ersten gedruckten Zeilen.

1874 2.5.: Entlassung mit der Auflage zweijähriger Polizeiaufsicht. Schriftstellerische Versuche.

1875 8.3.: Reise nach Dresden, um im Verlag H. G. Münchmeyer eine Arbeit als Zeitschriftenredakteur aufzunehmen.
15.3.: Polizeiliche Ausweisung aus Dresden.
April/Juni (oder bereits November 1874): Erste Erzählung *Die Rose von Ernstthal*.
August: Rückkehr nach Dresden, Wohnung im Verlagshaus H. G. Münchmeyer, Wilsdruffer Vorstadt, Jagdweg 14 (Haus existiert nicht mehr).
September: Die Wochenzeitschriften *Schacht und Hütte* und *Deutsches Familienblatt* erscheinen. In Heft 7 des

1876 *Familienblattes* wird erstmals Winnetou vorgestellt.
26.3.: Helene Ottilie Vogel, mutmaßliche Tochter Mays, geboren.

532

Jahresmitte: Bekanntschaft mit Emma Pollmer.

September: Als Nachfolgerin von *Schacht und Hütte* und *Deutsches Familienblatt* erscheint die Zeitschrift *Feierstunde am häuslichen Heerde*. Ab Heft 10 läuft Mays erster Roman *Der beiden Quitzows letzte Fahrten*.

1877 Februar: Beendigung der Tätigkeit im Verlag H. G. Münchmeyer. Wohnung in Dresden-Altstadt, Pillnitzer Straße 72 bei einer Witwe Groh (Haus existiert nicht mehr).

Mai: Emma übersiedelt nach Dresden.

May bietet mehreren Verlegern Erzählungen an.

1878 1. Halbjahr: Redakteur der Zeitschrift *Frohe Stunden* im Verlag von Bruno Radelli, Dresden.

Gemeinsame Wohnung mit Emma Pollmer in Dresden-Neustrießen, Straße 4, Nr. 2, Villa Forsthaus (heute Forsthausstraße / Ecke Teutoburgstraße; Haus existiert nicht mehr)

April: Recherchen zum Todesfall Emil Pollmers (Onkel von Emma P.).

August: Wohnung in Hohenstein, Am Markt 243, ‚Pollmer-Haus‘ (heute H.-E., Altmarkt 33); May wird freischaffend tätig.

1879 9.1.: Verurteilung durch das Gerichtsamt Stollberg zu drei Wochen Gefängnis wegen unbefugter „Ausübung eines öffentlichen Amtes"; danach Einspruch und Gnadengesuch.

März/April: Mit *Three carde monte* erscheint die erste Erzählung im *Deutschen Hausschatz*.

April: May zieht wieder zu seinen Eltern nach Ernstthal, Markt 18.

Juni: In der zweiten *Hausschatz*-Erzählung *Unter Würgern* taucht erstmals Old Shatterhand auf.

1.-22.9.: Strafverbüßung im Gerichtsgefängnis von Hohenstein-Ernstthal.

In Verlagen in Philadelphia (USA) und Stuttgart, erscheinen Mays erste Buchausgaben.

1880 17.8.: Eheschließung mit Emma Pollmer.

Wohnung in Hohenstein, Am Markt 2 (heute H.-E., Altmarkt 2).

12.9.: Kirchliche Trauung in der Hohensteiner Kirche St. Christophori.

1881 Im *Deutschen Hausschatz* erscheinen mit *Giölgeda padiśhanün* erste Teile des großen Orient-Balkan-Zyklus. Kara Ben Nemsi und Hadschi Halef Omar treten auf. November: Erste französische Übersetzungen.

1882 Spätsommer: Bei einem Dresden-Besuch Zusammentreffen mit H. G. Münchmeyer; mündliche Vereinbarung zu einem Lieferungsroman. November: Erste Hefte des *Waldröschens* erscheinen. Bis 1887 folgen vier weitere Kolportageromane.

1883 7.4.: Umzug nach Dresden-Blasewitz, Sommerstr. 7 (heute Sebastian-Bach-Str. 22). Seit 1991 Gedenktafel am Haus.

1884 Frühjahr: Wohnung in Dresden-Johannstadt, Prinzenstr. 4, parterre (heute Am Wohnheim/Ecke Blasewitzer Straße, Haus existiert nicht mehr).

1885 Wie bereits wiederholt in zurückliegenden Jahren erklärt die Redaktion des *Deutschen Hausschatzes* den Lesern das Ausbleiben Mayscher Erzählungen durch Weltreisen des Autors. In Wirklichkeit schreibt er an den umfangreichen Lieferungsromanen für den Münchmeyer-Verlag.

1887 Januar: Mit dem *Sohn des Bärenjägers* beginnt die Mitarbeit an der Zeitschrift *Der Gute Kamerad*. Frühjahr: Wohnung in Dresden-Altstadt, Schnorrstr. 31, über der Restauration des Schankwirtes Nitsche (Haus existiert nicht mehr).

1888 Wiederaufnahme der regelmäßigen Arbeit für den *Deutschen Hausschatz*. 1.10.: Wohnung in Kötzschenbroda, Schützenstr. 6, Villa ‚Idylle' (heute Radebeul, Wilhelm-Eichler-Str. 8). Nahebei wohnte die Schriftstellerin Wilhelmine Heimburg. Im *Guten Kameraden*: *Kong-Kheou, das Ehrenwort*.

Im Zusammenhang mit einem im *Guten Kameraden* unter dem Pseudonym „Hobble-Frank" gestellten Preisrätsel taucht erstmals der Begriff „Villa Bärenfett" auf.

1889 Im *Guten Kameraden* beginnt *Die Sklavenkarawane*.

1890 (oder 1891) Beginn der Freundschaft mit Richard und Klara Plöhn.
Frühjahr: Wohnung in Niederlößnitz, Lößnitzstr. 11 (heute: Radebeul, Lößnitzstr. 11).
Im *Guten Kameraden*: *Der Schatz im Silbersee*.

1891 8.4.: Wohnung in Oberlößnitz, Nizzastr. 13, ‚Villa Agnes' (heute: Radebeul, Lößnitzgrundstr. 2).
Im *Guten Kameraden*: *Das Vermächtnis des Inka*.
November: Besuch des Verlegers Friedrich Ernst Fehsenfeld aus Freiburg/Br. in der ‚Villa Agnes'; Vertrag zur Herausgabe der Serie *Karl May's gesammelte Reiseromane* (GRR).

1892 Februar: Kontakte zu einem Titelmakler in Berlin.
Mai: Der erste grüne Band *Durch Wüste und Harem*.

1893 Als Bände VII – IX der GRR werden *Winnetou der Rote Gentleman I – III* herausgegeben.
Im *Guten Kameraden* läuft *Der Oelprinz*.

1894 Beginn der Old Shatterhand-Legende.
Vor Weihnachten: *Old Surehand, 1. Band*.
Gesamtauflage der GRR: 400.000.

1895 17.12.: Kauf der Villa „Shatterhand" in Radebeul, Kirchstr. 5 (heute: Karl-May-Str. 5).

1896 Ostertage: Der Amateurfotograf Alois Schießer nimmt 101 Kostümfotos auf.
Der Büchsenmacher Max Fuchs fertigt ‚Silberbüchse' und ‚Bärentöter' an.
May verlangt, dass die GRR fortan *Gesammelte Reiseerzählungen* (GRE) heißen (ab Band XVIII *Im Lande des Mahdi,* III. Bd.).
Im *Guten Kameraden*: *Der schwarze Mustang*.
Oktober: Im *Deutschen Hausschatz* wird mit dem zweiteiligen Beitrag *Freuden und Leiden eines Vielgelesenen*

eine breitenwirksame Identifizierung zur Old Shatterhand-Legende vollzogen.

1897 Intensive Reisetätigkeit durch Deutschland und Österreich beginnt.

1898 Weitere Reisen mit Vorträgen.

1899 16.3.: Adalbert Fischer kauft den Münchmeyer-Verlag. May warnt Ende April von Kairo aus in einem Schreiben vor Übernahme der fünf Lieferungsromane. 26.3.: Aufbruch zur Orientreise.
9.4.: May betritt in Port Said zum ersten Mal außereuropäischen Boden.
April bis November: Besuch von Touristenstätten in Ägypten, im Libanon und in Palästina, auf Ceylon und Sumatra.
3.6.: Erste Presseattacke von Mamroth in der *Frankfurter Zeitung*.
5.7.: Erster Angriff durch Cardauns in der *Kölnischen Volkszeitung*.
27.-29.9.: Erwiderung in der Dortmunder *Tremonia*.
November: Unter dem Eindruck der orientalischen Realitäten erleidet May auf Sumatra einen Nervenzusammenbruch.
Vor Weihnachten: Karl May trifft in Arenzano mit Ehefrau Emma sowie mit Klara und Richard Plöhn zusammen. Gemeinsamer Aufenthalt bis 14.3.1900.

1900 Reisen der Ehepaare May und Plöhn in der Umgebung von Kairo, in Palästina, im Libanon und in Syrien, Besuch von Istanbul und griechischen Touristenzentren.
Juni: In Istanbul erneuter Nervenzusammenbruch.
14.7.: Klara Plöhn schlägt in Athen vor, für beide Ehepaare in Radebeul ein gemeinsames Grabmal nach dem Vorbild des Nike-Tempels errichten zu lassen.
31.7.: Wieder in Radebeul.
Adalbert Fischer beginnt trotz Protestes mit einer Neuauflage des Lieferungsromans *Die Liebe des Ulanen*.

1901 14.2.: Tod von Richard Plöhn.

Adalbert Fischer setzt die Neuausgabe der Lieferungs-romane fort.

August: Das Sammelwerk *China* mit Mays pazifisti-scher Erzählung *Et in terra pax* erscheint in Lieferun-gen. Weitere Presseangriffe gegen May.

10.12.: Klage beim Landgericht Dresden gegen Adal-bert Fischer wegen unbefugten Nachdrucks.

Lawine der Altersprozesse beginnt.

1902 Januar: May verteidigt sich gegen die Presseangriffe mit der anonymen Schrift *Karl May als Erzieher...*

März: Erste Angriffe von Ferdinand Avenarius im *Kunst-wart*.

10.9.: Ehescheidungsklage eingereicht.

8.10.: Abmeldung in Radebeul; Karl May will ins Exil gehen.

Oktober bis Dezember: Karl May und Klara Plöhn am Gardasee.

1903 14.1.: Ehescheidung verkündet.

21.2.: Rückmeldung; Karl May will vorerst Bürger von Radebeul bleiben.

4.3.: Ehescheidung rechtskräftig.

30.3.: Eheschließung mit Klara Plöhn.

1904 2.5.: Lebius in der Villa „Shatterhand".

ab Juli: Bitten und erpresserische Drohungen Lebius' wegen eines Darlehens.

11.9.: Beginn der Angriffe von Lebius in der *Sachsen-stimme*.

Herbst: *Und Friede auf Erden!* erscheint.

30.10.: Im *Dresdner Anzeiger* wird der pazifistische Ro-man angegriffen.

19.12.: Strafanzeige gegen Lebius wegen Beleidigung und versuchter Erpressung: 20 weitere Verfahren folgen.

1905 Erstfassung des Dramas *Babel und Bibel* entsteht und wird von May verworfen.

Oktober: May besucht in Dresden einen Vortrag von Bertha von Suttner; danach freundschaftliche Kontakte.

1906 September: *Babel und Bibel* erscheint.

1907 9.1.: Das Reichsgericht in Leipzig weist in 3. Instanz den Revisionsantrag von Pauline Münchmeyer gegen das Urteil zur Rechnungslegung zurück.
15.4.: Anzeige des Münchmeyer-Anwalts Gerlach gegen May wegen „Meineides".
November: Im *Deutschen Hausschatz* beginnt *Der Mir von Dschinnistan* zu erscheinen.
9.11.: Haussuchung in der Villa „Shatterhand".

1908 8.3.: Testament mit der Verfügung einer mildtätigen Stiftung.
1.4.: Die von Lebius initiierte Schmähschrift *Karl May, ein Verderber der deutschen Jugend* erscheint.
5.9. bis Anfang November: Touristenreise mit Ehefrau Klara in den Nordosten der USA und angrenzende kanadische Gebiete.
Ende November/Anfang Dezember: Reise nach London.

1909 26.1.: Das im April 1907 inszenierte Meineidsverfahren wird als haltlos eingestellt.
6.10.: In der *Augsburger Postzeitung* startet *Winnetou IV*.
12.11.: Lebius bezeichnet May als "geborenen Verbrecher".

1910 12.4.: Freispruch von Lebius durch Schöffengericht Berlin-Charlottenburg.
Mitte April: Die Politische Polizei in Hamburg legt eine „Akte betr. Schriftsteller Karl May" an.
Anfang Mai: Egon Erwin Kisch in der Villa „Shatterhand".
August: Euchar Albrecht Schmid bei Karl May.
November: Die Schmähschrift von Lebius *Die Zeugen Karl May und Klara May* erscheint.
November/Dezember: Mays Selbstbiografie *Mein Leben und Streben* wird veröffentlicht.
Dezember: Lungenentzündung.

1911 bis März: Erkrankung an einem Nervenleiden.
Mai bis August: Kur in St. Joachimsthal (Böhmen) und Erholungsaufenthalt in Tirol.
18.11.: Vor dem Landgericht III in Berlin-Moabit wird Lebius in einem Berufungsverfahren zu 100 Mark Geldstrafe verurteilt.

1912 22.3.: Vortrag auf Einladung des ‚Akademischen Ver-
bandes für Literatur und Musik in Wien'.
30.3.: Karl May stirbt in Radebeul.
3.4.: Beisetzung im Grabmal auf dem Radebeuler
Friedhof in der Serkowitzer Straße.

Die Prozesse

Im Sonderband *Old Shatterhand vor Gericht – Die 100
Prozesse des Schriftstellers Karl May* hat Jürgen Seul 2009
eine fundierte Zusammenfassung zu über 100 zivil- und
strafrechtlichen Verfahren – auch auf juristischen Neben-
schauplätzen – geliefert. Schon Jahre vorher stellte er für
unsere Karl-May-Biografie eine Übersicht zu 57 wichtigen
Prozessen zur Verfügung. Die Angaben betrafen jeweils nur
die erste Instanz. Siebenmal gab es eine zweite, einmal eine
dritte Instanz. Nochfolgend präsentieren wir diese **Auswahl**.
(Abkürzungen: AG = Amtsgericht, BG = Bezirksgericht,
LG = Landgericht)

Jugenddelikte

1. 1861 Strafverfahren ./. Karl May: Gerichtsamt Chemnitz: ,Diebstahl' Taschenuhr, Zigarrenspitze.
2. 1865 Strafverfahren ./. Karl May: BG Leipzig: mehrfacher Betrug.
3. 1870 Strafverfahren ./. Karl May: BG Mittweida: Diebstahl und Betrug.

Anfangsjahre

4. 1875 Strafverfahren Karl May ./. Johann Schumann: AG Dresden: Beleidigung.
5. Strafverfahren ./. Friedrich Louis Münchmeyer und Genossen (u. a. Karl May): AG Dresden: Sittlichkeit.
6. 1879 Strafverfahren ./. Karl May: Gerichtsamt Stollberg: unbefugte Ausübung eines öffentlichen Amtes.

Aufstiegs- und Renommierjahre

7. 1888 Zivilverfahren Alma Eulitz ./. Karl May: AG Dresden: Lohnforderungen.
8. Zivilverfahren Johann August Nitsche ./. Karl May: AG Dresden: rückständiger Mietzins.
9. 1889 Zivilverfahren A. Stiebitz & Co. ./. Karl May: AG Dresden: unbezahlte Weinrechnung.
10. Zivilverfahren Dankegott Leuschner ./. Karl May: AG Dresden: rückständige Zahlungen.
11. Zivilverfahren Freifrau Alma von Wagner ./. Karl May: AG Dresden: rückständiger Mietzins.
12. 1890 Zivilverfahren Julius Balder ./. Karl May: AG Dresden: unbezahlte Zigarrenrechnung.
13. 1891 Zivilverfahren Johann Schwarz ./. Karl May: AG Dresden: Darlehensschulden.
14. Zivilverfahren Louis Vogel ./. Karl May: AG Dresden: rückständiger Mietzins.
15. Strafverfahren Moritz Lilie ./. Karl May: AG Dresden: Beleidigung.

Altersprozesse
  Um die Münchmeyer-Romane
16. 1901 Zivilverfahren Karl May ./. Adalbert Fischer: LG
       Dresden: unbefugter Nachdruck.
17. 1902 Zivilverfahren Karl May ./. Pauline Münchmeyer:
       LG Dresden: Auskunft und Rechnungslegung.
18.   Strafverfahren Münchmeyer Verlag ./. Friedrich
       Ernst Fehsenfeld und Karl May: AG Dresden: Be-
       leidigung.
19. 1903 Strafverfahren Karl May ./. Flora Böhler: AG Dres-
       den: Beleidigung.
20. 1905 Zivilverfahren Karl May ./. Adalbert Fischer: LG
       Dresden: unbefugter Nachdruck.
21. 1907 Strafverfahren ./. Karl May & Genossen [Max Ditt-
       rich, Marie Johanna Spindler, Bertha Margarethe
       Freitag, Emma Pollmer]: LG Dresden: Meineid,
       Verleitung zum Meineid.
22.   Zivilverfahren Karl May ./. Pauline Münchmeyer:
       LG Dresden: Schadensersatz.

  Kampf mit Rudolf Lebius
  einschließlich Nebenverfahren
23. 1904 Strafverfahren Karl May ./. Rudolf Lebius: LG
       Dresden: Beleidigung und versuchte Erpressung.
24. 1905 Strafverfahren Karl May ./. Rudolf Lebius: AG
       Dresden: Beleidigung.
25.   Strafverfahren Karl May ./. Rudolf Lebius: AG
       Dresden: Beleidigung.
26. 1908 Strafverfahren Karl May ./. Rudolf Lebius, Fried-
       rich Bechly, Friedrich Wilhelm Kahl: AG Berlin-
       Schöneberg: Beleidigung.
27.   Zivilverfahren Karl May ./. Firma Hermann Wal-
       ther GmbH: LG Berlin II: Einstweilige Verfügung.
28.   Strafverfahren Karl May ./. Rudolf Lebius: Straf-
       anzeige: verleumderische Beleidigung, Bedrohung,
       versuchte Erpressung.

29. 1909 Strafverfahren Rudolf Lebius ./. Friedrich Bechly, Karl May: AG Berlin-Schöneberg: Beleidigung.

30. Strafverfahren Karl May ./. Rudolf Lebius: AG Berlin-Charlottenburg: Beleidigung („geborener Verbrecher").

31. Strafverfahren Karl May ./. Rudolf Lebius: AG Berlin: wahrheitswidrige Aussage.

32. 1910 Strafverfahren Karl May ./. Martha Lebius, Rudolf Lebius, Hugo Nathanson: AG Kötzschenbroda: Beleidigung.

33. Strafverfahren Karl May ./. Richard Krügel: AG Hohenstein-Ernstthal: Beleidigung.

34. Strafverfahren Rudolf Lebius ./. Karl May: AG Dresden: Beleidigung.

35. Strafverfahren Karl May ./. Emil Horn: AG Hohenstein-Ernstthal: Beleidigung.

36. Strafverfahren Karl May ./. Dr. Alban Frisch, Wilhelm Lippacher: AG Hohenstein-Ernstthal: Beleidigung.

37. Strafverfahren Rudolf Lebius ./. Hans Friedrich Durschnabel und Genossen [u. a. May]: AG Stettin: Beleidigung.

38. Strafverfahren Rudolf Lebius ./. Emil Horn und Genossen [u. a. May]: AG Hohenstein-Ernstthal: Beleidigung.

39. Strafverfahren Rudolf Lebius ./. Karl May: AG Kötzschenbroda: Beleidigung.

40. Strafverfahren Rudolf Lebius ./. Karl May: AG Kötzschenbroda: erneute Beleidigung.

41. Strafverfahren Karl May ./. Rudolf Lebius: LG III Berlin-Moabit: Verleitung zum Meineid durch Geldzuwendung an Krügel.

42. Zivilverfahren Rudolf Lebius ./. Karl May: LG I Berlin: Unterlassung, später Einstweilige Verfügung gegen *Mein Leben und Streben*.

43. Zivilverfahren Karl May ./. Rudolf Lebius: LG Berlin I: Unterlassung, Einstweilige Verfügung gegen *Die Zeugen Karl May und Klara May*.

Emma Pollmer
44. 1902 Zivilverfahren Karl May ./. Emma Pollmer: LG Dresden: Ehescheidung.
45. 1903 Strafverfahren ./. Karl May: LG Dresden: betrügerische Handlungen zur Ermöglichung der Ehescheidung.
46. 1909 Strafverfahren Karl May ./. Emma Pollmer: AG Weimar: Beleidigung.
47. Strafverfahren ./. Karl und Klara May: LG Dresden: betrügerische Handlungen zur Ermöglichung der Ehescheidung.
48. Zivilverfahren Karl May ./. Emma Pollmer: LG Weimar: Verbot, den Namen May zu führen.
49. Zivilverfahren Emma Pollmer ./. Karl und Klara May: LG Dresden: Rentenweiterzahlung.
50. 1910 Zivilverfahren Emma Pollmer ./. Karl und Klara May: LG Dresden: Zahlung von 36.000 Mark.

Sonstige Verfahren
51. 1904 Strafverfahren Karl May ./. Dr. Johannes Praxmarer, Ludwig Auer, Willibrord Beßler: AG Friedberg: Beleidigung.
52. Strafverfahren Karl May ./. Unbekannt: Beleidigungsklage – Näheres nicht bekannt.
53. 1908 Zivilverfahren Karl May ./. Firma Josef Richard Vilimek: Handels-Gericht Prag: Büchereinsicht wegen Tantiemenhöhe.
54. 1909 Strafverfahren Karl May ./. Dr. Oskar Gerlach: AG Dresden, dann Kötzschenbroda: Beleidigung.
55. 1910 Strafverfahren Karl May ./. Expeditus Schmidt: AG Dresden: Beleidigung.
56. Strafverfahren Karl May ./. Ansgar Pöllmann: AG Dresden, AG Kötzschenbroda: Beleidigung.
57. 1912 Strafverfahren Karl May ./. Dr. Stefan Hock: Gericht in Wien: Beleidigung.

Das Werk Karl Mays

Das zu Lebzeiten Karl Mays edierte deutschsprachige Werk umfasst rund 600 Einzeltitel, die zum größten Teil zuerst in Zeitschriften, Zeitungen, Kalendern und anderen Periodika erschienen. Rechnet man die Nachdrucke hinzu, ergeben sich beinahe 200 verschiedene Medien. Auf Grund dieser Fülle beschränken wir uns auf eine Auswahl der in den wichtigsten Verlagen bis 1912 erschienenen Bücher beziehungsweise Lieferungen und vermerken dazu nur wenige Verweise auf einige vorangegangene Zeitschriftentexte.

Eine Gesamtübersicht liefert die *Illustrierte Karl May Bibliographie* (Leipzig / München 1988/89) von Hainer Plaul. Über den weiteren Weg des Werkes informiert die *Karl-May-Bibliografie 1913-1945* (Bamberg - Radebeul 2000) von Wolfgang Hermesmeier und Stefan Schmatz.

Die meisten der genannten Bücher gab der Karl-May-Verlag als Reprint heraus. Wir vermerken dazu das jeweilige Erscheinungsjahr.

Die ersten Karl-May-Bücher gab es 1879.
Der **Verlag** von **Morwitz & Co.**, Philadelphia (PA, USA), edierte *Auf hoher See gefangen.*

Im **Verlag** von **Franz Neugebauer**, Stuttgart, erschien *Im fernen Westen.*   Reprint im **KMV** 1975
Der gleiche deutsche Verlag legte 1879 das Buch *Der Waldläufer* von Gabriel Ferry – „Für die Jugend bearbeitet von Carl May." vor.   **KMV** 1987

Für den **Verlag** von **H. G. Münchmeyer**, Dresden, schrieb Karl May folgende Lieferungsromane:
1882/84   *Das Waldröschen oder die Rächerjagd rund um die Erde*
1883/85   *Die Liebe des Ulanen*   **KMV** 1993
1884/86   *Der verlorne Sohn oder Der Fürst des Elends*
1885/87   *Deutsche Herzen – Deutsche Helden*   **KMV** 1976
1886/88   *Der Weg zum Glück.*

544

Union Deutsche Verlagsgesellschaft, Stuttgart u. a., publizierte die folgenden Buchausgaben. Die Erzählungen erschienen zuvor in *Der Gute Kamerad. Spemanns Illustrierte Knaben-Zeitung*, Berlin - Stuttgart (Jahresangaben in Klammern).

1890	*Die Helden des Westens. Band I. Der Sohn des Bärenjägers* (1887/88)	**KMV** 1995
1892	*Der blau-rote Methusalem* (1888/89 unter dem Titel *Kong-Kheou, das Ehrenwort)*	**KMV** 1975 *
1893	*Die Sklavenkarawane* (1889/90)	**KMV** 1975 *
1894	*Der Schatz im Silbersee* (1890/91)	**KMV** 1973 *
1895	*Das Vermächtnis des Inka* (1891/92)	**KMV** 1974 *
1897	*Der Ölprinz* (1893/94)	**KMV** 1974 *
1899	*Der schwarze Mustang*	

(* = Gemeinschaftsausgabe mit **Verlag A. Graff**, Braunschweig)

Am bekanntesten wurden *Karl May's gesammelte Reiseromane* bzw. *...Reiseerzählungen*, die es ab 1892 im **Verlag** von **Friedrich Ernst Fehsenfeld**, Freiburg i. Br., gab. Die Vorläufer erschienen – unter anderen Titeln – zumeist in der Zeitschrift *Deutscher Hausschatz in Wort und Bild*, Verlag von Fr. Pustet, Regensburg. *Winnetou IV* lief in der *Augsburger Postzeitung*, Augsburg. Die Jahreszahlen in den Klammern weisen auf die Zeitschriftendrucke hin.

1892	1. *Durch Wüste und Harem*; ab 1895 *Durch die Wüste* (1881 ff. als *Giölgeda padishanün* und mit anderen Titeln)	**KMV** 1982
	2. *Durchs wilde Kurdistan*	**KMV** 1982
	3. *Von Bagdad nach Stambul*	**KMV** 1982
	4. *In den Schluchten des Balkan*	**KMV** 1982
	5. *Durch das Land der Skipetaren*	**KMV** 1982
	6. *Der Schut*	**KMV** 1982
1893	7.-9. *Winnetou, der Rote Gentleman*; ab 1904 *Winnetou I-III* (1880 ff.)	**KMV** 1982

	10. *Orangen und Datteln*	**KMV** 1982
	11. *Am Stillen Ocean* (1879/80)	**KMV** 1982
1894	12. *Am Rio de la Plata* (1889/90)	**KMV** 1983
	13. *In den Cordilleren* (1890/91)	**KMV** 1983
	14. *Old Surehand I*	**KMV** 1983
1895	15. *Old Surehand II*	**KMV** 1983
1896	16.-18. *Im Lande des Mahdi I-III*	**KMV** 1983
	19. *Old Surehand III*	**KMV** 1983
	20. *Satan und Ischariot I* (1893/94)	**KMV** 1983
1897	21.-22. *Satan und Ischariot II-III* (1893/96)	**KMV** 1983
	23. *Auf fremden Pfaden*	**KMV** 1984
	24. „*Weihnacht!*"	**KMV** 1984
1898	26.-27. *Im Reiche des silbernen Löwen I-II* (1897/98)	**KMV** 1984
1899	25. *Am Jenseits*	**KMV** 1984
1902	28. *Im Reiche des silbernen Löwen III*	**KMV** 1984
1903	29. *Im Reiche des silbernen Löwen IV*	**KMV** 1984
1904	30. *Und Friede auf Erden!*	**KMV** 1984
1909	31.-32. *Ardistan und Dschinnistan I-II*	**KMV** 1984
1910	33. *Winnetou IV* (1909-1910)	**KMV** 1984

Die Sascha-Schneider-Ausgabe von 1904 ff. edierte der **KMV** 1992 als Reprint.

Im **Verlag Fehsenfeld** erschienen außerdem:

1898 *Ernste Klänge. Heft I. Ave Maria – Vergiß mich nicht!*
1900 *Himmelsgedanken. Gedichte*
1906 *Babel und Bibel. Arabische Fantasia in zwei Akten*
1907 *Erzgebirgische Dorfgeschichten*
   (Dieser Band war 1903 schon im Belletristischen Verlag, Dresden-Niedersedlitz, erschienen.)   **KMV** 1996
1910 *Mein Leben und Streben / Selbstbiographie*
   (Reprint bei **Olms Presse**, Hildesheim-New York)

Als **Privatdrucke** ließ Karl May anfertigen:

1905 *Ein Schundverlag*
1909 *Ein Schundverlag und seine* } **KMV** 1982
     Helfershelfer II
1910/11 *An die 4. Strafkammer des Königl.*
     Landgerichtes III in Berlin   **KMV** 1982

Von **Handschriften** gab es folgende Reprints
1907 *Frau Pollmer, eine psychologische Studie*   **KMV** 1982
1909 *Merhameh*   **KMV** 1958
1909 *Vortrag. Sitara, das Land der Menschheitsseele,*
     ein orientalisches Märchen
     (‚Augsburger Vortrag‘)   **KMV** 1989

Außerdem liegen noch mehrere **Einzelbände aus verschiedenen Verlagen** als Reprint vor:

1885 *Die Wüstenräuber*
1888 *Die drei Feldmarschalls* } **KMV** 1976 *
1894 *Die Rose von Kairwan*   **KMV** 1974
1894 *Der Karawanenwürger*   **KMV** 1987
1901 *Et in terra pax*   **KMV** 1976 *
1909 *Abdahn Effendi*
1910 *Schamah* } **KMV** 1977 *

Der Reprint *Winnetous Tod* (**KMV** 1976) enthält die beiden Erzählungen *Ein Oelbrand* (Das neue *Universum*, Stuttgart 1882/83) und *Im ‚wilden Westen‘ Nordamerika's* (*Feierstunden im häuslichen Kreise*, Köln 1882/83).

Ein umfangreiches Reprintprogramm zu den ‚Münchmeyer-Romanen‘ verwirklichten die Verlage **Olms Presse**, Hildesheim-New York, und **Edition Leipzig**, Leipzig. Die **Karl-May-Gesellschaft**, Hamburg, hat Reprints von fast allen Zeitschriften-Erstveröffentlichungen gestaltet.

Literatur

Die Zusammenstellung nennt Schriften mit unterschiedlichsten Bezügen zu Karl May, die zur Arbeit an der Biografie bzw. zum Zitieren herangezogen wurden. Von älteren wie neueren Zeitungen und Zeitschriften konnte nur eine kleine Auswahl besonders relevanter Artikel aufgenommen werden.

1. Periodika, Serien

Der Beobachter an der Elbe Nr. 1/2003 ff. Radebeul
Jahrbuch der Karl-May-Gesellschaft 1970 ff. Hamburg, ab 1982 Husum.
Karl May & Co. Das Karl-May-Magzin. Borod 1993 ff. (1984-92: Karl-May-Rundbrief).
Karl-May-Haus Information Nr. 1/1989 ff. Hohenstein-Ernstthal.
Karl-May-Jahrbuch 1918-1933. Breslau, ab 1920 Radebeul (16 Bände).
Karl-May-Jahrbuch 1978-1979. Bamberg/Braunschweig (2 Bände).
Karl-May-Welten (I), II ff. Bamberg-Radebeul 2005 ff.
Materialien zur Karl-May-Forschung Band 1-20. Ubstadt 1974-1998.
Mitteilungen der Arbeitsgemeinschaft Karl-May-Biografie Nr. 1-22. Hamburg 1963-68.
Mitteilungen der Karl-May-Gesellschaft 1/1969 ff. Hamburg.
Sonderheft der Karl-May-Gesellschaft. Hamburg 1972 ff.

2. Literatur über Karl May

Altner, Manfred: Sächsische Lebensbilder. Literarische Streifzüge durch die Lößnitz, die Lausitz, Leipzig und Dresden. Radebeul 2001.
Asbach, Gert: Die Medizin in Karl Mays Amerika-Bänden. (Diss.) Düsseldorf 1972.
Augustin, Siegfried / Henle, Walter (Hg.): Vom Old Shatterhand zum Sherlock Holmes. Ein Abenteuer-Almanach. München 1986.
Augustin, Siegfried / Mittelstaedt, Axel (Hg.): Vom Lederstrumpf zum Winnetou. Autoren und Werke der Volksliteratur. München 1981.
A(venarius, Ferdinand): Karl May als Erzieher. In: Der Kunstwart, München. 2. Märzheft 1902.
–: Ein Zusammenbruch? Ebenda 1. Februarheft 1910.

548

–: Der Fall Karl May und die Ausdrucksliteratur. Ebenda 1. Maiheft 1910.

–: Zu Karl Mays Tode. Ebenda 1. Maiheft 1912.

Barthel, Fritz: Letzte Abenteuer um Karl May. Bamberg 1955.

Beissel, Rudolf: Von Atala bis Winnetou. „Die Väter des Westernromans". Bamberg / Braunschweig 1978.

Böhm, Viktor: Karl May und das Geheimnis seines Erfolges. (Diss.) Wien 1955, Gütersloh 1979.

Brauneder, Wilhelm (Hg.): Karl May und Österreich. Realität – Fiktion – Rezeption. Bildung und Trivialliteratur. Husum 1996.

Bröning, Ingrid: Die Reiseerzählungen Karl Mays als literaturpädagogisches Problem. (Diss.) Ratingen u. a. 1973.

Buchwitz, Hans: „May contra Lebius" im Leipziger Blätterwald. In: Karl May in Leipzig, Leipzig. Nr. 23, 24, 26, 27 1995-96.

Cardauns, Hermann: Herr Karl May von der anderen Seite. In: Historisch-politische Blätter für das katholische Deutschland, München. 7/1902.

–: Die „Rettung des Herrn Karl May". Ebenda 4/1907.

Deeken, Annette: „Seine Majestät das Ich". Zum Abenteuertourismus Karl Mays. (Diss.) Bonn 1983.

Dittrich, Max: Karl May und seine Schriften. Dresden 1904.

Droop, A.: Karl May. Eine Analyse seiner Reise-Erzählungen. Cöln-Weiden 1908. Reprint Bamberg 1993.

Dworczak, Karl Heinz: Das Leben Old Shatterhands. Der Roman Karl Mays. Radebeul 1935.

Eggebrecht, Harald: Sinnlichkeit und Abenteuer. Die Entstehung des Abenteuerromans im 19. Jahrhundert. (Diss.) Berlin u. a. 1985.

Eggebrecht, Harald (Hg.): Karl May, der sächsische Phantast. Studien zu Leben und Werk. Frankfurt/M. 1987.

Elbs, Elmar: Karl May in der Schweiz. Bamberg 2001.

Forst-Battaglia, Otto: Karl May. Ein Leben, ein Traum. Zürich u. a. 1931.

–: Karl May. Traum eines Lebens - Leben eines Träumers. Bamberg 1966.

Frank, Patty (d. i. Ernst Tobis): Ein Leben im Banne Karl May's. Erlebnisse und kleine Erzählungen. Radebeul 1935.

Fröde, Ekkehard / Hallmann, Wolfgang: Karl-May-Stätten in Hohenstein-Ernstthal (1984/85).

Gagelmann, Rainer: Soll die Jugend Karl May lesen? Bamberg 1967.

Gerlach, Hans-Henning: Karl-May-Atlas. Bamberg – Radebeul 1997, 1999.

Griese, Dietmar: Die kleinen Helden. Kinderbuchfiguren und ihre Vorbilder. München - Wien 1987.

Gross, Oliver: Old Shatterhands Glaube. Christentumsverständnis und Frömmigkeit Karl Mays in ausgewählten Reiseerzählungen. Husum 1999.

Gündogar, Feruzan: Trivialliteratur und Orient: Karl Mays vorderasiatische Reiseromane. (Diss.) Frankfurt/M. u. a. 1983.

Guenther, Konrad: Karl May und sein Verleger. (Radebeul 1933).

Gurlitt, Ludwig: Gerechtigkeit für Karl May. Radebeul 1919.

Gusky, Reinhard F. / Olbrich, Willi: Auf Karl Mays Fährte. Bamberg – Radebeul 2001.

Hallmann, Wolfgang / Heermann, Christian: Reisen zu Karl May. Erinnerungsstätten in Berlin, Sachsen-Anhalt, Sachsen und Thüringen. Zwickau 1992.

Hatzig, Hansotto: Karl May und Sascha Schneider. Dokumente einer Freundschaft. Bamberg 1967.

Heermann, Christian: Karl May, der Alte Dessauer und eine „alte Dessauerin". Dessau 1990.

–: Der Mann, der Old Shatterhand war. Eine Karl-May-Biographie. Berlin 1988, 1990.

–: Old Shatterhand ritt nicht im Auftrag der Arbeiterklasse. Dessau 1995.

–: Winnetou in Dresden. Bamberg – Radebeul 2012.

Heermann, Christian (Hg.): Karl May auf sächsischen Pfaden. Bamberg – Radebeul 1999, 2001.

–: Old Shatterhand läßt grüßen. Literarische Reverenzen für Karl May. Berlin 1992.

Heinemann, Erich: Dreißig Jahre Karl-May-Gesellschaft. Husum 2000.

Hermesmeier, Wolfgang / Schmatz, Stefan: Deutsch-Amerikanischer Familienschatz. Bisher unbekannte May-Abdrucke entdeckt. In: Karl May & Co. Nr. 88. Borod Mai 2002.

–: Karl-May-Bibliografie 1913-1945. Bamberg – Radebeul 2000.

Hoffmann, Klaus: Karl May / Das Waldröschen oder Die Verfolgung rund um die Erde. Nachwort zur Neuausgabe. (Sonderdruck). Hildesheim u. a. 1971.

Hutter, Andreas: Old Shatterhand in Linz. In: Neues Volksblatt, Linz. 1.9.2001.

Ilmer, Walther: Karl May. Mensch und Schriftsteller. Tragik und Triumph. Husum 1992.

Jacta, Maximilian (d. i. Erich Schwinge): Zu Tode gehetzt. Der Fall Karl May. Bamberg o. J.

25 Jahre Karl-May-Verlag. 25 Jahre Schaffen am Werk Karl May's. Radebeul 1938.

50 Jahre Karl-May-Verlag. 50 Jahre Verlagsarbeit für Karl May und sein Werk. Bamberg (1963).

75 Jahre Karl-May-Verlag. 75 Jahre Verlagsarbeit für Karl May und sein Werk. Bamberg (1988).

Jeier, Thomas: Auf Winnetous Spuren. Reportagen und Berichte von abenteuerlichen Reisen im amerikanischen Westen. Bamberg – Radebeul 2000.

Kahl, F. W.: Karl May, ein Verderber der deutschen Jugend. Berlin 1908.

Kainz, Emanuel: Das Problem der Massenwirkung Karl Mays. (Diss.) Wien 1949.

Karl-May-Haus Hohenstein-Ernstthal. Sächsische Museen. Band 20. Chemnitz – Dößel 2007.

Khel, Richard: Karl May und sein tschechischer Verleger. In: Im Herzen Europas, Prag. Juli 1965.

Kisch, Egon Erwin: (e.e.k.) Tagesnachrichten. Karl May. In: Bohemia, Prag. 14.4.1910.

–: In der Villa „Shatterhand". Ein Interview mit Karl May. Ebenda 15.5.1910.

–: Karl May in Prag. In: Aus Prager Gassen und Nächten, Prag u. a. 1911.

–: Im Wigwam Old Shatterhands. In: Hetzjagd durch die Zeit, Berlin 1926.

Klippel, Ernst: Karl May und Ernst Keil. In: Die Gartenlaube, Leipzig. Nr 32/1932.

Klotz, Volker: Abenteuer-Romane. Sue – Dumas – Ferry – Retcliffe – May – Verne. München u. a. 1979.

Klußmeier, Gerhard / Beck, Kerstin: „Sitz im Hotel ich weltverloren..." Karl Mays Reise 1898 nach Gartow, Kapern, Lenzen, Lanz und Schnackenburg... Lüchow 2012.

Klußmeier, Gerhard / Plaul, Hainer: Karl May. Biographie in Dokumenten und Bildern. Hildesheim u. a. 1978, 1992.

–: Karl May und seine Zeit. Eine Bildbiografie. Bamberg – Radebeul 2007.

Kosciuszko, Bernhard (Hg.): Großes Karl-May-Figurenlexikon. Paderborn 1991, 1996.

Kühne, Hartmut / Lorenz, Christoph F.: Karl May und die Musik. Bamberg – Radebeul 1999.

Kürschner, Joseph (Hg.): China. Schilderungen aus Leben und Geschichte/Krieg und Sieg. Ein Denkmal den Streitern der Weltpolitik. Leipzig 1901.

Lebius, Rudolf: Die Zeugen Karl May und Klara May. Ein Beitrag zur Kriminalgeschichte unserer Zeit. Berlin-Charlottenburg 1910. Reprint Lütjenburg 1991.

Leonhard, Karl: Akzentuierte Persönlichkeiten. Berlin 1968, 1976.

Lessel, Karl: Karl May. Litterarische Studie. In: Luxemburger Wort, Luxemburg. 6.-29.11.1899.

Lindig, Cornelia: Wer meuchelte Old Surehand? In: Karl May in Leipzig, Leipzig. Sonderheft Nr. 3. 2001.

Lorenz, Christoph F.: Karl Mays zeitgeschichtliche Kolportageromane. (Diss.) Frankfurt/M. u. a. 1981.

Lowsky, Martin: Karl May. Stuttgart 1987.

–: Karl May zu Besuch in Kirchheim unter Teck. Marbach 1995.

(Mamroth, Fedor): Karl May. In: Frankfurter Zeitung (Morgenblatt), Frankfurt/M. 3.6.1899. (Weitere Polemiken 7.6.-7.7.1899).

Märtin, Ralf-Peter: Wunschpotentiale. Geschichte und Gesellschaft in Abenteuerromanen von Retcliffe, Armand, May. (Diss.) Königstein/Ts. 1983.

Maschke, Fritz: Karl May und Emma Pollmer. Die Geschichte einer Ehe. Bamberg 1973.

May, Karl: Ein wohlgemeintes Wort. Frühe Texte aus dem „Neuen Deutschen Reichsboten" 1872-1886. Mit einer Einleitung von Peter Richter und Jürgen Wehnert. Lütjenburg 1994.

May, Klara: Mit Karl May durch Amerika. Radebeul (1931).

Melk, Ulrich: Das Werte- und Normensystem in Karl Mays Winnetou-Trilogie. Paderborn 1992.

Mitscherling, Maria: Joseph Kürschner. Nachlaßverzeichnis und Textauswahl. Gotha 1990.

Mühsam, Erich: Karl May. In: Kain. Zeitschrift für Menschlichkeit, München. I/April 1912.

Müller, Robert: Das Drama Karl Mays. In: Der Brenner, Innsbruck. 17/1912.

Munzel, Friedhelm: Karl Mays Erfolgsroman „Das Waldröschen". (Diss.) Hildesheim u. a. 1979.

Oel-Willenborg, Gertrud: Von deutschen Helden. Eine Inhaltsanalyse der Karl-May-Romane. (Diss.) Weinheim u. a. 1973.

Ostwald, Thomas: Karl May – Leben und Werk. Braunschweig 1974, 1977.

Patsch, Ludwig: Karl-May-Rundschreiben. Nr. 1-179. Wien 1944-1959.

Petzel, Michael: Karl-May-Filmbuch. Bamberg – Radebeul 1998.

Plaul, Hainer: Bibliographie deutschsprachiger Veröffentlichungen über Unterhaltungs- und Trivialliteratur. Leipzig 1980.

—: Illustrierte Geschichte der Trivialliteratur. Leipzig 1983.

—: Illustrierte Karl May Bibliographie. Unter Mitwirkung von Gerhard Klußmeier. Leipzig 1988, München 1989.

—: Trivialromane des 18./19. Jahrhunderts. In: Deutsche Volksdichtung. Eine Einführung. Leipzig 1979.

—: Vorwort. Anhang. Genealogische Tafeln. In: Karl May, Mein Leben und Streben. Reprint Hildesheim u. a. 1975.

Plischke, Hans: Von Cooper bis Karl May. Eine Geschichte des völkerkundlichen Reise- und Abenteuerromans. Düsseldorf 1951.

Pöllmann, Ansgar: Ein Abenteurer und sein Werk. In: Über den Wassern. Halbmonatsschrift für schöne Literatur, Münster i. W. 1910, passim.

Raddatz, Werner: Das abenteuerliche Leben Karl Mays. Gütersloh 1965.

Range, Annelotte: Zwischen Max Klinger und Karl May. Studien zum zeichnerischen Werk von Sascha Schneider (1870-1927). Bamberg – Radebeul 1999.

Rentschka, Paul: Karl Mays Selbstenthüllung. In: Germania. Zeitung für das deutsche Volk, Berlin. 5., 6. u. 8.12.1908.

Röder, Hans-Gerd: Sascha Schneider – ein Maler für Karl May. Bamberg 1995.

Roxin, Claus: Karl May, das Strafrecht und die Literatur. Tübingen 1997.

Schmid, Euchar Albrecht: Bücherschau. Babel und Bibel. In: Augsburger Postzeitung – Literarische Beilage, Augsburg. 2.11.1906.

—: Eine Lanze für Karl May. Radebeul 1918, 1926, 1940.

—: Karl May und Ansgar Pöllmann. (Euchar seinem lieben Ansgar!) In: Wiener Montags-Journal, Wien. 13.2.1911.

—: Der unterirdische Gang. Bamberg 1984.

Schmid, Lothar (Hg.): Karl May und Sascha Schneider. Empor zum Licht! Zur Entstehungsgeschichte der Sascha-Schneider-Titelbilder für die Gesammelten Reiseerzählungen Karl Mays. Bamberg 1991.

Schmid, Roland: Anhänge, Nachworte. In: Karl May: Freiburger Erstausgaben. Hg. Von Roland Schmid. Band 1-33. Bamberg 1982 ff.

Schmid, Roland (Hg.): Karl Mays Augsburger Vortrag – 8. Dezember 1909 – Sitara. Das Land der Menschheitsseele (ein orientalisches Märchen). Bamberg 1989.

Schmidt, Arno: Sitara und der Weg dorthin. Eine Studie über Wesen, Werk & Wirkung Karl Mays. Karlsruhe 1963, Frankfurt/M. 1969.

Schmiedt, Helmut: Karl May. Studien zu Leben, Werk und Wirkung. (Diss.) 3. Aufl. Frankfurt/M. 1992.

Schmiedt, Helmut (Hg.): Karl May. materialien. Frankfurt/M. 1983.

Schneider, Herbert: Karl May in der Lederhose. München 1961.

Schneider, Sascha: Titelzeichnungen zu den Werken Karl Mays. Mit einführendem Text von Prof. Dr. Johannes Werner. Freiburg i. Br. o. J.

Seifert, Wolfgang: Patty Frank. Der Zirkus. Die Indianer. Das Karl-May-Museum. Bamberg – Radebeul 1998.

Seul, Jürgen: Karl May ./. Dr. Alban Frisch & Wilhelm Lippacher. Ahrweiler 1997.

–: Karl May ./. Emil Horn. Ahrweiler 1996.

–: Karl May im Urteil der ‚Frankfurter Zeitung'. Husum 2001.

–: Old Shatterhand vor Gericht. Die 100 Prozesse des Schriftstellers Karl May. Bamberg – Radebeul 2009.

Starkl, Reinhard: Wagner – May – Hitler – Einstein. Die irrationalen Sehnsüchte der deutschen Seele. Freistadt/Österreich 2000.

Steinbrink, Bernd: Abenteuerliteratur des 19. Jahrhunderts in Deutschland. Studien zu einer vernachlässigten Gattung. (Diss.) Tübingen 1983.

Steinmetz, Hans-Dieter: Martha Vogel – Romangestalt mit realem Vorbild? Zu Karl Mays unehelichen Kind(ern). Manuskript 1984.

Steinmetz, Hans-Dieter (Hg.): Karl May in der Hohenstein-Ernstthaler Lokalpresse 1899-1912. Eine Dokumentation. Hohenstein-Ernstthal 2001.

Steinmetz, Hans-Dieter / Sudhoff, Dieter (Hg.): Leben im Schatten des Lichts. Marie Hannes und Karl May. Eine Dokumentation. Bamberg – Radebeul 1997.

Stolte, Heinz: Karl May in meinem Leben. Bamberg 1992.

–: Das Phänomen Karl May. Bamberg 1969.

–: Der Volksschriftsteller Karl May. Beitrag zur literarischen Volkskunde. (Diss.) Radebeul 1936. Reprint Bamberg 1979.

Stolte, Heinz / Klußmeier, Gerhard: Arno Schmidt & Karl May. Eine notwendige Klarstellung. Hamburg 1973.

Sudhoff Dieter / Steinmetz, Hans-Dieter: Karl-May-Chronik. Band I-V, Begleitbuch. Bamberg – Radebeul 2005 f.

Sudhoff, Dieter / Vollmer, Hartmut (Hg.): Karl Mays „Im Reiche des silbernen Löwen". Paderborn 1993.

–: Karl Mays Orientzyklus. Paderborn 1991.

–: Karl Mays ‚Winnetou'. Studien zu einem Mythos. Frankfurt/M. 1989.

Ueding, Gert: Glanzvolles Elend. Versuch über Kitsch und Kolportage. Frankfurt/M. 1973.

Ueding, Gert (Hg.): Karl-May-Handbuch. 2. erweiterte und bearbeitete Auflage. Würzburg 2001.

Unucka, Christian: Karl May im Film. Dachau 1980.

Veremundus (d. i. Karl Muth): Steht die Katholische Belletristik auf der Höhe der Zeit? Mainz 1898.

Wagner, Heinrich: Karl May und seine Werke. Eine kritische Studie. Passau 1907.

Weber, Winfried-Johannes: Die deutschen Räuberromane und ihr Einwirken auf Karl May. Ein Beitrag zur Entwicklungsgeschichte des Volkslesestoffes. (Diss.) Berlin 1941.

Weigl, Franz: Karl Mays pädagogische Bedeutung. München 1909.

Wiedenroth, Hermann: Karl May in der zeitgenössischen Presse. Ein Bestandsverzeichnis. Langenhagen 1985.

Wilker, Karl: Karl May – ein Volkserzieher? Langensalza 1910.

Wohlgschaft, Hermann: Große Karl-May-Biographie. Leben und Werk. Paderborn 1994.

Wolf, Hubert: Index. Der Vatikan und die verbotenen Bücher. 2. Auflage. München 2006.

Wolgast, Heinrich: Das Elend unserer Jugendliteratur. 4. Auflage. Hamburg u. a. 1910.

Worm, Heinz-Lothar: Karl Mays Helden, ihre Substituten und Antagonisten. Paderborn 1992.

Wollschläger, Hans: Karl May in Selbstzeugnissen und Bilddokumenten. Reinbek 1965.

–: Karl May. Grundriß eines gebrochenen Lebens. Zürich 1976.

Zeilinger, Johannes: Autor in fabula. Karl Mays Psychopathologie und die Bedeutung der Medizin in seinem Orientzyklus. (Diss.) Leipzig 1999, Husum 2000.

Zesewitz, Hans: Ernstthal, die Heimat Karl Mays. In: Hohenstein-Ernstthaler Tageblatt und Anzeiger. Beilage Aus der Heimat. Nr. 2. Februar 1942.

–: Karl Mays Geburtshaus. Ebenda.

–: Die Karl-May-Höhle bei Hohenstein-Ernstthal. Radebeul o. J.

Allen, Jerry: The Adventures of Mark Twain. Boston 1954.

Armand (d. i. Frédéric A. Strubberg): Amerikanische Jagd- und Reiseabenteuer aus meinem Leben in den westlichen Indianergebieten. Stuttgart 1858.

–: Bis in die Wildniß. Breslau 1858.

Aziz, Namo: Kurdistan. Menschen – Geschichte – Kultur. Nürnberg 1992.

Braatz, Thomas: Emil Robert Kraft. Eine illustrierte Bibliographie. 2. Aufl. Leipzig 1998.

Brown, Dee: Bury My Heart at Wounded Knee. New York 1971.

Brugier, Gustav: Geschichte der deutschen National-Literatur. 8. Auflage. Freiburg 1888.

Buschmann, Johann: Das Apache als eine athapaskische Sprache erwiesen. Berlin 1860.

Catlin, G(eorge): Die Indianer und die während meines achtjährigen Aufenthalt unter den wildesten ihrer Stämme erlebten Abenteuer und Schicksale. Berlin-Friedenau 1924.

Cooper, James Fenimore: Amerikanische Romane, neu aus dem Englischen übertragen. Bd. 1 Der letzte Mohikan. Bd. 2 Der Pfadfinder oder Das Binnenmeer. Bd. 3 Die Ansiedler an den Quellen des Susquehanna. Bd. 4 Die Prairie. Bd. 12 Der Wildtödter. Stuttgart 1841 ff.

Davis, William C.: Der Wilde Westen. Erlangen 1994.

Fellmann, Walter: Leipziger Pitaval. Berlin 1980.

Frank, Patty (d. i. Ernst Tobis): Die Indianerschlacht am Little Bighorn. Berlin 1957.

Gerstäcker, Friedrich: Streif- und Jagdzüge durch die Vereinigten Staaten Nordamerikas. Dresden u. a. 1844.

–: Die Regulatoren in Arkansas. Leipzig 1846.

–: Die Flußpiraten des Mississippi. Leipzig 1848.

–: Die Geschichte eines Ruhelosen. In: Die Gartenlaube, Leipzig. Nr. 16/1870.

Graf, Andreas: Der Tod der Wölfe. Das abenteuerliche und das bürgerliche Leben des Romanschriftstellers Balduin Möllhausen (1825-1905). (Diss.) Berlin 1991.

–: Abenteuer und Geheimnis. Die Romane Balduin Möllhausens. Freiburg 1993.

Goethe, Johann Wolfgang von: Dichtung und Wahrheit (Aus meinem Leben). Erster Teil, Buch 2. Berlin 1921.

Helfricht, Jürgen: Friedrich Eduard Bilz 1842-1922 – Altmeister der Naturheilkunde in Sachsen. Detmold – Radebeul 1992.

Jackson, Helen H(unt): A Century of Dishonor. New York 1881.

Das Jubiläum des Seminars zu Waldenburg. In: Chemnitzer pädagogische Blätter, Chemnitz. 3.7.1869.

Kant, Hermann: Die Aula. Berlin 1965.

Der Koran. Leipzig 1968.

Kraft, Robert: Eine kurze Lebensbeschreibung. Dresden-Niedersedlitz (1909).

–: Goldschiff und Vulkan. Bamberg 1963.

–: Wir Seezigeuner I-IV (Die Sturmbraut, Der Kommodore, Blockadebrecher, Der Klabautermann). Bamberg 1964 ff.

–: Die Augen der Sphinx (I-IV) (Die Nihilit-Expedition, Die Wildschützen vom Kilimandscharo, Die Rätsel von Garden Hall, Die neue Erde). Bamberg 1996.

–: König König. Bamberg 1997.

Legère, Werner: Die Nacht von Santa Rita. Bamberg 1997.

Nicolaus Lenau's Sämmtliche Werke in einem Bande. Leipzig (1883).

Lindemann, M.: Von den „rothen Teufeln". In: Die Gartenlaube, Leipzig. Nr. 47/1874.

Locella, M. von: Wilhelmine Heimburg †. In: Die Gartenlaube, Leipzig. Nr. 39/1912.

Martini, P. R.: Ein Spaziergang durch Tunis. In: Die Gartenlaube, Leipzig. Nr. 25/1881.

Möllhausen, Balduin: Wanderungen durch die Prairien und Wüsten des westlichen Nord-Amerikas vom Mississippi nach den Küsten der Südsee im Gefolge der von der Regierung der Vereinigten Staaten unter Lieutenant Whipple ausgesandten Expedition. 2. Auflage. Leipzig 1860.

–: Reisen in die Felsengebirge Nord-Amerikas bis zum Hoch-Plateau von Neu-Mexiko, unternommen als Mitglied der im Auftrage der Regierung der Vereinigten Staaten ausgesandten Colorado-Expedition. Leipzig 1861.

–: Der Halbindianer. Jena u. a. 1861.

–: Der Flüchtling. Jena u. a. 1862.

Ostwald, Thomas: Friedrich Gerstäcker. Leben und Werk. Braunschweig 1976.

Ostwald, Thomas (Hg.): Charles Sealsfield. Leben und Werk. Braunschweig 1976.

Randel, William Peirce: Ku-Klux-Klan. Gütersloh u. a. o. J.

Reid, Mayne: Das Haus in der Wüste. Pest u. a. 1852.

–: Die Heimath in der Wüste. Grimma 1852.

–: Die Kriegsfährte. Stuttgart 1857.

–: Die Kriegsfährte. Grimma 1857.

–: Die Quadrone. Leipzig 1857.

–: Die Quadronin. Wien 1857.

–: Die Scalpjäger. Leipzig 1852.

–: Die Skalpjäger. Grimma 1852.

–: Die Scharfschützen. Leipzig 1852.

–: Die Freischaar. Grimma 1852.

Ridge, Martin: Atlas of American Frontiers. Chicago u. a. 1993.

Ritter, Anna: Bei der Heimburg. In: Die Gartenlaube, Leipzig. Nr. 27/ 1910.

Ruppius, Otto: Der Pedlar / Das Vermächtnis des Pedlar. Berlin 1859.

Ruxton, George Frederick: Trapperleben im fernen Westen. Grimma (1851).

Schmid, K. A.: Pädagogisches Handbuch für Schule und Haus. Gotha 1877.

Sealsfield, Charles (d. i. Karl Postl): Tokeah, or the White Rose. London 1928.

–: Das Cajütenbuch oder Nationale Charakteristiken. Zürich 1841.

Sebastian, Otto: Entstehung und Entwicklung der Berg-Stadt Hohenstein. Hohenstein-Ernstthal 1927.

Stammel, H. J.: Mit Geronimo auf dem Kriegspfad. Weltmeister im Martern: Die Apachen, wie sie wirklich waren. In: Die Welt (B), Hamburg. 23.10.1982.

Stapel, Wilhelm: Avenarius-Buch. München 1916.

Twain, Mark: Ein Yankee an König Artus' Hof. Berlin 1984.

Wied, Maximilian Prinz zu: Reise in das innere Nord-America in den Jahren 1832-1834. 2 Bde. Coblenz 1839/41.

Wilson, R. L./Martin, Greg: Buffalo Bill's Wild West. An American Legend. New York 1998.

Zschaler, Johann Gottfried: Das ewig unvergeßliche Jahr 1848 oder eine Chronik und ein Gedenkbuch für jede Familie und zur Erinnerung ihrer Nachkommen. Dresden o. J.

Bildnachweis

Folgende Personen und Institutionen stellten dankenswerterweise Bildmaterial zur Verfügung:

Thomas Braatz – Carl-Heinz Dömken – Wolfgang Hallmann – Dr. Christian Heermann – Wolfgang Hermesmeier – Karl-May-Haus Hohenstein-Ernstthal – Karl-May-Verlag – Dr. Hainer Plaul – Stadtarchiv Radebeul – Hans-Dieter Steinmetz

Personenregister

Das Personenregister enthält alle Personen und die Lebensdaten, wenn sie ermittelt werden konnten, zum Text und zu den Abschnitten **Epilog und Dank**, **Zeittafel**, **Die Prozesse** und **Das Werk Karl Mays** des **Anhangs**, nicht aber aus dem Verzeichnis der **Literatur**. Karl May selbst und seine beiden Ehefrauen Emma und Klara sowie literarische Figuren wurden nicht aufgenommen.

Dieter Sudhoff / Hans-Dieter Steinmetz
KARL-MAY-CHRONIK
5 Bände und ein Begleitbuch

Die „Karl-May-Chronik" wertet erstmals nicht nur die gesamte Forschungsliteratur und die zeitgenössische Presse aus, sondern entstand zudem nach einer nahezu vollständigen Erschließung der von May hinterlassenen Schriften und Zeugnisse. Die Recherche für dieses monumentale Werk nahm rund zehn Jahre in Anspruch. Das Ergebnis ist die umfangreichste und zuverlässigste biografische Darstellung zu Karl May, die es bisher gab und wohl auch je-mals geben wird. In möglichst kleinen Schritten folgt die Chronik der Vita der Schriftstellers. Das Werk gliedert sich dabei nach Jahren, Monaten und Tagen. Für die letzten Jahre werden zu etwa 85 Prozent der Tage Einzelinformationen geliefert. Das Begleitbuch enthält Personen- und Werkregister, Sigleverzeichnis und eine umfangreiche Bibliografie.

Band I: 1842 – 1896

Band II: 1897 – 1901

Band III: 1902 – 1905

Band IV: 1906 – 1909

Band V: 1910 – 1912

Der Meilenstein der Karl-May-Forschung

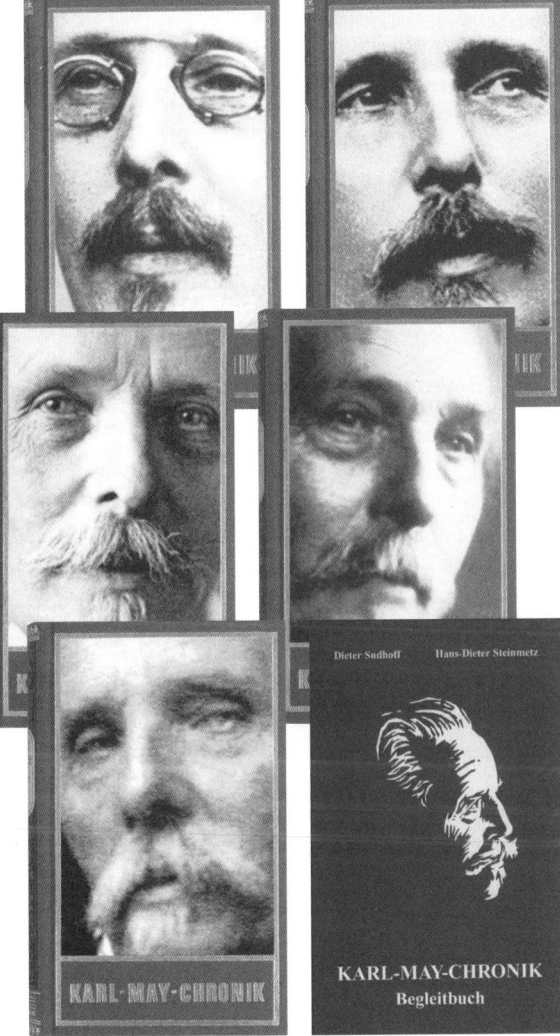

Dieter Sudhoff · Hans-Dieter Steinmetz

KARL-MAY-CHRONIK
Begleitbuch

KARL MAYs GESAMMELTE WERKE

1 Durch die Wüste	48 Das Zauberwasser
2 Durchs wilde Kurdistan	49 Lichte Höhen
3 Von Bagdad nach Stambul	50 In Mekka (von Franz Kandolf)
4 In den Schluchten des Balkan	51 Schloss Rodriganda
5 Durch das Land der Skipetaren	52 Die Pyramide des Sonnengottes
6 Der Schut	53 Benito Juarez
7 Winnetou I	54 Trapper Geierschnabel
8 Winnetou II	55 Der sterbende Kaiser
9 Winnetou III	56 Der Weg nach Waterloo
10 Sand des Verderbens	57 Das Geheimnis des Marabut
11 Am Stillen Ozean	58 Der Spion von Ortry
12 Am Rio de la Plata	59 Die Herren von Greifenklau
13 In den Kordilleren	60 Allah il Allah!
14 Old Surehand I	61 Der Derwisch
15 Old Surehand II	62 Im Tal des Todes
16 Menschenjäger	63 Zobeljäger und Kosak
17 Der Mahdi	64 Das Buschgespenst
18 Im Sudan	65 Der Fremde aus Indien
19 Kapitän Kaiman	66 Der Peitschenmüller
20 Die Felsenburg	67 Der Silberbauer
21 Krüger Bei	68 Der Wurzelsepp
22 Satan und Ischariot	69 Ritter und Rebellen
23 Auf fremden Pfaden	70 Der Waldläufer
24 Weihnacht	71 Old Firehand
25 Am Jenseits	72 Schacht und Hütte
26 Der Löwe der Blutrache	73 Der Habicht
27 Bei den Trümmern von Babylon	74 Der verlorene Sohn
28 Im Reiche des silbernen Löwen	75 Sklaven der Schande
29 Das versteinerte Gebet	76 Der Eremit
30 Und Friede auf Erden	77 Die Kinder des Herzogs
31 Ardistan	78 Das Rätsel von Miramare
32 Der Mir von Dschinnistan	79 Old Shatterhand in der Heimat
33 Winnetous Erben	80 Auf der See gefangen
34 „ICH"	81 Abdahn Effendi
35 Unter Geiern	82 In fernen Zonen
36 Der Schatz im Silbersee	83 Am Marterpfahl
37 Der Ölprinz	84 Der Bowie-Pater
38 Halbblut	85 Von Ehefrauen und Ehrenmännern
39 Das Vermächtnis des Inka	86 Meine dankbaren Leser
40 Der blaurote Methusalem	87 Das Buch der Liebe
41 Die Sklavenkarawane	88 Deadly dust
42 Der alte Dessauer	89 Im fernen Westen
43 Aus dunklem Tann	90 *(in Vorbereitung)*
44 Der Waldschwarze	91 Briefwechsel mit F. E. Fehsenfeld I
45 Zepter und Hammer	92 Briefwechsel mit F. E. Fehsenfeld II
46 Die Juweleninsel	93 Briefwechsel mit Sascha Schneider
47 Professor Vitzliputzli	94 *(in Vorbereitung)*

Karl-May-Atlas, Karl-May-Chronik I-V, Der geschliffene Diamant, Die blaue Schlange
Mein Hengst Rih, Fürst und Junker I-III, An der Quelle des Löwen, Karl-May-Filmbuch
Karl-May-Bibliografie 1913–1945, Traumwelten · Bilder zum Werk Karl Mays I-III
Karl-May-Stars, Karl May und die Musik (mit CD), Ich war Winnetous Schwester
Karl May auf sächsischen Pfaden, Durchs wilde Lukullistan, Erkämpftes Glück
Old Shatterhand vor Gericht, Unter Volldampf, Winnetous Blutsbruder
Der Riesenochsenfrosch, Auf Tod oder Leben, Hadschi Halef Omar
365 Tage Karl May, Nscho-tschi und ihre Schwestern, Carl Lindeberg

KARL-MAY-VERLAG Ⓦ BAMBERG · RADEBEUL
www.karl-may.de